OTRA INTRODUCCIÓN AL PENSAMIENTO COMPLEJO

Elvio Galati

Otra introducción
al pensamiento complejo

Colección UAI – Investigación

UAI EDITORIAL

teseo

Galati, Elvio

Otra introducción al pensamiento complejo / Elvio Galati. – 1a ed. – Ciudad Autónoma de Buenos Aires: Teseo; Ciudad Autónoma de Buenos Aires: Universidad Abierta Interamericana, 2018. 486 p.; 20 x 13 cm.

ISBN 978-987-723-180-9

1.Filosofía del Derecho. I. Título.

CDD 340.1

elviogalati@gmail.com

Teseo – UAI. Colección UAI – Investigación

Buenos Aires, Argentina

Editorial Teseo

Hecho el depósito que previene la ley 11.723

Para sugerencias o comentarios acerca del contenido de esta obra, escríbanos a: **info@editorialteseo.com**

www.editorialteseo.com

ISBN: 9789877231809

A Martina, Avelino y Elsa

Autoridades

Presentación

La Universidad Abierta Interamericana ha planteado desde su fundación en el año 1995 una filosofía institucional en la que la enseñanza de nivel superior se encuentra integrada estrechamente con actividades de extensión y compromiso con la comunidad, y con la generación de conocimientos que contribuyan al desarrollo de la sociedad, en un marco de apertura y pluralismo de ideas.

En este escenario, la Universidad ha decidido emprender junto a la editorial Teseo una política de publicación de libros con el fin de promover la difusión de los resultados de investigación de los trabajos realizados por sus docentes e investigadores y, a través de ellos, contribuir al debate académico y al tratamiento de problemas relevantes y actuales.

La *colección investigación* TESEO – UAI abarca las distintas áreas del conocimiento, acorde a la diversidad de carreras de grado y posgrado dictadas por la institución académica en sus diferentes sedes territoriales y a partir de sus líneas estratégicas de investigación, que se extiende desde las ciencias médicas y de la salud, pasando por la tecnología informática, hasta las ciencias sociales y humanidades.

El modelo o formato de publicación y difusión elegido para esta colección merece ser destacado por posibilitar un acceso universal a sus contenidos. Además de la modalidad tradicional impresa comercializada en librerías seleccionadas y por nuevos sistemas globales de impresión y envío pago por demanda en distintos continentes, la UAI adhiere a la red internacional de acceso abierto para el conocimiento científico y a lo dispuesto por la Ley n°: 26.899 sobre *Repositorios digitales institucionales de acceso abierto en ciencia y tecnología,* sancionada por el Honorable Congreso de la Nación Argentina el 13 de noviembre de 2013, poniendo a disposición del público en forma libre y gratuita la versión digital de sus producciones en el sitio web de la Universidad.

Con esta iniciativa la Universidad Abierta Interamericana ratifica su compromiso con una educación superior que busca en forma constante mejorar su calidad y contribuir al desarrollo de la comunidad nacional e internacional en la que se encuentra inserta.

Dra. Ariadna Guaglianone
Secretaría de Investigación
Universidad Abierta Interamericana

Índice

Agradecimientos

Como dice Goldschmidt, la honradez del científico consiste en hacer mención del mérito de los demás en la obra[1].

Agradezco a mis padres, Marta y Carlos, y a mi tía Elsa, porque gracias a ellos he sido, soy y seré, y dentro de ese cúmulo de vida y amor que me han dado, he podido hacer esta investigación que formó parte de mi Doctorado en Derecho.

Va también mi agradecimiento al Dr. Miguel Ángel Ciuro Caldani. No solo me dirigió, sino que me acompañó y reconoció en distintos ámbitos: académicos, docentes y científicos. Le agradezco también porque me aconsejó y escuchó; en definitiva, quiso lo mejor para mí. Debo agradecer también a los que me introdujeron al mundo trialista: a María Isolina Dabove, que con su calidez humana y académica me acompañó en los primeros pasos, con paciencia y contención; y a Walter Birchmeyer, que me tendió la mano más importante, la de quien acepta al desconocido.

En suma, agradezco a quienes me dieron la vida y a los que me abrieron las puertas a la vida académica.

Silvia Ventura revisó mis traducciones del inglés al castellano; y Patricia Pioli, las del francés al castellano, y les agradezco su precisión. No puedo olvidar a quienes estuvieron en momentos también considerables para mi tesis y que resumo solo nombrando, reservando las pequeñas historias que acompañan a cada una de estas personas: Carlos Hernández, Gustavo Nadalini, Ricardo Silberstein,

---

[1] Goldschmidt, Werner, "La ciencia y el científico", en *Justicia y verdad*, Buenos Aires, La Ley, 1978, p. 120.

Gabriela Donati, Mariana Isern, Erika Nawojczyk, Germán Armesto, Mario Chaumet, Alejandro Sdao, Stella Maris Morelli, Sandra Sosa, Pablo Tojo, Patricia Amatiello, René Bolecek y los bibliotecarios de la Facultad de Derecho de la Universidad Nacional de Rosario (UNR) Gladys Caro, Valeria Quintana y Rubén Calderari.

También agradezco al Dr. Ariel Álvarez Gardiol quien, desde la proximidad física y la lejanía doctrinaria, supo aportar ideas tanto verbal como textualmente a fin de iniciar la localización del problema sobre el cual investigar.

Una mención especial de gratitud merece la Universidad Abierta Interamericana que, al abrirme las puertas de la docencia, facilitó que publicara este trabajo, ayudándome también en la investigación. Menciono en este sentido a Mario Lattuada, Stella Maris Sciretta, Liliana Ponti, Laura Paris y Luciano Bolinaga.

Sean bienvenidos a este libro, mientras yo despido esta investigación comparándola con una ex pareja o con un hijo que crece. No se tiene ya una relación cercana —de permanente contacto, pasión, enceguecimiento o de enseñanza continua en el caso del hijo—, pero se pasa a una diferente a todas, que se puede llamar amistosa, en tanto hay menos frecuencia de trato; una relación a veces distante y por otros momentos amena e intensa, aunque no con la misma emoción del primer amor. Así, "... el camino del conocimiento es para el Pensamiento Complejo lo que para Paul Valéry era la elaboración de un poema, aquello que no se termina, se abandona[2]".

2   Morin, Edgar; Ciurana, Roger y Motta, Raúl, *Educar en la era planetaria. El pensamiento complejo como método de aprendizaje en el error y la incertidumbre humana*, Valladolid, UNESCO/Universidad de Valladolid, 2002, p. 49.

Palabras preliminares

Hoy emprendo la etapa final de la investigación científica que comenzó en 2004 cuando inicié el Doctorado en Derecho en la Universidad Nacional de Rosario. Se presentó la tesis doctoral en 2009, y se evaluó positivamente en 2010 con 10 y la recomendación de publicación. Siendo ya 2018, pasaron varios años. Esos años llevan a que diga que mi pensamiento ha cambiado desde aquella fecha. No obstante, he decidido mantener la versión original intacta, sin alterar aquellas ideas, pues creo firmemente que la biografía de una persona influye en su pensamiento y escritura. Tal vez, algún día me anime a contar las razones del cambio y el porqué de la espera de la publicación, pero eso es tarea de otra escritura.

La tesis doctoral fue muy extensa. Hoy la habría hecho más suscinta, pero el tiempo no se puede volver atrás. De manera que, por consideraciones editoriales, los dos tomos originales de la investigación doctoral fueron divididos en cuatro. Estos fueron organizados para resultar autosuficientes. Complejamente, a la vez que autónomos, están estrechamente relacionados; es decir, son interdependientes.

Con el fin de realizar estas dos aclaraciones —tesis intacta, solo nueva organización editorial— es que hago estas palabras preliminares y los invito a disfrutar de lo que fue mi investigación doctoral. Que como persona haya cambiado algunas de mis ideas, y reorganizado en más tomos mi tesis, no implica que reniegue de ella, muy por el contrario, la divulgo tal cual fue escrita justamente porque estoy orgulloso de esa investigación científica. Sean bienvenidos al "Elvio de 2009", que no deja de ser Elvio.

Mi página personal, donde podrán encontrar todos mis escritos es www.elvioacademia.wordpress.com

Prólogo

En este trabajo desarrollaré una parte de mi tesis doctoral "La Teoría Trialista del Mundo Jurídico y el Pensamiento Complejo de Edgar Morin. Coincidencias y complementariedades de dos complejidades", que fue calificada con 10, sobresaliente, y recibió recomendación de publicación.

La obra se publicará en cuatro tomos. El primero de ellos, que aquí se presenta, titulado "Otra introducción al pensamiento complejo"; y los otros tres, en orden de aparición: "El pensamiento complejo a partir del trialismo", "Hacia un pensamiento jurídico complejo" y "Epistemología del Pensamiento Jurídico Complejo".

Aquí, haré una introducción al Pensamiento Complejo y una introducción al Trialismo, en ambos casos, desde distintos aspectos y contextualizando a las teorías, sobre todo desde la Filosofía de la Ciencia y la Historia. En este primer libro, se fundamenta filosóficamente que el Derecho, como cualquier disciplina, es complejo. Para ello será de gran ayuda la visión de la psicología de la educación, la paradigmatología, y el sistemismo. Todos los tomos contribuyen a mostrar coincidencias filosóficas entre el Pensamiento Complejo y la Teoría Trialista del Mundo Jurídico.

La metodología de investigación es, por un lado filosófica, en tanto se analizan teorías y se parte de la idea de las coincidencias y complementariedades entre ambas teorías, y por otro lado empírica, en tanto se verifica dicho supuesto a través de la documentación derivada de las obras de los pensadores en análisis. Se trata asimismo de un estudio de caso que involucra la relación entre la obra del Pensamiento Complejo y la obra del Trialismo.

Introducción

Ceux qui étaient les pôles de la Science et dans
l'assemblée des sages brillaient comme des phares.
Ils n'ont su trouver leur chemin dans la nuit sombre.
                                                    Omar Khayyam[3].

El tesoro de la humanidad está en su diversidad creadora,
pero la fuente de su creatividad está en su unidad generadora.
                                                    Edgar Morin

Es mi intención encontrar las razones del Trialismo, es decir, las causas, los motivos, los fundamentos de su validez, sobre todo en el sentido epistemológico. Uno de los ¿logros? que trajo la Postmodernidad, que yo no llamaría tal, fue generar las condiciones para que el hombre descubra que ya no vivimos en la época de las luces, sino más bien en la de los claroscuros. La razón ya no puede explicarlo todo. Por ello es tan dudoso que se llame a esta época Postmodernidad, lo cual implicaría un fortalecimiento de la razón. Estamos en una "Edad Crítico-Creadora[4]". Lo cual trae como consecuencia el reconocimiento de que una teoría no se pueda explicar ni fundamentar por sí misma. De ahí, la necesidad del conocimiento filosófico y, en el caso de la ciencia, del conocimiento epistemológico. Por ello, he recurrido al filósofo de la ciencia Edgar Morin, en el

---

3   Citado por Morin, *La Méthode 3. La connaissance de la connaissance*, Paris, Seuil, 1986, p. 7. "Aquellos que eran los polos de la Ciencia y en la asamblea de los sabios brillaban como faros. No supieron encontrar su camino en la noche oscura. Omar Khayyam". Citado por Morin, *El Método 3. El conocimiento del conocimiento*, trad. de Ana Sánchez, 5ª ed., Madrid, Cátedra, 2006, p. 12.
4   Por la sospecha, y la capacidad de creación ilimitada que ha adquirido el hombre, al punto de rozar una nueva era, como dice Ciuro Caldani.

entendimiento intuitivo de que su teoría podría ayudar a reforzar las bases del Trialismo desde la profundidad de la filosofía visto que, luego de la metafísica, no hay más escalón por subir salvo virar hacia la religión, por un lado, o virar hacia el arte, por el otro lado, como diría Hegel. Prefiero buscar el equilibrio en la Filosofía, de la Ciencia, y permanecer en la Epistemología.

Como dice el propio Morin, a partir de Tarski y Gödel, "... aucun système cognitif ne saurait se connaître exhaustivement ni se valider complètement à partir de ses propres instruments de connaissance[5]". De ahí, mi necesidad de recurrir a instrumentos metateóricos.

Una enseñanza de Morin, que bien podrá aplicarse al Trialismo, es motivar al jurista a tratar con problemas. En efecto, pretendo que el Trialismo sea un marco teórico en el cual podamos convivir con problemas jurídicos[6]. Lo cual deriva de los tiempos en los que nos encontramos.

> Il y a [...] pour la connaissance de la connaissance, un double impératif contraire d'ouverture et de fermeture, [...] qui nous obligera à naviguer, de façon permanente, entre le risque d'une clôture asphyxiante et celui d'une dissolution dans les problèmes les plus généraux et les connaissances les plus diverses[7].

---

[5]   En Morin, *La Méthode 3...*, cit., p. 17. "... ningún sistema cognitivo podría conocerse exhaustivamente ni validarse por completo a partir de sus propios instrumentos de conocimiento". Morin, *El Método 3...*, cit., p. 25.

[6]   Sobre la epistemología jurídica compleja, ver Galati, Elvio, "Visión compleja de los paradigmas científicos y la interpersonalidad en la ciencia", en *Cinta de Moebio. Revista de Epistemología de Ciencias Sociales*, nº 44, Santiago, Facultad de Ciencias Sociales, Universidad de Chile, 2012, pp. 122-145, en https://bit.ly/2MPm0e2 (26.9.2012).

[7]   Morin, *La Méthode 3...*, cit., p. 19: "Para el conocimiento del conocimiento existe [...] un doble imperativo contrario de apertura y cierre, [...] que nos obligará a navegar, de manera permanente, entre el riesgo de una clausura asfixiante y el de una disolución en los problemas más generales y los conocimientos más diversos". Morin, *El Método 3...*, cit., p. 27.

Siendo tan cuestionada la "verdad", por su evidente parcialidad, solo el problema nos hará libres. También es importante que quebremos el dogma de la exclusividad teórica, a través del cual los celos y las competencias entre intelectuales implicaban la asunción de una teoría por todo o nada de lo que ella incluía. De esta manera, planteo el Trialismo como una invitación, una "muestra gratis", con la esperanza de que puedan irse y volver a él cuando quieran. Al fin y al cabo, la opción se hace y se renueva todos los días.

Como es necesario optar, esta obra no adopta el estilo de la ciencia clásica que creía que el conocimiento científico es neutro a los valores. Nada de eso, al contrario. Así como no fue neutra la tesis de un destacado constitucionalista que sostenía que la autonomía municipal solo puede desarrollarse en intermunicipalidad, es decir, estableciendo acuerdos entre los municipios, debilitando entonces la fuerza de los grandes, como el de Rosario, enfrentado durante mucho tiempo a las autoridades de Santa Fe, de signo partidario contrario hasta 2007[8], en mi intención está la idea de reforzar epistemológicamente, desde el Pensamiento Complejo, al Trialismo. He aquí mi opción. Si bien cuando intuí las relaciones entre las teorías en análisis, allá por 2004, la complejidad no estaba tan en boga, parece que hoy la realidad muestra día a día cuán compleja es ésta. Aplicando el pensamiento de Morin, según el cual, una idea, en algún sentido escapa de la intención del autor, también me di cuenta durante la investigación de que el Trialismo sería a su vez una manera de desarrollar la fuerza

---

[8] Giuliano, Diego, *Derecho municipal: autonomía y regionalización asociativa*, Buenos Aires, Ediar, 2005. Uno de los objetivos de su investigación fue "reafirmar el concepto de autonomía municipal, y al mismo tiempo, superarlo desde el plano teórico y fáctico, arribando a la generación de redes intermunicipales eficientes, socialmente responsables y políticamente gobernables". Íd., p. 8.

de la complejidad. Y en este sentido, los refuerzos serán recíprocos. Esta falta de neutralidad no quita carácter científico al conocimiento. Más aún, solo el conocimiento que reconoce su no neutralidad es científico.

En este trabajo trataré de investigar, es decir, de descubrir la relación entre un evento y otro[9], es decir, mi idea central consiste en la relación de coincidencia que existe entre el Trialismo y el Pensamiento Complejo. Quedará para otra oportunidad la demostración de la hipótesis desde el ángulo inverso, es decir, la ausencia de semejanzas entre dos eventos[10]: entre el Pensamiento Complejo y la Escuela Analítica, por un lado, y entre el Pensamiento Complejo y el jusnaturalismo, por el otro. Así "... les progrès de la connaissance sont dialogiquement les progrès dans la connaissance de l'unité et de la diversité, [...] ainsi que les progrès dans l'acquisition et dans l'organisation des informations[11]".

Morin reconoce que el Derecho es actualmente una disciplina no compleja ya que, cuando se pregunta por el concepto de nación y patria, dice que podría encontrarse en el derecho constitucional o internacional, pero que allí no se encuentran[12]. Y no están allí porque está presuponiendo una visión positivista[13]. Las leyes no describen ni

---

[9] Morin, *La Méthode 3...*, cit., pp. 59-60. (Morin, *El Método 3...*, cit., p. 68).
[10] Morin, *La Méthode 3...*, cit., p. 60. (Morin, *El Método 3...*, cit., p. 68).
[11] Morin, *La Méthode 3...*, cit., p. 219: "... los progresos del conocimiento son dialógicamente los progresos en el conocimiento de la unidad y la diversidad, [...] así como los progresos en la adquisición y organización de la información". Morin, *El Método 3...*, cit., p. 237.
[12] Morin, *La cabeza bien puesta. Repensar la reforma. Reformar el pensamiento*, trad. de Paula Mahler, Buenos Aires, Nueva Visión, 2002, p. 69.
[13] Una visión similar pude encontrar en el coloquio Droit et Complexité, celebrado en 2006 en la ciudad de Brest, Francia. "Le rapprochement de ces deux mots pourrait passer pour incongru. L'idéal du droit ne tend-il pas, en effet, à la rigueur et à la clarté garantes de certitudes et d'efficacité ? Cet ouvrage, [...] a pris un parti inverse en faisant le choix, d'une certaine façon pascalien, de dialoguer avec l'incertitude dans des échanges très ouverts qui ont confirmé l'ampleur du

conceptualizan al Estado, se limitan a demarcarlo temporal, personal y materialmente en papeles. Pero no dicen
cómo un ciudadano es tal en los hechos, si participa y
cómo en el procedimiento democrático. Cabe agregar que
no es el único filósofo que tiene una concepción simple
del Derecho. Según Hegel, "el Derecho constituye el grado
inferior de las realizaciones del Espíritu objetivo, porque
afecta únicamente [...] a la periferia de la individualidad,
la moralidad, en cambio, agrega a la exterioridad de la ley
la interioridad de la conciencia moral[14]". Se tiene ese pre-
concepto del Derecho —por demás común en los no especialistas y muchos profesionales— porque se desconoce la
complejidad trialista.

Por la caracterización compleja del pensamiento que
hace Morin, por su falta de receta o de técnica, tal vez no
admita que el Trialismo aplica el Pensamiento Complejo
en el campo del Derecho, en tanto la complejidad no se
identifica con una teoría. No obstante, es claro y evidente que hay teorías jurídicas que son incompatibles con el
Pensamiento Complejo, por la sencilla razón de que son
expresión o del positivismo filosófico que Morin condena por insuficiente o del abstraccionismo valorativo que
Morin condena por su alejamiento de la jerarquización

---

changement de perspectives sur le droit". AA. VV., *Droit et Complexité : Pour
une nouvelle intelligence du droit vivant*, edité par Mathieu Doat, Jacques Le
Goff et Philippe Pédrot, Rennes, Presses Universitaires de Rennes, 2007. "La
relación entre estas dos palabras podría pasar por incongruente. ¿El ideal del
Derecho no tiende, en efecto, al rigor y a la claridad garantes de la certeza y
de la eficacia? Esta obra, [...] tomó un partido inverso haciendo la elección, en
cierta forma pascaliana, de dialogar con la incertidumbre en los intercambios
muy abiertos que confirmaron la amplitud del cambio de perspectivas en el
Derecho" (trad. del autor).

14 Ferrater Mora, José, *Diccionario de Filosofía*, Barcelona, Ariel, 1994, p. 1991, t. 2
(E-J), p. 1581, voz "Hegel".

de lo singular, lo concreto. En este marco aclaratorio es que el Trialismo y el Pensamiento Complejo coinciden y se complementan.

No es casual que la Teoría Trialista haya sido una doctrina poco seguida en el ámbito académico, pero no por ello menos prestigiosa y científica. Ocurre que al tocar profundamente temas que cuestionan poderes, intereses, valores, etc., genera rechazos y temores. No por casualidad Morin dice que: "... c'est surtout dans la jeuneuse, particulièrement du côte des malintégrés et marginaux, que la curiosité, l'esprit d'aventure, la multiplicité des défis, difficultés, problèmes rencontrés mettent en mouvement l'aptitude du GPS à résoudre les problèmes[15]". Soy un aprendiz de investigador y he pretendido ser un investigador de carrera, actividad poco frecuente entre los profesionales universitarios. Quienes me conocen sabrán cuánta razón tiene Morin al decir esto sobre la creación, no porque acepte que lo que sigue sea una creación, porque eso quedará a juicio del lector (que tal vez no ha nacido o que lamentablemente habrá muerto), sino por mi carácter desviante, inconformista, rebelde.

> La création est encore rare est suppose toujours une originalité, voire une déviance, et peut-être parfois une certaine infirmité; l'inaptitude à s'intégrer dans son groupe ou sa société, l'incapacité d'imiter le comportement dominant chez autrui, l'impossibilité d'adhérer à ce qui est reconnu, admis, évident, peuvent être à l'origine d'une nouvelle conception, y compris dans le domaine scientifique[16].

---

[15] Morin, *La Méthode 3...*, cit., p. 112. "... sobre todo es en la juventud, especialmente por parte de los mal integrados y los marginales, donde la curiosidad, el espíritu de aventura, la multiplicidad de los desafíos, dificultades, problemas, encuentros ponen en movimiento la aptitud del GPS [*General Problems Solver*] para resolver los problemas". Morin, *El Método 3...*, cit., p. 124.

[16] Morin, *La Méthode 3...*, cit., p. 201. "La creación aún es rara y sigue suponiendo una originalidad, incluso una desviación, y puede que en ocasiones cierta imperfección; la ineptitud para integrarse en el propio grupo o la propia socie-

Cuando habla sobre el conocimiento, Morin explica el origen de la creación, en alguna medida, de la desviación:

> Ce sont souvent au départ des enfants naturels et des bâtards culturels, partagés entre deux origines, deux ethnocentrismes, deux modes de pensée, ou des déclassés, métèques, marranes, exilés, qui ressentent une faille dans leur identité ou leur appartenance, et la faille peut s'élargir jusqu'à faire s'écrouler en eux la croyance au système officiel de Vérité. Une 'mauvaise éducation,'

---

dad, la incapacidad de imitar el comportamiento dominante en los demás, la imposibilidad de adherirse a lo que es reconocido, admitido, evidente, pueden estar en el origen de una nueva concepción, en la que se incluye el dominio científico". Morin, *El Método 3...*, cit., p. 218. "On comprendrait le lien qui existe entre l'aspect enzymatique de la culture et les formes multiples de marginalité ou d'anomie (orphelins, fils de parents en conflit ou séparés, bâtards socio-culturels, fils d'émigrés, jeunes juifs dont la famille, transplantée des ghettos, parle à peine français, homosexuels ou perturbés sexuels". Morin, *Sociologie*, Paris, Fayard, 1984, p. 371. "Se entenderá así la relación que existe entre el aspecto enzimático [creativo] de la cultura y las formas múltiples de marginalidad o de anomalía (huérfanos, hijos de padres en conflicto o separados, bastardos socioculturales, hijos de emigrados, jóvenes judíos cuya familia, trasplantada desde los guetos, apenas habla francés, homosexuales o perturbados sexuales)". Morin, *Sociología*, trad. de Jaime Tortella, Madrid, Tecnos, 1995, p. 317. He aquí una coincidencia entre los autores en estudio. Dice Goldschmidt: "... toda obra, y así también la de carácter científico, se lleva a efecto por un ser de carne y hueso, por un ser humano cuyas condiciones carnales, intelectuales y emocionales preforman el quehacer emprendido". Goldschmidt, "La ciencia y...", cit., p. 121.
Morin señala que la observación "... doit tendre [...] à couvrir la totalité du phénomène étudié, y compris l'observateur dans son observation". Morin, *Sociologie*, cit., p. 167. "... debe tender [...] a cubrir la totalidad del fenómeno estudiado, incluido el observador en su observación". *Sociología*, cit., p. 194. "... le plein emploi de la personnalité ne peut que contribuer à la rigueur scientifique". Morin, *Sociologie*, cit., p. 174. "... el pleno empleo de la personalidad no puede más que contribuir al rigor científico". Íd., p. 201.
Volviendo al aspecto político, señala Morin: "Je me sentais bien dans l'anarchie, la spontanéité, les désordres du mouvement de résistance, ce qui me permettait d'être bien dans mon communisme de foi et non d'organisation". Morin, *Mes démons*, Paris, Stock, 1994, p. 147. "Yo me sentía bien en la anarquía, la espontaneidad, los desórdenes del movimiento de resistencia, lo que me permitía sentirme bien en mi comunismo de fe y no de organización" (trad. del autor).

une arriération psychologique tard surmontée, une infirmité, un traumatisme infantile constituent également des conditions favorables à la déviance intellectuelle[17].

Estas líneas van también en homenaje a quienes no pueden integrarse en un sistema perverso que, a la vez que obscenamente exhibe sus logros, por otra parte rechaza a aquellos que no tuvieron la suerte de tener una tradición que los ayude. Morin explica su conexión con el judaísmo y la especial sensibilidad que lo rodea: "muchos intelectuales judeogentiles son sensibles a la inequidad que pesa sobre los proletarios, los negros, los despreciados y humillados, y van a ligar naturalmente las ideas de libertad, de igualdad y de fraternidad con las ideas socialistas..."[18]. Recuérdese que Morin integró por un tiempo el partido comunista. En otra oportunidad, al hablar de la ética y la necesidad de excluir la exclusión, muestra las razones de su pensamiento integrador, complejo.

> D'où vient mon horreur de l'exclusion? Du sentiment d'être exclu des autres enfants parce que j'étais, dans ma classe, seul de mon espèce à être orphelin de mère, et que j'en avais honte? D'avoir

---

[17] Morin, *La Méthode 4. Les idées. Leur habitat, leur vie, leurs mœurs, leur organisation*, Paris, Seuil, 1991, p. 49. "A menudo suelen ser los hijos naturales y bastardos culturales, divididos entre dos orígenes, dos etnocentrismos, dos modos de pensamiento, o los desclasados, metecos, marranos, exiliados, los que sienten una falla en su identidad o su pertenencia, y la falla puede agrandarse hasta hacer que en ellos se desplome la creencia en el sistema oficial de Verdad. Una 'mala educación', un retraso psicológico tardíamente superado, una imperfección, un traumatismo infantil constituyen igualmente condiciones favorables para la desviación intelectual". Morin, *El Método 4. Las ideas. Su hábitat, su vida, sus costumbres, su organización*, trad. de Ana Sánchez, 4ª ed., Madrid, Cátedra, 2006, p. 53.

[18] Morin, *El mundo moderno y la cuestión judía*, trad. de Ricardo Figueira, Buenos Aires, Nueva Visión, 2007, p. 85.

sur moi une menace potentielle d'exclusion parce que né juif?
... par l'affliction ressentie à connaître l'oppression subie par les
Amérindiens, les esclaves, les prolétaires?[19]

Producto del gobierno colaboracionista de Vichy en Francia, que impuso las leyes de exclusión, y al no haberse integrado bien a la Resistencia francesa, es que Morin tiene esa alergia contra la exclusión, y su sentimiento de solidaridad contra las víctimas del desprecio[20]. Esto calará profundo en su idea integradora, igualitaria, compleja.

A la hora de leer estos párrafos del filósofo francés, la asociación con la vida de Goldschmidt deviene inmediata, al haber nacido en Berlín[21], luego haber sido expulsado en 1933 y arribar a España, perseguido por el nazismo, hasta que finalmente llega a Argentina en 1947[22]. Lugar donde tampoco encontró una paz definitiva, sobre todo al no renovársele en 1955 su contrato en la Universidad Nacional de Tucumán; habiéndose quedado sin ubicación institucional hasta 1958[23]. En su artículo "El filósofo y el profeta" escribe lo que ha vivido, con lo que compruebo su profesión de filósofo:

---

19 Morin, *La Méthode 6. Éthique*, Paris, Seuil, 2004, p. 129. "¿De dónde procede mi horror a la exclusión? ¿Del sentimiento de ser excluido de los otros niños porque, en mi clase, era el único de mi especie que era huérfano de madre, y me daba vergüenza? ¿Por tener sobre mí una amenaza potencial de exclusión por ser judío de nacimiento? [...] ¿por la aflicción que sentí al conocer la opresión que sufrían los amerindios, los esclavos, los proletarios?" Morin, *El Método 6. Ética*, trad. de Ana Sánchez, Madrid, Cátedra, 2006, p. 115.

20 Morin, *Mes démons*, cit., p. 141.

21 Goldschmidt egresó como licenciado en Derecho de la Universidad de Berlín en 1931. Ver Goldschmidt, "La doctrina del mundo jurídico (Programa de la ciencia jurídica como ciencia socio-dikenormológica)", en AA. VV., *Ciencia jurídica (Aspectos de su problemática jusfilosófica y científico-positiva, actual)*, La Plata, Instituto de Filosofía del Derecho y Sociología, Facultad de Ciencias. Jurídicas y Sociales, Universidad Nacional de La Plata, 1970, p. 195.

22 Ver Ciuro Caldani, Miguel Ángel, "Werner Goldschmidt", en *El Derecho*, t. 124, p. 833; y Goldschmidt, "La doctrina...", cit., p. 195.

23 Para más precisiones sobre la vida de Goldschmidt, ver, de próxima aparición *Filosofía como autobiografía*.

El hombre egocéntrico se fortifica dentro de su individualidad y emplea toda su vida para afianzarla y vigorizarla, oponiéndola en todo momento al mundo circundante. [...] los hombres partidistas de todas filiaciones que creen apasionadamente en la verdad de una doctrina y rechazan con idéntica pujanza la contraria [...] que enfrentan el deber ser con el ser .... El hombre cosmocéntrico, [...] se deshace de su personalidad individual y se diluye en el mundo entero identificándose con él en todas sus manifestaciones. Con amor infinito y comprensión inagotable abarca todo; acepta todo, al menos a los efectos de un examen imparcial y limpio de prejuicios[24].

En una gran coincidencia filosófica con Goldschmidt, Morin señala:

No pretendo devaluar el sueño, y todo lo oscuro, en beneficio de la vigilia; no quiero establecer un equilibrio disminuyendo uno y aumentando otro [...] no estoy ni por la disyuntiva del o *bien* esto o *bien* aquello, ni a favor del *ni* esto *ni* aquello, ni inclinado al *medio* esto y *medio* lo otro, sino que me siento propenso a los *y* esto *y* aquello unidos de forma necesaria y contradictoria en el paroxismo de cada uno de los dos términos antagonistas ...[25].

El jurista germano-español utiliza la misma proposición que Morin: "el hombre egocéntrico es un todo cerrado, el hombre cosmocéntrico constituye un sistema abierto. El hombre egocéntrico canta según la melodía: aut-aut; el hombre cosmocéntrico rima al: et-et[26]".

Si se analizan las historias de vida de Morin y de Ciuro Caldani, se caerá en la cuenta de una gran coincidencia biográfica entre ambos autores en tanto los dos han desarrollado parte de sus trabajos en el marco de una institución estatal encargada de la ciencia. Morin en el marco

---

[24] Goldschmidt, "El filósofo y el profeta", en *Filosofía, Historia y Derecho*, Buenos Aires, Valerio Abeledo, 1953, p. 121.
[25] Morin, *Introducción a una política del hombre*, trad. de Tomás Fernández Aúz y Beatriz Eguibar, Barcelona, Gedisa, 2002, p. 59.
[26] Goldschmidt, "El filósofo...", cit., p. 122.

del Conseil National de la Recherche Scientifique (CNRS) y Ciuro Caldani en el ámbito del Consejo Nacional de Investigaciones Científicas y Técnicas (CONICET). Como señala el filósofo francés, esto ha sido posible porque en el fondo ambos pensamientos necesitaban de un marco que les permitiera el autodidactismo[27] y la libertad creativa. Como ocurre a quienes pretenden ser científicos. Son eternos "estudiantes"[28].

Este libro intenta ser una combinación metodológica, compleja, entre lógica y analogía. "La analogía [...] constituye una relación entre conceptos [...][29]". Morin expresa que "l'analogie relie, associe, connecte, accouple et par là développe le champ des évocations, des suggestions, des rapprochements, des rapports[30]". Entre tanto, la razón pretende controlar aquella intuición[31] de semejanza entre las dos teorías en análisis. "La rationalité véritable ne réprime pas l'analogie, elle s'en nourrit tout en la contrôlant[32]". Por ello, este trabajo estima ser un equilibrio en el conocimiento científico: ni exceso/carencia de repetición, ni exceso/carencia de creación. Así, "... l'excès analogique et l'atrophie logique conduisent au délire; mais l'hypertrophie logique et l'atrophie analogique conduisent

---

27 Morin, *Mes démons*, cit., p. 52.
28 Íd..
29 Goldschmidt, *La ciencia de la justicia (Dikelogía)*, 2ª ed., Madrid, Aguilar, 1958, p. 34.
30 Morin, *La Méthode 5. L'humanité de l'humanité. L'identité humaine*, Paris, Seuil, 2001, p. 110. "La analogía religa, asocia, conecta, acopla y por ello desarrolla el campo de las evocaciones, las sugerencias, las aproximaciones, las relaciones". Morin, *El Método 5. La humanidad de la humanidad. La identidad humana*, trad. de Ana Sánchez, 2ª ed., Madrid, Cátedra, 2006, p. 110.
31 Existe la lógica intuicionista Ver Morin, *La Méthode 4...*, cit., p. 194. (Morin, *El Método 4...*, cit., p. 199).
32 Morin, *La Méthode 3...*, cit., p. 141. "La racionalidad verdadera no reprime la analogía, se alimenta de ella al mismo tiempo que la controla". Morin, *El Método 3...*, cit., p. 154.

à la stérilité de la pensée[33]". Por otra parte, "l'analogie est initiatrice, innovatrice (Peirce avait lui-même indiqué que l'innovation jallait presque toujours de l'analogie), y compris dans l'invention scientifique[34]".

Así como esta obra pretende ser un exponente de la comprensión, se entenderá también que los métodos empleados para el desarrollo de la idea sean de naturaleza descriptiva, filosófica, sintética, a la vez que analítica; en suma, se hará un abordaje metodológico complejo. Así, "... tout ce qui procède par analogie et représentation est de nature compréhensive[35]". No se puede estudiar un Pensamiento Complejo de manera simple. De este modo, este trabajo no hubiera sido posible sin una cuota de intuición mezclada con otra de lógica[36].

Quiero aclarar también que si bien los tomos 1 y 2 de *La Méthode* hacen referencia a la física y la biología respectivamente, estas ciencias encierran en última instancia la mirada del hombre —también social— a través de ellas. Por lo que no están aisladas respecto del problema humano, que es lo que en definitiva me interesa. Nótese que se hace culminar el concierto de los valores —de las ciencias— en la humanidad, el deber ser cabal de nuestro ser. Morin dirá que "... toutes les sciences, tous les arts éclairent chacun sous son angle le fait humain[37]". De ahí que si bien hice traslados y transpolaciones de los

---

[33] Morin, *La Méthode 3...*, cit., p. 141. "... el exceso analógico y la atrofia lógica conducen al delirio; pero la hipertrofia analógica y la atrofia lógica conducen a la esterilidad del pensamiento". Morin, *El Método 3...*, cit., pp. 154-155.

[34] Morin, *La Méthode 3...*, cit., p. 143. "La analogía es iniciadora, innovadora (el mismo Peirce ya había indicado que la innovación casi siempre brotaba de la analogía), incluyendo la invención científica". Morin, *El Método 3...*, cit., pp. 156-157.

[35] Morin, *La Méthode 3...*, cit., pp. 147-148. "... todo lo que procede por analogía y representación es de naturaleza comprensiva". Morin, *El Método 3...*, cit., p. 161.

[36] Ver Morin, *La Méthode 3...*, cit., p. 149. (Morin, *El Método 3...*, cit., p. 163).

[37] Morin, *La Méthode 5...*, cit., p. 10. "... todas las ciencias, todas las artes esclarecen cada una desde su ángulo el hecho humano". Morin, *El Método 5...*, cit., p. 15.

tomos 1 y 2 de *La Méthode* a temas sociales como lo es el jurídico, el propio Morin permite esto: "... *le premier (1977) et le deuxième (1981) tome de* La Méthode *raccordent l'interrogation de l'humain à celle du monde phsique et du monde vivant*[38]".

Ante la evidencia de los hechos, me adentraré en el desarrollo de una idea que ya no me pertenece: "el método clasificatorio aparece a lo largo y ancho de su obra [de Goldschmidt]. Revela su poderosa capacidad de síntesis y contribuye grandemente a la organización del Pensamiento Complejo[39]".

La confirmación de mi idea se basó en la obra principal de Edgar Morin: *El Método*, porque es de carácter general o epistemológico, lo cual permite el diálogo con todas las ciencias, incluida la jurídica[40]. No obstante, he utilizado otras obras "afines" al pensamiento jurídico para reforzar la confirmación de la idea. Dicha obra principal se encuentra en francés y, para evitar traducciones que sean "traiciones", he utilizado el original de dicha obra solamente, por ser la principal y la general, y por lo tanto aplicable al Derecho. El resto de su bibliografía no necesariamente se encuentra en francés. El criterio de utilización de su pensamiento en francés, con respecto a esta parte de la bibliografía, fue la accesibilidad de su obra, es decir, mi mayor esfuerzo para que, desde Argentina, la misma llegue a mis manos en el idioma original.

---

[38] Morin, *La Méthode 5...*, cit., p. 13. "... *el primer (1977) y el segundo (1981) tomos de* El Método *enlazan la interrogación de lo humano con la del mundo físico y viviente*". Morin, *El Método 5...*, cit., p. 18.

[39] Perugini, Alicia, "Werner Goldschmidt (1910-1987)", en AA. VV., *Dos filosofías del Derecho argentinas anticipatorias: homenaje a Werner Goldschmidt y Carlos Cossio*, coord. por Miguel Ángel Ciuro Caldani, Rosario, Fundación para las Investigaciones Jurídicas (FIJ), 2007, p. 69.

[40] La epistemología es la ciencia de las ciencias o aquella disciplina filosófica que se dedica al estudio del conocimiento científico.

1

Introducción terminológica

1. El sentido político de la palabra "Trialismo" no dista mucho del jurídico: "reunión bajo un mismo soberano de tres Estados distintos, cada uno de los cuales conserva su autonomía[41]". Las autónomas dimensiones del Trialismo se unen por la soberanía del concepto "Derecho" y conviven federadamente, sin proclamar alguna de ellas la independencia. Generan relaciones, producto de la convivencia, y unidas confluyen a la formación de un único ente, a la sazón jurídico-científica, un único objeto.

2. Desde el punto de vista filosófico, también Platón encontró al describir el alma tres aspectos: la razón, el valor y la concupiscencia[42], es decir, encontró que en un mismo ente, el ser humano, se despliegan tres aspectos[43]. El alma es una; las potencias son varias. Y precisamente lo que se señala respecto de las almas, puede coincidir con los aspectos del Trialismo. "Todas las facultades, aptitudes o cuerpos del espíritu humano obedecen a tres diferentes tendencias originarias: vida, sensibilidad y pensamiento, y

---

41 *Enciclopedia Universal Ilustrada Europeo-Americana*, Barcelona, Espasa-Calpe, 1928, t. LX IV, p. 225.

42 Ferrater Mora, cit., t. Q-Z, p. 3580, voz "tres".

43 "... llamando, a aquello con que razona, lo racional del alma, y a aquello con que desea y siente hambre y sed y queda perturbada por los demás apetitos, lo irracional y concupiscible". Platón, *La República*, trad. de José Manuel Pabón y Manuel Fernández-Galiano, Barcelona, Altaya, 1993, libro IV, p. 201. "La cólera, la parte irascible, perteneciendo a la parte concupiscible, es el auxiliar por naturaleza de la parte racional." Íd., pp. 201 y 203.

se manifiestan en tres formas invariables: representación, afección y apetición[44]". La dimensión sociológica expresa la vida, en donde se desarrolla la apetición, volcán de materia. En la dimensión normológica, que capta la vida, la describe y ordena, se expresa la actividad del pensamiento como intelección, y en la dikelógica se percibe el sentimiento, la sensibilidad, lugar de la afección, siempre abierto a captar, como sentimiento que se conmueve, las injusticias. Nótese también que cuando Platón distingue entre el mundo de las ideas y el mundo de lo sensible, categoriza una división de la razón y el hecho, en el marco de lo que podría llamarse una complejidad impura, sobre todo atendiendo a la doble configuración ontológica del Trialismo en la idealidad del valor y la norma, y la materialidad del reparto[45].

3. También hay que tener en cuenta que el "tres", cantidad de dimensiones que concibe el Trialismo, no es un número antojadizo, ya que, desde Aristóteles, implica los extremos y el punto medio[46]. En nuestro caso, la dimensión normológica no es el término medio, pero sí metateóricamente se dan los extremos, constituidos por las doctrinas clásicas: realismo, por un lado, juspositivismo, por otro lado, y jusnaturalismo y criticismo por otro lado. Y el metapunto constituido por el Trialismo, al ser una teoría integrativista. Desde otro ángulo, los extremos estarían dados

---

[44] *Enciclopedia Universal Ilustrada Europeo-Americana*, cit., t. LX IV, p. 469.
[45] Ver en el mismo sentido a Hall, Jerome, *Razón y realidad en el Derecho*, trad. de Pedro David, Buenos Aires, Depalma, 1959, p. 104. Ver el cap. 2 del tomo 2: "Ontología dual de la complejidad, o neodualismo".
[46] "... lo igual supone por lo menos dos términos. Lo justo [...] debe de necesidad ser medio e igual (y relativo a algo y para ciertas personas). En tanto que medio, lo es entre ciertos términos que son lo más y lo son menos; en tanto que igual, supone dos cosas; en tanto que justo, ciertas personas para quien lo sea". Aristóteles, *Ética Nicomaquea*, trad. de Antonio Gómez Robledo, 17ª ed., México, Porrúa, 1998, libro V, p. 61.

por la reducción y la totalidad, en donde cabe incluir a las principales doctrinas clásicas, mientras que la integración estaría representada por el Trialismo, el punto medio.

Ferrater Mora, al desarrollar el término "tres", refiriéndose específicamente a la palabra "tríada", señala que es propio de ella "... que haya entre ellos [las tres entidades] alguna relación que permita pasar del uno al otro, de tal suerte que cada uno suponga o 'envuelva' a los otros[47]". Estas características referidas a la ida y vuelta entre dimensiones, al paso, al continuo, serán desarrolladas al hablar del todo y las partes, la dialógica, las interrelaciones y, en general, al caracterizar al objeto jurídico como un proceso, inclusor de problemas, alternativas. También señala que estos tres elementos incluyen un fundamento en común[48], que en el caso del Derecho es la justicia. Se trata de la división de un concepto en tres subconceptos, o una clase en tres subclases[49].

4. La Teoría Trialista del mundo jurídico enfoca al Derecho como un único objeto. Por ello, lo llama "el fenómeno jurídico", incluyendo en su estudio diferentes aspectos. En el concepto de Derecho hay, prioritaria y mayormente, conductas, normas y valores. Si falta alguno de estos elementos, no hay un análisis completo del fenómeno llamado Derecho. He aquí la concepción tridimensional.

---

[47] Ferrater Mora, cit., t. Q-Z, p. 3579, voz "tres".
[48] Íd.
[49] Íd., p. 3580, voz "tres".

... la Teoría Trialista del mundo jurídico reconoce a la dimensión fáctica en la realidad social y la idealidad de los otros dos desplie-gues, distinguiendo a su vez la neutralidad intrínseca de lo nor-mológico (aunque al proyectarse sobre la realidad social envuel-va a veces un deber ser) y el carácter exigente de lo axiológico[50]

5. El Trialismo no concibe al Derecho como el resul-tado de la utilización de una cámara fotográfica, con la que el hombre obtendría una imagen, estática en tiempo y espacio, en un momento determinado; imagen que sería el producto al cual cabe recurrir: la ley como fuente en el Derecho. Esta es la imagen del Derecho que utiliza la Escuela Analítica. El Trialismo, en coincidencia con uno de los principios epistemológicos de la complejidad, concibe al Derecho como una imagen hologramática, es decir, "... une image physique, [...] qui, à la différence des images photographiques et filmiques ordinaires, est projetée dans l'espace sur trois dimensions et produit un sentiment éton-nant de relief et de couleur[51]". Al profundizar la captación de la realidad, ganamos en información, textura, profundi-dad, olores, etc. En términos tecnológicos, contamos con una cámara con más cantidad de píxeles. No nos queda-mos en un análisis de superficie, y afloran el reparto y el valor. "L'objet hologrammé se trouve donc restitué, dans son image, avec une fidélité remarquable[52]". El Trialismo hace hincapié en la fidelidad, por ejemplo, del encargado del funcionamiento de la norma, a su autor, a fin de bien interpretarla. Incluso Morin invita a la aplicación de este

---

[50]   Ciuro Caldani, *Derecho y Política. El continente político del Derecho. Elementos básicos de una filosofía política trialista*, Rosario, Depalma, 1976, p. 12.

[51]   Morin, *La Méthode 3...*, cit., p. 101. Morin, *El Método 3...*, cit., p. 112. "... una ima-gen física [...] que, a diferencia de las imágenes fotográficas y fílmicas ordinarias, es proyectada al espacio en tres dimensiones, produciendo un asombroso senti-miento de relieve y color".

[52]   Morin, *La Méthode 3...*, cit., p. 101. Morin, *El Método 3...*, cit., p. 112. Ver también Morin, Ciurana y Motta, op. cit., p. 29.

principio a las ciencias: "c'est peut-être un principe cosmo-logique clé[53]". Cuando se explica el principio hologramático se dice que el espacio es visto en "tres dimensiones", lo que produce "un asombroso sentimiento de relieve y color[54]". Esto significa abarcar la realidad de la manera más cercana a lo que el objeto en cuestión es.

6. Cabe mencionar otras complejidades que se diferencian de la complejidad moriniana. Niklas Luhmann entiende complejidad como complicación, que deriva necesariamente en especialización, es decir, en lo que precisamente Morin condena: la hiperespecialización[55]. Aconseja reducir la complejidad, en el sentido de minimizar las posibilidades de combinación y poder procesarlas[56]. Cuando le toca definir explícitamente a la complejidad la asocia al número, es decir, a una única variable, la cuantitativa.

> ... al aumentar el número de los elementos que deben mantenerse unidos en un *sistema*, [...] se topa uno con un umbral en donde ya no es posible relacionar cada uno de los elementos. [...] por complejo queremos designar aquella suma de elementos

---

53   Morin, *La Méthode 3...*, cit., p. 102 Morin, *El Método 3...*, cit., pp. 112-113. "Quizá sea un principio cosmológico clave".

54   Morin, Ciurana y Motta, op. cit., p. 29.

55   Ver, en el mismo sentido, a Cárcova, Carlos María, "Complejidad y Derecho", en *Doxa. Cuadernos de Filosofía del Derecho*, nº 21, 1998, https://bit.ly/2OFoFYr (17.12.2007), p. 70. "Luhmann explica esa evolución como un tránsito de sociedades elementales a sociedades altamente diferenciadas, que especializan sus ámbitos de selección y son enormemente complejas, a la manera de nuestras sociedades actuales".

56   Luhmann, Niklas, *Sistemas sociales: lineamientos para una teoría general*, trad. de Silvia Pappe y Brunhilde Erker, Barcelona, Anthropos/Universidad Iberoamericana/Centro Editorial Javeriano, 1998, p. 10. "... los subsistemas especializan el ámbito de sus comunicaciones y de sus selecciones de un modo tal que cada uno de ellos resuelve una parte definida de la complejidad del ambiente". Cárcova, *Complejidad...*, cit., p. 70.

conexos en la que, en razón de una limitación inmanente a la capacidad de acoplamiento, ya no resulta posible que cada elemento sea vinculado a cada otro, en todo momento[57].

Por ello, expresa que lo simple es lo que no se puede descomponer, y lo complejo lo que se puede descomponer[58].

La complejidad como gran número es también la visión de Wolfgang Bibel[59], aunque este autor incluye, tal vez sin saberlo, como aspecto que aumenta la complejidad, como número, la cantidad de normas no escritas[60]. Vista de este modo, la complejidad traerá inconvenientes. "The consequence of this complexity is that the ordinary citizens are unable to know about their rights[61]". Esto implicará que el autor proponga la formalización de las normas en códigos informáticos, lo que él llama "legal semantic web"[62]. Es la clásica relación de semejanza que existe entre el antiguo positivismo normológico y las tecnologías, lo que actualmente sintetiza la Escuela Analítica y su deseo de informatizar el Derecho, es decir, mecanizarlo.

Señala asimismo Luhmann que el procedimiento de diferenciación entre sistemas y entorno aumenta la complejidad[63]. De manera que la diferencia más grande es la que se estatuye entre el sistema y el entorno[64]. En una

---

[57]   Luhmann, *Sistemas...*, op. cit., p. 47.
[58]   Íd., p. 50.
[59]   Wolfgang Bibel, L., "AI and the Conquest of Complexity Law", en *Artificial Intelligence and Law*, n° 12, Springer, 2004, pp. 7, 12, 14.
[60]   Íd., p. 3.
[61]   Íd., "La consecuencia de esta complejidad es que los ciudadanos ordinarios son incapaces de saber acerca de sus derechos" (trad. del autor).
[62]   Íd., p. 9.
[63]   Luhmann, *Sistemas...*, p. 42. Ver también Luhmann, *Sociedad y sistema: la ambición de la teoría*, trad. de Santiago López Petit y Dorothee Schmitz, Barcelona, Paidós, 1990, pp. 44, 50.
[64]   Luhmann, *Sistemas...*, p. 48. Al diferenciar, seleccionar, se distorsiona, se reduce. A lo cual se opone Morin, por su vocación integradora, pluralista, amplia.

ocasión expresa: "a los sistemas les falta la 'variedad requerida' que sería necesaria para poder reaccionar ante cualquier situación del entorno[65]". Veremos más adelante cómo
la complejidad moriniana implica la integración de antagónicos en un sistema y cómo funciona en este sentido la
dialógica, la cual es diferenciada de la dialéctica en sentido
hegeliano. Por su parte, Luhmann sostiene que complejidad es coacción a seleccionar, de manera que el sistema está obligado a optar[66]. En otras palabras, no se habla
de integración, sino de opción por una de las variantes.
Dice que en la ecología, que no es un sistema, es difícil de
concebir la unidad en la pluralidad[67]. De manera que la
pluralidad no es propia del sistema. Cabe resaltar también
cómo Morin habla del par orden/desorden, antagónicos
que deben verse de manera aunada. Por su lado, Luhmann
señala que "... solo mediante la selección de un orden un
sistema puede ser complejo[68]".

Según Luhmann, lo que caracteriza a un sistema
como jurídico es su unidad, su diferenciación frente al
ambiente o entorno, y su autorreferencialidad; es decir, la
capacidad de autocrearse. Él mismo es el que crea sus elementos y en este sentido es válido el carácter normativo,
que distingue lo legal de lo ilegal. "L'auto-création du système juridique est normativement fermée par le fait que
seul ce système peut conférer un caractère juridiquement
normatif à ses éléments et par là les constituer comme

---

65 Ibídem, "... no hay ninguna coincidencia punto por punto entre el sistema y el
    entorno (situación que, por otro lado, haría desaparecer la diferencia entre siste-
    ma y entorno)".
66 Luhmann, *Sistemas...*, p. 48.
67 Íd., p. 53.
68 Íd., p. 48. No obstante, cuando habla de la bibliografía especializada que debe
    "medir" la noción de complejidad, expresa que se enfrenta a un concepto
    "abiertamente pluridimensional". Íd., p. 49.

éléments[69]". Es indispensable determinar las condiciones en las cuales un acontecimiento es conforme o contrario al Derecho, lo que técnicamente se traduce en un esquematismo binario de legal e ilegal[70]. "Il faut [...] concevoir le système juridique comme l'unité du légal et de l'illégal[71]". Esto es incompatible con un Derecho compuesto por diferentes dimensiones, cada una de ellas expresiva de una ontología distinta. Por ejemplo, en el Trialismo, la preponderante materialidad de la dimensión sociológica, y la preponderante idealidad de las dimensiones normológica y dikelógica.

En esta caracterización "legalista" del sistema normativo coincide García Amado:

> [...] subsistemas sociales que se especializan en el tratamiento de parcelas de esa complejidad, con lo que ya no tendrá el conjunto de la sociedad que ocuparse de cada problema, sino que será el sistema científico, por ejemplo, el que se apropie de las cuestiones que requieran ser enjuiciadas en términos de verdad o falsedad, o el sistema jurídico el que de modo exclusivo se reserve el otorgamiento de las notas de legalidad o ilegalidad. Pero esos sistemas se habrían constituido en sistemas cerrados

---

69 Luhmann, "L'unité du système juridique", trad. de Jacques Dagory, en *Archives de Philosophie du Droit*, t. 31 ("Le système juridique"), Paris, Sirey, 1986, p. 173. "La autocreación del sistema jurídico es normativamente cerrada por el hecho de que solo ese sistema puede conferir un carácter jurídicamente normativo a sus elementos y por ello constituirlos como elementos" (trad. del autor).

70 Íd., p. 179.

71 Íd. "Es necesario [...] concebir el sistema jurídico como la unidad de lo legal y de lo ilegal" (trad. del autor). No obstante, el autor alemán sabe que no es posible excluir el valor. "Dans l'attribution du caractère légal ou illégal, il y a toujours aussi un élément de la reproduction du système juridique, une sorte de 'plus value', qui [...] est écrémée au profit du système". Íd., "En la atribución del carácter legal o ilegal, hay siempre también un elemento de la reproducción del sistema jurídico, una suerte de valor agregado, que [...] es escogido en beneficio del sistema" (trad. del autor).

[...]. Así, el sistema jurídico carece de las claves para entender de la verdad o falsedad de los enunciados, y solo puede ocuparse de la legalidad o ilegalidad de los actos[72].

Por otra parte, Morin propende a que no haya distinciones entre expertos y legos. También puede extraerse de la lectura de los pensamientos de Luhmann que avalaría la caracterización de las normas como lo propone la Escuela Analítica, es decir, sin vincularlas con la realidad social, es decir, sin dotarlas de "pretensión de verdad". En efecto, señala que el sistema está cerrado frente al ambiente, lo que significa que "... aucun événement relevant du droit ne peut faire découler sa normativité de l'environnement du système[73]". Esto implicará rechazar, por ejemplo, la validez jurídica de la costumbre. Además, la legalidad del "subsistema jurídico" excluye todo lo que no sea legal: "... la legalidad de las normas con que se enjuician en derecho los actos solo se afirma a partir de los criterios de legalidad que el sistema jurídico fija mediante otras normas[74]". Esto es típico de la noción de sistema que plantea Luhmann, en tanto una de sus características es distinguir lo

---

[72]   García Amado, Juan Antonio, "Sobre los modos de conocer el Derecho. O de cómo construir el objeto jurídico", en *Doxa...*, nº 11, Alicante, Depto. de Fil. del Derecho, Universidad de Alicante, 1992, en https://bit.ly/2OLMHRp (9.7.2007), p. 205.

[73]   Luhmann, "L'unité...", op. cit., p. 173. "... ningún acontecimiento relevante del derecho puede hacer derivar su normatividad del entorno del sistema" (trad. del autor). No obstante, la relación entre el sistema y el ambiente, la presión de los hechos, se da a través del carácter coordinador del aspecto cognitivo, que hace al sistema jurídico abierto. Íd., p. 173. Esta relación, inevitable entre la lógica y los hechos, se da, según Luhmann, cuando es necesario establecer si un resultado o una relación reúnen los requisitos que le confieren carácter normativo; operación que es de naturaleza cognitiva, relativa al conocimiento. Por ejemplo, hay que verificar el hecho del nacimiento, para reconocer capacidad jurídica. Íd., p. 177. Esta posición parece más restrictiva que el reconocimiento que Kelsen hace de la realidad social en casos como la norma de habilitación, la norma hipotética fundamental y la interpretación.

[74]   García Amado, op. cit., p. 205.

que está dentro y lo que está fuera[75]. Así, "... il faut qu'il [le système] dispose du code de la différence entre le oui et le non et qu'il puisse annuler les négations qui lui sont constamment concomitantes et constamment inhérentes[76]". Ha dicho Luhmann que la unidad del sistema jurídico se logra a partir de la construcción impulsada por un principio[77]. En nuestro caso, este es el de la legalidad[78]. No sería posible introducir la diferencia al interior del sistema, en tanto esto implicaría hablar de otro sistema. "El objeto de la teoría es la diferenciación entre sistema y entorno[79]". Un sistema es tal cuando se diferencia de su entorno[80]. Además, el Trialismo y la complejidad moriniana pretenden abarcar, al menos provisionalmente, su objeto en su completud; en términos de Luhmann, incluyendo al entorno del sistema. Por ejemplo, en el caso del Derecho, habría según Luhmann un sistema de normas, constituido por un entorno sociológico o un entorno valorativo. Creo que estas dos últimas dimensiones forman parte del sistema jurídico; es decir, son competencias del jurista. Veremos también, por ejemplo, cómo la ausencia de tratamiento de las dimensiones sociológica y dikelógica impiden en el jurista la asunción de tareas elaboradoras y críticas frente a los vacíos normativos y las normas injustas. Esto no sería posible para Luhmann, en tanto los elementos del sistema, previamente definidos, son los que producen esos elementos del

---

[75] *Sistemas...*, op. cit., p. 28.
[76] Luhmann, "L'unité...", cit., p. 168. "Es necesario que [el sistema] disponga de un código de la diferencia entre el sí y el no y que él pueda anular las negaciones que constantemente le son concomitantes e inherentes" (trad. del autor).
[77] Íd., p. 163.
[78] Íd., p. 168.
[79] Luhmann, *Sistemas...*, cit., p. 15. Ver también p. 40.
[80] Íd., p. 14.

sistema[81]; es decir, el sistema se cierra a normas que producen normas. Así, "... les normes ne sont pas renvoyées à des principes derniers ni à des instances ultimes, dans lesquelles s'opérerait la fusion de la normativité et de la connaissance, de la validité et de l'être[82]".

En otra ocasión, Luhmann señala que las formas jurídicas son válidas en razón de su validez, lo que significa una validación por tautología, como en el plano de la lógica lo expone Guibourg[83]. Así, "... la forme ne remplit sa fonction que quand elle n'est pas mise en question[84]". Esta placidez de la lógica significa asimismo que no puede ser puesta en cuestión, esto es, no tendría sentido para Luhmann una dimensión dikelógica, eminentemente crítica. Él considera que todo lo relativo a fines debe canalizarse a través de medios políticos, es decir, a través de los poderes que toman las decisiones colectivas obligatorias[85]. Este argumento es clásico en los jusfilósofos analíticos: remitir la justicia a la política.

---

81 "Un système d'action se compose, [...] des seuls éléments qui sont formés par les opérations des éléments du système lui-même. Il est donc dans l'incapacité de dissocier lui-même ses éléments [...]". Luhmann, "L'unité...", cit., p. 167. "Un sistema de acción se compone [...] solo de aquellos elementos que son formados por las operaciones de los elementos del sistema mismo. Está, entonces, en incapacidad de disociar por sí mismo sus elementos [...]" (trad. del autor). Ver también íd., p. 168.

82 Íd., p. 175. "... las normas no remiten a principios últimos, ni a instancias finales, en las cuales se operaría la fusión de la normatividad y del conocimiento, de la validez y del ser" (trad. del autor).

83 Ver cap. 8, punto 22.

84 Luhmann, "L'unité...", p. 176. "... la forma no cumple su función solo más que cuando ella no es puesta en cuestión" (trad. del autor). Sigue diciendo: "... Elle [la forme] trouve son utilité quand on insiste sur la nécessité d'appliquer les règles en vigueur [...] dans le cas contraire, l'ordre juridique serait lui-même remis en cause". "Ella [la forma] encuentra su utilidad cuando se insiste en la necesidad de aplicar las reglas vigentes [...] en caso contrario, el orden jurídico sería cuestionado" (trad. del autor).

85 Íd., p. 178. Esto parece no tener en cuenta la decisión que, por ejemplo, tomó la CSJN en el caso "Arriola" (del 25.8.2009) en el que, por unanimidad de los miembros del alto tribunal, el Congreso desconoció un derecho fundamental del ser humano.

Por otro lado, en este trabajo sostengo la diferencia-ción moriniana entre el todo y las partes, que no adopta Luhmann, quien propone sustituir dichas categorías por la de diferenciación de sistemas[86]. Cabe destacar también que es muy parecida la apreciación de Luhmann a la de Kelsen cuando pretende purificar la norma de todo fin o contenido. "La normativité n'a pas d'autre but ultérieur [...]. Sa fonction consiste en la possibilité de se créer conti-nuellement soi-même [...] et elle est destinée précisément à ne pas trouver de fin[87]". Esto significa una incompatibi-lidad abierta con el Trialismo y el Pensamiento Complejo que adoptan la posición de introducir en la ciencia el juicio valorativo, para que vuelva a tener "conciencia"[88].

No obstante las diferencias, tanto Morin como Luh-mann adoptan la "complejidad" y coinciden en términos como *unitas multiplex*[89], la inclusión de los "contrarios"[90], "interdependencias internas"[91]. Sí parece subsistir la dis-tinción en los pensamientos, al plantear Morin la diferen-cia como clave en el sistema.

7. La complejidad como complicación es expuesta también por Carlos Cárcova, quien dice seguir a Luhmann:

> Al proceso histórico de diferenciación funcional, correspondió un proceso de diferenciación y progresiva autonomización del derecho: del civil se desprende el mercantil y luego el de la navegación, el laboral, el registral, el autoral, etc. Cada cam-

---

[86] Luhmann, *Sistemas...*, cit., p. 42. Creo que estas categorías no impiden que la complejidad hable de su entorno. Cárcova, *Complejidad...*, cit., p. 67. Morin habla en distintas y varias oportunidades de la "ecología de la acción", que es la puerta abierta al entorno.

[87] Luhmann, "L'unité...", cit., p. 173. "La normatividad no tiene otro fin ulterior. [...] Su función consiste en la posibilidad de crearse ella misma continuamente [...] y ella está destinada precisamente a no encontrar fin" (trad. del autor).

[88] Ver cap. 7, punto 61.

[89] Luhmann, *Sistemas...*, cit., p. 42.

[90] Íd., p. 39.

[91] Íd., p. 41.

po de especialización permite abarcar nuevas relaciones y con ello, seleccionar opciones. En la medida que más problemas pueden ser substanciados, esos campos (del subsistema jurídico) aumentan su información interna, generan nuevos standars interpretativos, etc. En suma, aumentan su complejidad[92].

Continúa diciendo Cárcova, en referencia a la complicación, que confunde con complejidad:

Este fenómeno es notorio en el derecho actual, donde se multiplican con enorme velocidad, al tiempo que se especifican y especializan, nuevos espacios de saber, como lo son, por ejemplo, los regímenes jurídicos concernientes a las comunicaciones satelitales, el documento electrónico, las bases de datos, la fecundación *in vitro*, los consumidores, la preservación medioambiental, la cooperación regional, etc[93].

En otra ocasión, y de manera similar, asocia la complejidad con la densificación, el incremento de la interacción social, la proliferación de códigos y multiplicidades culturales[94]. He aquí una noción pobre de complejidad, en tanto es reducida al número y su exceso.

La complejidad consistirá, entonces, en la forma en que se relacionan los elementos de un sistema. Cuando la cantidad de los mismos aumenta, ya no es posible relacionar cada uno de los elementos, en el mismo momento, con cada uno de los otros, generando así una situación de complejidad[95].

---

[92] Cárcova, "Los jueces en la encrucijada: entre el decisionismo y la hermenéutica controlada", digitalizado, por atención del autor.
[93] Íd. Aunque retoma el hilo de la complejidad moriniana y trialista, cuando cita a Zolo.
[94] Cárcova, *Complejidad...*, cit., p. 66.
[95] Íd., p. 71.

Se deja de lado su aspecto más rico, el cualitativo, ligado a la diversidad de los despliegues que implica un estudio de estas características[96]. En efecto, se relaciona a la complejidad con un proceso de reducción que fija un modelo de selección[97]. Nada más alejado de Morin, que opone la complejidad a la simplificación, que precisamente es reducción. Sí aporta Cárcova algo comúnmente considerado extraño para el Derecho como la circulación del poder y del control, el riesgo y la posibilidad, que son dimensiones de la complejidad[98] como la entiendo en este trabajo. Aunque pueda haber coincidencia literal[99], en el fondo no la hay, porque existe una distinta definición de complejidad. No coincidiría Morin en hablar de una visión más abstracta de la complejidad[100], ya que no hay una complejidad abstracta, en tanto siempre incluye en sí a lo singular. A la complejidad no corresponde la necesidad de selección[101], sino la necesidad de integración y articulación.

---

[96] Cabe acotar cómo Paul Feyerabend tiene una noción de complejidad similar a la moriniana, en tanto la ve como "riqueza", es decir, diversidad. Ver Feyerabend, Paul, *La conquista de la abundancia. La abstracción frente a la riqueza del ser*, comp. por Bert Terpstra, trad. por Radamés Molina y César Mora, Buenos Aires, Paidós, 2001. "... los especialistas y la gente común reducen la abundancia que les rodea y les confunde". Íd., p. 10. "Las grandes subdivisiones, como la subdivisión real/irreal, son demasiado simplistas para captar las complejidades de nuestro mundo". Íd., p. 30.

[97] Cárcova, *Complejidad...*, cit., p. 72.

[98] Íd., p. 67.

[99] "... solo el adecuado nivel de complejidad de un sistema social opera como garantía de la justicia. La justicia es una consecuencia del adecuado nivel de complejidad de un determinado sistema social". Íd., p. 73.

[100] Íd., p. 67. Esto se toma de Luhmann. "La disposición de la teoría obliga a presentarla en un nivel de abstracción inusitado". *Sistemas...*, p. 10. Ver también p. 39. Sí, Morin habla de una complejidad restringida, donde hay variaciones, interacciones, retroacciones, difíciles de entender por la ciencia clásica, a lo que agregaría la diversidad y complejidad generalizada, que alude a la complicación. Morin, "Complejidad restringida y complejidad generalizada o las complejidades de la complejidad", en *Utopía y Praxis Latinoamericana: Revista Internacional de Filosofía Iberoamericana y teoría Social*, nº 38, Maracaibo, 2007, p. 110.

[101] Cárcova, *Complejidad...*, cit., p. 73.

Sería difícil a la complejidad hablar de autonomía entre las ciencias, en tanto cada ciencia tendría, o debería tener, en su objeto una amplitud para captar distintos aspectos. Con lo cual parece extraño querer traducir a los términos de un sistema conflictos existentes en otro[102]. La Economía debe estar en el Derecho y este, a su vez, en la Economía, tal como lo veremos en la "complejidad en las ciencias"[103].

La afirmación respecto de que no existe supremacía de un subsistema respecto de otro[104] puede mover a una discusión o sonar ingenua, en tanto es altamente marcada la prevalencia del valor utilidad, fundante de la economía. Y ella es la que suele definir distintos conflictos. Nótese lo que sucedió cuando algunos gobernadores de Estados Unidos pensaron en abolir la pena de muerte durante 2008, año en que comenzó la crisis financiera en ese país, en vista de que un proceso penal de ese tipo insume gran cantidad de recursos. En nuestro país, la administración liberal del ex presidente Menem significó, por ejemplo, la reducción de las indemnizaciones laborales y el consiguiente caso "Vizzoti" en sentido inverso[105]. También optó por la reducción de la cobertura de accidentes y enfermedades laborales, con el consiguiente caso "Aquino" en sentido inverso. Lo que demuestra que la "justicia", valor central del Derecho, debe luchar y mantenerse alerta ante su rival "utilidad".

No creo que Edgar Morin tenga una idea "próxima" a la luhmaniana respecto del Derecho y la complejidad[106]. Cárcova no hace referencia a la unidad del sistema lograda

---

[102] Íd., p. 70.
[103] Ver cap. 5, punto 19.
[104] Cárcova, *Complejidad...*, cit., p. 71.
[105] Ver cap. 8, punto 29.
[106] Ver Cárcova, *Complejidad...*, cit., p. 73.

a través del criterio binario de legalidad/ilegalidad[107], que sí hace Luhmann. Al incluir la noción de justicia, hace referencia a autores como Giménez Alcover, Arnaud, que no son Luhmann. Sí cita a quien llama un discípulo de Luhmann, que lo sigue fielmente al señalar que la ley está determinada de manera autorreferente, descansando sobre su propia realidad positiva y debiendo su *validez* a dicha autorreferencialidad[108]. Estas apreciaciones parecen poco afines a la exigencia y la crítica. Parecería que la lucha por la autonomía del Derecho —muy noble y destacable por cierto— se paga con el homenaje a la legalidad, con lo cual se termina reivindicando la tarea purificadora de Kelsen, gran defensor de la autonomía del Derecho, pero impulsor de la sumisión de la ciencia jurídica a las redes del Positivismo[109]. "El derecho se caracteriza, [...] no por sus contenidos sino por sus formas, sus procedimientos y relaciones[110]", sostiene Cárcova en clara coincidencia con Luhmann. Todo parece, en suma, una versión sofisticada del kelsenianismo. Pero, en suma, sigue limitando la epistemología a sus fronteras lógicas. En nuestro caso, siguen limitando al Derecho a sus fronteras legales.

8. En una oportunidad, se ha visto a la complejidad como complicación: "... Argentina y América Latina en general precisan la filosofía para hacer frente a la pluralidad de cuestiones surgidas de la alta complejidad de su situación[111]". Aunque luego retoma la idea de complejidad en sentido moriniano: "... el enorme aporte inmigratorio y en ciertas áreas latinoamericanas las diferencias raciales por las fuertes presencias de indígenas, negros y blancos,

---

[107] Íd., p. 74.
[108] Íd., p. 75.
[109] Íd., p. 77.
[110] Íd.
[111] Ciuro Caldani, "La Filosofía, el Trialismo y nuestra situación de espacio y tiempo", en *Investigación y Docencia*, n° 5, Rosario, FIJ, 1988, p. 3.

llevan a serias dificultades para desarrollar en la realidad ese espíritu de comunidad[112]". Aquí puede observarse la diversidad étnica y, como lo veremos, la diversidad es un componente de la complejidad. En otro caso, aludió a la complejidad como número excesivo, al calificar a las reglamentaciones impositivas[113]. Aunque allí mismo alude a la compleja realidad social como cambiante[114], lo que coincide con el sentido moriniano.

9. La Escuela Analítica se vale de la complicación para solucionarla con su proposición de la informática aplicada al Derecho[115]. La complejidad es cualitativa, no solo cuantitativa. "La numération en *bits* des Tables de la Loi, du Code civil, des pensées de Pascal, du Manifeste communiste n'a de sens ni intrinsèque, ni comparatif. Ce n'est pas la quantité d'information qui importe, c'est l'organisation de l'information[116]".

Frente a estos embates reductores de la complejidad, es imprescindible restituirle su significado propio.

---

[112] Íd., p. 4.

[113] Ciuro Caldani, "Las fuentes de las normas", en *Revista de la Facultad de Derecho, UNR*, nº 4/6, Rosario, Facultad de Derecho, UNR, 1986, pp. 242-243. Él mismo señala: "suele decirse, con razón, que a veces estas formalizaciones inaccesibles son voluntariamente complicadas, produciéndose al hilo de la confusión la más diabólica de las dictaduras". Íd., p. 243.

[114] Íd., p. 242.

[115] Ver, en este sentido, las siguientes obras de Ricardo Guibourg: "Bases teóricas de la informática jurídica", en *Doxa...*, nº 21, Alicante, 1998, pp. 189-200; *Deber y saber*, México, Fontamarra, 1997; *Manual de informática jurídica*, en colab. con Jorge Alende y Elena Campanella, Buenos Aires, Astrea, 1996. Ver también AA. VV., *Informática jurídica decisoria*, comp. por Ricardo Guibourg, Buenos Aires, Astrea, 1993.

[116] Morin, *La Méthode 1. La nature de la nature*, Paris, Seuil, 1977, p. 313. "La numeración en *bits* de las Tablas de la Ley, del Código Civil, de los pensamientos de Pascal, del Manifiesto Comunista no tiene sentido ni intrínseco ni comparativo. Lo que importa no es la cantidad de información, es la organización de la información". Morin, *El Método 1. La naturaleza de la naturaleza*, trad. de Ana Sánchez en colab. con Dora Sánchez García, 3ª ed., Madrid, Cátedra, 1993, p. 353.

La complejidad no es complicación. Lo que es complicado puede reducirse a un principio simple, como una madeja enredada
o un nudo marinero. [...] si no fuera más que complicado [el
mundo], [...] bastaría con operar las reducciones bien conocidas:
juego entre algunos tipos de partículas en los átomos, juego entre
92 tipos de átomos en las moléculas, juego entre cuatro bases
del 'código genético', juego entre algunos fonemas en el lenguaje.
Este tipo de reducción, absolutamente necesaria, se vuelve creti-
nizante y destructiva cuando se hace suficiente[117].

Complejidad no significa complicar.

... a partir del movimiento doctrinario que da comienzo en el
clamoroso manifiesto de Hermann Kantorowicz, con una vehe-
mente proclama de acercamiento del derecho a la vida, la cosa se
complica con la aparición de las distintas expresiones de pluridi-
mensionalismo o polimorfismo, que no se contentan con adscri-
bir los perfiles del objeto derecho a una única categoría o región
ontológica posible, sino que este solo se completaría en relación
con otro u otros objetos, diversificando sus direcciones[118].

10. **Eric Millard** desarrolla una "complejización simple", pues considera Derecho complejo a aquel que sigue
en el ámbito normativo, pero que, en palabras de Morin,
solamente lo complica cuantitativamente. Ya que no solamente incluiría al sistema normativo nacional, sino al
internacional. Así, "... l'ensemble juridique lui-même [...]
ne serait plus un système hiérarchisé, mais le résultat de
la conjonction de normes issues de plusieurs ordres juridiques selon des rapports variables (européen et nationaux

---

[117] Morin, Ciurana y Motta, op. cit., p. 41.
[118] Álvarez Gardiol, Ariel, *Lecciones de Epistemología: algunas cuestiones epistemológicas de las ciencias jurídicas*, Santa Fe, Universidad Nacional del Litoral, 2004,
p. 136.

en premier lieu)[119]". Ordenes jurídicos a los cuales luego agrega el que concierne a los deportes, a través de sus federaciones internacionales y las modalidades alternativas de regulación de los conflictos[120]. Expresa que la complejidad tiene referencia a una inflación de textos dictados, cada vez más largos, precisos, multiplicando las categorías jurídicas[121].

Morin vislumbra este tipo de "complejidad" y la llama casi de la misma manera que yo: "la complejidad simplificada". No debería confundirse complejidad con complicación. Introducir únicamente la "complejidad" en el ámbito normativo es vaciar de contenido la complejidad. En efecto, "... cette complication peut n'être qu'un phénomène de surface, qui obéit à des lois et principes combinatoires simples, comme par exemple les principes qui gouvernent le code génétique[122]". En este sentido, siempre se vuelve sobre la norma y sus problemas. En esta complejización simple ha caído el Digesto Jurídico Argentino. Se trata de la "... réduction du problème de la complexité à celui de la complication empirique[123]". Allí está solo una tercera parte del problema del Derecho; y tal vez el tercio menos importante de la tríada, ya que más que lo reflejado importa lo que refleja. El problema de la norma es un problema, pero de

---

[119] Millard, Eric, "Eléments pour une approche analytique de la complexité", en AA. VV., *Droit et Complexité*, cit., p. 143. "El ordenamiento jurídico mismo no sería más un sistema jerarquizado, sino el resultado de la conjunción de normas extraídas de varios órdenes jurídicos según relaciones variables (europeo y nacional, en primer lugar)" (trad. del autor).

[120] Íd., p. 146.

[121] Íd., p. 147.

[122] Morin, *La Méthode 2. La vie de la vie*, Paris, Seuil, 1980, p. 356. "... esta complicación puede no ser más que un fenómeno de superficie, que obedece a leyes y principios combinatorios simples, como, por ejemplo, los principios que gobiernan el código genético". Morin, *El Método 2. La vida de la vida*, trad. de Ana Sánchez, 7ª ed., Madrid, Cátedra, 2006, p. 413.

[123] Morin, *La Méthode 2...*, cit., p. 360. "... reducción del problema de la complejidad al de la complicación empírica". Morin, *El Método 2...*, cit., p. 417.

superficie, porque por debajo de la norma está el reparto que aspira a la justicia. Así, "... le problème de l'intelligence de la vie n'est pas seulement celui d'une complication de surface qui se ramènerait à des fondements simples. Il est celui de la complexité du problème de fond[124]".

Millard evidencia que pretende preguntarse por la complejidad del Derecho a partir de complejizar las normas. "Il n'y a strictement aucun lien logique évident entre la complexité de l'objet régi par les normes de droit, et la complexité des normes de droit ; et le savoir juridique est un savoir qui porte sur les normes[125]".

También debe evitarse la "complejización impura", que es lo que ocurriría con uno de los sentidos que le asigna Millard a la palabra "complejidad":

> ... ni l'objet 'droit', ni les discours sur cet objet, ne seraient conce-vables de manière autonome sans intégrer une prise en compte des effets du droit, des raisons du droit, et du contexte social, économique, moral, etc. dans lequel le droit s'inscrit[126].

En definitiva, dicha aproximación "analítica" a la com-plejidad hace alusión al término; y la conclusión del autor revela en alguna medida sus propósitos: "... si elle [une théorie du droit] devait être une théorie de la complexité,

---

[124] Morin, *La Méthode 2...*, cit., p. 357. "... el problema de la inteligencia de la vida no solo es el de una complicación de superficie que llevara a fundamentos simples. *Es el de la complejidad del problema de fondo*". Morin, *El Método 2...*, cit., p. 414.

[125] Millard, op. cit., p. 146. "No hay estrictamente ningún nexo lógico evidente entre la complejidad del objeto regido por las normas de Derecho y la complejidad de las normas de Derecho; y el saber jurídico es un saber que se basa en normas" (trad. del autor).

[126] Íd., p. 144. "Ni el objeto 'Derecho', ni los discursos sobre este objeto serán conce-bibles de manera autónoma sin integrar una toma de conciencia de los efectos del Derecho, las razones del Derecho, y el contexto social, económico, moral, etc., en el cual el Derecho se inscribe" (trad. del autor).

elle supposerait un savoir que les juristes n'ont pas, [...] je n'ai pas la conviction qu'elle parlerait beaucoup, ou prioritairement, du droit...[127]"

Eric Millard fue uno de los tantos juristas que hablaron sobre la complejidad y el Derecho en el coloquio de Brest, Francia, del 24 de marzo de 2006. Solo 4 de los 16 participantes hicieron referencia a Edgar Morin: Mireille Delmas-Marty, Jacques Le Goff, Véronique Labrot y Mathieu Doat. De ellos 4, quien más aproximación tuvo al Derecho como "complejidad pura" fue quien precisamente escribió la "introducción" y sobre el Derecho Laboral[128]: Jacques Le Goff dijo que la complejidad es una palabra-problema y no una palabra-solución[129], la concibió como un "tejido de conjunto"[130], habló sobre la necesidad de dialogar con la incertidumbre y de la pérdida de la concepción normológica como una pirámide intimidante[131]. Sí tuvo una visión, si bien no "primitiva", sí "prehistórica" de la complejidad en tanto hizo alusión a la "interdisciplina"[132]: "... ce discours [juridique] suppose la convergence des approches par mobilisation d'autres savoirs que juridique sur un mode interdisciplinaire et polyphonique[133]". El Trialismo ha superado el camino de la etapa

---

[127] Íd., p. 153. "... si [una teoría del Derecho] debe ser una teoría de la complejidad, ella supondría un saber que los juristas no tienen [...] yo no tengo la convicción de que ella hablaría mucho, o prioritariamente de Derecho..." (trad. del autor).

[128] "Le droit du travail, terre d'élection de la complexité", en AA. VV., *Droit et Complexité*, cit., pp. 103-133.

[129] Le Goff, Jacques, "Introduction", en AA. VV., *Droit et Complexité*, cit., p. 13.

[130] Íd., p. 14.

[131] Íd., p. 13. Lo que reemplazaría a dicha pirámide sería "... un plasma de normes de plus en plus imbriquées". Íd. "... un plasma de normas cada vez más imbricadas" (trad. del autor).

[132] Ver cap. 4 del tomo 4.

[133] Le Goff, "Introduction", en AA. VV., *Droit et Complexité*, cit., p. 14. "... este discurso [jurídico] supone la convergencia de aproximaciones por la movilización de otros saberes, además del jurídico, sobre un modo interdisciplinario o polifónico" (trad. del autor).

interdisciplinaria, de complejidad impura, en donde todas las disciplinas reclamaban la entrada al mundo jurídico, pero sin las categorías adecuadas, adaptadas a la especificidad de su objeto.

11. **Mario Bunge** desarrolla una visión de la complejidad como confusión, en lugar de verla como la manifestante de la riqueza de la vida. Señala que es necesario "... librar a la ética y a la teoría de los valores de las complejidades y oscuridades que comparten con el lenguaje ordinario; solo así podrán aspirar a dar cuenta de lo moral[134]".

El filósofo hace referencia al pensamiento sistémico, coincidiendo con muchas de las características que propone Morin. Habla del todo como una totalidad compleja, que debe descubrir los distintos aspectos de una cuestión, evitando visiones unilaterales o sectoriales[135]. Señala que los problemas humanos son polifacéticos —palabra tan temida por los analíticos— y se dan en sistemas[136]. Así, "... el mejor experto es el multidisciplinario[137]". Rechaza los extremos como el del individualismo y el del holismo, admite a los emergentes, propiedad típicamente sistémica, a las interacciones entre los componentes del sistema —no los meros agregados[138]— y a las circunstancias ambientales[139], lo que Morin llama "ecología de la acción". Hace referencia a la recursividad, en tanto "explica al individuo por la sociedad y a esta por aquél[140]". Desalienta la fragmentación tradicional del conocimiento, favoreciendo su

---

[134] Bunge, Mario, *Ética, ciencia y técnica*, 2ª ed., Buenos Aires, Sudamericana, 1997, p. 25.
[135] Bunge, Mario, *Sistemas sociales y filosofía*, 2ª ed., Buenos Aires, Sudamericana, 1999, p. 7.
[136] Íd., p. 12.
[137] Íd., p. 13.
[138] Íd.
[139] Íd., p. 7.
[140] Íd.

integración[141], y aquí su sistemismo tiene una coincidencia con Morin. Para nuestro caso, interesa que Bunge exprese que cualquier subsistema que ignore las influencias de los otros está condenado a fracasar y da el ejemplo de la economía que ignora el sistema político. "Ojo entonces con los modelos puramente económicos de la economía[142]".

Al no establecer puntualmente la variedad al interior de cada sistema, no estaría tan clara una afirmación que sí haría el Trialismo: ¡ojo con los modelos puramente normativos! Y aquí cabe preguntarse entonces por qué no integrar en lugar de relacionar sistemas. Cuando se refiere a los subsistemas de la sociedad, menciona que deben tener variables exógenas de los demás subsistemas. Cita el ejemplo del político, que debe tomar en cuenta la participación y el control, pero también variables biológicas como la natalidad, mortalidad, edades, variables culturales como la escolaridad, el acceso a fuentes de información, y variables económicas como el PBI, grupos sociales[143]. En este sentido, el sistema jurídico trialista incorpora variables sociológicas, normológicas y dikelógicas. Un problema jurídico no puede solucionarse exclusivamente con el aporte de una sola dimensión. Expresa no renunciar a la razón, la comprobación, la verdad y la claridad[144], lo que lo diferencia de Morin en tanto este sabe a aquellas insuficientes. Es sugerentemente coherente con su obra que señala que la Matemática es la ciencia sistémica por excelencia[145]. Rechaza el

---

141 Íd., p. 8.
142 Íd., p. 19. Tal parece ser también la orientación que dan Aftalión, Vilanova y Raffo cuando hablan de "el Derecho como sistema". Aunque vincula esta noción con la Egología. Aftalión, Enrique; Vilanova, José y Raffo, Julio, *Introducción al Derecho*, 4ª ed., Buenos Aires, LexisNexis Abeledo-Perrot, 2004, pp. 539-553. Lo cual hará pasible al esquema de las críticas que se realizan en en el capítulo 3 del tomo 2.
143 Bunge, *Sistemas sociales...*, cit., p. 31.
144 Íd., p. 8.
145 Íd., p. 13.

irracionalismo filosófico y la Gestalt[146], dos corrientes que
son incorporadas al pensamiento por Morin y que toda
teoría tiene. A la hora de contextualizar el enfoque sistémico expresa que no reemplaza la investigación, en tanto es
un andamiaje útil para plantear problemas y diseñar proyectos de investigación y, lo más importante, "… no reemplaza la invención o la contrastación de hipótesis[147]". Aquí
Bunge no considera a la metodología cualitativa en investigación, que se opone o complementa a la cuantitativa, que
se relaciona estrechamente con la Matemática. Y no considera que todo cambio sea producto de la contradicción
o conflicto, si bien condena el determinismo dialéctico,
como unidad de opuestos[148].

Falla en la unión en la ciencia de los juicios de hecho
y de valor. Recuérdese que también ha señalado que la
ciencia es éticamente neutral; lo que en palabras de Morin
la dejaría sin "conciencia". Todo lo cual convierte a su pensamiento en complejo impuro, tomando características de
la complejidad moriniana y la trialista, en tanto da algunos
elementos de la complejidad, como el sistemismo, la articulación, pero preserva la identidad, el número, la ausencia de contradicción y la hipótesis científica; y no da cuentas de la diversidad de los elementos, lo que es clave en
la complejidad moriniana. De esta forma, así como solo
lo complejo es tal si es sistémico, solo lo sistémico es tal
si es complejo.

12. No se entenderá la "complejidad" moriniana como
complicación, excesivo tecnicismo. Ya Morin nos previene de esta visión: "… no hay que confundir complejidad y

---

[146] Íd., p. 16.
[147] Íd., p. 19.
[148] Íd., p. 36.

complicación. La complicación, que es el entrelazamiento extremo de las inter-retroacciones, es un aspecto, uno de los elementos de la complejidad[149]. Además,

> ... aquello que es complejo recupera, por una parte, al mundo empírico, la incertidumbre, la incapacidad de lograr certeza, de formular una ley, de concebir un orden absoluto. Y recupera [...] algo relacionado con la lógica, es decir, con la incapacidad de evitar contradicciones[150].

No cabe olvidar que "la asociación entre complejidad y complicación, hasta el caso de considerarlos sinónimos, no solo se encuentra en el ámbito del lenguaje ordinario, sino también en distintos campos científicos[151]. El filósofo francés señala que en el lenguaje cotidiano lo complejo es confuso, poco preciso, poco claro[152]. En este sentido, "'complicado' es un adjetivo que significa enmarañado, de difícil comprensión, compuesto de gran número de piezas. La palabra *complicar* "deriva del latín *complicare* cuya raíz proviene de *plicare*, aparecida en el año 1250, que significa doblar, plegar[153]". En efecto, si consultamos un diccionario etimológico encontramos de "complejo": "... con su variante *complexo*. Tomado del lat. *complexus*, 'que abarca', participio del verbo *complector* 'yo abarco, abrazo' [...]. Deriv. *complejidad, complexión* [...], lat. *complexio*, -*onis*, 'conjunto, ensambladura'[154]". Todo lo cual da a entender la

---

[149] Morin, *Introducción al Pensamiento Complejo*, trad. de Marcelo Pakman, Barcelona, Gedisa, 2005, p. 101. "... 'le complexe n'est pas nécessairement compliqué'". Delmas-Marty, Mireille, "La tragédie des trois C", préface à AA. VV., *Droit et Complexité*, cit., p. 7.

[150] Morin, *Introducción al Pensamiento...*, cit., p. 99.

[151] Morin, Ciurana y Motta, op. cit., p. 39.

[152] Morin, *Complejidad restringida...*, cit., p. 109.

[153] Morin, Ciurana y Motta, op. cit., p. 39.

[154] Corominas, Joan, *Breve diccionario etimológico de la lengua castellana*, 3ª ed., Madrid, Gredos, 1973, p. 163.

heterogeneidad que hay que abarcar, ensamblar, la idea de completud ínsita al concepto y la multidimensionalidad que le es inherente.

Como señala Morin, esto es consecuencia también del pensamiento analítico, cuyo objetivo principal es lograr una explicación certera, sencilla, simple[155]. Todas estas son cualidades ilusorias o al menos insuficientes respecto del conocimiento. Complicación se ve en relación a la gran cantidad de leyes y la tarea del Digesto Jurídico se dedica a eliminarla por la depuración, pero complejidad se ve en el Derecho trialista compuesto de dimensiones diversas. Complejidad significa integrar y para ello es indispensable la diversidad ontológica. Porque lo que es de una manera posible, ya es, y él mismo se basta; de manera que se integra lo distinto, diverso. "La indagación disciplinar se refiere [...] a un único y mismo nivel de la realidad. [...] la transdisciplinariedad se interesa por la dinámica generada por la acción simultánea de varios niveles de realidad[156]". La vida no es uniforme. "Lo propio de la humanidad consiste en plantear reivindicaciones polimorfas, es decir, consiste en quererlo todo[157]".

La complejidad está estrechamente relacionada con la *transparencia*, porque en el libre juego de la diversidad, sin ocultamientos ni pensamientos uniformes, se encuentra algo parecido a la verdad.

Decía Mariano Moreno en 1810 que:

---

[155] Morin, *Complejidad restringida...*, cit., p. 109.
[156] Ver Garrafa, Volnei, "Multi-inter-transdisciplinariedad, complejidad y totalidad concreta en Bioética", en AA. VV., *Estatuto epistemológico de la Bioética*, coord. por Volnei Garrafa, Miguel Kottow y Alya Saada, México, Universidad Nacional Autónoma de México, Red Latinoamericana y del Caribe de Bioética de la UNESCO, 2005, en https://bit.ly/2vTULZz (4.8.2008), p. 71.
[157] Morin, *Introducción a una política...*, cit., p. 69.

... la verdad, como la virtud, tienen en sí mismas su más incontrastable apología; a fuerza de discutirlas y ventilarlas aparecen en todo su esplendor y brillo; si se oponen restricciones al discurso, vegetará el espíritu como la materia; el error, la mentira, la preocupación, el fanatismo y el embrutecimiento, harán la divisa de los pueblos y causarán para siempre su abatimiento, su rutina y su miseria[158].

En suma, "la recherche de la vérité *sur* la connaissance ne peut que contribuer à la recherche de vérité *par* la connaissance[159]". Además de la visión compleja, es necesario tener conciencia de ella:

Ante la inabordable complejidad del universo, el hombre se ve forzado a recortar sectores de la realidad a fin de conocer dentro del marco trazado, prescindiendo de las proyecciones del ámbito fraccionado hacia el exterior y de las influencias externas. Pero este saber fraccionado no es legítimo sino cuando conserva conciencia de su carácter y acepta los desfraccionamientos requeridos por el objeto[160].

13. Si bien algunos autores no entienden a la complejidad como complicación, tienen una versión naturalmente distinta a la de Morin, por lo que diferenciaré a la complejidad del Pensamiento Complejo. A continuación enumeraré y trataré algunos filósofos o pensadores que revelan muchas coincidencias con Morin[161].

---

158 "Gaceta de Buenos Aires, 21 de junio de 1810"; extraído de Gordillo, Agustín, *La administración paralela. El parasistema jurídico-administrativo*, Madrid, Civitas, 1982, en https://bit.ly/2vWutWC (27.1.2003), p. 15.

159 Morin, *La Méthode 3...*, cit., p. 25. "La búsqueda de la verdad *sobre* el conocimiento no puede sino contribuir a la búsqueda de la verdad *por* el conocimiento". Morin, *El Método 3...*, cit., p. 34.

160 Ciuro Caldani, *Derecho y Política...*, cit., p. 1.

161 La delimitación de dicha diferenciación implicaría el desarrollo en sí de una investigación que excede mi objeto de estudio. No obstante, cabe realizar alguna distinción a los fines de contextualizar la complejidad (moriniana) en el tiempo histórico en el que nos encontramos; pero solo a dicho fin.

14. La visión de la complejidad de **Roger Lewin** es ambigua. Por un lado, habla de la complejidad como incremento de la especialización[162], lo cual no es estrictamente similar a la visión moriniana. Sí podría asemejarse en tanto la especialización se vea como diversificación[163]. La diferenciación se retoma cuando se asocia la complejidad con el aumento en la capacidad de procesamiento de la información[164], esto es, una variable medible, que se ejemplifica en el aumento del tamaño del cerebro[165], y cuando se la asocia con el aumento del número de componentes[166]. Por otro lado, habla del equilibrio que se da entre fenómenos dispares como el caos y el orden completo[167]. Aquí sí se puede captar la visión moriniana de la complejidad como dialógica entre antagónicos, la consideración del orden y el desorden propios de todo fenómeno. El filósofo francés asocia la irrupción de *facto* de la complejidad con el tratamiento del desorden en la termodinámica del siglo XIX como elemento irreductible[168]. La coincidencia con Morin también surge cuando se plantea que los sistemas complejos son no lineales y están más allá de los análisis matemáticos[169]. De hecho, cuando el filósofo francés habla del nacimiento oficial de la complejidad señala al Instituto Santa Fe[170], donde trabajó Lewin, como un lugar que ha desarrollado estudios de sistemas con interacciones, retroacciones, variaciones, difíciles de entender desde la

---

[162] Lewin, Roger, *Complejidad. El caos como generador del orden*, trad. de Juan Gabriel López Guix, 2ª ed., Barcelona, Tusquets, 2002, p. 36.
[163] Íd., p. 31.
[164] Íd., p. 163.
[165] Íd., p. 173.
[166] Íd., p. 160.
[167] Íd., pp. 22-23, 34.
[168] Morin, *Complejidad restringida...*, cit., p. 109.
[169] Lewin, *Complejidad. El caos...*, op. cit., pp. 23-24.
[170] Íd., pp. 9, 21, 27.

perspectiva tradicional[171]. Lo no lineal se opone a la ciencia clásica, que Morin también caracteriza. En este caso, Lewin habla de ella como representativa de un mundo mecánico, repetitivo y predecible, cuando gran parte de la naturaleza es no lineal y no puede predecirse con facilidad[172]. Da el ejemplo de la meteorología, el ecosistema, las entidades económicas, los embriones, el cerebro[173]. Como Morin, también hace referencia a las partes, el todo, la emergencia, las interacciones y cómo la emergencia vuelve a influir en los componentes que la produjeron[174]. Carácter este último que Morin categoriza como la recursividad. También señala que no debe entenderse, como comúnmente se lo hace, complejo como caótico[175]. De manera similar, Morin expresa que los sistemas complejos no excluyen a disciplina alguna, habla de la interdisciplina y de la generación de esquemas que permitan comprender la información con la que puede predecirse el entorno[176]. Esto es llamativo, en tanto el Trialismo es ampliamente abarcativo —por sus tres dimensiones— del fenómeno jurídico y si bien no "predice" el comportamiento de los encargados del funcionamiento del Derecho, sí brinda un esquema en el que podrán incluirse las conductas. Más que predicción podría hablarse de la cobertura de una posibilidad[177]. Otra coincidencia entre la visión lewiniana y la moriniana se da al hablar de la ciencia y la filosofía. Manifiesta Lewin que la realidad es extraña, que no cree que sea prosaica y que el

---

[171] Morin, *Complejidad restringida...*, op. cit., p. 110.
[172] Lewin, *Complejidad. El caos...*, op. cit., p. 24.
[173] Íd.
[174] Íd., pp. 25-26.
[175] Íd., p. 26.
[176] Íd., p. 28.
[177] "esto no es 'real' (¡puesto que no es más que una posibilidad!)". Atlan, Henri, *Con razón y sin ella. Intercrítica de la ciencia y el mito*, trad. de Josep Pla i Carrera, Barcelona, Tusquets, 1991, p. 19.

científico se acerca al misterio al trabajar[178]. Por ello, no es casual que hable de juicios de valor, de ideología[179], incluso en el ámbito biológico, en tanto su libro gira en torno a la evolución de las especies.

La postura de Lewin, al fin, es compleja, en tanto asocia la complejidad a complicación y en otros lugares, a la noción moriniana. Es ilustrativo el análisis que hace de la personalidad de Darwin, reveladora de su dualidad, antagonismo:

> ... en Darwin había una esquizofrenia, una dualidad: por un lado era un filósofo radical en muchas cosas y, por otro, un acomodado caballero victoriano que vivía en un país en el que el progreso era una presunción tan intrínseca como en cualquier cultura histórica[180].

15. **Paul Feyerabend** también entiende a la complejidad como Morin: "cada entidad se comporta de una manera compleja y característica que, aunque conforme a una pauta, no deja de revelar nuevos y sorprendentes aspectos y, por tanto, no se puede captar mediante una fórmula[181]". En referencia a la multidimensionalidad, señala: "en Bohr, encontramos una serie de propuestas y cada una de ellas arroja luz sobre un aspecto diferente del problema tratado[182]". Lo cual se da en el Trialismo, si se repasa la parte en donde hablo de la dualidad ontológica[183]. Mi tesis consiste

---

[178] Lewin, *Complejidad. El caos...*, pp. 47, 57. Coincidentemente, Feyerabend expresa que una vida sin misterio es aburrida. Feyerabend, *Diálogo sobre el método*, trad. de José Casas, Madrid, Cátedra, 1990, p. 19. Luego expresa que la poesía, la emoción liberan las tensiones que perturban la claridad del pensamiento (catarsis) y ayudan a recordar el contenido filosófico del drama revelado. Íd., p. 83.

[179] Lewin, *Complejidad. El caos...*, pp. 165, 170, 171.

[180] Íd., p. 171.

[181] Feyerabend, *La conquista...*, cit., p. 31. Feyerabend, *Contra el método. Esquema de una teoría anarquista del conocimiento*, trad. de Francisco Hernán, Barcelona, Folio, 2002, p. 147. Feyerabend, *Diálogo...*, cit., p. 137.

[182] Íd., p. 81.

[183] Ver cap. 13.

en averiguar coincidencias entre las teorías, y he aquí el preliminar de la más importante. Además, complejo tiene su variante "complexo", que viene del latín *complexus*, que significa "que abarca"[184]. Lo que abarcará la complejidad trialista será un conjunto de dimensiones. "De complejo se deriva complejidad y complexión. [...] [que] proviene del latín 'complexio' que significa ensambladura o conjunto[185]". Como he dicho, la diversidad está al interior de la complejidad: "... complejidad [...] es [...] un tejido de constituyentes heterogéneos inseparablemente asociados, que presentan la paradójica relación de lo uno y lo múltiple[186]". Aporta la interesante idea de la familiaridad de la gente con las ideas simples, antes que las complejas[187]. Ello lleva a la consecuencia inexorable en el Derecho de asemejarlo automática e innatamente a la ley. De allí que sea más "práctico" y "útil" un curso de metodología[188] que otro de epistemología.

> ... lógicos. Lográis comprender las cosas solo si se presentan en un cierto orden, a poder ser lineal, en que los elementos conservan sus propiedades de principio a fin de la discusión. Pero ¿y si el asunto en cuestión tiene una forma completamente diferente?[189]

Precisamente, serán las dimensiones sociológica y dikelógica las que presentarán problemas diferentes al Derecho; o verán los mismos problemas desde otras perspectivas. En una oportunidad expresa, en consonancia filosófica con el Pensamiento Complejo, que "las explicaciones tradicionales ofrecen descripciones superficiales de

---

[184] Morin, Ciurana y Motta, op. cit., p. 40.
[185] Íd.
[186] Ibídem.
[187] Feyerabend, *Diálogo...*, p. 67.
[188] Íd.
[189] Íd., pp. 70-71.

una parte minúscula del conjunto y descuidan lo demás[190]". También hace referencia, como Morin, a la necesidad de ambigüedad que debe tener un sistema, para no saltar por los aires[191].

Feyerabend es el representante del anarquismo epistemológico, en el sentido de aceptar una pluralidad metodológica en la ciencia[192]. Lo que se da en el Trialismo, en tanto hay distintos aspectos, abarcados por distintos métodos[193]. En referencia a un tema clave de la complejidad: la diversidad, expresa que no es un mal, sino un bien[194]. En una oportunidad, hace una reivindicación de la contradicción, en tanto es necesaria para describir lo que el objeto es, conteniendo a la vez lo que el objeto no es, sin que estén separadas. De esta forma, no es adecuado hacer referencia al proceso y sus "modificaciones", en tanto se aludiría a un ser puro, es decir, a nada[195]. Y así reivindica a Hegel. También habla de la ausencia de neutralidad de nuestras ideas, como Morin: "... los conceptos, al igual que las percepciones, son ambiguos y dependen de las anteriores experiencias de la persona, de su educación, de las condiciones generales del medio[196]". Como Morin habla de la paradigmatología, Feyerabend habla de la inconmensurabilidad de las teorías, a fin de superar al "racionalismo crítico"[197]. Cuando se refiere a la ciencia, señala que esta no puede regirse por unas reglas fijas, en tanto sería caracterizarla de

---

[190] Íd., p. 84.
[191] Íd., p. 155.
[192] Feyerabend, *Contra...*, cit., p. 26.
[193] Sobre el tema, ver Galati, "Metodología jurídica compleja", en *Frónesis. Revista de Filosofía jurídica, social y política*, vol. 21, n °2, Venezuela, Instituto de Filosofía del Derecho/Universidad del Zulia, 2014, pp. 305-340; tb. en https://bit.ly/2nQmtlG (7.12.2014).
[194] Feyerabend, *Contra...*, cit., p. 28.
[195] Íd., pp. 34-35. Ver también: íd., pp. 161, 166.
[196] Íd., p. 61.
[197] Íd., pp. 108, 119, 186-187; Feyerabend, *Diálogo...*, cit., p. 59.

una manera simple[198]. Lo propio puede decirse del Derecho, reemplazando las reglas por las normas. También sostiene, como Morin, la necesidad de incluir al sujeto en la ciencia, su relación con el contexto social[199] más amplio en el cual está inserta la interacción, la pasión y la fe que forman parte de la vida científica, la jerarquización del proceso más que del resultado, "... en parte porque este lo obtendrá aquel que esté en el camino[200]". Surge inmediatamente la referencia de Morin a Machado.

El epistemólogo austriaco coincide con el filósofo francés por su afinidad con la anarquía. A tal punto se le llama anarquismo epistemológico al pensamiento del primero, que pueden leerse frases como esta:

> ... la confianza en sí mismos de los trabajadores creció enormemente [...] una vez que actuaron sin delegar nada de su poder en los partidos políticos o en los sindicatos. 'La fábrica es nuestra, ¿necesitamos empezar a trabajar para los patrones de nuevo?' Esta idea surgió espontáneamente, no por una orden [...] [el] presente trabajo, que desea eliminar la excesiva burocracia, no solamente del *gobierno, sino también de la administración del conocimiento*[201].

Si nos detenemos en la condena de la especialización de Morin y su ensalzamiento de la democracia cognitiva, veremos cuánta relación tienen estos postulados con la crítica de Feyerabend a la especialización. Lo que tiene relación con el anarquismo. Aquella implica una jerarquía, mientras de lo que se trata con el conocimiento es de un intercambio continuo de ideas y oponerse a todo control excesivo y arbitrario. Cuando el epistemólogo austriaco postula que ninguna función se petrifique o llegue a ser

---

[198] Feyerabend, *Contra...*, p. 122; Feyerabend, *Diálogo...*, cit., pp. 53, 107.
[199] Íd., p. 126.
[200] Feyerabend, *Contra...*, p. 146.
[201] Íd., p. 138.

fija[202], se asemeja a lo que Goldschmidt señalaba a la hora
de hablar de los concursos docentes, que debían ser periódicos, salvo cuando la calidad extraordinaria del profesor
demuestre lo contrario[203]. Incluso Feyerabend expresa una
aplicación concreta al Derecho de la necesidad de que
el poder —científico, médico— vuelva a los ciudadanos.
"El proceso en que interviene un jurado popular es una
institución que juzga un caso con la colaboración de los
expertos, pero sin dar a estos la última palabra[204]". Porque
a pesar de nuestros hospitales, la gente sigue muriendo y
son pocos los casos en los que la muerte ocurre sin saber
el diagnóstico de la enfermedad. A pesar de nuestros tribunales, digestos, leyes, etc. sigue habiendo injusticia. Hay
que ser humanos antes que ser científicos[205], hay que ser
humanos antes que ser juristas. El jurista tiene que ser un
humanista. Este es un problema muy delicado, que atañe
a la relación entre la democracia y la aristocracia, y no
pretendo en momento alguno solucionarlo, sino más bien
introducir la problemática, a fin de desenquistar los axiomas tenidos por válidos y cuestionarlos. Es hora de dar por
tierra con la crítica simplista de que Feyerabend implica
el lugar común del "todo vale". Su pensamiento encierra,
una vez estudiado a fondo, la problemática humana. Así,
"... los grandes problemas [...] se resuelven informando
democráticamente a los interesados, organizando iniciativas ciudadanas y procediendo de acuerdo con el resultado
de las votaciones[206]". Muchas veces se tiene por inútil a la

_____

202 Íd., p. 153.
203 "La designación debiera hacerse a base de las obras ya realizadas y no haría falta
    que tuviere carácter vitalicio, a no ser en los casos en que aquellas excluyeren
    toda duda razonable de la aptitud del candidato". Goldschmidt, *La ciencia de...*,
    op. cit., p. 406.
204 Feyerabend, *Diálogo...*, cit., p. 115.
205 Íd., p. 113.
206 Íd., p. 116.

Filosofía: ¡esa absurda e incomprensible abstracción de eli-
tistas de laboratorio! Pero ella nos mueve a plantear esta
pregunta: ¿por qué en vez de ver por televisión o leer en
los periódicos cómo discuten acerca de si las telefónicas
participan o no en el negocio de los medios, si 10 o más
licencias a cargo de un grupo económico, si 3 o 5 miembros
en el organismo de control, si depende o no del Ejecutivo —que por cierto administra—, si se da o no espacio
verdadero a la comunicación cooperativa o comunitaria,
lo decidimos nosotros por votación? Si se cala profundamente en los aspectos de cada tema puntual, nos encon-
traremos con temas filosóficos, respecto de los cuales no
hay una solución verdadera. Los debates serían intermi-
nables. Nótese cómo la oposición le reclama al gobierno
más tiempo. Tiempo alguno alcanzaría. Es, al fin, el tiempo
del pueblo[207].

   También limita enérgicamente, como Morin, la racionalidad de la ciencia. Esta se restringe a la gente racional, con lo cual se discrimina, ya que se requiere una pre-
paración y condicionamiento especiales, y la libertad de
acción y pensamiento se encuentran restringidas[208]. Por
ello se comprenden las discusiones en los congresos entre
pensamientos restringidos y libres. En este sentido, critica
Feyerabend que la ciencia nunca cuestiona los supuestos
básicos en los que se apoya, considerando a sus métodos
experimentales como los únicos procedimientos lógicos[209].
Esto ocurre con los jusfilósofos analíticos, que ensalzan

---

207 Sobre el tema, ver Galati, *La costumbre en el Derecho Argentino. Análisis jusfilosófico y trialista de la "razón del pueblo"*, Buenos Aires, Teseo, 2015, en
https://bit.ly/2L2puYZ (23.5.2015).
208 Feyerabend, *Contra...*, cit., p. 141. Ver también Laso, Eduardo, "Los métodos de
validación en ciencias naturales", en AA. VV., *La posciencia. El conocimiento
científico en las postrimerías de la modernidad*, ed. por Esther Díaz, Buenos
Aires, Biblos, 2000, p. 117.
209 Feyerabend, *Diálogo...*, cit., p. 40.

la empiria y la ley en el Derecho, y desdeñan a la justicia. Por ello, se refuerza la idea de que toda parte de la ciencia es marginal y que el recurso a la autoridad de los expertos nunca es un argumento válido[210]. Es curioso como Morin y Feyerabend concluyen en la necesidad de relativizar las ideas[211].

Es sorprendente cómo lo expresado por Feyerabend puede trasladarse perfectamente a la disputa entre analíticos y trialistas, al señalar que la primera escuela ha demostrado muchos teoremas interesantes, pero que tienen escasa posibilidad de ser aplicados a casos concretos. Piénsese en la ineficacia jurídica de la costumbre, mientras que los demás se han mantenido cerca de la realidad, aunque se hayan visto obligados a obrar de modo intuitivo e impreciso[212]. Nótese la cambiante realidad social y la justicia, imperceptible a los ojos. Ya que solo falta declarar formalmente la asunción de la realidad social en el Derecho ante tantas aceptaciones implícitas y subrepticias, por ejemplo, de Kelsen. En lo referente a la justicia, podrían pensarse las siguientes afirmaciones: "... no se debería negar contenido efectivo a un punto de vista porque parezca pertenecer al campo de los mitos, invenciones, religiones y fábulas. Analiza los casos uno por uno[213]". Aquí se revaloriza, como en Morin, la particularidad, la singularidad. Coinciden ambos pensadores en jerarquizar el arte, como otro modo de captar la sabiduría humana[214]. Así, "... las artes implican una *cierta* dosis de conocimiento[215]".

---

[210] Íd. Sobre el tema, ver Galati, "Metodología jurídica...", cit.
[211] Feyerabend, *Diálogo...*, cit., pp. 58, 73.
[212] Íd., p. 82.
[213] Íd., p. 86.
[214] Íd., pp. 129-130.
[215] Íd., p. 131.

16. Quien reivindica el pensamiento de Paul Feyerabend es **Sandra Mitchell**. El célebre anarquismo epistemológico del filósofo austriaco tiene una intrínseca relación
con el pluralismo y el integrativismo. En este sentido, sostiene Mitchell que la complejidad es una herramienta crítica para entender la naturaleza y límites de la diversidad en
los métodos científicos y representaciones[216]. De ahí que
un desafío sea el de comprender un grupo de teorías diversas, funcionando colectivamente para alcanzar un más
completo entendimiento del que podría alcanzar una teoría aisladamente considerada[217]. En el campo del Derecho,
el Trialismo brinda una solución teórica a dicho planteo,
integrando aspectos claves de otras teorías[218]. Complejidad
como integración y articulación se da también en Mitchell,
que ve una constelación de causas y condiciones necesarios para la explicación[219]; haciendo referencia asimismo a un sistema multidimensional en el cual tienen lugar
una variedad de prácticas epistémicas que constituyen la
ciencia[220]. De manera que no puede resultarnos extraño
que el objeto de una ciencia sea constituido por diversos, variados aspectos. Si bien más adelante relacionaré
la complejidad con el paradigma que ella implica, puedo
adelantar que Mitchell sostiene que nuestra elección del
modelo determina lo que observamos inmediatamente de
un fenómeno y lo que necesitará mayor investigación[221].

Es importante destacar cómo la apreciación de la
autora respecto de las leyes científicas bien puede aplicarse a nuestra consideración de la ley jurídica. Las leyes

---

[216] Mitchell, Sandra, "Why integrative pluralism?", en *E:CO*, nº 6, p. 82,
https://bit.ly/2OK0eZY (23.8.2007).

[217] Íd., p. 85.

[218] Ver cap. 2 del tomo 2.

[219] Mitchell, op. cit., p. 81.

[220] Íd., p. 82.

[221] Íd.

científicas fundamentales describen lo que se espera que
ocurra en situaciones ideales, cuando solo uno de una
serie de potenciales factores está operando, esto es, cuando nada más interfiere[222]. En el caso del Derecho, el legislador idealiza una situación problemática determinada,
desconociendo partes de la realidad (dimensión sociológica) no contempladas en las leyes y partes de los valores
(dimensión dikelógica) dejados a un lado. El transcurso del
tiempo hace el resto. En suma, hay que cuidarse de los
modelos simples. "If we accept that multiple causal fac-
tors can [...] interact in the production and maintenance
of the phenomena that the real cases are complex [...] the
laws would be literal false[223]". En ciertas ocasiones, y más
en sociedades plurales, la generalización suele tener un
gran costo[224].

   Esta autora introduce también un rasgo fundamental
de la complejidad que es la contradicción que lleva en sí
toda entidad. Da el ejemplo del ser humano desde el punto
de vista biológico, que puede ser, a la vez, un huésped,
un parásito, un consumidor en un ecosistema, una expresión fenotípica de una serie de genotipos, tanto como un
organismo mamífero, una organización de múltiples tipos
de células, etc[225]. Luego señala otro ejemplo en donde la
genética de una población puede constreñir la variación

---

222 Íd., p. 86.
223 Íd. "Si aceptamos que existen múltiples factores causales que pueden [...] inter-
     actuar en la producción y mantenimiento de los fenómenos relacionados con
     que los casos reales son complejos, [...] las leyes serían literalmente falsas" (trad.
     del autor). En otra oportunidad, hace referencia a un gran número de factores
     independientes que participan en la estructuración de un proceso. Íd., p. 88.
224 "A full-scale map of a town would express the greatest realism; however, it would
     be as useless for finding city hall on a map as one that represented the town as a
     single point". Íd., p. 86. "Un mapa a escala completa de la ciudad expresaría el
     más grandioso realismo; sin embargo, sería tan inútil para encontrar la munici-
     palidad como un mapa que representara la ciudad como un punto particular"
     (trad. del autor).
225 Íd., p. 83.

en la cual la selección natural puede operar, y en donde la operación de la selección natural puede cambiar la constitución genética de la población. Poco tiene que ver esto con un número o con el incremento de complicaciones. Muy por el contrario, hace referencia a que una misma entidad tiene múltiples instancias teóricas que se refieren a diferentes niveles[226]. Veremos como rasgo de la complejidad, la recursividad[227] y la contradicción[228].

Es muy interesante el planteamiento de la autora cuando se refiere a cómo debería abordar una teoría compleja a sus diversidades. Señala en este sentido el mecanismo de una teoría unificadora que englobe dichos aspectos, como lo hace el Trialismo, identificándose dicha unificación con el progreso científico, en tanto este se ve como pocos esquemas para amplios fenómenos[229]. Esto es lo que hace, a grandes rasgos, la Teoría Trialista: "... models in which a number of features of a complex process are jointly modeled[230]". Aunque la autora señala que esta no es la única forma de relacionar la diversidad de estrategias. Al proponer modelos o ejemplos de integración, expresa lo que Goldschmidt ha hecho al crear su teoría: enlaces conceptuales entre disciplinas, para producir la modificación de la perspectiva en una disciplina u otra[231], como ha ocurrido, por ejemplo, con la noción de adjudicación que, proveniente de la necesidad de una visión sociológica, ha tomado "carta de ciudadanía" jurídica a través de la noción de reparto. Otra estrategia es la del reconocimiento

---

226 Íd. Ver también lo que digo respecto de la relación entre complejidad y transdisciplinariedad en el cap. 8, punto 25.
227 Ver cap. 8 de este tomo y cap. 3 del tomo 2.
228 Ver cap. 3 del tomo 2.
229 Mitchell, op. cit., p. 87.
230 Íd., p. 88. "... modelos en los cuales se da forma de manera conjunta a una cantidad de rasgos de un proceso complejo" (trad. del autor).
231 Íd.

de un nuevo nivel de organización para resolver problemas insolubles en dicho campo, utilizando técnicas de investigación de un campo para desarrollar modelos teóricos en otro. Cuán perplejos y atónitos se encuentran muchos juristas frente al problema de la injusticia de las normas y que, a su vez, no quieren esconder sus motivaciones de justicia en la "inconstitucionalidad", recurso elegante para manifestar la disconformidad con la propuesta legislativa. El ejemplo de la carencia dikelógica, proveniente de la axiología, que se introduce en el funcionamiento de la norma y genera, en su caso, la elaboración, con sus sendos procedimientos, evidencia la necesidad de la unión de la axiología y la normología; unión que es diseñada por el Trialismo en una teoría unificada.

Otra estrategia, que generaría otra línea de investigación —ajena a esta— es la de integrar a partir de los diversos factores que se dan en una situación concreta. Y dicha integración no se debería trasladar necesariamente a nivel global[232]. En una oportunidad hace referencia a la necesidad de que la integración se dé a nivel teórico y práctico (real y concreto)[233].

17. Un exponente de la complejidad es **Ilya Prigogine**. El rasgo fundamental que lo coloca entre ellos es la división de la ciencia en clásica y "nueva" (alianza). Cuando caracteriza a la vieja ciencia la asocia al orden y la estabilidad, mientras que la nueva exhibe fluctuaciones e inestabilidad[234]. Hay aquí coincidencia con la jerarquización que Morin hace del desorden, el desvío, la brecha. Introduce la noción de la física de los procesos irreversibles, que

---

[232] Íd., pp. 88-89. La autora ha diferenciado el modelo y su aplicación a una situación concreta; y ha hablado de la generalización. Íd., p. 89.
[233] Íd., p. 89.
[234] Prigogine, *El fin de las certidumbres*, 6ª ed., trad. de Pierre Jacomet, Buenos Aires, Andrés Bello, 1998, p. 12.

implica la rotura de la simetría temporal, a partir de la entropía[235], es decir, desorden. "Nous devons nous habituer à la coexistence paradoxale de la réversibilité[236] et de l'irreversibilité du temps, un des aspects de l'existence de différents niveaux de Réalité[237]". Por otra parte, también coinciden al pensar insuficientes a las leyes. Así, "... las leyes de la física describen un mundo idealizado, un mundo estable, y no el mundo inestable, evolutivo, en el que vivimos[238]". Estamos frente a posibilidades, no certidumbres[239]. Es impresionante la siguiente afirmación de Prigogine, en donde puede reemplazarse "acontecimiento" por la "adjudicación" trialista: "no solo poseemos leyes sino acontecimientos que no son deducibles de las leyes pero actualizan sus posibilidades[240]". También hace referencia a la *unitax multiplex* moriniana, en donde privilegia dos rasgos principales de la naturaleza: su unidad y su diversidad[241]. Congruentemente, sugiere la necesidad de

---

235 Íd., pp. 24-25. "En la medida en que se dejan las cosas al azar, se puede prever que un sistema cerrado, caracterizado por algún orden inicial, evolucionará hacia el desorden, que ofrece muchas más posibilidades". Íd., p. 28. Aunque, "la irreversibilidad conduce a la vez al desorden y al orden". Íd., p. 30.

236 Que caracteriza al nivel macrofísico, donde vamos lineal e irreversiblemente del nacimiento a la muerte, de la juventud a la vejez, y lo inverso no es posible; mientras que la irreversibilidad caracteriza al nivel microfísico o cuántico y significa la invariabilidad temporal. Nicolescu, Basarab, *La transdisciplinarité. Manifeste*, Monaco, du Rocher, 1996, p. 38.

237 Íd., p. 39. "Nosostros debemos habituarnos a la coexistencia paradojal de la reversibilidad y la irreversibilidad del tiempo, uno de los aspectos de la existencia de diferentes niveles de realidad" (trad. del autor).

238 Íd., p. 29.

239 Íd., pp. 13, 169. En contra: Guibourg, "Bases...", cit., p. 200. "Ya no es la física quien trata de imponer sus paradigmas a las ciencias sociales, sino que son estas las que llevan su problemática al campo de las 'ciencias duras', recibiendo a su vez nuevos instrumentos de análisis que estas últimas elaboran". García, Rolando, *Sistemas complejos. Conceptos, método y fundamentación epistemológica de la investigación interdisciplinaria*, Barcelona, Gedisa, 2006, p. 129.

240 Prigogine, *El fin...*, cit., p. 13.

241 Íd., p. 61.

la articulación en lugar de la reducción[242]. En este sentido articulador sostiene, como Morin, que la complejidad
intrínseca de los fenómenos y su imprevisibilidad obliga
a considerar el gran número de factores que intervienen
en ellos[243]. No es casual entonces que las leyes de la física
se trasladen al Derecho con sus homónimas. Y ante un
cambio en aquel campo, lo propio debería ocurrir en el de
las ciencias sociales, si es que aquellas son el "modelo" a
seguir. "La renovación de la mecánica nos lleva a modificar el concepto de ley física que había creado la mecánica
clásica[244]". Insistiendo en la conveniencia de superar a la
ley plantea la necesidad de "... un nuevo concepto de lo
que se llamó las 'leyes de la naturaleza'[245]". Como Morin lo
hace, explica que la idea de orden y precisión devienen de
la herencia de la teología por la creencia en un Dios tri-
plemente perfecto. Así, "... la naturaleza representada por
la dinámica clásica es heredera del poder del Dios creador.
[...] incapaz de producir la menor distinción, de olvidar el
menor detalle, repetición maníaca de lo que ha sido en lo
que es[246]". Incluso puede percibirse e intuirse una adscrip-
ción al existencialismo como en Morin: "... la vida es tan
solo un corto episodio entre dos eternidades de muerte[247]".
Así como Morin habla de la ecología de la acción, Prigogine plantea la necesidad del diálogo con la naturaleza. "Y,
como en todo verdadero diálogo, los puntos cruciales son
aquellos en los que podemos reconocer e incorporar en

---

[242] Prigogine y Stengers, Isabelle, *La nueva alianza. Metamorfosis de la ciencia*, trad.
de María Cristina Martín Sanz, 2ª ed., Madrid, Alianza, 1990, p. 12.
[243] Íd., p. 17.
[244] Íd., p. 22.
[245] Íd., p. 27.
[246] Íd., p. 25.
[247] Íd., p. 26.

nuestra representación de lo otro, lo que hasta ese momento habíamos podido creer determinado únicamente por nuestra propia subjetividad[248]".

Hace referencia al mismo físico francés que Morin critica: "... Laplace respecto del triunfo de la mecánica: 'No podrá haber dos Newton, porque no habrá un segundo mundo a descubrir"[249]. Esto sería impensable en un universo *único*. Ante la nueva ciencia, cita también a Hubble, quien abrió las puertas de un nuevo universo. "La expansión del Universo, la huida de las galaxias, cuyo testimonio observable define la ley de Hubble, hacía del mundo que nosotros estudiamos no una verdad eterna, sino un simple momento cósmico[250]". Asimismo, como Morin, contrapone la complejidad frente a la simplicidad, dando lugar a la creatividad[251].

18. **Isabelle Stengers** incluye en la complejidad lo que tradicionalmente es caracterizado como no-científico, esa clase de cosas que tenían que ser eliminadas para que el progreso científico procediera[252]. Nótense las purificaciones/eliminaciones de Kelsen. Esta pensadora también nos muestra las causas que serían responsables de dirigir lo que observamos[253]. Este Pensamiento Complejo nos reclama ir más allá de las normas.

Puedo señalar, siguiendo las enseñanzas de Goldschmidt, que Morin ha hecho un gran esfuerzo sistematizador de los principios y tendencias de la complejidad, es decir, no ha dejado la palabra en una mera idea-fuerza o

---

[248] Íd.

[249] Íd., p. 11.

[250] Íd., p. 13.

[251] Prigogine, *El fin...*, cit., pp. 15, 24, 30.

[252] Stengers, "The challenge of complexity: Unfolding the ethics of science. In memoriam Ilya Prigogine", en *E:CO*, n° 6, p. 98, en https://bit.ly/2nOUhzz (23.8.2007). Esta autora ha escrito con Ilya Prigogine *La nueva alianza...*, cit.

[253] Stengers, op. cit., p. 97.

idea-maestra, sino que se la ha visto andar en distintos temas, como la física, la biología, las ideas, la humanidad, la ética, la política, la antropología, etc. Y pueden extraerse ideas transversales, que son las que se señalan en *El Método* y que distinguen su forjado "Pensamiento Complejo".

Piaget fue uno de los pioneros de la complejidad[254]; y lo propio hizo con el actual término transdisciplina[255].

19. Quien trabajó con Piaget fue **Rolando García**, y escribió un libro sobre la temática en estudio titulado *Sistemas complejos*. Coincide con Morin en la necesidad de trabajar contra la institucionalización académica de las diferentes disciplinas científicas[256]. Señala que Morin es un prominente filósofo de la actualidad[257] y que ha contribuido a demoler las bases del racionalismo tradicional[258]. Sostiene que el empirismo lógico es una perspectiva estrictamente reduccionista[259]. Pero expresa que sus dichos bordean una posición oscurantista y que no se justifican frente al desarrollo histórico de la ciencia[260]. Esta afirmación no tiene en cuenta la sistematización que el filósofo francés hace de la complejidad en cada uno de los tomos de *El Método*; y podría hacerse si Morin hubiera escrito solamente su *Introducción al Pensamiento Complejo*, la cual,

---

[254] Ver cap. 13, punto 17.
[255] Ver Nicolescu, "Transdisciplinarity as Methodological Framework for going beyond the Science-Religion Debate", del 24.5.2007, en https://bit.ly/2Mqb4HK (23.2.2008). Sobre la transdisciplinariedad, ver Galati, "Compréhension transdisciplinaire et trialiste des comités d'éthique cliniques", en *Rencontres Transdisciplinaires*, sec. "Pratique de la transdisciplinarité", Paris, CIRET, 2011, en https://bit.ly/2nOA3pq (3.6.2016); Galati, *Los comités hospitalarios de bioética. Una comprensión trialista y transdisciplinaria desde el Derecho de la Salud*, Ciudad Autónoma de Buenos Aires, Teseo-Universidad Abierta Interamericana, 2015, en https://bit.ly/2PncjFJ (9.2.2016).
[256] García, op. cit., p. 15.
[257] Íd., p. 19.
[258] Íd., p. 21.
[259] Íd., p. 29.
[260] Íd., p. 20.

no obstante, es clara y hace las veces de una propedéutica. Señala que realiza inaceptables extrapolaciones y generalizaciones[261], sin mayor fundamentación de dicha afirmación; y que "... su crítica no ofrece una formulación precisa de los problemas que enuncia[262]". Si bien Morin exalta la imprecisión, la incertidumbre, no por ello su pensamiento carece de unidad, estilo, desarrollo y fundamentación, que son las bases de todo pensamiento. Expone, desarrolla y fundamenta cada una de las aristas en las que puede desplegarse la complejidad: la física, la biología, el conocimiento, las ideas, la humanidad, la ética, la política, la ecología, el cine, la ciencia, la sociología, etc. Coincide con un aspecto de la complejidad de Morin al señalar que es imposible considerar un fenómeno, proceso o situación desde un aspecto particular y a partir de una disciplina específica[263]. El filósofo francés ha señalado la historia "inter" y "multi" disciplinaria de cada ciencia[264]. García da el ejemplo de la historia y la filosofía que, al estudiar el mismo fenómeno, ninguna puede tomar solo un aspecto de la realidad[265]. Es importante destacar que sostiene que en el mundo real las situaciones y procesos no se presentan de manera que puedan ser catalogados por su correspondencia con alguna disciplina[266]. Y, en este sentido, coincide con lo que digo respecto del problema jurídico, que sobrepasa la normatividad y la torna insuficiente. Hace alusión a la totalidad organizada y a que los elementos no pueden ser separados y estudiados aisladamente[267]. Lo que hacen las doctrinas jurídicas denominadas unidimensionalismos.

---

[261] Íd., p. 21.
[262] Íd.
[263] Ibídem.
[264] Ver cap. 5.
[265] García, op. cit., p. 27.
[266] Íd., p. 21.
[267] Íd.

Un aspecto delicado de la complejidad que trata García es la de la "integración disciplinaria". Señala que no
es posible ni necesaria. Expresa que dicha integración se
da a lo largo del desarrollo de las disciplinas, como hecho
histórico, pero que no depende de la voluntad de los investigadores[268]. Al contrario, considero que en el proceso disciplinario que va de la simplicidad, pasando por la complejidad impura o desorganizada a la complejidad pura u
organizada, la integración es el estadio científico civilizado
epistemológicamente hablando. A pesar del recelo hacia la
integración disciplinaria, sostiene que cada disciplina fue
evolucionando en función de interrelaciones con otras y
que en cada una de ellas hubo desarrollos propios[269]. Es
importante a los fines de este trabajo que mencione casos
en donde los problemas de una disciplina se esclarecen,
interpretan o explican a partir de otros campos disciplinarios, como en el caso de la fisicoquímica, la biofísica[270].
En este sentido, no será extraño que la sociología y la filosofía de la justicia ingresen al Derecho para explicar los
problemas jurídicos. Aunque García cuida de resaltar que
no se trata de una integración de disciplinas, sino de una
reconceptualización de ellas[271]. A pesar de estas afirmaciones, señala que "los sistemas complejos están constituidos
por elementos heterogéneos en interacción[272]". Esta es la
base de mi idea: la heterogeneidad de los elementos del
Trialismo, que denomino con la palabra "diversidad", y las
interacciones propias a todo sistema. También coincide
con la perspectiva moriniana y trialista el hecho de los subsistemas del complejo que "... pertenecen a los 'dominios

---

[268] Íd., p. 24.
[269] Íd., p. 26.
[270] Íd., p. 27.
[271] Íd.
[272] Íd., pp. 32, 61.

materiales' de muy diversas disciplinas[273]". De hecho, el integrativismo trialista se basa en el hecho de la sociología, el valor de la filosofía de la justicia y el juicio normativo de la lógica. Y los tres ámbitos se articulan. Cuando García habla de los elementos del sistema, dice que son "inter-definibles", es decir, que no son independientes, sino que se determinan mutuamente[274], lo que veremos al hablar de las interrelaciones.

En referencia a la interdisciplina, difiere la concep-tualización de García de la de Morin, en tanto el primero alude a la integración de diferentes enfoques disciplina-rios para delimitar una problemática[275], mientras que el filósofo francés hace referencia a dicho tratamiento como el de la suma de diferentes enfoques, pero mantenien-do cada uno de ellos, su autonomía; lo que García llama multidisciplina que integra resultados[276]. En efecto, Morin señala que la interdisciplinariedad es "el intercambio de información entre diversas disciplinas científicas [...] sin que estas lleguen a involucrarse conjuntamente en un mis-mo problema u objeto de estudio[277]". De todas formas, lo que García llama interdisciplina, sería lo que el Trialis-mo hace como disciplina compleja, al coordinar enfoques disciplinarios en un enfoque común[278]. "La yuxtaposición de especialistas [...] no produce la interdisciplinariedad[279]". La sociología y la normología, junto a la dikelogía, tie-nen la tarea común de realizar la justicia. La elaboración

---

273 Íd., p. 32.
274 Íd., p. 49.
275 Íd., p. 33.
276 Íd.
277 Morin, *Articular los saberes ¿Qué saberes enseñar en las escuelas?*, 2ª ed., trad. de Geneviève de Mahieu, con la colab. de Maura Ooms, Buenos Aires, Ediciones Universidad del Salvador, 2007, p. 27.
278 García, op. cit., p. 33.
279 Íd., p. 93. "La interdisciplinariedad [...] no emerge espontáneamente por el hecho de que varios especialistas trabajen juntos". Íd.

interdisciplinaria se basa en un marco conceptual común
que articula ciencias disímiles[280]. La diferencia del Trialismo con García radica en que el especialista del Derecho,
acostumbrado a la normología, tiene que hacer el esfuerzo
por entender el problema jurídico desde otros ángulos[281],
cuando el Trialismo ya incorpora al Derecho la visión de
la sociología y la filosofía moral. García sigue hablando
desde una disciplina, entendida tradicionalmente como
una especialización[282], que en el caso del Derecho se traduciría en el jurista normativista. Mientras que Morin y
el Trialismo hablan de un objeto complejo. No obstante,
pueden utilizarse las categorías de García para entender
el Trialismo, en tanto sostiene que en la interdisciplina es
necesario diferenciar e integrar respecto de una totalidad
dada que se vuelve entonces más rica[283]. Habla asimismo
García de la necesidad de lograr una "síntesis integradora"
en el aspecto de un objeto de estudio, que no sea reducible a una yuxtaposición de situaciones o fenómenos que
pertenezcan al dominio exclusivo de una disciplina[284]. "Es
necesario reformular los enfoques tradicionales en cada
una de las disciplinas, con el doble objetivo de extender
su dominio de aplicación y de incorporar temáticas comunes con otras disciplinas, para permitir la articulación de
sus análisis[285]". En este sentido, el Trialismo, por articular
aspectos, tiene un objeto de estudio complejo; y llega a
la formulación sistemática de la problemática[286] jurídica.

---

[280] Íd., p. 67.
[281] Íd.
[282] Íd., p. 68. "Se trata [...] de una búsqueda constante, desde cada área de estudio,
de los fenómenos específicos más poderosamente vinculados con las demás
áreas, en la perspectiva de responder a incógnitas comunes que rebasan ampliamente los marcos de las disciplinas particulares".
[283] Íd.
[284] Íd., p. 93.
[285] Íd., p. 111.
[286] Íd., p. 94.

Cuando el autor en análisis menciona las fases de la metodología interdisciplinaria plantea el trabajo de ir de la disciplina a la descentralización disciplinaria, es decir, plantea momentos de estudios disciplinarios y momentos de
estudio en donde los investigadores deben descentrarse
para comprender los problemas planteados a su dominio
desde los otros, y donde deben percibir los problemas de
su dominio como prolongaciones hacia otros, formulán-
dolos adecuadamente[287]. Nótese que el dominio jurídico
es uno. Al contrario, sostiene García que los miembros del
equipo interdisciplinario no necesitan tener una "... teoría
común omniabarcante de toda esa problemática[288]". Si bien
la interdisciplina como la plantea García es más flexible
que la Teoría Trialista[289], que brinda una teoría, esta complementa integración de antagónicos y sistematicidad en
la dación de soluciones. El Trialismo es un esfuerzo teórico
por conjugar la complejidad, por introducir a la ciencia la
reflexión filosófica y la sistematicidad propia a toda solución teórico-científica.

Coinciden Morin y García en el sentido de prio-
rizar la organización que hace el sujeto por sobre los
hechos que el empirismo resalta como fuente pura de la
ciencia[290]. "*Conocer* significa establecer relaciones en una

---

[287] Íd., p. 101.

[288] Íd., p. 107.

[289] "... no existe una teoría de todos los mecanismos, porque los procesos que tienen
lugar en distintos sectores de la realidad son específicos de cada dominio, aunque su génesis última responda a causas comunes. La búsqueda de una teoría
general es utópica". García, op. cit., p. 108. El Trialismo ha cumplido la utopía.
Ver Galati, "El Mayo Francés y sus relaciones con la Reforma Universitaria de
1918, la Complejidad y el Trialismo", en *Complejidad*, nº 33, Bs. As., Raúl Motta,
2017, pp. 30-62.

[290] Ver García, op. cit., p. 42. Lo que también los hace coincidir con Popper en este
aspecto. Ver Popper, Karl, *La lógica de la investigación científica*, trad. de Víctor
Sánchez de Zavala, Madrid, Tecnos, 1985, y Popper, *Conjeturas y refutaciones. El
desarrollo del pensamiento científico*, trad. Néstor Míguez y Rafael Grasa, Buenos
Aires, Paidós, 2001.

materia prima que, sin duda, es provista por la experiencia, pero cuya organización depende del sujeto cognoscente[291]". Dicha idea contribuye a sostener que solo la teoría organiza los elementos del Derecho: algunas los reducen a uno y otras los exponen tridimensionalmente. En otras palabras, algunas teorías consideran que estamos frente a una diversidad de procesos que obedecen a orígenes diferentes y otras teorías piensan que se trata de elementos de una única estructura compleja, con un sistema de relaciones dado a partir de hipótesis que surgen de una teoría determinada[292]. Podría decir que García promueve una complejidad, pero impura, que el Trialismo purifica, sistematiza.

20. Parece que el sentido popular de complejidad tampoco se aparta mucho del sentido que le da Morin. Es común captar en el pensamiento cotidiano nuestra aversión hacia lo complejo, en tanto es asociado a lo complicado, lo incierto pero, sobre todo, lo confuso[293]. Si bien la complejidad da cuenta de la incertidumbre y la complicación no se agota en ellas, sino que integra estas características al pensamiento otorgando una claridad más rotunda que la evidencia tradicional. Se trata de comprender la complejidad como una apertura a visiones, aspectos, todos distintos de un mismo objeto y que la integran en interrelación. "Se dice de las obras de arte que abarcan diferentes partes, varios elementos, y para cuya ejecución precisan cualidades muy diversas. Así puede decirse: la obra de Miguel Ángel era muy compleja[294]". Si el hombre

---

291 García, op. cit., p. 43.
292 Íd., p. 47.
293 "... cuando se habla de complejidad en la vida cotidiana [...] significa que yo no puedo dar una descripción muy clara, muy precisa, que estoy confuso, en estado mental de confusión. [...] es por una incapacidad del conocimiento [...] [y] toda confusión, incertidumbre es rechazada". Morin, *Complejidad restringida...*, cit., p. 109.
294 *Enciclopedia Universal Ilustrada Europeo-Americana*, cit., t. XIV, voz *Complejidad*, p. 799.

es complejo, ¿por qué no habrá de serlo el Derecho?, que es el brazo del hombre en su lucha por la justicia. Es sorprendente la siguiente afirmación, que luego podrá verse corroborada a lo largo de este trabajo:

> ... hay en el hombre sensaciones complejas, sentimientos complejos, emociones complejas, movimientos complejos, y en la memoria y en el entendimiento y en la voluntad, en la práctica, lo único que falta son actos simples, pues aun las simples aprensiones que por antonomasia serían simples, solo podemos tenerlas de un modo artificial en el curso ordinario de la vida[295].

21. La Real Academia Española[296] sostiene que complejo es aquello "que se compone de elementos diversos". Lo cual coincide con la visión moriniana. También incluye a lo complicado. En otra de sus acepciones, hace referencia a la conjunción, que Morin llama articulación.

22. La definición de "complejo" señala que es aquello que "es, en general, un conjunto de objetos determinados por caracteres comunes"[297]. Morin habla de la *unitas multiplex*, que significa que en la unidad hay diversidad, pero unidad al fin. Así, "... la complexité est un tissu (*complexus*: ce qui est tissé ensemble) de constituants hétérogènes inséparablement associés: elle pose le paradoxe de l'un et du multiple[298]". No necesariamente lo complicado es complejo.

---

295 Íd.
296 http://dle.rae.es/?id=A1JK3tM
297 Ferrater Mora, cit., t. 1 (A-D), p. 598, voz "complejo".
298 Morin, *La complexité humaine*, textes rassemblés avec Edgar Morin et présentés par Heinz Weinmann, Paris, Flammarion, 1994, p. 316. "... la complejidad es un tejido (complexus: lo que es tejido en conjunto) de constituyentes heterogéneos inseparablemente asociados: ella plantea la paradoja de lo uno y lo múltiple" (trad. del autor).

Il y a aussi confusion entre complexité et complication. [...] prenons une pelote de laine qu'un petit chat mutin s'est amusé à dévider et à embrouiller, c'est évidemment très compliqué de reconstituer la linéarité [...] quand vous parlez de la complexité [...] d'un organisme vivant composé de milliards de cellules, elles-mêmes composées de milliards de milliards de molécules etc., c'est évidemment très compliqué, mais en même temps c'est complexe[299].

En relación al hombre, se da un caso de cohabitación de la complicación y la complejidad.

En las células de su organismo hay la de las plantas. En las funciones de su vida sensitiva, la de los animales. Pero donde sube de punto la complicación o complejidad es en las combinaciones de la vida sensitiva con la racional. De esta complejidad nos da claro testimonio la conciencia[300].

23. He aquí la idea de entrelazamiento de elementos, lo cual se halla en la raíz etimológica del concepto complejidad: "... de origen latino, proviene de '*complectere*', cuya raíz '*plectere*' significa trenzar, enlazar. Remite al trabajo de la construcción de cestas que consiste en trozar un círculo uniendo el principio con el final de las ramitas[301]". En otra oportunidad, Morin señala que "... en el latín *complexare* (abrazar) está comprendido el término '*complexe*'[302]". Estos enlaces son importantes, sobre todo cuando tengamos que hablar de las interrelaciones y relaciones en el

---

[299] Morin, "À propos de la complexité", en https://bit.ly/2OON79L (20.3.2005), p. 1. "Hay confusión entre complejidad y complicación. [...] tomemos un ovillo de lana que un pequeño gato travieso se divierte en desmadejar y en embrollar, es evidentemente muy complicado de reconstituir la linealidad [...] cuando ud. habla de la complejidad [...] de un organismo viviente compuesto de millares de células, ellas mismas compuestas de millares de millares de moléculas, es evidentemente muy complicado, pero al mismo tiempo complejo" (trad. del autor).
[300] *Enciclopedia Universal Ilustrada Europeo-Americana*, cit., p. 799.
[301] Morin, Ciurana y Motta, op. cit., p. 40.
[302] Morin, *Articular...*, cit., p. 97. Ver también cap. 3 del tomo 2.

Trialismo[303], en tanto "... hay complejidad dondequiera se produzca un enmarañamiento de acciones, de interacciones, y retroacciones[304]". En efecto, de *complexus* se deriva la idea de restituir, re-encontrar el tejido común[305]; en nuestro caso, perdido en las purificaciones kelsenianas, emblemas de la exclusión.

Da la idea de unión entre elementos diversos a fin de conformar el ente complejo, "el agregado del prefijo 'com' [que] añade el sentido de la dualidad de dos elementos opuestos que se enlazan íntimamente, pero sin anular su dualidad[306]". En efecto, "le préfixe *com*– de 'complexité' et 'compréhension' indique leur lien: com-prendre, saisir ensemble, embrasser[307]". En efecto, "la pensée complexe est la pensée qui embrasse le divers et réunit le séparé[308]". Es un concepto capaz de unir otros que se rechazan entre sí y que son desglosados y catalogados en compartimentos cerrados[309]. Aunque en realidad, se está ante diversos ángulos de un mismo tema. Así, "... la difficulté de doser la nécessité de simplifier (pour atteindre rapidement un objectif) et complexifier (pour tenir compte de tous les aspects d'une situation)[310]". Veremos que la Escuela Analítica divide, excluye del Derecho la sociología y la axiología,

---

303 Ver los caps. 9, 10 y 11.

304 Morin, "Epistemología de la complejidad", trad. de Leonor Spilzinger, en AA. VV., *Nuevos paradigmas, cultura y subjetividad*, ed. al cuidado de Dora Schnitman, Buenos Aires, Paidós, 1994, p. 421.

305 Morin, *Complejidad restringida...*, cit., p. 109.

306 Morin, Ciurana y Motta, op. cit., p. 40.

307 Morin, *La Méthode 6...*, cit., p. 140. "El prefijo *com*- de 'complejidad' y 'comprensión' indica su vínculo: com-prender, captar conjuntamente, abarcar". Morin, *El Método 6...*, cit., p. 125.

308 Morin, *La Méthode 6...*, cit., p. 181. "El Pensamiento Complejo es el pensamiento que abraza lo diverso y reúne lo separado". Morin, *El Método 6...*, cit., p. 160.

309 Morin, "La noción de sujeto", trad. de Leonor Spilzinger, en AA. VV., *Nuevos paradigmas...*, cit., p. 84.

310 Morin, *La Méthode 3...*, cit., p. 224. "... la dificultad de dosificar la necesidad de simplificar (para lograr un objetivo rápidamente) y complejizar (para tener en cuenta todos los aspectos de una situación)". Morin, *El Método 3...*, cit., p. 242.

reduciéndolo a la normatividad. De ahí que el Trialismo sea un Pensamiento Complejo por abarcar todas las
dimensiones del Derecho. "Il y a une faute intellectuelle
à réduire un tout complexe à un seule de ses composants
[...]. La réduction rend incapable de comprendre autri[311]".
Esto es así cuando se prioriza el cumplimiento de una normatividad frente a su injusticia.

Es necesario resaltar la diversidad inherente a la complejidad moriniana: "... el Pensamiento Complejo no es
una nueva lógica. El Pensamiento Complejo necesita de la
lógica aristotélica pero, a su vez, necesita transgredirla (por
eso es pensamiento)[312]". Sobre el tema abundo al hablar de
la dialógica[313]. La complejidad lleva automáticamente a ir
más allá de la normatividad. "Pensar de forma compleja es
pertinente allí donde (casi siempre) nos encontramos con
la necesidad de articular, relacionar, contextualizar. Pensar
de forma compleja es pertinente [...] [donde] buscamos
algo más de lo sabido por anticipado[314]".

Ningún problema jurídico será un problema de normas o de su interpretación, si es que se quiere agregar
otro mínimo de complicación, sino un problema complejo,
que hará referencia a las distintas dimensiones que toma
el Trialismo para el estudio jurídico. Reducir el análisis
será entonces "artificializar" la vida jurídica, sumirla en un
mundo de laboratorio que no tendrá correspondencia con
la realidad que le tocará vivir al profesional del Derecho.
Nótese que la normatividad lleva en sí una fuerte referencia a la abstracción y una de las tentaciones racionalistas
es la normalización, "... es decir, eliminar y combatir lo

---

[311] Morin, *La Méthode 6...*, cit., p. 142. "Es una falta intelectual reducir un todo com-
    plejo a uno solo de sus componentes [...]. La reducción hace incapaz de com-
    prender al prójimo". Morin, *El Método 6...*, cit., p. 126.
[312] Morin, Ciurana y Motta, op. cit., p. 33.
[313] Ver cap. 3 del tomo 2.
[314] Morin, Ciurana y Motta, op. cit., p. 33.

extraño, lo irreductible y el misterio[315]". Al contrario, señala
Morin: "... el problema del método consistía en su posible
aptitud para capturar lo efímero, lo contingente, la novedad, la multiplicidad, en fin, la complejidad[316]".

24. Morin da un excelente ejemplo sobre la importancia de la complejidad en el Derecho y que creo se aplica
al Trialismo a través del integrativismo, que es integración,
interrelación, y no yuxtaposición, mezcla, impureza. Señala el caso[317] de un tapiz que está constituido por los hilos,
los diferentes colores, y puedo agregar el marco de madera.
La suma de estos componentes, por separado, no restituye
la figura. Es decir, dice Morin, no se puede deducir el conocimiento de la figura a partir de la suma de los hilos. De allí
la necesidad de analizar, a partir de aquello que está tejido
junto, lo complejo. "Un paisaje florido pintado por Renoir
o Monet nos llama la atención porque se ve como un todo
perfecto cuando, en realidad, las pinceladas de las que está
hecho son imperfectas y de formas azarosas. Como las pinceladas son en sí imperfectas, la esencia del cuadro está

---

315 Íd., p. 26.
316 Íd., p. 20. Nótese como Luhmann habla de una visión abstracta de la complejidad. Ver el punto 6 de este capítulo.
317 "Si l'on considère la tapisserie de la Dame à la Licorne, on peut analyser la com-
position des fils, les différentes couleurs etc., mais l'addition de vos connaissances sur les différentes composantes de la tapisserie ne vous restitue absolument
pas la figure. [...] vous ne pouvez pas déduire la connaissance de la dame à la
Licorne de l'addition des fils. Donc, ce qui est tissé ensemble, c'est une bonne
base de départ". Morin, "À propos...", cit., p. 2. "Si consideramos el tapiz de la
Dama del Unicornio, puede analizarse la composición de los hilos, los diferentes
colores, etc. pero la adición de vuestros conocimientos sobre los diferentes componentes del tapiz no le restituye a usted, en absoluto, la figura. [...] usted no
puede deducir el conocimiento de la Dama del Unicornio a partir de la adición
de los hilos. Entonces, aquello que es tejido en conjunto, es una buena base de
partida" (trad. del autor).

en su organización[318]". Con la ayuda de la Gestalt[319], vemos como la organización es clave para entender el Trialismo, su relación con el Pensamiento Complejo y la diversidad, presupuesto de la emergencia: "... la psicología de la Gestalt [...] requiere [...] un nuevo y sorprendente reordenamiento de las viejas formas de pensar[320]".

En el Derecho, si tomamos por separado a los componentes del mismo: hechos/conductas, normas y valores, no dan la idea de lo jurídico, sino aspectos separados, que por sí solos nada dicen. Solo la unión de los mismos permite llegar a una estructura única, pero tripartita de lo jurídico. Señala Morin: "... la notion latine de 'complexus' (éléments variés formant un tissu)"[321]. En cada dimensión, se podrá encontrar el reflejo de las otras, cada una será entendida en función de la otra y cada una es la base en la que se apoya la otra. Así, "... il faut voir toujours que l'analyse conduit à une synthèse, laquelle doit conduire à des nouvelles analyses; qu'il faut savoir à la fois séparer et relier[322]". En nuestro caso, y teniendo en vista los desaciertos de la Escuela Analítica, debe ponerse énfasis en religar los elementos dispersados por Kelsen. Por otra parte, al ser necesaria la integración, el Trialismo sería una "re-ligazón" del Derecho. "Las teorías tridimensionales reafirman [...] el original asombro del hombre ante la complejidad del cosmos. Son un intento re-ligioso, en el sentido de religación, del hombre y el

---

318 Laughlin, Robert, *Un universo diferente. La reinvención de la física en la Edad de la Emergencia*, trad. por Silvia Jawerbaum y Julieta Barba, Buenos Aires, Katz, 2007, p. 29.
319 "... objeción a la práctica de explicar la experiencia psicológica de una manera fragmentaria". Heidbreder, Edna, *Psicologías del siglo XX*, trad. de L. N. Acevedo, México, Paidós, 1991, p. 256.
320 Íd., p. 257.
321 Morin, "À propos...", cit., p. 2. "La noción latina de *complexus* (elementos variados formando un tejido)" (trad. del autor).
322 Íd., p. 8. "... hay que ver siempre que el análisis conduce a la síntesis, la cual debe conducir a nuevos análisis; hay que saber a la vez separar y unir" (trad. del autor).

mundo[323]". No se trata de la hiperespecialización y de los efectos perniciosos de los que habla Morin, sino de tener en cuenta distintos aspectos que contribuyen a analizar un mismo objeto.

25. La complejidad es también una comprensión de los tan populares y actuales diálogos interdisciplinarios, es una apertura al contacto con otras disciplinas en función de las necesidades de cada una de ellas. Esta forma de calificar a los encuentros académicos encierra la necesidad y el deseo de no agotar la resolución de los problemas en los límites de una disciplina. Es un ir "más allá", como decía, de las disciplinas. Esto implica replantearse los límites clásicos de los objetos disciplinarios[324]. La complejidad moriniana sistematiza y da cauces a esta necesidad de "interdisciplinariedad". Y así como puede sostenerse que la necesidad crea derecho[325], la necesidad epistemológica crea ciencia. Dice Morin: "ce n'est pas la certitude ni l'assurance, mais le besoin qui m'a poussé entreprendre ce travail jour après jour, pendant des années[326]". Los tiempos actuales reclaman la complejidad y el Derecho no puede sustraerse a ella. Debe dialogar con la sociología construyendo sus propias categorías, así como con la lógica, elaborando sus propias categorías normativas y con la filosofía moral y la ética, construyendo su ciencia de la justicia o dikelogía.

---

323 Menicocci, Alejandro, "Complejidad y simplicidad en la conceptualización del Derecho", en *Boletín del Centro de Investigaciones de Filosofía Jurídica y Filosofía Social*, n° 10, Rosario, FIJ, 1988, p. 44. Ver tb. a Morin, *La Méthode 2...*, cit., p. 444. (Morin, *El Método 2...*, cit., p. 511).

324 Ver en este sentido Morin, *Articular...*, cit. Sobre el tema, ver Galati, *Los comités...*, cit.

325 La supervivencia, la conservación del ser, justifica la necesidad. Ver Leonfanti, María Antonia, *Derecho de necesidad*, Buenos Aires, Astrea, 1980, pp. 18-22.

326 Morin, *La Méthode 1...*, cit., p. 24. "No es la certidumbre ni la seguridad, sino la necesidad la que me ha impulsado a emprender este trabajo día tras día, durante años". Morin, *El Método 1...*, cit., p. 38.

El diálogo interdisciplinario plantea a su vez el problema de los límites disciplinarios, es decir, la pregunta derivada de la alerta por la disolución del objeto jurídico. Hay
que diferenciar entonces lo previo a su conocimiento de lo
que lo afecta o lo que se necesita. La lengua y la literatura
son indispensables para el jurista, ya que debe saber redac-
tar para manejarse en el mundo jurídico. Pero no por ello la
literatura forma parte del Derecho. Y no lo forma porque es
un saber previo que se presupone. Pero el beneficio, el perjuicio, la audiencia que se permite o se prohíbe a los interesados, se dan o no se dan en el juego jurídico. Con estas
categorías se permite analizar el grado de afectación que
reciben los sujetos. Y esos intereses son los que se reclaman, porque el Derecho no reparte letras, palabras, reglas
gramaticales, sino vida, libertad, salud, saber, etc., y eso
nos interesa en un grado de proximidad mayor. Más que la
regla gramatical, interesan los contenidos de los libros, lo
que se considere verdad en un currículo escolar, por ejemplo. El conocimiento que se reparte interesa al Derecho.
Si bien el perjuicio o beneficio puede presuponerse, darse
por supuesto, evidenciarlo implica una profundidad necesaria en estos tiempos, a la que aspiro. Aquel conocimiento del conocimiento del que habla Morin[327]. El Derecho
necesita responder a las incertidumbres, ambigüedades y
contradicciones, y para ello es necesario un método que no
niegue ni se quede paralizado ante dichas características
que muestran la complejidad de lo real[328], de lo jurídico.

En este sentido, la lógica no determina los límites de
un objeto, sino sus necesidades. Porque la lógica es un
instrumento y los objetivos de los juristas son anteriores a

---

[327] Y que titula el tomo 3 de su obra maestra *El Método*.
[328] Ver Morin, *Sociologie*, cit., p. 64. (Morin, *Sociología*, cit., p. 80).

ella. Si deseo controlar y criticar la normatividad, es lógica consecuencia que el objeto jurídico incluya más elementos que las normas.

26. De manera inmediata a la necesidad epistemológica se encuentra la necesidad metodológica y la consecuente complejidad metodológica. "Mientras se ha creído que el método crea su objeto, se ha afirmado que una ciencia tiene nada más que un método —el 'suyo'—[329]". Cuando los métodos deberían ser determinados por las necesidades de aquellos que trabajan en la ciencia en cuestión. Y si hay necesidad de justicia ante normatividades injustas, debe entonces tener la justicia el método que la caracterice y haga factibles y operacionalizables sus enunciados. Si el objeto es complejo, deberé utilizar un método adecuado al aspecto que estoy estudiando, en este caso, del Derecho. "La Méthode ne peut plus se séparer de son objet. W. Heisenberg[330]". De manera coincidente, Feyerabend postula la importancia de la necesidad, en tanto se suponía que el cerebro era el responsable de los restantes rasgos humanos, que el ser humano llegó a adoptar la posición erecta y utilizar sus manos porque el cerebro se lo dijo así. Pero una nueva posición del cuerpo que implique nuevas tareas puede crear el cerebro necesario para ellas, y tal fue la posición de Engels acerca de la mano en la humanización de nuestros antepasados simiescos[331]. Por su parte, Goldschmidt sostiene lo mismo. En efecto, "... el paradigma [guía] la elección de la metodología"[332].

---

[329] Bidart Campos, "La Teoría Trialista del mundo jurídico según Werner Goldschmidt", en *El Derecho*, t. 25, p. 903.

[330] Morin, *La Méthode 1*..., cit., p. 7. "El método ya no puede separarse de su objeto. W. Heisenberg". Morin, *El Método 1*..., cit., p. 20.

[331] Feyerabend, *Contra*..., cit., p. 142.

[332] Sautu, Ruth, *Todo es teoría. Objetivos y métodos de investigación*, Buenos Aires, Lumiere, 2005, p. 49.

27. La noción de "integrativismo" fue usada por **Jerome Hall**[333]. De la lectura de su obra puedo destacar coincidencias no solo con el Trialismo sino también con Morin. Señala que el positivismo no es un punto de vista suficiente[334], que hay que trascender las especializaciones[335]. Alabando la cultura griega como lo hace el filósofo francés, expresa que esta no fue especializada sino equilibrada[336]. Sostiene que las leyes tienen connotaciones valorativas y empíricas[337]. Luego señala que si bien la lógica y la gramática ayudan a la comprensión de las leyes, ellas son a su vez ideas manifestadas, acción, funcionando en la realidad; no se aprenden en abstracto, no habitan en un mundo extraño[338]. Condena el reduccionismo y en referencia al Derecho expresa que razón y realidad, si bien elementos opuestos, no pueden reducirse el uno al otro; no hace falta recurrir a las antinomias, sino lograr el esfuerzo de la integración[339]. Así, "... el hombre es caracterizado por una integración de idea y hecho. Él es simultáneamente una criatura racional-evaluadora-biológica[340]". Nótese la similitud con la concepción antropológica de Morin. Acuñando una democracia cognitiva, plantea a los abogados la tarea de democratizar su ciencia, señalando que durante mucho tiempo, muchas personas libres y versadas podían

---

[333] Ver Hall, Jerome, "Teoría jurídica integralista", trad. de Eduardo Ponssa, en Cairns, Huntington *et al.*, *El actual pensamiento jurídico norteamericano*, Buenos Aires, Losada, 1951, pp. 53-89. Ver tb. David, Pedro, "Jerome Hall y su 'integrative jurisprudence'", en *La Ley*, Buenos Aires, del 20.3.1958; Flores, Imer, "La cama o el lecho de Procrustres. Hacia una jurisprudencia comparada e integrada", en *Boletín Mexicano de Derecho Comparado*, México, UNAM, 2009, en https://bit.ly/2N0YGdB (8.11.2009).

[334] Hall, *Razón...*, cit., p. 92.

[335] Íd., p. 96.

[336] Íd., p. 116.

[337] Íd., p. 97.

[338] Íd., p. 107.

[339] Íd., pp. 98-99.

[340] Íd., p. 99.

desempeñarse como abogados[341]. Complejamente, expresa que el más simple de los objetos tiene numerosas características[342]. Ello nos recuerda que no hay casos simples o fáciles, frente a casos difíciles. Cada caso encierra una problemática de hondo contenido filosófico. Haciendo honor a la integración, expresa que el positivismo no es puro, ya que Kelsen y Austin le dan algún papel a la eficacia, y que el jusnaturalismo no es pura especulación teórica sobre las normas, sino que se manifiesta sobre su inhumana aplicación, a la vez que los principios se han adaptado a las circunstancias fácticas[343]. De allí que también señale que hay factores físicos y biológicos que condicionan la posibilidad y la creación en el Derecho, es decir, que hay propiedades humanas físicas y biológicas que el más omnipotente de los parlamentos no puede alterar[344]. Esto rememora los límites de los que habla Goldschmidt. Condenando el abstraccionismo que tanto critica Morin, expresa que nunca encontramos un hombre, sino a uno en particular. No obstante todas estas aristas complejas de Hall, también señala que el hombre es enteramente racional, y que en la realidad y en el cosmos no hay caos[345].

Podemos ver en Goldschmidt a un gran filósofo-ingeniero que ha logrado articular distintos programas, que conforman las dimensiones, y luego distintas herramientas conceptuales o categoriales, coherentes con dichos programas en el conjunto de la Teoría Trialista. En otras palabras ha logrado purificar la complejidad de integrativistas como Jerome Hall. Por ejemplo, Ciuro Caldani ha comentado cómo extrajo los elementos de la interpre-

---

[341] Íd., p. 101.
[342] Íd., p. 102.
[343] Íd., p. 109.
[344] Íd., p. 113.
[345] Íd., p. 119.

tación de Savigny. Lo que cabe completar con los "orígenes de la concepción tridimensional" de su obra mayor. El propio jurista germano-español señala que ha dado forma a la captación unitaria del funcionamiento de las normas de Engisch; que incorporó la auto y heterointegración ante una carencia que corresponden a Betti[346] y que las materializaciones personales producto de la función integradora de las normas contemplan los tipos ideales de Weber[347]. Además, se han incorporado la tarea de reconocimiento de la norma, de filiación hartiana, la tarea de argumentación de la teoría homónima de Perelman[348], y los aportes de la teoría de la decisión y del tridimensionalismo de Reale, que se encuentran en el acápite referido al "origen de los repartos[349]".

28. Con respecto al funcionamiento de cada uno de estos elementos, no hay una yuxtaposición[350], ya que existen relaciones entre ellos, es decir, vinculaciones recíprocas. Hay valor en la conducta, es decir, su fin puede ser

---

346 Goldschmidt, "Trialismo. Su semblanza", en *Enciclopedia Jurídica Omeba*, apéndice, t. V, Buenos Aires, Driskill, 1986, p. 787; Goldschmidt, *Introducción filosófica al Derecho*, 6ª ed., Buenos Aires, Depalma, 1987, p. 294.
347 Goldschmidt, "Trialismo...", cit., p. 788.
348 Como *nota personal*, Goldschmidt fue un filósofo tan brillante como polémico. He visto sus fuertes y fundamentadas disidencias con la Egología, con Kelsen. Por otro lado, Ciuro Caldani muestra las diferencias, pero también las coincidencias, por ejemplo, con la Egología. De hecho, impulsó unas jornadas en donde convivieron académicamente los pensamientos de los homenajeados Goldschmidt y Cossio. Ver, en este sentido, la obra AA. VV., *Dos filosofías...*, cit. Goldschmidt buscó la integración en su teoría, tal vez con el aislamiento respecto de otras teorías, y Ciuro Caldani busca la integración y a su vez la comunicación con teorías afines, realizando un ecumenismo jurídico. Como confirmación de lo dicho, nótese la visión que el jurista rosarino tiene de las relaciones entre valores (cap. 10), y de la relación entre el Derecho y la Política (ver Galati, "La ciencia de la transdisciplinariedad o la política compleja. Las fronteras entre el derecho y la política"), en *Desafíos*, vol. 27, nº 2, Bogotá, Universidad del Rosario, 2015, pp. 83-120, en https://bit.ly/2BrOGc2 [21.3.2015]); lo que brinda a la ciencia jurídica una perspectiva de conjunto, relacional y comunicativa, pocas veces vista.
349 Ciuro Caldani, *Metodología jurídica*, Rosario, FIJ, 2000, p. 10.
350 Ver cap. 10.

la realización de un valor; hay hechos en las normas, esto es, la norma trata de encaminar la realidad, de aclararla; y en el campo de los valores se entra en contacto con hechos: que son los que deben compararse y valorarse a fin de lograr justicia. Y también la realidad puede brindar los elementos a analizar a fin de quebrar los prejuicios que fomenten desigualdades.

De manera que "... el mundo jurídico es un conjunto de repartos de potencia e impotencia (dimensión sociológica), descritos e integrados por un conjunto de normas (dimensión normológica) y valorados repartos y normas por la justicia (dimensión dikelógica)[351]".

Mientras Morin señala como una figura compleja la del Yi King, compuesta por el Ying y el Yang, concéntrica, formada por una "S" que a la vez que separa une, y compuesta por movimientos opuestos que a la vez que antagonistas son complementarios[352], Goldschmidt muestra al fenómeno jurídico como círculos concéntricos, en donde en el centro se halla el reparto, en el próximo círculo la normatividad que lo capta, y por último la valoración de la justicia, que cierra la rueda jurídica. "En su centro se halla el orden de repartos, descrito e integrado por el ordenamiento normativo, y por encima advertimos la justicia que valora conjuntamente tanto el uno como el otro[353]". En sintonía con lo dicho, se señala que la armonía significa la conexión entre elementos diversos, simultáneos y diferentes[354]. Como esta es particularmente importante

351 Goldschmidt, "Lugar del Trialismo en la historia del pensamiento iusfilosófico y su operatividad en la práctica", en El Derecho, t. 49, p. 902. Ver también Ciuro Caldani, Derecho y Política..., cit., p. 12.
352 Morin, La Méthode 1..., cit., p. 228. (Morin, El Método 1..., cit., p. 262).
353 Goldschmidt, Introducción filosófica al Derecho, 6ª ed., Buenos Aires, Depalma, 1987, p. 18.
354 Ciuro Caldani, El Derecho Universal (Perspectiva para la ciencia jurídica de una nueva era), Rosario, FIJ, 2001, p. 79.

en las culturas orientales[355], puede entenderse que para
caracterizar a la complejidad Morin aluda al Ying y el Yang;
coincidiendo las perspectivas del Pensamiento Complejo y el Trialismo[356]. También Morin alude a la figura de
los círculos concéntricos para graficar a la humanidad, de
caracteres planetarios, pero no uniformes, en tanto dicha
humanidad es una confluencia de identidades concéntri-
cas, "... partiendo de la identidad familiar, local, regional
y nacional[357]".

Como señala David Bohm, toda teoría científica puede preciarse de tal en tanto se muestre como una descripción armónica de la realidad que quiere mentar. Es
decir, cuando sus postulados sean compatibles con dicha
realidad, cuando no se generan "vacíos lingüísticos" derivados de silencios, ocultamientos, etc. Así, "... toda gran
teoría científica se ha fundado en la percepción de alguna
característica muy general y fundamental de la armonía
del orden natural. Dichas percepciones, cuando se expresan de forma sistemática y formal, se denominan 'leyes de
la naturaleza'"[358]. A lo largo de este trabajo haré mención de
otras armonías encontradas entre las teorías en análisis.

29. Morin distingue la complejidad generalizada de
la restringida. La complejidad generalizada se asocia a lo
complicado, a la formalización de lo complejo en leyes,
que en suma cae en los viejos supuestos de la ciencia clásica, en tanto se pretende reducir el todo a la ley, mientras que la complejidad es más que la ley[359]. De ahí que

355 Íd., p. 80.
356 Ver cuando señalo que la justicia es el "hilo" de la complejidad en el mundo jurí-
    dico en el cap. 1 del tomo 2.
357 Morin y Kern, Anne Brigitte, *Tierra-Patria*, trad. de Ricardo Figueira, Buenos
    Aires, Nueva Visión, 2006, p. 142.
358 Bohm, David, *Sobre la creatividad*, trad. de Ana Sánchez, Barcelona, Kairós,
    2002, p. 43.
359 Morin, *Complejidad restringida...*, op. cit., pp. 110-111.

el filósofo francés diga que la complejidad generalizada descomplejice la complejidad[360]; y proponga que la complejidad restringida —complejidad propiamente dicha— conlleve las ideas clave de emergencia, sistema y caos[361]. La interrelación es clave en el Trialismo, en tanto no significa yuxtaposición sino integración. Hablar de interrelación es hablar de una característica del sistema, que no es adición de elementos, sino organización para el surgimiento de emergencias y restricciones, en suma, de interrelaciones[362]. Relaciones que son clave en el campo del conocimiento, como lo veremos en el capítulo siguiente.

---

[360] Íd., p. 111.
[361] Íd., p. 112.
[362] Ver los caps. 10 y 11.

2

Las aduanas del saber

1. Morin plantea la libre circulación de los conocimientos. Es interesante observar cómo las propias membranas en las células no se limitan a funcionar como línea de demarcación. Así, "... enzimas que en la membrana de la mitocondria se comportan como verdaderas cadenas transportadoras de electrones, proceso que constituye la base de la respiración celular[363]". Nuestro organismo físico no sería posible sin intercambios. Mucho menos sería posible la vida social sin intercambios sociales.

La libre circulación es fundamental a la complejidad jurídica en tanto el Trialismo contiene aportes de distintas disciplinas, sin por ello fundirse con ellas. Así como se valoran los traslados de las ciencias naturales a las humanidades, como por ejemplo, la ansiada certeza, predictibilidad y anclaje en los hechos que se pretende tengan las ciencias sociales[364], sería interesante que se valoren también los traslados de las categorías de las humanidades a las ciencias naturales, como por ejemplo, el necesario carácter parcial —no neutral— de los investigadores; y en este sentido se valoraría el aspecto axiológico que toda

---

363 Maturana, Humberto y Varela, Francisco, *El árbol del conocimiento. Las bases biológicas del entendimiento humano*, Buenos Aires, Lumen, 2003, p. 30.
364 Ver por ejemplo a Bunge, *Epistemología. Curso de actualización*, 2ª ed., México, Siglo XXI, 2000, pp. 25, 38, 42, 47, 49.

ciencia tiene. Y el Derecho no escapa a dicha idea. Por ello, no habría que menospreciar un traslado de ideas de las "humanidades" a las "ciencias naturales[365]".

> Le [...] censeur n'interdit pas de dire: 'Le chat obéit au programme informationnel inscrit dans ses gènes'. Pourtant les idées de programme et d'information relèvent d'une projection, certes heuristique, mais inconsciente du modèle de l'artefact cybernétique sur l'être-machine vivant. Programme et information passent la douane parce qu'ils ont le visa du laboratoire. Par contre, si je dis : 'Le chat es un individu-sujet', ce propos est refoulé comme sottement anthropomorphe, donc non scientifique[366].

2. De hecho, el filósofo francés se pregunta por el programa genético: "... ces termes d'information et de programme ont migré de la machine artificielle qu'est l'ordinateur pour s'introduire dans la machine vivante. Cette transplantation conceptuelle est-elle pertinente?[367]" En efecto, cabe preguntarse por qué se admiten tan fácilmente los aportes de las ciencias naturales y se restringen tanto los de las ciencias sociales. En nuestro ámbito jurídico parece darse dicho estado de situación ante los avances de la informática para con el mundo jurídico. Esto implica una relación de semejanza entre la máquina artificial y el Derecho, considerado desde un modelo lógico y a

---

[365] Sobre la crítica de la división ver a Morin, *La Méthode 2...*, cit., p. 419. (Morin, *El Método 2...*, cit., p. 483).

[366] Morin, *La Méthode 2...*, cit., p. 416. "El [...] censor no prohíbe decir: 'El gato obedece al programa informacional inscrito en sus genes'. Sin embargo, las ideas de programa y de información dependen de una proyección, sin duda heurística, pero inconsciente del modelo del artefacto cibernético sobre el ser-máquina viviente. Programa e información pasan la aduana porque tienen el visado del laboratorio. Por el contrario, si yo digo: 'El gato es un individuo-sujeto', esta declaración es rechazada como necedad antropomorfa, por tanto, no científica". Morin, *El Método 2...*, cit., p. 480.

[367] Morin, *La Méthode 3...*, cit., p. 36. "... estos términos de información y de programa han emigrado de la máquina artificial que es el ordenador para introducirse en la máquina viviente. ¿Es pertinente este transplante conceptual?" Morin, *El Método 3...*, cit., p. 46.

aplicarse por autómatas. Aquí no ha habido sospechas de contrabando porque los términos son importados desde la cibernética, la lógica y la matemática. Rolando García critica esta traspolación[368].

En otra ocasión Morin trae un ejemplo de Carl Jung:

> Si de nos jours quelqu'un s'avise de déduire la phénoménologie intellectuelle ou spirituelle de l'activité glandulaire, il peut être assuré a priori *de l'estime et du recueillement de son auditoire; si, par contre, quelqu'un d'autre se plaisait à voir dans la décomposition atomique de la matière stellaire une émanation de l'esprit créateur du monde, ce même public ne saurait plus que déplorer l'anomalie mentale de l'auteur. Et pourtant, ces deux explications sont également logiques, également métaphysiques, également arbitraires, et également symboliques (...) L'hypothèse de l'Esprit n'est en rien plus fantastique que celle de la Matière*[369].

Es interesante traer a cuento una coincidente idea de un gran representante de las humanidades, Alfred Schütz:

> ... los adeptos del movimiento de la 'unidad de la ciencia' nunca han intentado con seriedad responder, o siquiera plantear, la pregunta de si el problema metodológico de las ciencias naturales, [...] no es simplemente un caso especial del problema más general, aún inexplorado, de cómo es posible el conocimiento científico y cuáles son sus presuposiciones lógicas y metodológicas. [...] los recursos metodológicos particulares elaborados por las ciencias sociales para comprender la realidad social son

---

[368] Ver García, op. cit., pp. 75, 129.
[369] Morin, *La Méthode 3...*, cit., p. 69. "Si, en nuestros días, se le ocurre a alguien deducir la fenomenología intelectual o espiritual de la actividad glandular, puede estar seguro *a priori* de la estima y el acogimiento de su auditorio; si, por el contrario, algún otro se complace en ver en la descomposición atómica de la materia estelar una emanación del espíritu creador del mundo, el mismo público ya no sabría sino deplorar la anomalía mental del autor. Y sin embargo, estas dos explicaciones son igualmente lógicas, igualmente simbólicas (...) La hipótesis del Espíritu en nada es más fantástica que la de la Materia". Morin, *El Método 3...*, cit., p. 78.

más adecuados que los de las ciencias naturales para conducir al descubrimiento de los principios generales que gobiernan el conocimiento humano[370].

Si quien conoce es el hombre, lo hace en todos los ámbitos. De allí que los estudios relativos al sujeto y sus relaciones con otros sean fundamentales en toda ciencia.

La separación de la ciencia en ramas no debería implicar descuartizar al hombre, disecarlo y repartirse el botín entre los aduaneros-carroñeros del conocimiento. Por otra parte, la invención, la creatividad, es la clave de una ciencia que pretenda ser avanzada. Sin embargo no hay que caer en el abuso de la traspolación. "'Les équivalences minutieuses entre la vie biologique et la vie sociale [...] ne sont pas le support de l'analogie, mais son écume'"[371].

3. Por ello, y como será el objetivo del Trialismo y de Morin, y como le criticaré a los simplificadores, no pueden admitirse ya las expulsiones de temas considerados metafísicos. " Il est dès lors d'autant plus ridicule de continuer à vouloir chasser des sciences de l'homme les termes réputés 'métaphysiques' de sujet, intelligence, psychisme, esprit que ces notions ont toutes un caractère physique [...] et un fondement biologique"[372].

---

[370] En Mardones, J. M. y Ursúa, N., *Filosofía de las ciencias humanas y sociales. Materiales para una fundamentación científica*, México D. F., Coyoacán, 1999, p. 177.

[371] Schlanger, Judith, *Les métaphores de l'organisme*, Paris, Vrin, 1971, p. 35; cit. por Morin, *La Méthode 2...*, cit., p. 324. "'Las equivalencias minuciosas entre la vida biológica y la vida social, [...] los acercamientos término por término, no son el soporte de la analogía, sino su escoria'". Morin, *El Método 2...*, cit., p. 377.

[372] Morin, *La Méthode 2...*, cit., p. 416. "... es ridículo continuar queriendo expulsar de las ciencias del hombre los términos reputados de 'metafísicos' de sujeto, inteligencia, psiquismo, espíritu ya que estas nociones tienen todas un carácter físico [...] y un fundamento biológico [...]". Morin, *El Método 2...*, cit., p. 481.

Goldschmidt, al hacer consideraciones de teoría del conocimiento toma conciencia de la expulsión del aspecto social del Derecho, reducido entonces a un ordenamiento de normas:

> ... el neokantismo dio un paso más y predicó el efecto constitutivo del objeto de cualquier método. Siguiéndole resulta [...] la distinción entre un concepto sociológico y otro jurídico del Estado, una identificación inadmisible de dos objetos totalmente diversos (por ser metas de dos métodos diferentes), y se reserva a la jurisprudencia el concepto jurídico del Estado que identifica Estado y ordenamiento de normas[373].

El Trialismo, al llevar a cabo una estructuración ontológica diversa, compleja, no tendrá tres Estados, sino un Estado complejo, analizable sociológica, normológica y dikelógicamente.

4. Una técnica de Morin es pensar recursiva[374] y circularmente, es decir, considerar que un tema es la ocasión para tratarlo desde distintos aspectos, todos los cuales contribuyen a explicarlo y comprenderlo. Esto justifica también las traspolaciones que he hecho, sobre todo de los tomos 1 y 2 de *El Método*, a la esfera de las ideas y la sociedad, eminentemente antroposociales, que es donde se ubica el Derecho. En suma, se trata de no disociar, sino de separar a la vez que volver a unir; que es lo que han hecho diversas ciencias.

---

[373] Goldschmidt, *La ciencia de...*, cit., p. 140.
[374] Ver cap. 8, y cap. 3 del tomo 2.

3

Historia de la complejidad

1. Se considera que la Edad Media es el ámbito adecuado para el jusnaturalismo por la jerarquización de aquella del valor sobrenatural a las normas, y la Edad Moderna el ámbito adecuado para el juspositivismo, donde el hombre despierta del sueño místico, religioso y requiere de saberes certeros y predecibles. El racionalismo de la Edad Moderna resiste su soberanía en la Edad Contemporánea al amparo del pensamiento analítico y la llamada Postmodernidad aparece como una edad de desconcierto con un terreno propicio para la complejidad, en tanto "... nos han sido necesarias las desilusiones del siglo XX para comprender que también la Verdad científica es un ornamento de lo real[375]". La bomba atómica, los desastres nucleares (Chernobyl), las contaminaciones ambientales (Seveso), el hambre, el sometimiento, las dos guerras mundiales, revelan al menos algunas desilusiones. Y en el campo jurídico, lo propio ha ocurrido con el normativismo, acosado por el jusnaturalismo, la Escuela Crítica y la "inclusividad" y lo "blando" de algunos positivismos.

2. Morin explica el nacimiento del positivismo, de la ciencia clásica:

> Alors que la destruction d'un monde [religieux, médiéval] déterminait une crise paradigmatique profonde, la science naissante élaborait ses principes et méthodes qui allaient constituer le

375 Atlan, op. cit., p. 25.

nouveau paradigme d'une connaissance désormais disjointe et émancipée de la politique, de la religion, de la morale, et même de la philosophie[376].

Es la Postmodernidad una época anti-compleja, ya que su esencia es la separación, tal como lo pregona Descartes, un referente indiscutido de la era de la razón. Creador de la máxima de las ideas claras y distintas, expresa como pauta metódica la de "... dividir cada una de las dificultades a examinar en tantas partes como fuera posible y necesario para su mejor solución[377]". A lo cual hay que sumar su predilección por el orden[378] y la deducción[379]. Parece que Morin relata todo lo que Kelsen, consecuente con la edad en la que se encuentra, separa del objeto jurídico trialista. En efecto,

> Sa règle première libère le savoir de tout jugement de valeur et le voue à la seule finalité du connaître; son savoir se constitue sur la base d'une dialogique empirico-rationnelle; [...] elle établit ses exigences de précision et d'exactitude, et, dans ce sens, elle se mathématisera et se formalisera de plus en plus. Ce faisant, la connaissance scientifique a fait le plus grand effort jamais tenté pour s'affranchir des normes et pressions sociales, en même temps que du sens et du vécu communs[380].

---

376 Morin, *La Méthode 4...*, cit., pp. 55-56. "Mientras que la destrucción de un mundo [religioso, medieval] determinaba una crisis paradigmática profunda, la ciencia naciente elaboraba sus principios y métodos que iban a constituir el nuevo paradigma de un conocimiento que a partir de entonces sería disjunto y estaría emancipado de la política, la religión, la moral, e incluso de la filosofía". Morin, *El Método 4...*, cit., p. 60.

377 Descartes, René, *Discurso del método*, trad. de Eduardo Bello Reguera, Barcelona, Altaya, 1993, p. 25.

378 Íd.

379 Íd., p. 27.

380 Morin, *La Méthode 4...*, cit., p. 56. "Su regla primera libera al saber de cualquier juicio de valor y lo consagra a la sola finalidad del conocer; su saber se constituye sobre la base de una dialógica empírico-racional; [...] establece sus exigencias de precisión y exactitud y, en ese sentido, se matematizará y formalizará cada vez más. [...] al hacer esto, el conocimiento científico realizó el mayor esfuerzo que se haya hecho nunca para liberarse de las normas y presiones sociales, al

3. Así como la ciencia clásica nos liberó de la dominación del dogma religioso, debemos cuidarnos de no caer
esclavos de la empiria eficientista de la ciencia clásica[381].

... l'histoire singulière d'Athènes au Ve siècle nous a montré
qu'une cité démocratique était capable de refouler la zone
d'action de ses dieux à la simple protection, non à la maîtrise:
la philosophie européenne a eu l'énergie spirituelle de réduire,
et à la limite de dissoudre, le Grand Dieu qui avait recouvert
tout son Moyen Age. L'esprit humain peut faire mourir les dieux
qu'il a créés. Mais peut-il supprimer les successeurs abstraits des
dieux, qui se cachent sous des philosophies et idéologies apparemment laïques?[382]

En otra oportunidad, Morin señala cómo aquello que
se condenó, mutó manteniendo su esencia; simplificación
que la complejidad combatirá:

... la Providence s'est introduite en catimini dans la Raison du
siècle des Lumières, qui en est même devenue Déesse, puis
elle s'est introduite dans l'idée de science à la fin du XIXe siècle. L'éternité et l'incorruptibilité de la substance divine se sont
introduites dans l'univers matérialiste de Laplace. Le Salut s'est

---

mismo tiempo que del sentido y vivencias comunes". Morin, *El Método 4...*,
cit., p. 60. Con respecto a este tema, ver lo referido al concepto de norma y
las consecuencias derivadas de su falta de pretensión de verdad. Cap. 1, 2ª
parte, del tomo 3.

381 Ver Atlan, op. cit., pp. 11-12.

382 Morin, *La Méthode 4...*, cit., p. 119. "Atenas en el siglo V nos ha mostrado que una
ciudad democrática era capaz de reducir la zona de acción de sus dioses a la
simple protección, no al dominio: la filosofía europea tuvo la energía espiritual
de reducir y en el límite disolver, al Gran Dios que había recubierto toda su Edad
Media. El espíritu humano puede hacer morir a los dioses que ha creado. Pero,
¿puede suprimir a los sucesores abstractos de los dioses, que se ocultan tras las
filosofías e ideologías aparentemente laicas?" Morin, *El Método 4...*, cit., p. 123.
"... para ello, refundir en una gran síntesis las luces de la razón con las ilumina-
ciones místicas. El resultado: una mística de la ciencia para la cual, una vez más,
no puede haber más verdad que la científica, pero que no se resigna a permanecer entre los límites estrechos en los que la ciencia quiere mantener un pensamiento crítico consecuente que reflexiona sobre ella". Atlan, op. cit., p. 12. "'No
hay más verdad que la científica', decía Bertrand Russell". Íd., p. 11.

introduit dans l'histoire profane, et un nouveau Messie s'est incarné dans le Prolétariat. Ainsi, le 'matérialisme scientifique' est devenu la grande religion de salut terrestre du XXe siècle[383].

En efecto, en el campo del Derecho, la polémica y los desarrollos doctrinarios han develado las carencias del positivismo y del positivismo jurídico:

> ... opiniones teóricas positivistas que no resultaba posible defender [...] como la tesis de la obediencia o positivismo ideológico, la jurisprudencia mecánica, las tesis clásicas sobre la plenitud y coherencia del ordenamiento jurídico, la tesis legalista (ley como fuente única o primaria de calificación jurídica), la teoría imperativista de la norma jurídica, etc.[384]

4. Por otro lado, cabe preguntarse si la Postmodernidad será la edad de la complejidad. Morin cree que sí, en tanto se pregunta: "¿Cuáles son mis fundamentos? La ausencia de fundamentos, es decir, la conciencia de la destrucción de los fundamentos de la certidumbre. Esta destrucción de los fundamentos, propia de nuestro siglo, ha llegado al conocimiento científico mismo"[385].

Veremos entonces cómo la incertidumbre, el cuestionamiento, la valoración y la necesidad de la dialógica son claves en el Pensamiento Complejo, que se asemeja a las características de esta etapa de la humanidad.

---

383 Morin, *La Méthode 4...*, cit., pp. 120-121. "... la Providencia se introdujo a hurtadillas en la Razón del siglo de las luces, que incluso llegó a ser Diosa y, después, se introdujo en la idea de ciencia a finales del siglo XIX. La eternidad e incorruptibilidad de la sustancia divina se introdujeron en el universo materialista de Laplace. La Salvación se introdujo en la historia profana, y un nuevo Mesías se incardinó en el Proletariado. De este modo, el 'materialismo científico' se convirtió en la gran religión de salvación terrestre del siglo XX". Morin, *El Método 4...*, cit., p. 124. Cabe preguntarse si la complejidad no lo es en alguna medida.
384 Serna, Pedro, "El positivismo incluyente en la encrucijada", en https://bit.ly/2waqQM0 (11.6.2008), p. 693.
385 Morin, *Introducción al Pensamiento...*, cit., p. 140. Ver también Morin, *La Méthode 5...*, cit., p. 163. (Morin, *El Método 5...*, cit., p. 158).

La Postmodernidad es la "nueva" complejidad impura[386]. Efectivamente, como todo fenómeno complejo, la Postmodernidad tiene sus cuotas de caos e incertidumbre, los cuales son integrados por el Pensamiento Complejo a fin de tomar las decisiones pertinentes. Lo propio hace el Trialismo, tal como lo mostraré.

Dicha visión integradora es la que tiene también el filósofo francés: "... la crise des fondements du cosmos, la crise des fondements de la société et la crise des fondements de la connaissance sont entre-associées en un même complexe crisique[387]". Esto tendrá también su correlato en el aspecto valorativo[388], sobre todo en las consideraciones objetivistas del valor, en tanto es muy poco ya lo "natural" que le queda. En efecto, así como Morin reclama que la política se una a la ética[389], el Derecho normativista deberá unirse a la ética y una propuesta en este sentido es la trialista. Son coherentes entonces en estos momentos aquellas teorías que incluyen la categorización de instrumentos cuestionadores, que abarcan la teorización de las crisis[390].

---

[386] Ciuro Caldani, *El Derecho Universal...*, cit., p. 25. No obstante, señala que "la 'complejidad' del pensamiento jurídico es especialmente necesaria ante la complejidad de una nueva edad y en nuestro caso de una nueva era [...]". "La comprensión del plurijuridismo y el monojuridismo en una nueva era", en *La Ley*, t. 2006-C, pp. 1246 y ss. Al fin, con ayuda del Pensamiento Complejo y el Trialismo, la Postmodernidad puede ser el ámbito en el cual renazca la complejidad organizada o pura.

[387] Morin, *La Méthode 4...*, cit., p. 96. "... la crisis de los fundamentos del cosmos, la crisis de los fundamentos de la sociedad y la crisis de los fundamentos del conocimiento se hallan entreasociadas en un mismo complejo crísico". Morin, *El Método 4...*, cit., p. 101.

[388] Ver la parte 3 del tomo 3.

[389] Morin, *La Méthode 6...*, cit., p. 206. (Morin, *El Método 6...*, cit., p. 180).

[390] El Trialismo comprende la crisis, tal como lo demuestro en Galati, "El mayo francés...", cit.

Esta época se caracteriza por la jerarquización de los cuestionamientos, de los relativismos: "... nous sommes dans une époque qui produit à la fois des aveuglements et des élucidations, les uns et les autres sans précédent[391]". Solo así se explica la proliferación de la Epistemología, frente a la necesidad de dar algún fundamento al conocimiento científico. Si lo tuviera, difícilmente tendrían lugar dichos estudios.

Las características de la Postmodernidad se relacionan coincidentemente con las características del Pensamiento Complejo, las cuales también se relacionan con las ideas-base del Trialismo:

> La sociedad moderna mantiene una inestabilidad permanente que hace que el juego a las complementariedades sociales sea al mismo tiempo un juego de antagonismos, que el juego de las diferencias sea al mismo tiempo un juego de oposiciones, [...]. La sociedad moderna está débilmente integrada culturalmente; la implacabilidad de las normas y de los tabúes se ha debilitado; las zonas de anomalía, de marginalidad y de originalidad están más o menos toleradas y constituyen por sí mismas zonas de distanciamientos sociológicos[392].

4.1. Morin señala un ejemplo de la debilidad y fragilidad de la Postmodernidad en la familia.

> L'activité professionnelle de l'homme et celle de la femme occupent une part de vie indépendante hors du foyer; la multiplicité des rencontres, le relâchement des mœurs, le besoin de poésie favorisent les adultères. Les divorces deviennent normalité et non plus exception. Il y a crise du mariage d'amour, victime d'un nouvel amour.

---

[391] Morin, *La Méthode 4...*, cit., p. 69. "... estamos en una época que produce a la vez ceguera y elucidaciones, sin precedente ni unas ni otras". Morin, *El Método 4...*, cit., p. 75.

[392] Morin, *Sociología*, cit., p. 181.

Jamais le couple n'a été aussi fragilisé, et pourtant le besoin de couple n'a jamais été aussi fort. C'est que, face à un monde anonyme, à une société atomisée où le calcul et l'intérêt s'étendent partout, le couple est intimité, protection, complicité, solidarité. [...]
La famille est en crise, le couple est en crise, mais le couple et la famille sont des réponses à leur crise[393].

Puede percibirse la complejidad precisamente en el hecho de la fragilidad de los vínculos, lo que a su vez llama a construir vínculos, y así los opuestos convergen complementándose.
Haciendo gala de su *unitas multiplex*, Morin mantiene la categoría "familia", aunque con un contenido que muchos podrían considerar completamente extraño y opuesto a la "familia".

... à travers la crise qui l'affaiblit, la fortifie et la transforme, la famille demeure un noyau de vie communautaire irremplacé. Ce dont témoignent en Occident l'apparition et la légitimation de familles homosexuelles.
En négatif ou en positif, en absence désolante ou en présence étouffante, la famille demeure inscrite de façon indélébile en l'esprit, l'âme, l'identité, la vie de tout individu[394].

---

393 Morin, *La Méthode 5...*, cit., pp. 198-199. "La actividad profesional del hombre y la de la mujer ocupan una parte de vida independiente fuera del hogar; la multiplicidad de encuentros, la relajación de las costumbres, la necesidad de poesía favorecen los adulterios. Los divorcios devienen normalidad y no ya excepción. Hay crisis del matrimonio de amor, víctima de un nuevo amor. Nunca ha sido tan frágil la pareja, y sin embargo la necesidad de pareja nunca ha sido tan fuerte. Y es porque, de cara a un mundo anónimo, a una sociedad atomizada, en la que el cálculo y el interés se extienden por todas partes, la pareja es intimidad, protección, complicidad, solidaridad. [...] La familia está en crisis, la pareja está en crisis, pero la pareja y la familia son las respuestas a su crisis". Morin, *El Método 5...*, cit., p. 193.
394 Morin, *La Méthode 5...*, cit., pp. 199-200. "... a través de la crisis que la debilita, la fortalece y la transforma, la familia sigue siendo un núcleo de vida comunitaria que no ha sido reemplazado. Y es lo que testimonian en Occidente la aparición y legalización de las familias homosexuales. En negativo o en positivo, por su

Deviene imprescindible aquí cuestionarse acerca de si los integrantes homosexuales hacen una familia en el sentido tradicional, fortaleciéndola ante sus crisis, o si nos encontramos frente al germen de su decadencia. Lo propio ocurre también con la forma de acceder a la familia, en tanto el esperma anónimo y la madre portadora[395], como la clonación[396], hacen indistinto el origen. Estas perspectivas, también complejas, jerarquizan la diversidad o la puesta en crisis de la familia tradicional.

La ausencia de un fundamento único es correlativa de una diversidad de fundamentos.

> Durante el siglo veinte la familia extensa dio paso a la familia nuclear y el siglo XXI se caracteriza por la diversidad de estructuras familiares. [...] Familias con padres heterosexuales, familias con padres gay o madres lesbianas, familias que adoptan (nacional o internacionalmente), familias con padres procedentes de diferentes culturas o razas, familias con padres divorciados o separados, nuevas familias creadas después de anteriores matrimonios (familias reconstituidas, ensambladas o familiastras), familias de acogida [...], familias donde los abuelos hacen de padres de sus nietos, familias donde los hijos hacen de padres de sus padres, familias con hijos fruto de la reproducción asistida [...], familias monoparentales ...[397].

---

ausencia desoladora o su presencia asfixiante, la familia sigue estando inscrita de forma indeleble en la mente, el alma, la identidad, la vida de todo individuo". Morin, *El Método 5...*, cit., p. 194.

395 Morin, *La Méthode 5...*, cit., p. 200. (Morin, *El Método 5...*, cit., p. 194). Sobre el tema ver Galati, "Hacia la costumbre judicial de la gestación por sustitución", en *Revista de Derecho de Familia*, sec. "Jurisprudencia anotada", nº 2014-IV, Buenos Aires, AbeledoPerrot, pp. 148-152; Galati, "La gestación por sustitución según la minoría y la mayoría del Tribunal Supremo español", en *Revista de Derecho de Familia*, nº 2014-IV, sec. "Jurisprudencia anotada extranjera", Buenos Aires, AbeledoPerrot, pp. 228-234; Galati, "Un estudio jurídico complejo de la gestación por sustitución", en *Revista de Derecho de Familia y de las Personas*, año 7, nº 1, Buenos Aires, La Ley/Thomson Reuters, 2015, pp. 165-181.

396 Morin, *La Méthode 5...*, cit., p. 200. (Morin, *El Método 5...*, cit., p. 195).

397 Frías Navarro, M., Pascual Llobel, J. y Monterde, H., "Hijos de padres homosexuales: qué les diferencia", en https://bit.ly/2MBKmLK (7.3.2008), p. 2.

Como se señala, "la parentalidad es un proceso complejo[398]". Y muestran las interacciones propias de la diversidad:

> Si tenemos en cuenta que entre las estructuras de familia numeradas anteriormente son posibles interacciones, como por ejemplo madre lesbiana sola que adopta o madre heterosexual con hijo de anterior matrimonio que con una nueva pareja tiene un hijo gracias a la fertilización *in vitro*, entonces las posibilidades de convivencia familiar solo tienen una respuesta: diversas[399].

En suma, la Postmodernidad, como todo fenómeno, no puede ser más que complejo.

Para Massimo Cacciari, si la Postmodernidad es definida como el "Fin de la Historia[400]", entonces, es la banalización de los motivos más estereotipados del discurso moderno. Si, por el contrario, el término postmoderno señala la salida, no la separación de las dicotomías antiguo-moderno, viejo-nuevo, entonces es una concepción histórica, filosófica y hermenéutica sobre la modernidad y de su relación con lo antiguo. Así lo postmoderno, no es una superación de lo moderno sino, una lectura de la modernidad[401].

---

[398] Íd.

[399] Ibídem.

[400] Morin señala que "... nous ne pouvons entrevoir la fin des idéologies, c'est-à-dire la fin des mythes sous forme d'idéologie. L'être humain ne peut vivre sans mythe et sera à nouveau possédé par d'anciens ou d'inédits. Espérons qu'ils ne soient pas utilisés au service de nouvelles oppressions et de nouveaux mensonges". Morin, *La Méthode 5...*, cit., pp. 250-251. "... no podemos entrever el fin de las ideologías, es decir el fin de los mitos en forma de ideología. El ser humano no puede vivir sin mito y será poseído de nuevo por los antiguos o por inéditos. Esperemos que no sean utilizados al servicio de nuevas opresiones y nuevas mentiras". Morin, *El Método 5...*, cit., p. 243.

[401] Motta, "La Postmodernidad: entre el silencio de la razón y el fin del milenio", en https://bit.ly/2L8K0al (6.7.2007), p. 1.

4.2. Veo que la Postmodernidad conlleva complejidad al caracterizársela como la era de la sospecha, de la profundización de la vigilancia y de los cuestionamientos que comenzara Nietzsche[402]. En efecto, "... si el hombre ha de estar a la altura de la situación ha de permeabilizar todos los compartimentos que escinden su saber y ha de surgir la 'ciencia de lo universal'[403]". Las obras más características de aquel autor en este sentido son: *Conversaciones intempestivas*, trad. de Eduardo Ovejero y Maury, Madrid, Alianza, 1994 (también traducida como *Consideraciones intempestivas*), y *Sobre verdad y mentira en sentido extramoral*, trad. de Luis Valdes, Madrid, Tecnos, 1994. Cuando se hace referencia a la Postmodernidad, se señala a la sospecha que comenzó respecto del lenguaje, en tanto el signo encierra algo de complejo, ambiguo, que no es indudable y definitivo[404]. "Los significados siempre son impuestos de manera dominante[405]". Y así como se cree que lo bueno se opone a lo malo, lo noble a lo plebeyo, se cree en los antagónicos[406]

---

[402] Ver Nietzsche, Friedrich, *Sobre verdad y mentira en sentido extramoral*, trad. de Luis M. Valdes y Teresa Orduña, 2ª ed., Madrid, Tecnos, 1994. "El hombre nada más que desea la verdad en un sentido análogamente limitado: ansía las consecuencias agradables de la verdad, aquellas que mantienen la vida; es indiferente al conocimiento puro y sin consecuencias e incluso hostil frente a las verdades susceptibles de efectos perjudiciales o destructivos". Íd., p. 21. Allí el filósofo alemán interpela la universalidad y atemporalidad del concepto. Al referirse a la verdad, señala que es "una hueste en movimiento de metáforas, metonimias, antropomorfismos, en resumidas cuentas, una suma de relaciones humanas que han sido realzadas, extrapoladas y adornadas poética y retóricamente y que, después de un prolongado uso, un pueblo considera firmes, canónicas y vinculantes; las verdades son ilusiones de las que se ha olvidado que lo son [...]". Íd., p. 25. Ver tb. Nietzsche, *Consideraciones intempestivas*, trad. de Eduardo Ovejero y Maury, en Obras completas, t. 2, Buenos Aires, Aguilar, 1949. "Solo el gran dolor es el liberador último del espíritu, en tanto que maestro de la *gran sospecha* [...]". Nietzsche, *La gaya ciencia*, trad. de José Mardomingo Sierra, Madrid, Edaf, 2002, p. 37.

[403] Ciuro Caldani, *Derecho y Política...*, op. cit., p. 29.

[404] Díaz, Esther, *La Postmodernidad*, 3ª ed., Buenos Aires, Biblos, 2005, pp. 61-62.

[405] Íd., p. 63.

[406] Íd.

y en su incompatibilidad. Por ello cuesta tanto a la mente la conjunción. Nietzsche descreerá de la verdad y la verá entonces como la imposición de un universal abstracto, cayéndose en la cuenta de que un infinito es determinado por un finito[407]. Hay que agregar en este lugar a Marx, Freud, Wittgenstein y Heidegger[408], recurrentemente citados por Morin. "Se trata de una época en que la fe en la racionalidad científica positivista parecía inexpugnable y, sin embargo, cada uno a su manera intentó ponerla a prueba, ampliarla o criticarla[409]".

5. Los tiempos complejos se avecinan, en tanto puede verse el costado negativo de la Postmodernidad asociado a lo que se llama el fin de la historia. Dice Morin: "el posmodernismo es la toma de conciencia de que lo nuevo no es necesariamente superior a lo que le precede. Pero el posmodernismo es ciego al creer que ya está todo dicho, que todo se repite, que no pasa nada, que ya no hay historia ni devenir[410]". Muchos han creído que el fin de la historia se asociaba con el colapso del comunismo soviético[411], y ahora del chino; y no contaban con la crisis del capitalismo que comenzó en 2008, con epicentro en EE. UU., icono del sistema económico burgués, anunciado por la mayoría de gobiernos de tendencia socialista en América del Sur.

---

407 Ibídem.
408 Íd., p. 64.
409 Íd.
410 Morin, *Introducción a una política...*, cit., p. 150.
411 "... la democracia liberal podía constituir 'el punto final de la evolución ideológica de la humanidad', la 'forma final de gobierno', y que como tal marcaría 'el fin de la historia'". Fukuyama, Francis, *El fin de la Historia y el último hombre*, trad. de P. Elías, Barcelona, Planeta, 1992, p. 11. En similar sentido ver a Ciuro Caldani, "La comprensión del plurijuridismo...", cit. "... parece que hoy los conflictos y el carácter decisivo de la economía como el capitalismo son tan grandes que a veces cabe preguntarse si la historia de Occidente, que personalmente tanto amamos, no fue sino un largo curso hacia el capitalismo".

Morin ve en este fin de la historia otra arista, constituida no por el hecho de que no haya ya que inventar, sino porque todo está por reinventarse, "... pour sauver l'humanité du risque d'anéantissement et parce que les conditions sont désormais créés pour envisager non l'abolition, mais le dépassement des pouvoirs absolus des États dans une formule confédérative où émergerait une société-monde[412]".

La simplicidad excluye la diversidad y esta última es uno de los componentes de las sociedades actuales. El inconveniente es que "... parece que la gente prefiere reglas simples a una visión que haga hincapié en la complejidad de toda decisión. Y este es el motivo por el que los filósofos de hoy gustan de la metodología"[413]. Caracteriza a este momento de la historia la lucha económica, que hace decir que la sociedad postmoderna es aparentemente diversa.

> La Postmodernidad se caracteriza por un pluralismo superficial y una quizás inconmovible unidad profunda de sentido utilitario, al punto de que si en la superficie se admiten diversos estilos de vida, nada es lo que se acepta en cuanto a transgresiones a las exigencias utilitarias de producción, distribución y consumo[414].

Bien se habla de pluralismo superficial, en tanto esta diversidad es frenada por el componente básico de la Postmodernidad, que es el embate uniformador del mercado, que incluso quita profundidad al análisis, en tanto todo se resume en la preeminencia de la utilidad como único valor.

---

[412] Morin, *La Méthode 6...*, cit., p. 227. "... para salvar a la humanidad del riesgo de aniquilación y porque en adelante se han creado las condiciones para considerar no la abolición, sino la superación de los poderes absolutos de los Estados en una fórmula confederativa de la que emergería una sociedad-mundo". Morin, *El Método 6...*, cit., p. 199.

[413] Feyerabend, *Diálogo...*, cit., p. 67.

[414] Ciuro Caldani, "Panorama trialista de la filosofía en la Postmodernidad", en *Boletín del Centro...*, Rosario, FIJ, 1995, nº 19, p. 9.

Una mirada "realista" a este escenario social de fines del siglo XX nos sitúa en tiempos [de] la pleitesía a las leyes del mercado, la hegemonía de las doctrinas pragmáticas y economicistas y el culto a un progreso identificado con el desarrollo económico, el bienestar material, la abundancia de los productos de consumo y la competitividad en los mercados internacionales[415].

De ahí que haya consideraciones epistemológicas en cuanto a que la investigación científica debe regirse por el "universalismo", "en oposición al particularismo y, en especial, al nacionalismo"[416]. Morin se pronuncia de manera acertada por la complementariedad. Resalto la complementariedad, porque si bien es cierto lo que dice Bunge en cuanto a que la exaltación de particularismos puede acarrear "supeditar la búsqueda de la verdad a la ideología partidaria"[417], como en el caso del nazismo o del comunismo, la tendencia a la universalización puede llevar a imponer, porque es universal. Y se cae en la siguiente conclusión: ¿cómo alguien no va a cumplir con algo que es universal? De manera que se terminan imponiendo criterios valorativos propios de una civilización a otra, como en el caso de las colonizaciones, la invasión a Irak en 2003, etc. Sostiene Bunge:

> Si se niega que el investigador científico procura obtener verdades objetivas, aunque sean parciales, se debe negar también que la ciencia se rige por un código moral interno. Esto es lo que afirman [...] Kuhn, Paul K. Feyerabend y una multitud de filósofos

---

415 Kaplún, Mario; *Del educando oyente al educando hablante. Perspectivas de la comunicación educativa en tiempos de eclipse*, Federación Latinoamericana de Facultades de Comunicación, en https://bit.ly/2nOczRs (21.2.2002).

416 Bunge, *Ética...*, cit., p. 47. Ver también Popper, *La lógica...*, cit., p. 45. "... cualquier controversia sobre la cuestión de si ocurren en absoluto acontecimientos que en principio sean irrepetibles y únicos no puede decidirse por la ciencia: se trataría de una controversia metafísica)". En suma, reniega de la metodología cualitativa, que brega por estudios muy focalizados, particulares y profundos.

417 Bunge, *Ética...*, cit., p. 47.

> irracionalistas. [...] [Según los cuales] la verdad no es sino una convención social que resulta de 'negociaciones' entre rivales, al modo en que se tramitan los compromisos políticos[418].

Creer en el respeto al particularismo de cada civilización y creer que las verdades pueden ser relativas a tipos culturales, porque la verdad forma parte de la cultura, no implica negar valores objetivos, es decir, direccionados a esos tipos culturales. Por otra parte, negar la influencia de la política en la ciencia implica simplificar y captar de manera muy ingenua a la temática científica[419].

Cuando el filósofo argentino-canadiense impone el criterio normativo a la caracterización de la verdad, no nos queda más que remitirnos a la crítica que hago a las concepciones normativistas, en el ámbito que ellas se desempeñen: "... quien busca la verdad se autoimpone una norma de recta conducta, y quien infringe esta norma no puede pretender alcanzar ni enseñar la verdad[420]". Otra caracterización coherente con el pensamiento de Bunge es la de Pinillos Díaz:

> Del postmodernismo se ha dicho que, si no es un movimiento claramente irracional, poco le falta. La anarquía del 'todo vale' es uno de los rasgos que se le han atribuido constantemente. El postmodernismo cuestiona efectivamente la existencia de hechos objetivos, incita a transgredir no solo los géneros sexuales y los literarios, sino asimismo los estilos artísticos, las épocas históricas, las clases sociales, [...] practica el escepticismo radical

---

[418] Íd., p. 50. Ver también Bunge, *Epistemología...*, cit., pp. 13 y 14.

[419] Sobre el tema ver Galati, "La complejidad del derecho de la ciencia", en *Complejidad*, nº 29, Ciudad Autónoma de Buenos Aires, Raúl Motta, 2016, pp. 22-55; tb. en https://bit.ly/2L8H919 (21.11.2016).

[420] Bunge, *Ética...*, cit., p. 50. Aunque contradictoriamente sostiene más adelante que las leyes pueden ser injustas. Íd., p. 51. Parece que utiliza la ley cuando le conviene y la justicia cuando no le conviene; con lo cual el criterio epistemológico, que es el mismo que utiliza para descalificar a filósofos de la ciencia como Kuhn y Feyerabend, diciéndoles seudocientíficos, dogmáticos y burlones, es la conveniencia, la utilidad: el mayor beneficio al menor costo.

y el relativismo cultural duro, [...] niega la unidad del sujeto, promueve una seudo hermenéutica del signo y de la representación que priva al pensamiento de su capacidad crítica, niega la posibilidad metodológica de alcanzar la verdad y, en definitiva, adopta una actitud nihilista en flagrante contradicción con la racionalidad científica que ha hecho posible la progresiva y potente civilización occidental[421].

6. Este ocultamiento de la diversidad profunda de los problemas y protagonistas, que algunas veces puede producirse, trae el inconveniente de que no todos los reclamos son oídos, sobre todo los de aquellos que no se adaptan a las reglas del mercado. Es aquí donde puede encontrarse una relación entre la economía, el derecho y la ciencia en general. La ley es el exponente jurídico de la economía de mercado, en tanto este busca reglas generales, obligatorias, certeras y estables que le den previsibilidad a sus negocios. Es curioso cómo la costumbre, que siempre ha sido tan cuestionada y a veces negada como fuente o elemento del Derecho, haya sido aceptada en Francia, si se trataba de costumbres mercantiles[422]. Seguramente habrá sido así porque hay que proteger los negocios, más allá de las formas.

No por casualidad hay leyes de la física, la ley de la oferta y la demanda, y leyes jurídicas.

> Con motivo de esa coincidencia momentánea de lo que se consideraba justo con lo dispuesto en la ley (coincidencia del Derecho Natural y el Derecho Positivo), y ante el temor de que las fuerzas sociales en libertad pudieran volver a soluciones del 'Antiguo

---

[421] Pinillos Díaz, José Luis, "Posmodernismo y Psicología. Una cuestión pendiente", en *Anales de Psicología*, vol. 18, n° 1, Murcia, Servicio de Publicaciones de la Universidad de Murcia, 2002, en https://bit.ly/2MBLnTL (23.7.2003), p. 2.

[422] Gény, François, *Método de interpretación y fuentes en Derecho Privado positivo*, 2ª ed., Madrid, Reus, 1925, pp. 329-330. A pesar de que Gény muestra el problema claramente, luego se pronuncia, lamentablemente, a favor de dicha excepción. Íd., p. 407. Sobre el tema ver Galati, "La costumbre...", cit.

Régimen', el movimiento ideológico encabezado por la codificación civil, constituido como 'escuela de la exégesis' [...] pudo
afirmar que el Derecho estaba 'hecho' y era la ley misma. El
monopolio estatal del Derecho, que había venido preparándose
en la Edad Moderna[423], alcanzó así, en la Edad Contemporánea,
su máxima expresión[424].

7. Las críticas al capitalismo han demostrado que no
todos son incluidos en un modelo que se basa en el lucro,
la ganancia y que genera muchas veces abusos, con la consiguiente explotación del hombre por el hombre[425]. Tampoco es casual que no haya habido durante la administración
menemista —expresiva del neoliberalismo— una profusa
regulación legal en materia de recursos naturales, ya que
el mercado no la necesita, pues impone sus propias reglas,
que buscan la ganancia y no el respeto a la propiedad
común y el ambiente. Recién se contó con una ley general
del ambiente en el año 2002 y con una sobre protección de
los bosques nativos en el año 2008; mientras que la Constitución nacional que incorporó los derechos ambientales
se encontraba reformada desde el año 1994[426].

8. Es por ello que propondría que no se llamen estos
tiempos postmodernos, si se ve en el término una continuación de la modernidad. Estamos en lo que Hegel llamaría la afirmación tan plena de la capacidad humana que
su antítesis podría llegar a negarla con la posibilidad de
la modificación de la especie. El hombre se encuentra en

---

[423] Thomas Hobbes, John Locke, Jean-Jacques Rousseau, etc.

[424] Ciuro Caldani, *Estudios de Historia del Derecho*, Rosario, FIJ, 2000, p. 160.

[425] Ver las encendidas obras de Proudhon, Pierre-Joseph, *¿Qué es la propiedad?*,
trad. de Rafael García Ormaechea, Barcelona, Orbis, 1983; y Marx, Karl y Engels,
Friedrich, *Manifiesto del partido comunista*, en https://bit.ly/2L9vZcK
(29.10.2007); entre otras.

[426] Ver Galati, "El Derecho Ambiental en el Derecho Planetario. El hombre y la naturaleza hacia la auto-eco-re-organización", en *Investigación...*, nº 42, Rosario, FIJ,
2009, pp. 77-90, tb. en https://bit.ly/2MouXPt (13.9.2010). Ver la primera parte
del cap. 1 del tomo 2.

las postrimerías de colocarse en el lugar del Dios que en el fondo siempre adoró, que proyectó y que ahora encarna, a tal punto que puede generar un cambio de ser[427]. Deseó ser Dios y ahora está a punto de lograrlo. Esa humanidad que ha recorrido los caminos de la antigüedad greco-romana, la santidad medieval, el renacimiento, la contemporaneidad, está a punto de encontrarse con otro protagonista que viva la historia y las proyecciones escapan a todo cálculo. Es el aprendiz de brujo jugando al ensayo y el error de la vida, de la creación. Por ello se habla de un cambio de era de la historia[428].

9. De manera que una teoría compleja debe ser consecuente con una era compleja, en tanto "... la teoría [...] [es] una forma de ver el mundo a través de la mente, a la manera de una revelación (y no una forma de conocimiento sobre lo que es el mundo)[429]". Hay indicios de complejidad en las nuevas corrientes jurídicas que tratan de renovar al positivismo clásico.

> ... se afirma por el ILP [Inclusive Legal Positivism] que el derecho contemporáneo no puede ser identificado completamente con base en esos elementos de orden fáctico, sino que la tarea de identificación (examen de validez) es en algunos casos inseparable de la tarea de determinación del contenido, y que esta última se lleva a cabo razonando desde el interior de valores morales, y que dicho razonamiento posee un valor cognoscitivo, y puede considerarse un conocimiento objetivo, si bien reformulando de nuevo la noción de objetividad[430].

[427] Sobre el tema ver la interesante película *Trascendence*, protagonizada por Johnny Deep y dirigida por Wally Pfister.
[428] Ver Ciuro Caldani, *Estudios de Historia...*, cit.
[429] Bohm, op. cit., p. 85.
[430] Serna, op. cit., p. 700.

La incertidumbre propia de estos tiempos puede observarse en las ciencias médicas, lo que justifica que el dictamen del perito no obligue al juez, por ejemplo, en lo relativo a la salud mental, en donde existen diversas teorías psicológicas. En este sentido, es congruente el comité de bioética, que representa la vigilancia recíproca que todas las profesiones se hacen en un tema clave como es el de la salud[431]. La otrora "anormalidad" se encuentra en crisis. Lo propio ocurre en el caso de las operaciones de adecuación sexual. Tal vez una pericia médica concluya en el sexo masculino, desde el punto de vista genético o biológico, y la historia de vida y otras pericias, como la psicológica, ambiental, concluyan en el sexo femenino y den elementos para concluir en la operación femeneizante o simplemente en la identidad femenina. La "ley biológica" nunca puede obligar, porque en última instancia prevalece el caso, porque la vida es compleja, es decir, evidencia distintos aspectos que concurren a la producción de un hecho a fin de ser analizados, para evaluar qué elemento predominó más en la escena completamente considerada. La complejidad exige un desfraccionamiento, una investigación. Cabe preguntarse entonces si esta puede analizarse con categorías tan estrechas, binarias (hombre/mujer; soltero/ en familia; etc.), que se reflejan en el Derecho normativista del simple legal/ilegal.

La contrariedad de la Postmodernidad se ve, por un lado en la necesidad de fundamentación, análisis, que implica una inversión de tiempo, y por otro lado en la necesidad de aceleración e instantaneidad en las decisiones. En el caso de la interpretación, por ejemplo, buscar los antecedentes parlamentarios a fin de indagar en la intención del autor y compararla con el fin de la norma o su

---

431 Sobre el tema ver Galati, *Los comités...*, cit.

espíritu implica una tarea de investigación y de valoración de la historia que muy difícilmente se den en estos tiempos de apuro y comodidad. Por otra parte, la informática y su relación con la rapidez atentan contra una interpretación histórica.

Un jurista francés propone como hipótesis de surgimiento de la complejización del objeto jurídico el contexto epocal, contrario a la modernidad.

> ... la crise des notions juridiques traditionnelles, consubstantielles de la modernité, [...] la crise de la figure de l'État; l'émergence et la prise en considération par le droit, [...] ou par la science du droit, de nouvelles donnes liées à l'innovation technologique (par exemple: internet, bio-technologies, etc.), au changements sociaux (par exemple: mouvements migratoires, société de services, etc.), et aux évolutions idéologiques (hégémonie libéral-économique, protection environnementale, assouplissement du contrôle moral sur les choix de vie[432], etc.)[433].

Cuestionador pero a la vez escéptico, así es el pensar postmoderno. Como puede verse, a la hora de analizar el pensamiento analítico, Kelsen, gran simplificador del Derecho, pretende su pureza, su asepsia, su neutralidad, precisamente sobre la base de esta ausencia de sentidos típica de la llamada Postmodernidad. Por ello Goldsch-

---

[432] Como lo mostramos, la noción de sexo ya no es más "simplemente" limitada al aspecto biológico.

[433] Millard, op. cit., p. 4. "... la crisis de las nociones jurídicas tradicionales, consustanciales a la modernidad, [...] la crisis de la figura del Estado; la emergencia y la toma en consideración por el derecho, [...] o por la ciencia del derecho, las nuevas realidades ligadas a la innovación tecnológica (por ejemplo: Internet, biotecnologías, etc.), los cambios sociales (por ejemplo: movimientos migratorios, sociedad de servicios, etc.), y a los cambios ideológicos (hegemonía liberal-económica, protección ambiental, la flexibilidad del control moral sobre las elecciones de vida, etc." (trad. del autor).

midt califica al kelsenianismo como nihilismo[434]. Ocurre
que el positivismo jurídico se ha recostado sobre el lado
escéptico de la Postmodernidad, sin poder tomar el límite
del conocimiento como una posibilidad del conocimiento, según señala Morin. En efecto, la ausencia del sentido
es la antesala de su conciencia y de la puesta en marcha
de mecanismos para su búsqueda. En esto el nihilismo
se queda a la zaga y es así un pensamiento insuficiente,
simple. Se agota en el escepticismo. Así como también las
escuelas críticas son simplistas si se agotan en la crítica.

    10. La excesiva fragmentación y escepticismo trae
como consecuencia negativa la falta de solidaridades,
intereses en común y articulación de lazos sociales. No es
casual que gran parte de la juventud argentina no cese de
manifestar su desprecio por la actividad partidista, por los
asuntos públicos y su descreimiento de los funcionarios
públicos[435]. Esto que se presenta como apatía no debe ser
contestado con el mote de "ignorancia", sino como un diagnóstico sobre el cual hay que trabajar. Malos ejemplos no
faltan si se recuerda la revolución productiva, el "salariazo"
y la modernización del Estado: literales mentiras, en tanto
desembocaron en sus contrarios: destrucción de la industria nacional, rebajas de salarios y despidos masivos producto de las privatizaciones de las empresas prestatarias
de servicios públicos, ante la priorización de la maximiza-
ción de utilidades. "Involución de programas de gobierno
que habían prometido reformas[436]". Lo cual contó con la
complicidad de organizaciones intermedias como los sin-

---

[434] Goldschmidt, "El positivismo jurídico como nihilismo", en *El Derecho*, t. 45, pp.
957-959. Ver también a Motta, "La postmodernidad...", cit., p. 1.

[435] "... un mayor individualismo y por ende notoria fragmentación de relaciones
colectivas intelectuales. Apatía en las nuevas generaciones con respecto a un
compromiso político activo". Íd., p. 2.

[436] Motta, "La postmodernidad...", cit., p. 1.

dicatos. "Crisis en las fuerzas partidarias y sindicales[437]". La atomización social se reflejó en los partidos, que terminaron su existencia tal como los conocíamos y han devenido las federaciones de partidos. El desgajamiento del radicalismo en el ARI, liderado por Elisa Carrió —luego "Coalición Cívica"—, RECREAR, liderado por Ricardo López Murphy. Cabe destacar también el fenómeno del Frente para la Victoria o Unidad Ciudadana, de extracción justicialista. Recuérdese el FREPASO, cuyas siglas significan Frente del País Solidario, que incluía, entre otros, al Frente Grande, liderado por Carlos Álvarez, el partido País, liderado por José Octavio Bordón, y Unidad Socialista integrada por los partidos Socialista Popular y Socialista Democrático y el Partido Demócrata Cristiano. Bordón fue designado por Kirchner embajador en EE. UU. y Álvarez presidente de la comisión de representantes permanentes del MERCOSUR, lo que implicó la desarticulación de estos partidos por captación de estos dirigentes por el Frente para la Victoria.

11. En relación a los pensadores que han sido precursores de la complejidad, cabe citar a Gotfried Leibniz[438]. Gastón Bachelard es mencionado como una de las bases fundamentales de la complejidad.

> ... planteaba la necesidad de una 'epistemología no-cartesiana', en un libro [...] titulado *Le nouvel esprit scientifique*. [...] dice Gastón Bachelard que lo simple no es más que el resultado de una simplificación y que la ciencia contemporánea conmina a introducir nuevos principios epistemológicos que vayan más allá del cartesianismo y de la visión funcionalista de la simplificación y reducción[439].

---

437 Íd.
438 Ver cap. 3 del tomo 2.
439 Morin, Ciurana y Motta, op. cit., p. 45. Ver también Morin, Edgar, "La epistemología de la complejidad", en *Gazeta de Antropología*, n° 20, 2004, en https://bit.ly/2nSp6Du (1.6.2013). "Para confirmar científicamente la verdad, es

Michel Foucault, en oportunidad de escribir sobre la historia de las ideas, ha propuesto una visión no positivista de la misma, en el sentido de que no ha tratado de ver a la ciencia explicada a través de leyes. Al contrario, tratará de captar rupturas, oscilaciones, causalidades circulares, lo discontinuo.

> No la historia de las ciencias, sino de esos conocimientos imperfectos, mal fundamentados, que jamás han podido alcanzar, [...]. Historia de esas filosofías de sombra que asedian las literaturas, el arte, las ciencias, el derecho, la moral y hasta la vida cotidiana de los hombres; historia de esos tematismos seculares que no han cristalizado jamás en un sistema riguroso e individual [...][440].

Hace alusión a una historia de las ideas que atraviese las disciplinas existentes, reinterpretándolas[441]. Por su parte, Morin ha hablado de una ciencia que articule los saberes disjuntos, y de la transdisciplinariedad como instancia de categorías comunes a las disciplinas. "Génesis, continuidad, totalización: estos son los grandes temas de la historia de las ideas[442]". Decidido a no realizar un análisis lineal, propone el estudio de la novedad, de las contradicciones, las descripciones comparativas y las transformaciones[443]. "La arqueología no va, por una progresión lenta, del campo confuso de la opinión a la singularidad del sistema o a la estabilidad definitiva de la ciencia; no es

---

conveniente verificarla desde varios puntos de vista diferentes". Bachelard, Gastón, *La formación del espíritu científico. Contribución a un psicoanálisis del conocimiento objetivo*, trad. de José Babini, 25ª ed., Buenos Aires, Siglo XXI, 2004, p. 14. "Precisar, rectificar, diversificar, he aquí los tipos del pensamiento dinámico que se alejan de la certidumbre y de la unidad, y que en los sistemas homogéneos encuentran más obstáculos que impulsos". Íd., p. 19.

[440] Foucault, *La arqueología del saber*, trad. de Aurelio Garzón del Camino, Buenos Aires, Siglo XXI, 2004, pp. 229-230.

[441] Íd., p. 230.

[442] Íd., p. 232.

[443] Íd., p. 233.

una 'doxología', sino un análisis diferencial de las modalidades de discurso[444]. Es interesante observar el punto de vista particularmente amplio que tiene Foucault a la hora de toparse con las contradicciones, captando su ambigüedad: "... las contradicciones no son ni apariencias que hay que superar, ni principios secretos que sería preciso despejar[445]". En otras palabras, "... se trata de mantener el discurso en sus asperezas múltiples y de suprimir [...] el tema de una contradicción uniformemente perdida y recobrada, resuelta y siempre renaciente, en el elemento indiferenciado del logos[446]". Su postura amplia respecto de las contradicciones, parece coincidir más con Morin —recordemos su idea de la dialógica— que con Hegel, que supone a la contradicción encerrada en el procedimiento dialéctico de la tesis, antítesis y síntesis.

Cabe mencionar también otras obras relevantes como la *Historia de la locura en la época clásica*[447] y *Vigilar y castigar*[448]. En ambos textos se critica a la razón, empresa que también sigue Morin. La recurrente muerte del hombre que Foucault declama es captada por el Trialismo con la categoría de la influencia humana difusa y la lucha de esta con el reparto proclama la honda complejidad de la vida, en donde el hombre pelea sin cesar con la estructura por la conducción del mundo jurídico. No obstante, Morin plantea, además de la crítica, una "vía" para la reforma de la humanidad[449].

---

444 Íd., p. 234.
445 Íd., p. 254. Por ejemplo, "la arqueología trata de mostrar cómo las dos afirmaciones, fijista y 'evolucionista', tienen su lugar común en cierta descripción de las especies". Íd., p. 255.
446 Íd., p. 262.
447 Trad. de Juan José Utrilla, en https://bit.ly/2L7mVoE (29.3.2008).
448 Foucault, *Vigilar y castigar: nacimiento de la prisión*, trad. de Aurelio Garzón del Camino, 1ª ed., Siglo XXI, Buenos Aires, 2005.
449 Ver Morin, *La vía. Para el futuro de la humanidad*, trad. de Nuria Petit Fontseré, Barcelona, Paidós, 2011.

El filósofo francés tomará de Pascal su célebre máxima relativa al todo, las partes y las relaciones que hay entre ellos[450]. El todo tiene el peligro de ser totalitario, pero la parte tiene el peligro de ser ciega[451]. No es casual que dichos filósofos franceses estructuren un pensamiento de la vigilancia, de la sospecha, del más allá de lo dado, de la crítica. Señala Morin: "el Pensamiento Complejo pone entre paréntesis el cartesianismo y al mismo tiempo retoma y asume los logros centrales de la filosofía de la sospecha, y también asume plenamente la idea socrática de ignorancia, la duda de Montaigne y la apuesta pascaliana[452]".

Ciuro Caldani, al hablar de la complejidad de la realidad social, cita a Auguste Comte y a Diderot. Este último señala:

> El entendimiento tiene sus prejuicios; los sentidos su incertidumbre; los instrumentos su imperfección. Los fenómenos son infinitos; las causas, ocultas; las formas, transitorias. No disponemos de más medio, en contra de tantos obstáculos como hallamos en nosotros y nos opone la Naturaleza, que de una experiencia lenta, una reflexión limitada[453].

Otro referente de la complejidad es Niels Bohr, que desde el campo de la física, ya señala la importancia del sujeto en la observación, y la necesidad de la complementariedad[454]. Morin señala que otro físico, David Bohm, ha estado vinculado a la complejidad: "... que ataca ya

---

[450] Ver cap. 3 del tomo 2.
[451] Ver Ciuro Caldani, "Las partes y el todo en la Teoría Trialista del mundo jurídico", en AA. VV., *Dos filosofías...*, op. cit., pp. 37-48.
[452] Morin, Ciurana y Motta, op. cit., p. 50.
[453] Diderot, "Pensamientos filosóficos", en *Obras filosóficas* (comp.), Tor, Buenos Aires, p. 133; cit. por Ciuro Caldani, *Derecho y Política...*, cit., p. 62.
[454] Morin, Ciurana y Motta, op. cit., p. 46. Esta última idea será clave a la hora de plantear el problema de la integración trialista. Ver cap. 3 del tomo 2.

el dogma de la elementalidad [...], dice: 'Las leyes físicas primarias jamás serán descubiertas por una ciencia que intenta fragmentar el mundo en sus constituyentes'[455].

12. El filósofo francés expresa el contexto histórico en el que nacen la incertidumbre, el desorden y el caos, pilares de la complejidad:

> ... l'effondrement de l'ordre cosmique ne peut être dissocié de l'effondrement du principe d'ordre absolu de la science classique et celui-ci de l'effondrement d'un ancien ordre social. A partir du XVIIIe siècle, le développement des sciences physiques, celui des techniques, celui de l'industrie, font partie d'une formidable transformation multidimensionnelle de société. [...] le chauffage social correspond effectivement non seulement à l'industrialisation, c'est-à-dire l'accroissement et l'accélération de tous échanges, transformations, combustions, mouvements dans le corps social[456].

Es necesario agregar que el surgimiento de las críticas al legalismo, preludio de las posturas tridimensionalistas, se produce en un marco de falta de correspondencia entre las estructuras normativas y sus soluciones con la infraestructura económica que había dejado de ser la propia de una sociedad individualista, preparándose lo que sería

---

455 Morin, "La epistemología...", cit.
456 Morin, *La Méthode 1...*, cit., pp. 90-91. "... el hundimiento del orden cósmico, no puede ser disociado del hundimiento del principio de orden absoluto de la ciencia clásica y este del hundimiento de un orden social antiguo. A partir del siglo XVIII, el desarrollo de las ciencias físicas, el de las técnicas, el de la industria, forman parte de una formidable transformación multidimensional de la sociedad. [...] el calentamiento social corresponde efectivamente, no solo a la industrialización, es decir, al incremento y aceleración de la producción, sino al incremento y aceleración de todos los intercambios, transformaciones, combustiones, movimientos en el cuerpo social". Morin, *El Método 1...*, cit., p. 112.

el intervencionismo estatal[457]. Agrego que la crítica de la realidad social provendrá no solamente del Estado, sino de todo aquel que sufra una injusticia.

13. Luego, al hablar de la noción de sistema y sus cualidades, dice Morin:

> ... l'idée de totalité est donc ici cruciale. Cette idée qui avait souvent fait surface dans l'histoire de la philosophie s'était épanouie dans la philosophie romantique et surtout chez Hegel. Elle a surgi parfois dans les sciences contemporaines comme dans la théorie de la forme ou Gestalt[458].

Será entonces necesario que en la disciplina jurídica se justifiquen las exclusiones de partes consideradas esenciales para su entendimiento.

14. Cuando se desarrolla la historia de la independencia relativa del Derecho, hace mención del nacimiento de la axiología, punto culminante de la última dimensión que se desarrollará para luego ser incorporada en el Trialismo, expresión contemporánea de la complejidad pura en el Derecho[459]. Nótese que Goldschmidt señala que será el siglo XIX el germen del tridimensionalismo, en tanto surge la sociología como nueva ciencia y, hacia sus finales, nacerá la ciencia de los valores[460].

---

[457] Reale, Miguel, "Naturaleza y objeto de la ciencia del Derecho", en AA. VV., *Ciencia jurídica (Aspectos de su problemática jusfilosófica y científico-positiva actual)*, t. 1, La Plata, Instituto de Filosofía del Derecho y Sociología, 1970, pp. 169-170.

[458] Morin, *La Méthode 1...*, cit., p. 106. "La idea de totalidad es, pues, crucial aquí. Esta idea, que a menudo había salido a la superficie en la historia de la filosofía, se había expandido en la filosofía romántica y sobre todo en Hegel. Surge a veces en las ciencias contemporáneas así como en la teoría de la forma o Gestalt". Morin, *El Método 1...*, cit., p. 129.

[459] Ciuro Caldani, "La autonomía del mundo jurídico y de sus ramas", en *Estudios de Filosofía Jurídica y Filosofía Política*, t. II, Rosario, FIJ, 1984, pp. 181-183.

[460] Goldschmidt, "La doctrina...", cit., p. 197.

Por ello, para una sociedad distinta, en la que cuentan "... les aspirations de plus en plus profondes et multiples[461]", es necesario un Derecho distinto.

Morin no solo expresa el origen filosófico de la complejidad, sino también a sus precursores desde el punto de vista de su costado sistémico.

> ... la complejidad tenía también delimitado su terreno, pero sin la palabra misma, en la Filosofía: en un sentido, la dialéctica, y en el terreno lógico, la dialéctica hegeliana, eran su dominio, porque esa dialéctica introducía la contradicción y la transformación en el corazón de la identidad[462].
>
> Es con Weiner y Ashby, los fundadores de la Cibernética, que la complejidad entra verdaderamente en escena en la ciencia. Es con von Neumann que, por primera vez, el carácter fundamental del concepto de complejidad aparece enlazado con los fenómenos de auto-organización[463].

Weaver escribe en 1948 su artículo "Science and complexity" y von Neumann aborda la complejidad de las máquinas, de los autómatas naturales comparándolos con los autómatas artificiales[464].

Cuando Cárcova habla de la historia de la complejidad señala: "... es en la obra de Luhmann en donde esta problemática adquiere la mencionada dimensión de una categoría teórica, aun cuando su concepción estaba insinuada ya, en otros clásicos de la sociología moderna como Durkheim, Weber o Parsons, entre otros[465]".

---

461 Morin, *La Méthode 1...*, cit., p. 91 "... las aspiraciones cada vez más profundas y múltiples [...]". Morin, *El Método 1...*, cit., p. 113.
462 Ver lo que dice Morin específicamente sobre la "dialéctica hegeliana" en el cap. 3 del tomo 2.
463 Morin, *Introducción al Pensamiento...*, cit., pp. 58-59.
464 Morin, "La epistemología...", cit.
465 Cárcova, "Los jueces...", cit.

Solo la historia dirá quién fue un verdadero forjador de la complejidad. Por lo pronto, diré que así como la definición de la filosofía es ya una disputa filosófica, lo propio ocurre con la complejidad, sobre todo en sus tiempos iniciales. "La cuestión de la complejidad, ¡es compleja![466]"

Analicemos ahora la evolución de la complejidad en el ámbito del Derecho.

---

[466] Morin, "La epistemología..." cit.

4

Historia de la complejidad jurídica

1. El integrativismo tiene también una perspectiva histórica. La complejidad del fenómeno jurídico es resultado de la herencia que evidencia la Historia del Derecho.

> El funcionamiento de las normas debe iluminarse [...] por los aportes [...] [de] la Historia del Derecho, el Derecho Comparado y la Filosofía del Derecho, en mucho porque señalan modelos de pensamiento diferentes. [...] por ejemplo, el empleo de la analogía y el recurso a la equidad, especialmente significativos en la elaboración, pueden enriquecerse con la gran experiencia que al respecto posee el sistema jurídico anglosajón (enraizado [...] en ideas como las del célebre nominalista Guillermo de Occam). Asimismo, son altamente fructíferas ciertas propuestas que provienen del pensamiento [...] de François Gény [...]. En cuanto al funcionamiento de la cultura, cabe aprovechar, por ejemplo, las enseñanzas de la Egología y el tridimensionalismo de Reale[467].

Señala coincidentemente Morin: "... si yo parto de ese sujeto reflexivo para encontrar su fundamento o, al menos su origen, encuentro mi sociedad, la historia de esa sociedad en la evolución de la humanidad, el hombre auto-eco-organizador[468]".

---

467 Ciuro Caldani, "Seminario de profundización sobre El funcionamiento de las normas en la jurisprudencia de la Corte Suprema de Justicia de la Nación", en *Investigación...*, nº 6, Rosario, FIJ, 1988, pp. 110-111.
468 Morin, *Introducción al Pensamiento...*, op. cit., p. 69.

2. Goldschmidt explica el proceso desarrollado a lo largo de la historia y a través del cual los tres aspectos que hoy considera integrados en el Trialismo comenzaron por convivir de manera separada[469]. En este sentido, en el ámbito de la justicia, menciona a los grandes filósofos griegos Platón y Aristóteles como padres de la axiosofía y axiología dikelógicas respectivamente, en tanto el primero se pronunció por los contenidos de la justicia y el segundo por sus clases, es decir, distributiva, correctiva y equidad. Luego nacería en Roma el aspecto normativo, que tomó el nombre de dogmática jurídica, aplicándose al Derecho Privado. Ocurrió lo propio en el campo del Derecho Público con el liberalismo. La codificación significó abstraer el conjunto de casos en sendas normas generales, lo que se observa en el Código Civil francés. En lo que refiere a la parte sociológica, de reciente existencia, puede vérsela hacia la mitad del siglo XX. Estaba implícita en las meditaciones sobre el Estado y cobra vigencia con sociólogos del Derecho como Durkheim, Duguit, Hauriou y Gurvitch. Esta separación generó las sendas compartimentalizaciones que el jurista germano-español llama unilateralismos o unidimensionalismos[470]. Podemos hablar del de Kelsen, que pretendía decantar lo jurídico de la moral en general y la justicia en especial, y de lo sociológico, generando como producto su célebre "Teoría Pura del Derecho". Por el lado social, las corrientes realistas reducen el Derecho a conductas y su previsibilidad, siendo característica la obra de Olivecrona "El Derecho como hecho". En lo que

---

[469] Goldschmidt, "La teoría tridimensional del mundo jurídico", en *El Derecho*, t. 3, p. 1088.

[470] "Elle [la complexité] serait plutôt le contraire de l'unidimensionalité, de l'unilatéralité, du monisme [...]". Delmas-Marty, "La tragédie des trois C", préface à AA. VV., *Droit et Complexité*, op. cit., p. 7. "Ella [la complejidad] sería esencialmente lo contrario de la unidimensionalidad, de la unilateralidad, del monismo [...]" (trad. del autor).

refiere a la justicia, ella es transformada en un conjunto de reglas *a priori* para aplicarse en el mundo por los jusnaturalistas protestantes Wolff y Nettelbladt; mientras que los católicos diferenciaron la ley natural de la humana[471]. Luego vendrá la época en que dichos aspectos son considerados en la necesidad de unirse y, por fin, conviviendo sistemáticamente.

3. En este sentido, son bases de las visiones tridimensionales las obras de François Gény, quien introduce la distinción entre lo dado (la realidad social), lo construido (la norma) y el Derecho Natural (la justicia)[472]. Aunque, como indica Reale citando a Georges Ripert, el dato no tiene existencia real sin el espíritu constructor. Además, las ideas de Gény no alcanzan a lograr unidad en el Derecho, ya que realiza una yuxtaposición más que síntesis entre ciencia y técnica[473]. No obstante, de la obra del jurista francés pueden extraerse pensamientos estrechamente ligados a las ideas de Morin y el Trialismo. Así, "... l'abstraction, consistant essentiellement à détacher une seule partie d'un ensemble complexe, doit, en raison de la limite imposée par la nature aux efforts intellectuels, aboutir à exagérer cette partie aux dépens du tout, qui constitue la seule réalité vraie[474]". Aquí puede observarse la referencia a la absolutización de la normatividad por la Escuela Analítica, que oscurece el todo. Luego hace referencia a características

---

[471] Ver Goldschmidt, "La teoría tridimensional...", cit., p. 1089.

[472] Gény, François, *Science et technique en droit privé positif. Nouvelle contribution à la critique de La Méthode juridique*, première partie, Paris, Sirey, 1922, pp. 96-100. Ver Goldschmidt, *Introducción...*, cit., p. 19; Goldschmidt, "La doctrina...", cit., p. 196.

[473] Reale, "Naturaleza...", op. cit., p. 177.

[474] Gény, François, *Science...* cit., première partie, p. 132. "... la abstracción, que consiste esencialmente en separar una sola parte de un conjunto complejo, debe, en razón del límite impuesto por la naturaleza de los esfuerzos intelectuales, desembocar en la exageración de esa parte a costa del todo, que constituye la sola realidad verdadera [...]" (trad. del autor).

específicas de la complejidad: "... complexité, à la variété, à la fluidité et, pour tout dire, à l'individualité du réel[475]". En otra ocasión alude a la diversidad de estructura intrínseca a los elementos jurídicos[476].

Cabe citar también a Hermann Kantorowicz, quien acuña la expresión "Trialismo"[477] y distingue la realidad, el sentido y el valor[478]. Lo cual sirve de marco referencial y contexto epocal de la Teoría Trialista. Rudolph von Ihering desarrollará en *El fin en el Derecho* (1877-1883) nociones de sociología jurídica, en *El espíritu del Derecho Romano* (1852) aspectos normológicos y en *La lucha por el Derecho* (1872) ideas dikelógicas[479]. Junto a la tesis de Ihering de que el derecho subjetivo protege un interés, suma el jurista germano-español a Felipe Heck, quien concibe al Derecho como la solución de un conflicto de intereses[480]. Para el ámbito de la dimensión sociológica, la distinción entre Derecho y Moral servirá a los fines de remarcar en el mundo jurídico su faz atributiva, adjudicadora[481]. De manera afín a las doctrinas que resaltan los intereses humanos, otras teorías políticas, de Trasímaco hasta Marx, ven al Derecho como el instrumento de explotación del gobernado por el gobernante, lo cual supone al reparto, si bien se dirige la atención sobre la injusticia[482].

---

[475] Íd., p. 132. "... complejidad, a la variedad, a la fluidez y, en suma, a la individualidad de lo real" (trad. del autor).
[476] Íd., p. 137.
[477] Goldschmidt, *Introducción...*, 19.
[478] Goldschmidt, "La teoría tridimensional...", cit., p. 1089. "Aunque el tridimensionalismo actual no coincide exactamente con el de Kantorowicz, toda vez que la dimensión sociológica no es realidad natural sino realidad cultural y por ello repleta de sentido, no es menos que el tridimensionalismo gnoseológico con el que comulga Kantorowicz es la raíz del tridimensionalismo iusfilosófico contemporáneo". Íd., pp. 1089-1090.
[479] Ver Goldschmidt, "Lugar del Trialismo...", cit., p. 899.
[480] Goldschmidt, "La doctrina...", cit., p. 199.
[481] Íd.
[482] Ibídem.

Goldschmidt sostiene que son también causas del tridimensionalismo las obras de Emilio Lask[483], quien enfoca
la realidad como valor absoluto desde la filosofía y como
conjunto de factos desde la empiria[484]. El jurista germano-
español menciona también a George Jellinek quien expone
su doctrina de la fuerza normativa de lo fáctico, combi-
nando elementos sociológicos y normológicos en relación
al tema del Estado. Estudia también la justificación y los
fines del Estado, completando el panorama anterior con el
aspecto dikelógico[485].

El propio Goldschmidt señala pensadores que considera tridimensionalistas, relacionando este término con
la complejidad:

> La complejidad del modo de ser del Derecho es tan grande, que
> se habla recientemente de una teoría tridimensional del Dere-
> cho, cuyos defensores son, entre otros, Miguel Reale, la escuela
> egológica, Gurvitch, Horvath, Timasheff, Jerome Hall, Dourado
> de Gusmao, etc.[486].

4. Cada pensamiento se entiende mejor estudiando la
biografía de los pensadores que los forjaron. La historia de
dichos pensamientos se enmarca en las historias de vida.
"Ma vie intellectuelle est inséparable de la vie [...]. Nietzsche disait: 'J'ai toujours mis dans mes écrits toute ma vie
et toute ma personne... J'ignore ce que peuvent être des
problèmes purement intellectuelles[487]'".

---

483 "Filosofía jurídica", Buenos Aires, Depalma, 1946.
484 Goldschmidt, "La doctrina...", cit., p. 196.
485 Goldschmidt, "Lugar del Trialismo...", cit., p. 900. Ver también Goldschmidt, *Introducción...*, cit., p. XVII.
486 Goldschmidt, *La ciencia de...*, cit., p. 177.
487 Morin, *Mes démons*, cit., p. 11. "Mi vida intelectual es inseparable de la vida [...]. Nietzsche decía: 'yo siempre puse en mis escritos toda mi vida y toda mi persona... Yo ignoro lo que puedan ser problemas puramente intelectuales" (trad. del autor).

Tanto Goldschmidt como Morin vivieron en carne propia las barbaries totalitarias, el primero con la Alemania nazi y el segundo con la ocupación alemana de Francia en la Segunda Guerra Mundial[488]. Morin ha militado en la SIA (Solidaridad Internacional Anarquista)[489]; ha sido combatiente voluntario durante la Resistencia francesa (1942) hasta que se incorporó totalmente al partido comunista[490]. Llegó a decir: "l'action révolutionnaire était la réalisation de la philosophie[491]". Ambos sintieron la incomprensión, aunque esperanzados de que en el futuro siempre presente, nuevos compañeros de teoría, estudien y superen sus ideas. Dice Morin: "si ma conception est féconde, elle peut autant être dédaignée ou incomprise qu'applaudie ou reconnue. [...] J'ai perdu le contact avec ceux qui n'ont pas entrepris le même voyage et je ne vois pas encore mes compagnons qui existent, sans doute, et qui eux non plus ne me voient pas[492]" Por su parte, señala Goldschmidt:

> ... todas las doctrinas nuevas encuentran sucesivamente tres actitudes diversas: la primera es el silencio, la segunda consiste en declararlas absurdas, y la tercera se caracteriza por la exclamación de sus representantes "Pero ¡eso es lo que dijimos siempre!" [...] La adhesión al Trialismo de los hombres de ciencia recompensa al autor de esta obra con creces de los golpes bajos de sus adversarios políticos[493].

---

[488] Extraído de https://bit.ly/2MXXYO7 (11.6.2005).

[489] Morin, *Mes démons*, cit., p. 32.

[490] Íd., p. 69.

[491] Íd., p. 72. "La acción revolucionaria era la realización de la filosofía" (trad. del autor). Nótese el parecido con el libro de Louis Althusser *La filosofía como arma de la revolución*, trad. de Oscar del Barco, Enrique Román y Oscar Molina, 12a. ed. Córdoba, Pasado y Presente, 1968.

[492] Morin, *La Méthode 1...*, cit., p. 24. "Si mi concepción es fecunda, puede ser desdeñada o incomprendida, como aplaudida o reconocida. [...] He perdido el contacto con los que no han emprendido el mismo viaje y no veo todavía a mis compañeros que existen, sin duda, y que ellos tampoco me ven..." Morin, *El Método 1...*, cit., p. 38.

[493] Goldschmidt, *Introducción...*, cit., pp. XVIII y XIX.

Siguiendo un método cualitativo de investigación no puedo dejar de resaltar la historia de vida del fundador del Trialismo, que constituye el contexto cultural que influyó en su pensamiento, lo cual contribuirá a comprender por qué pensó lo que pensó. "El método etnográfico [...] [se distingue por] su preocupación por el contexto cultural [...]. Es un método totalizador en el cual se integran la historia, la economía, la composición étnica así como las creencias y actitudes de los miembros de la comunidad, grupo, o población"[494]. También Morin dirá que todo es teoría: "... plus une enquête pose un problème empirique, plus elle pose un problème théorique[495]".

Se expuso parte de la historia de Goldschmidt en el libro *Metodología jurídica*:

> La trágica experiencia de la Segunda Guerra Mundial, que el fundador del Trialismo vivió como judío de origen alemán converso al cristianismo y perseguido por el régimen nazi, lo llevó a afirmar que la ciencia jurídica ha de brindar un importante espacio para el debate de los despliegues de la realidad social y sobre todo de lo que se considera justo[496].

Es posible que Goldschmidt, habiendo sido perseguido por el nazismo, exalte el valor que se encuentra más allá de las normas que avalaban textual y oficialmente la persecución de las minorías no arias. En semejante contexto, la jerarquización y consiguiente inclusión de la justicia en el análisis jurídico deviene inexorable.

---

494 Sautu, op. cit., p. 77. Además, "... el detalle y la particularidad no pueden ser dejados de lado. El todo se entiende en sus partes y estas en el todo como sucede con un sistema autocontenido". Íd., p. 78.

495 Morin, *Sociologie*, cit., p. 164. "... cuando una investigación plantea un problema empírico, también plantea un problema teórico". Morin, *Sociología*, cit., p. 191.

496 Ciuro Caldani, *Metodología jurídica*, cit., p. 50.

Estaba estudiando en la biblioteca del juzgado, cuando llegó un guardia con un telegrama que daba cuenta de la decisión de un juez que le ordenaba retirarse y le prohibía de ahí en más el acceso. Fue [...] invitado por carta a presentar la renuncia, lo que rechazó por el mismo medio.

[...] entendía que en ese país [Alemania] ya no había lugar para un judío alemán[497].

Algo similar podemos inducir del pensamiento de Herman Kantorowicz, —quien acuñó el término Trialismo[498]—, y de su relato de vida, en tanto "fue profesor de las Universidades de Friburgo y Kiel, pero en 1933 debió abandonar su puesto [...] por los ataques del nazismo, que se sentía ofendido por sus opiniones políticas[499]". De ahí que su teoría pueda resumirse en la necesidad de un "derecho libre". Así, "... se puede decir que la norma al servicio del bien es divina; al servicio del mal, satánica. Su salida [de Goldschmidt] de Alemania coincidió en su mente con la desjerarquización relativa de las normas[500]".

La persecución y el exilio serán una constante más que un accidente, lo que marcará a fuego su pensamiento. "Aunque el profesor al que le mostró su trabajo le reconoció talento analítico, no le animó a quedarse en Suiza pues no querían tener complicaciones con el poderoso régimen vecino que reprochó más de una vez que dieran asilo a los profesores judíos[501]". Lo que le obligó a mudarse a España. "Alemania le había enseñado las normas. España la realidad y la derrota del régimen nazi una fe inalterable

---

[497] Perugini, "Homenaje a Werner Goldschmidt", en AA. VV., *La Filosofía del Derecho en el Mercosur*, coord. por Miguel Ángel Ciuro Caldani, Buenos Aires, Ciudad Argentina, 1997, pp. 159-160.

[498] Ver a Goldschmidt, "El deber ser en la teoría tridimensional del mundo jurídico", en *La Ley*, t. 112, p. 1087; Ciuro Caldani, *Derecho y Política...*, cit., p. 13.

[499] Ciuro Caldani, *Lecciones de historia de la Filosofía del Derecho (historia jusfilosófica de la Jusfilosofía)*, t. III-II, Rosario, FIJ, 1994, p. 249.

[500] Perugini, "Homenaje...", cit., p. 160.

[501] Íd., p. 161.

en la Justicia[502]". Aunque su estadía en la Argentina tampoco fue fácil. Este país no dejaba de formar parte de la Humanidad.

Nótese la coincidencia de Goldschmidt y Morin en el sentido de su ascendencia judía. Morin señala la costumbre de muchos judíos de abandonar su apellido hebreo y adoptar uno gentil, lo que relaciona con el hecho de haber conservado su seudónimo de la resistencia a la hora de firmar sus escritos y conservar su apellido "Nahoum" para la vida familiar. "Soy Morin por mis obras, pero Nahoum por mi padre, expresando de esta manera los dos componentes de mi identidad[503]". En ambos pensadores puede notarse la resistencia; en Goldschmidt, al convertirse al catolicismo, abandonando el judaísmo, y en Morin al no creerse judío y, concretamente, al abandonar su apellido de aquellas características. También eliminó el doble nombre hebreo de su estado civil que nunca utilizó[504]. El señala que guarda en sí su fe judía, pero sin obedecer a la ley talional y rígida de Moisés[505]. Una vida compleja no puede llevar sino a un Pensamiento Complejo. En efecto, el filósofo francés alude a su origen, pero señala que no puede ser ubicado en las clásicas categorías binarias de "judío" o "gentil"; y se nombra a sí mismo como "híbrido". "No tenemos un nombre para nosotros. Somos híbridos, bastardos, mestizos que ni siquiera son reconocidos como tales. Nos quieren clasificar por la fuerza en una de las dos categorías de las que formamos y no formamos parte[506]".

---

[502] Íd., p. 164.
[503] Morin, *El mundo...*, cit., p. 85.
[504] Morin, *Mes démons*, cit., p. 148.
[505] Íd., p. 147.
[506] Morin, *El mundo...*, cit., p. 165. También dice: "... el término marrano connota una conversión por el miedo. Yo me nombré a mí mismo 'neomarrano' y creo que los judíos laicizados son de hecho neomarranos o más bien spinozantes". Íd.

Esto tendrá un impacto en su pensamiento[507]. El Trialismo recepcionará dicho eco "híbrido" en tanto se plantea como una teoría que no puede encajar en la clásica polémica juspositivismo-jusnaturalismo.

Así como Machado dice que el camino se hace al andar, veremos cuál fue el recorrido de las disciplinas científicas que lleva a replantear hasta la noción misma de disciplina.

---

[507] No puede escapar Morin al hecho de creer que algo de sí puede contribuir a la mejora de la humanidad; de manera similar a lo que creyó Comte al divinizar a la ciencia en el estadio positivo. "El mestizo debe ser el hombre del mañana. Es el hombre que puede fundar su identidad directamente sobre la noción de humanidad. Los heraldos del mundo moderno, ¿no han sido acaso espíritus mestizos, hijos bastardos no reconocidos por ninguna de sus dos culturas, en particular esos judíos desjudaizados que fueron Marx y Freud?" Morin, *Introducción a una política...*, cit., p. 105.

5

La complejidad en las ciencias

1. El análisis de esta temática desde el punto de vista de la ciencia clásica implicará la explicación del saber a partir de su división en las tradicionales disciplinas, en tanto ellas cortan el tejido común que une todo, hace invisible la complejidad y fundamenta la separación[508].

Morin muestra la complejidad en muchas ciencias[509]; lo que será entonces un argumento primordial para concluir en la complejidad del Derecho. En efecto, "... *tout est complexe: la démonstration de complexité physique vaut ipso facto pour la sphère biologique et la sphère anthropo-sociale, et dispense d'y faire la démonstration*[510]". Es el camino que desarrolla en su obra mayor: *El Método*. "*Notre univers* [...] *est* [...] *un univers où tout s'organise à partir d'innombrables interactions entre constituants physiques, chimiques, climatiques, végétaux, animaux, humains, sociaux, économiques, technologiques, idéologiques*[511]".

---

508 Morin, *Complejidad restringida...*, cit., p. 109.

509 Sobre el tema ver AA. VV., *La sfida della complessità*, ed. al cuidado de Gianluca Bocchi y Mauro Cerutti, Milan, Feltrinelli, 1985.

510 Morin, *La Méthode 1...*, cit., p. 378. "... todo es complejo: la demostración de la complejidad física vale *ipso facto* para la esfera biológica y la esfera antropo-social, y nos exime de demostrarlas". Morin, *El Método 1...*, cit., p. 426.

511 Morin, *La Méthode 2...*, cit., p. 76. "Nuestro universo [...] es, [...] un universo en donde todo se organiza, a partir de innumerables interacciones entre constituyentes físicos, químicos, climáticos, vegetales, animales, humanos, sociales, económicos, tecnológicos, ideológicos". Morin, *El Método 2...*, cit., p. 99.

2. Que el Derecho se perciba como una estructura simple no es casual, lo que puede comprobarse al oír que es la ley, ante la pregunta a los no expertos —y a varios expertos— sobre lo que el Derecho es. Morin explica que a lo largo de nuestro recorrido educativo nos han enseñado a separar[512]. Nótese como Russell señala que las enseñanzas que se dan en la temprana infancia impactan a fuego en nuestras vidas[513]. Separamos en ciencias/materias: historia, geografía, física, ética, etc. Cuando en realidad, la historia se da en una geografía[514], por ejemplo. Ya Montesquieu hablaba de cómo diversos factores condicionan la existencia de determinados tipos de leyes. Frente a esta oleada separadora, el Derecho no podía quedar atrás, constituyéndose la Escuela Analítica en el emblema, como caso ejemplar, de la reducción y la disyunción, excluyendo a la sociología y la axiología del objeto jurídico. Y el todo Derecho no puede explicarse a partir de uno solo de sus componentes: la normatividad.

Es lamentable para los organismos científicos, los cientistas sociales y la cultura científica, que las ciencias sociales hayan tenido que comenzar a plantearse "seriamente" la posibilidad de la complejidad, recién a partir de estudios realizados por físicos, entre los cuales vale destacar varios premios nobeles. Morin señala esto diciendo que los descubrimientos de las ciencias sociales no pueden pasar a las naturales, pero sí a la inversa[515].

---

[512] Así lo hace Popper, al separar la lógica de la investigación científica, del resto de los aspectos que debe abarcar un estudio científico. Ver *La lógica...*, cit., especialmente, pp. 30, 31, 43.

[513] "Lo que realmente hace que la gente crea en Dios no son los argumentos intelectuales. La mayoría de la gente cree en Dios porque le han enseñado a creer desde su infancia, y esa es la razón principal". Russell, Bertrand, *Por qué no soy cristiano y otros ensayos*, trad. de Josefina Martínez Alinari, Barcelona, Edhasa, 1999, p. 30.

[514] Morin, *Epistemología...*, cit., p. 423.

[515] Ver cap. 2, punto 1.

3. La complejidad en las ciencias muestra también el lado negativo de la compartimentalización. Si tenemos que puntualizar y resaltar que todas las disciplinas son complejas, es porque se encuentra arraigado en nosotros, desde la escuela primaria, la costumbre de cortar y hacer separaciones en el complejo real, aislar las disciplinas[516], en lugar de asociarlas. El auge de la interdisciplina no es sino una demostración de dicho estado de situación parcelador:

> ... el simple planteo de la interdisciplina implica un cuestionamiento a los criterios de causalidad, básicamente a los de la causalidad lineal, y atenta contra la posibilidad de fragmentación de los fenómenos a abordar. Implica también [...] que los campos disciplinares no son un 'reflejo' de distintos objetos reales sino una construcción históricamente determinada de objetos teóricos y métodos. [...] en momentos en que *las mismas disciplinas difieren en su interior en cuanto a la definición de su objeto*, se puede afirmar que una disciplina, por lo general, no es una, es decir no es unívoca y sin fragmentaciones en su mismo seno[517].

El resaltado es mío y cabe tenerlo en cuenta sobre todo ante la afirmación de algunos juristas sobre el defecto que solo tendría la ciencia del Derecho al no poder ponerse de acuerdo sus teóricos en cuanto a la definición de su objeto[518]. De manera que habría que revisar afirmaciones como esta:

---

516 Morin, *Introducción a una política...*, cit., p. 141.
517 Stolkiner, Alicia, "La interdisciplina: entre la epistemología y las prácticas", en https://bit.ly/2vVXOQY (7.9.2003).
518 Ver punto siguiente.

> ... cuando se abandona el campo de las disciplinas naturalistas y se ingresa en el sector de las ciencias del espíritu, recortar los perfiles del objeto de cada una de ellas, es labor que se complica sensiblemente, ya que este objeto, no le es dado al investigador, con la insobornable evidencia de la objetividad actual[519].

A partir de los estudios de Bohr sobre el carácter complementario del objeto luz, compuesta a su vez por onda y corpúsculos, la diversidad parece ser inherente al objeto de toda ciencia. Él mismo fue uno de los que reconoció el papel del investigador en la experiencia científica[520].

4. Luego puede leerse: "pocas disciplinas científicas debe haber, tal vez ninguna, en la cual el objeto propio de la misma, haya sido motivo de tanta opinión divergente[521]". Más que divergencia hay complejidad en todo objeto científico. "C'est [...] dans l'interdisciplinaire que les sciences humaines trouvent leur fécondité, peut-être parce qu'elles y reconstituent en partie l'unité multidimensionnelle du problème humain[522]". En realidad, el problema del objeto se da en todas las ciencias[523]. Nótese el caso del hombre que es un ser con cerebro, órgano biológico y un ser con espíritu, que es más que una instancia psíquica. "La gente que estudia el cerebro no se da cuenta de que estudia el cerebro con su espíritu. Vivimos en esa disyunción que nos

---

519 Álvarez Gardiol, "El objeto de la ciencia del Derecho", en *Separata de la Revista de Ciencias Jurídicas y Sociales*, nº 120, Santa Fe, Universidad Nacional del Litoral, 1978, p. 82.

520 Ver Morin, *Complejidad restringida...*, cit., p. 118.

521 Álvarez Gardiol, "El objeto...", cit., p. 83.

522 Morin, *Sociologie*, cit., p. 57. "Es [...] en el terreno interdisciplinario donde las ciencias humanas encuentran su fecundidad, quizá porque reconstruyen en él, en parte, la unidad multidimensional del problema humano". Morin, *Sociología*, cit., p. 63.

523 "Tanto la historia como mis conocimientos me hicieron dudar de que quienes practicaban las ciencias naturales poseyeran respuestas más firmes o permanentes para esas preguntas que sus colegas en las ciencias sociales". Kuhn, Thomas, *La estructura de las revoluciones científicas*, trad. de Agustín Contin, México, Fondo de Cultura Económica, 1996, p. 13.

impone siempre una visión mutilada[524]". Para complejizar aún más el problema, el filósofo francés agrega el aspecto societario y de especie para estudiar al hombre, el cual, a su vez, no es solo el clásico *homo sapiens*, sino también *demens*[525]. Y lo propio ocurre en el Derecho con las distintas posturas que no logran un meta-punto de vista[526]. La multidimensionalidad deviene una característica esencial de la ciencia actual. Volviendo sobre el hombre, resalta también Morin los caracteres que Nietzsche viera en aquel: los de Apolo y Dionisio. ¿Acaso hay que vivir sin comer grasas, salsas, no tomando riesgos para conservarla el mayor tiempo posible; o hay que consumir, embriagarse, gozar, con el riesgo de perder la vida[527]? Un artista argentino muy transgresor llamado Fernando Peña nos recordaba la disputa entre cínicos y cirenaicos, pronunciándose por los últimos, al decir que prefería una vida corta pero intensa. La admisibilidad de las drogas en contextos recreativos, generalmente de alto nivel educativo y cultural, nos enfrenta a esta problemática relativa a la felicidad.

Pueden encontrarse opiniones contrarias al constante debate epistemológico de las distintas disciplinas científicas, "... en la Sociología, en la Psicología, cuyos respectivos objetos han sido cuestión deliberativa considerable, cuando no rivalidad polémica, pero en cuyos territorios se ha plasmado una suerte de beneplácito concierto que permite referirse a aquellos con inequívoca eufonía[528]". No debería verse como una disminución "epistemológica" o como de baja categoría a la disciplina cuya composición de su objeto es discutido. Porque a pesar de todo, la profesión

---

524 Morin, *Epistemología...*, cit., p. 433.
525 Íd., pp. 433-434.
526 Ver cap. 3 del tomo 2.
527 Morin, *Epistemología...*, cit., p. 434.
528 Álvarez Gardiol, *Lecciones...*, cit., p. 129; y Álvarez Gardiol, *Derecho y realidad: notas de teoría sociológica*, Rosario, Juris, 2005, pp. 144-145.

sigue ejerciéndose, es decir, el profesional sigue trabajando; y porque la diversidad de puntos de vista, no hace más
que enriquecer a la ciencia en cuestión y mantenerla en
constante alerta a los fines del avance del conocimiento
y mejoramiento de las condiciones de vida. Al respecto,
señala Morin: "les poly-déterminations sont favorables à la
réflexion et à l'innovation, à l'hybridation et aux synthè-
ses, aux dépassements et aux progrès[529]". También expresa
que las sociedades opresivas, que no toleran la libertad, los
antagonismos, son las que no quieren correr riesgo alguno;
aunque corren el mayor de los riesgos, a un cierto plazo,
que es su hundimiento[530]. Por otra parte, "... l'antagonisme
ne porte pas seulement en lui la dislocation du système,
il peut contribuer aussi à sa stabilité et sa régularité[531]". La
carencia dikelógica, elemento desestabilizador del ordenamiento normativo, es sin embargo, renovador, transforma-
dor. "L'antagonisme [...] même devenu désorganisationnel,
il peut constituer la condition de réorganisations trans-
formatrices[532]". Nótese sino cómo ha nacido la reforma al
Código Civil de la Ley 23515, que habilita el divorcio, a
través de la "inconstitucionalidad" de la ley de matrimonio
civil declarada por un tribunal. También pretorianamente
se ha dado la recepción del amparo mediante los casos
"Siri" y "Kot"; la admisión del juzgamiento y condena de
los crímenes contra la humanidad, en los casos "Aranci-
bia Clavel" y "Simón"; etc. En efecto, con respecto a esto,

---

[529] Morin, *Sociologie*, cit., p. 36. "Las polideterminaciones son favorables a la reflexión y a la innovación, a la hibridación y a las síntesis, a los desbordamientos y al
progreso". Morin, *Sociología*, cit., p. 48.
[530] Morin, *Sociologie*, cit., p. 71. (Morin, *Sociología*, cit., p. 87).
[531] Morin, *Sociologie*, cit., p. 78. "... el antagonismo no lleva en sí solamente la dislo-
cación del sistema sino que puede contribuir también a su estabilidad y a su
regularidad". Morin, *Sociología*, cit., p. 93.
[532] Morin, *Sociologie*, cit., p. 80. "El antagonismo [...] incluso convertido en desorga-
nización, puede constituir la condición para las reorganizaciones transformado-
ras". Morin, *Sociología*, cit., p. 95.

Morin dirá que el desorden es inherente a todo trabajo, que es requerido por la propia organización de un sistema abierto, y que a la vez mantiene ese sistema[533]. Si ninguno de estos fallos se hubiera producido, tal vez hubiera explotado la sociedad inconforme. Todo esto hace referencia a la *renovación* del sistema por sus componentes; y esta renovación es un rejuvenecimiento permanente[534]. Además, el desorden se liga a la flexibilidad y esta aptitud refuerza el sistema frente a nuevos daños[535].

5. Si bien es importante la influencia que los encargados del funcionamiento del Derecho tienen sobre la teoría, también es considerable cómo la teoría puede ayudar a clarificar la labor de aquellos, comprender a sus colegas y actuar en consecuencia. De manera que no son banales las disputas entre los filósofos del Derecho acerca de la naturaleza o composición del Derecho. Al contrario, hay quienes creen en "otras [disciplinas], por fin, en las que el debate referido al objeto de su consideración científica sigue siendo una fuerte porfía[536]". Esta afirmación se basa en el saber clásico.

> ... los objetos de la Aritmética, de la Geometría y de la Lógica son objetos ideales: los números, las figuras geométricas o el razonamiento, por ejemplo. Esto creo que nunca ha sido objeto de cuestionamiento, para suerte de ninguno de estos saberes[537].

---

533 Morin, *Sociologie*, cit., p. 85. (Morin, *Sociología*, cit., p. 100).
534 Morin, *Sociologie*, cit., p. 85. (Morin, *Sociología*, cit., p. 100).
535 Morin, *Sociologie*, cit., p. 85. (Morin, *Sociología*, cit., p. 101).
536 Álvarez Gardiol, *Lecciones...*, cit., p. 129.
537 Íd., p. 133.

Frente a esto puedo agregar que hay distintas geometrías, por ejemplo, euclidianas y no euclidianas[538]; y distintas matemáticas. La discusión, por la diversidad de opiniones en los seres humanos, es imposible de ocultar en
cualquier disciplina. En algunos casos, la discusión será
por el carácter del objeto, en otras por los métodos, etc.
Por otro lado, no se explicitan las razones por las cuales la
supuesta unidad de objeto en las ciencias llamadas exactas, debe trasladarse a las disciplinas de las ciencias sociales; generándose el problema del monismo metodológico.
Cupiendo preguntarse por qué no se efectúa el traslado
inverso. En el fondo subyace la idea de unidad, uniformidad, linealidad y la igualdad que desiguala porque no tiene
en cuenta a los que son desiguales.

En oportunidad de referirse a la relación del Derecho
con la Sociología, el jurista analítico de Rosario sostiene:

> La voluntad, la conciencia, la emoción, como objetos del saber
> psicológico, no agotan su existencia en ser entes que constitu-
> yen el objeto propio de la psicología. Casi ninguna obra humana
> está exenta de voluntad. La conciencia puede ser un elemen-
> to del delito. La emoción, un ingrediente indispensable de la
> creación estética.
>
> Sin embargo, a ningún psicólogo se le ha ocurrido jamás,
> que en razón de que la voluntad hace a la elaboración de cosas
> humanas, estas se constituyen también en el objeto de la psi-
> cología; así como a ningún psicólogo nunca se le ocurrió que
> por ser la conciencia, a veces, un elemento del delito, este (el
> delito) como tal integra el objeto del saber psicológico o una de
> sus dimensiones ontológicas; ni tampoco pudo de ningún modo
> concebirse que, por ser la emoción un ingrediente indispensa-
> ble de la creación estética, esta, como tal, constituya objeto de
> la teoría del arte[539].

---

[538] "El matemático Jorge Riemann (alemán, 1826-1866) crea una geometría no-
euclidiana". Ver Tait, Eugenio, *Filosofía crítica trascendental*, cap. 11, "Historia de
la Ciencia", en https://bit.ly/2PlxDv3 (3.2.2003).
[539] Álvarez Gardiol, *Derecho y realidad...*, cit., p. 140.

6. Lo que aquí se plantea, más que integración de aportes de disciplinas distintas al Derecho, es que este se apropie del objeto de otras. Ya se ha analizado el valor que impulsa a cada ciencia, limitando el alcance de cada una de ellas, pero no por ello anulando la comunicación que debe existir, porque así como el conocimiento siempre es uno, el hombre también lo es. Sabemos que el conjunto de las disciplinas científicas, en cuanto a su finalidad, coincide en el desarrollo del valor humanidad, el deber ser cabal del ser. No se trata de que el Derecho haga sociología, sino de que tome de esta las categorías que le son útiles, necesarias, pertinentes al Derecho, en cumplimiento de esta unidad del conocimiento y desarrollando civilizadamente la disciplina, es decir, en relaciones con las otras.

Incluso Sebastián Soler manifiesta que los físicos, los botánicos o los historiadores apenas se detienen a discutir el objeto de su ciencia[540]. Es evidente que esta frase pertenece a otra época. Einstein y Bohr han discutido sobre el papel que juega el sujeto en la configuración de la materia, otrora impensable debido a la creencia en la objetividad. También se cuestionan a las leyes que aparentemente regían al universo físico y humano como un reloj[541]. El destacado penalista también ingenuamente sostenía que el derecho podía ser neutral en tanto cabía distinguir entre las proposiciones normativas y las opiniones[542].

7. Morin señala cómo la complejidad en las disciplinas nace con la Ecología, en tanto ella necesita de aportes físicos, botánicos, sociológicos, microbianos. "El conocimiento ecológico requiere una policompetencia en esos diferentes ámbitos y exige sobre todo la aprehensión de

---

[540] Soler, prólogo a Álvarez Gardiol, *Introducción a una teoría general del Derecho. El método jurídico*, Buenos Aires, Astrea, 1986, p. IX.

[541] Ver punto 25.

[542] Íd., p. X.

las interacciones y la comprensión de su carácter sistémico[543]". Dicha ciencia se nutre de una diversidad disciplinaria: "... la concepción de un sistema permitió articular los
conocimientos más diversos (geográficos, geológicos, bac-
teriológicos, zoológicos y botánicos)[544]". Cada uno de estos
componentes compete a una disciplina especializada, no
obstante lo cual, el conocimiento ecológico reclama una
policompetencia referida a estos diferentes ámbitos, que
permite comprender las interacciones fruto de su naturaleza sistémica[545]. En otra oportunidad señala: "la ciencia ecológica incluye las competencias de numerosas y variadas
disciplinas, y el ecólogo, convertido en policompetente, no
acumula, sin embargo, en su cabeza el saber de las disciplinas a las cuales recurre: articula unos con otros, los conocimientos de importancia estratégica y apela al saber de las
disciplinas implicadas en sus estudios[546]". Y así, lo que una
vez fue tenido en cuenta como impacto ecológico sobre el
modo de vida humano, se convierte ahora en la disciplina
ecológica que revela el poder regulador de la naturaleza[547].
¿Podrá el abogado articular saberes provenientes de distintas disciplinas? Así lo hace el Trialismo, que considera al
Derecho como un sistema en el que interactúan elementos provenientes de disciplinas diversas, que lo constituyen
como todo. Si un ecosistema es un conjunto con interrelaciones y condiciones[548], ¿por qué el Derecho no puede
organizarse de esa forma?

---

[543] Morin, *Introducción a una política...*, cit., p. 137.
[544] Morin, *Articular...*, cit., p. 44.
[545] Morin, *El año I de la era ecológica*, trad. de Pablo Hermida, Barcelona, Paidós,
2008, p. 33.
[546] Morin, *Sociología*, cit., p. 16.
[547] Resweber, Jean-Paul, *La Méthode interdisciplinaire*, Paris, Presses Universitaires
de France, 1981, p. 43.
[548] Morin, *Epistemología...*, cit., p. 427.

8. Nada impediría que la ética o la filosofía moral, que son partes del Derecho, o la regla, pueda formar parte de la Psicología, en tanto, por ejemplo, el super-yo, instancia de autoridad del aparato anímico, puede recibir sus aportes. Freud construyó un sujeto con una idea de autoridad moral fuerte en el super-yo, equiparable a nuestra dimensión dikelógica. De hecho, cuando habla de él, lo llama el "ideal del yo"[549]. Vemos que distintas ciencias se forman de aportes, entrecruzamientos y traslaciones. También hay en el aparato anímico un ello instintivo representativo de lo que está en juego (el interés, el poder, la relación), asimilable a las categorías de la dimensión sociológica. Mientras que la conciencia, el yo, parece ser el ámbito de batalla de la formalidad, de manera similar a como ocurre en el Derecho con el funcionamiento de las normas en la dimensión normológica, calificada como la hora de la verdad.

La idea del ejemplo no es describir la mente del sujeto —tarea de los psicólogos—, sino demostrar que es posible la integración en cualquier disciplina.

> Una concepción jurídica que considere elementos del fenómeno jurídico a tres diferentes modos de ser, porque efectivamente encontramos lo jurídico en la conducta de los jueces, abogados, legisladores, y simples habitantes del país en tanto realicen actos jurídicos; lo descubrimos en leyes, códigos, manuales y tratados sobre esta disciplina, como así también lo hallamos en el

---

[549] Freud, Sigmund, "El yo y el ello", en *Los textos fundamentales del psicoanálisis*, trad. de Luis López Ballesteros y otros, Barcelona, Altaya, 1993, p. 562. "Su relación con el *yo* no se limita a la advertencia: 'Así -como el padre- debes ser', sino que comprende también la prohibición: 'Así -como el padre- no debes ser: no debes hacer todo lo que él hace, pues hay algo que le está exclusivamente reservado'". El super-yo habría nacido de la represión del deseo sexual inicial del niño o niña hacia la madre o el padre respectivamente. Íd., p. 569. El Trialismo incluye el "deber ser" en la dimensión dikelógica. El super-yo reina sobre el yo como conciencia moral. Íd., p. 570. Parece que el super-yo y la dimensión dikelógica (deber ser) son los tributos que el sujeto debe pagar a la sociedad por su existencia en ella.

sentimiento de justicia o injusticia que unos y otros (conducta y
normas) puedan producirnos, nos parecería tan absurda como
una concepción de la psiquiatría que, porque descubre manifestaciones de este fenómeno en los sanatorios especializados,
en los manuales de la disciplina, en los campos de batalla, en la
novela, en la cinematografía e incluso en los cotidianos actos de
conducta del hombre común, pretendiera afirmar que no es la
mente humana el objeto de ese saber, sino que es esa mente en
inescindible vinculación con una dimensión fáctica o real, con
otra asistencial, con otra cinematográfica o novelada y —porqué
[sic] no también— con otras formas posibles en que se pudiera
presentar el fenómeno psiquiátrico[550].

Efectivamente, estamos en presencia de una concepción hiperespecializada, no acorde con los tiempos que
corren. Señala Morin: "... contrariamente a lo afirmado por
el dogma de la hiperespecialización, existe un conocimiento relacionado con la organización global que es el único capaz de articular las competencias especializadas que
permiten comprender las realidades complejas[551]". Nótese como Foucault ha señalado el carácter histórico de la
locura y cómo ha caracterizado a los manicomios como
depósito de anormales[552]. Es indiscutible entonces que en
el fenómeno psiquiátrico hay un componente histórico y
de poder[553].

Para la Gestalt, el componente de estudio de la Psicología, no solo es la mente del sujeto, sino la de su entorno,
por lo que la visión no es reduccionista-individualista, sino

---

[550] Álvarez Gardiol, *Derecho y realidad...*, cit., pp. 140-141.
[551] Morin, *Introducción a una política...*, cit., p. 137.
[552] Ver Foucault, Michel, *Historia de la locura en la época clásica*, trad. de Juan José
       Utrilla, en https://bit.ly/2L7mVoE (29.3.2008), p. 100. "¿Es la muerte de Cristo en
       la cruz un signo de locura?" Ver íd., p. 114. "Al menos era un insensato. La locura
       es siempre una distancia tomada en relación al valor que cada época de la histo-
       ria resalta. El loco no puede ser loco para sí mismo, sino en relación a los ojos de
       un tercero". Ver íd., p. 134.
[553] Ver los puntos 13 y 14.

amplia-colectiva[554]. ¿Se mantiene el mismo objeto de estudio que en el caso de las restantes corrientes? ¿Si se incluye el estudio del ambiente y las cosas, no se incluyen materialidades e ideas y no solo conducta humana? Para la mejor comprensión de la conducta, la práctica y la observación de su efectivo desarrollo son esenciales, sea a través de comportamientos físicos o textuales. Claro que se hablará de texto en la medida del interés de la Psicología. Tanto como ocurre con el hecho en la medida del interés del Derecho, que se traduce en el reparto. Para lo cual es importante la discusión sobre paradigmas[555].

9. Señala Álvarez Gardiol en referencia al Derecho:

Cierto es que hay manifestaciones de juricidad en esos diferentes ámbitos, como así también es cierto que la psiquiatría como ciencia, nació en el más singular de los lugares: el manicomio; y salió a la luz en el campo de batalla de la primera guerra mundial y ha alcanzado desde entonces una precoz madurez. *Cierto es* asimismo, que la psiquiatría descubrió que en la demencia está la verdad, porque en ella la personalidad se rebela, poniendo al desnudo todos los mecanismos de la mente que el hombre normal oculta celosamente, por prejuicio o timidez. Pero todas esas *verdades* no autorizan a concebir difusamente el objeto de ese saber, sino que no obstante todo ello, la mente anormal sigue siendo el objeto propio de esa disciplina científica, lo que en modo alguno significa diluir su entidad ontológica[556].

---

554 "... la dependencia de la percepción con respecto a la totalidad de las condiciones estimulantes". Heidbreder, op. cit., p. 247. Ver también Köhler, Wolfgang, *Psicología de la forma. Su tarea y últimas experiencias*, trad. de José Germain y Federico Soto, Madrid, Biblioteca Nueva, 1972, pp. 66-70.

555 Ver cap. 7.

556 Álvarez Gardiol, *Derecho y realidad...*, cit., p. 141. Hoy tampoco se ve a la salud de manera patológica como ausencia de enfermedad. Ver punto 13.

10. La absolutización de la normatividad en el pensamiento analítico trae como consecuencia que todos los problemas traten de solucionarse con normas, lo que no trae buenos resultados. Esto puede entenderse tan pronto como se traslade la premisa al campo ecológico.

> ... el diagnóstico de una dolencia ecológica no requiere una acción destructiva dirigida contra una diana, sino una acción reguladora sobre una interacción; de este modo, la forma de intervenir ecológicamente contra un agente patógeno no consiste en un masivo empleo de pesticidas que, para destruir a la especie que se ha juzgado nefasta, van a destruir a la mayor parte de las demás especies, sino en la introducción en el medio de una especie antagonista de la especie peligrosa, lo que va a permitir la regulación del ecosistema amenazado[557].

En el caso del Derecho, el problema se da porque la ley pretende incluir en sus supuestos generales, a situaciones o entidades que no son semejantes. Y en este sentido, "pagan justos por pecadores".

Una usurpación no se resuelve solamente con el desalojo de las familias, sino con su reubicación en un lugar digno. La delincuencia se resuelve también con la acción sobre las causas, no solo con más cárceles, patrulleros y policías, que solo reproducen un sistema perverso. A lo que hay que sumar también una acción inmediata e innovadora sobre la población carcelaria.

Es imposible aislar el objeto de su contexto, como dice Morin, de sus causas profundas, de sus finalidades, de sus valores.

> No ignoramos, por cierto, que las fuerzas económicas y sociales influyen y en alguna medida condicionan al derecho. No desconocemos tampoco que el derecho realiza valores. Pero esos

---

[557] Morin, *Introducción a una política...*, cit., p. 137.

ingredientes no hacen a la esencia constitutiva de la juricidad, sino más bien a una especie de existencia refleja, que no altera ni modifica la especificidad de lo jurídico[558].

11. La carrera de Abogacía se encuentra no solo separada en los términos de las dimensiones que plantea el Trialismo, sino también separada en las diversas ramas tradicionales: civil, comercial, penal, constitucional, administrativo, etc., que por otra parte son antes "legislaciones" que "derechos". Por ejemplo, poco se estudia de "Derecho Público" o "Derecho Privado", lo que implicaría tender puentes entre las ramas jurídicas y superar los estudios sobre mera "legislación pública" o "legislación privada". Asimismo, hay pocos intentos por generar espacios de articulación, como los propuestos desde la "Teoría General del Derecho", que incluye lo común entre las ramas y las relaciones entre ellas[559]. Aquellos estudios tienen un substrato paradigmático, porque de fondo hay un paradigma reductor[560] que anima dichas carencias. Se necesita una Teoría General porque nada de general ni complejo hay en el estudio de las ramas.

Pero antes de llegar al nivel del paradigma rector, corresponde analizar también el estadio de la vida cotidiana, en donde el ciudadano también se ve privado de complejidad, es decir, imposibilitado de acceder a todo punto de vista abarcador y pertinente, en tanto los expertos acaparan los ámbitos de decisión.

Los desarrollos de las disciplinas científicas no han aportado únicamente las ventajas de la división del trabajo, han aportado también los inconvenientes de la sobreespecialización, de la

---

[558] Álvarez Gardiol, *Derecho y realidad...*, cit., p. 142.

[559] Aunque dicha asignatura es optativa en la currícula del año 2009 en el plan de estudios de la Facultad de Derecho de la UNR.

[560] Ver cap. 7 sobre "paradigmas".

compartimentación y de la parcelación del saber. Este último es cada vez más esotérico (accesible solo a los especialistas) y anónimo (concentrado en los bancos de datos), y se ve utilizado después por instancias anónimas, a cuya cabeza se encuentra el Estado[561].

12. Morin dice: "la visión no compleja de las ciencias humanas, de las ciencias sociales, implica pensar que hay una realidad económica, por una parte, una realidad psicológica por la otra, una realidad demográfica más allá, etc.[562]" Expresa Sautu: "... no existen conceptos simples o unidimensionales"[563]. De manera que no sería adecuado que se conceptualizara como una variable de una unidad de análisis a la categoría sexual, atendiendo a lo que "... figura en el documento de identidad"[564], o si se caracterizara el nivel educativo por "... los ciclos de enseñanza a los cuales se ha accedido"[565]. La educación que recibe una persona en ámbitos informales, es decir, en aquellos lugares que no forman parte del sistema educativo oficial, juega un papel importante a la hora de evaluar el nivel educativo.

> ... [la] propuesta de "calidad integral" [...] introduce en la "calidad" educativa los conceptos de "equidad" y de "valores". Esto nos permitirá apreciar mejor la continuidad de la educación con la familia, la sociedad y los medios de comunicación social, ya que ellos forman la trama y el contexto del sistema educativo formal[566].

---

561 Morin, *Introducción a una política...*, cit., p. 174. Ver más adelante el cap. 3 del tomo 2.
562 Morin, *Introducción al Pensamiento...*, cit., p. 100.
563 Sautu, op. cit., p. 60.
564 Íd.
565 Ibídem.
566 Seibold, Jorge, "¿Equidad en la educación?", en *Revista Iberoamericana de Educación*, nº 23, Organización de Estados Iberoamericanos, 2000, en https://bit.ly/2wflWgL (11.6.2005).

Por ello, no pueden darse respuestas únicas o simples a dichas temáticas. "Les objets et les concepts perdent leurs vertus aristotéliciennes et cartésiennes: substantialité, clarté, distinction... Mais ces vertus étaient des vices de simplification et de dénaturation. [...] Les choses ne sont pas seulement des choses, avait dit, un jour, [...] Robert Pagès[567]".

13. Un ámbito en donde podemos dar cuenta de la complejidad suscitada es el de la salud. Esta ha dejado de ser la ausencia de enfermedad, para ser un estado de bienestar bio-psico-social. La Organización Mundial de la Salud (OMS) la define como "... un estado de completo bienestar físico, mental y social, y no solamente la ausencia de afecciones o enfermedades". La cita procede del Preámbulo de la Constitución de la Organización Mundial de la Salud, que fue adoptada por la Conferencia Sanitaria Internacional, celebrada en Nueva York del 19 de junio al 22 de julio de 1946[568] Por otra parte, es hora de que las "ciencias médicas" comiencen a investigar siquiera los supuestos y pormenores de las medicinas alternativas[569].

---

[567] Morin, *La Méthode 1...*, cit., p. 148. "Los objetos y los conceptos pierden sus virtudes aristotélicas y cartesianas: sustancialidad, claridad, distinción... Pero estas virtudes eran los vicios de la simplificación y de la desnaturalización. [...] Las cosas no son solo cosas, dijo un día [...] Robert Pagès [...]". Morin, *El Método 1...*, cit., p. 176.

[568] Ver https://bit.ly/2PmJwRq (2.10.2009). A su vez, se ha vuelto a complejizar el concepto de salud. Ver Huber, Machteld y otros, "How should we define health?", en *British Medical Journal*, 2011, 343, pp. 1-3. Para una nueva actualización del concepto de salud ver Galati, "Redefiniendo la salud y el amparo a raíz de la cobertura judicial de la fertilización asistida y a la luz de la medicalización de la vida", en *Revista de Derecho de Familia y de las Personas*, año VIII, nº 5, 2015, Buenos Aires, La Ley, pp. 191-202.

[569] Así como se estudia el "Derecho alternativo", que rescata muchos postulados del Trialismo, ahora en relación con la complejidad. Es recurrente la referencia a la ruptura entre derecho y realidad, el monismo jurídico estatalista, la defensa de los oprimidos, la jerarquización de la axiología. Ver, por ejemplo, una recopilación de artículos sobre el tema realizada por Jorge Mario Rodríguez Martínez, en donde se incluyen: "*Reversibilidad* del Derecho: los derechos humanos tensionados entre el mercado y los seres humanos y la naturaleza" y "ODM y derechos

Como sostiene Feyerabend, la gente debería contar con la posibilidad de escoger el tratamiento que quiera, sin verse obligada a proceder a hurtadillas, a escondidas[570].

> Los cultivadores de la acupuntura, los herbolarios, los curanderos no recurren a los rayos X, a los productos químicos, a las drogas, a las biopsias[571]; no practican la cirugía. Sus métodos de curación [...] pueden resultar ineficaces en algunas ocasiones, *pero no perjudican nunca*. Ellos no tocan el interior del cuerpo, no perturban sus funciones naturales[572].

La reforma del plan de estudios de la carrera de Medicina en la UNR ha implicado un fuerte replanteamiento del objeto en términos disciplinares, multidisciplinares; porque ha creído que no basta para mantener con salud a una vida el estudio de su conformación anatómica y patológica[573]. Se requiere también estudiar el ambiente en el que el hombre se desarrolla y los valores que guían sus conductas[574]. El objeto de la medicina ya no es el cuerpo

---

humanos: una relación insuficiente y carente" de David Sánchez Rubio, "Derecho y justicia en monseñor Romero" de Jesús Antonio de la Torre Rangel, "Sobre la jurisdicción criminal en Brasil, hoy. Carta abierta de un juez brasileño a un juez español" de Amilton Bueno de Carvalho y "La axiología del derecho maya" de Adán René de León Hernández, en https://bit.ly/2wj9bSy (24.2.2012).

570 Feyerabend, *Diálogo...*, cit., p. 46.

571 "Muchos hombres tienen excrecencias cancerosas en las glándulas prostáticas. Estas excrecencias son pequeñas y no producen ningún daño. Los médicos, sobre todo en Alemania, recomiendan la realización de biopsias periódicas 'para asegurarse'. Las biopsias suelen remover porciones de las excrecencias y, como consecuencia de ello, aparecen metástasis en otras partes del cuerpo y se propagan formas de cáncer más peligrosas". Íd., pp. 42-43.

572 Íd., p. 46.

573 El modelo humanista aboga por la concepción pluridimensional y multicausal de salud y enfermedad. Mainetti, José, *La transformación de la medicina*, La Plata, Quirón, 1992, p. 44.

574 Así lo sostiene también Mario Bunge: "... a veces no bastan conocimientos médicos para emprender un tratamiento médico exitoso. Por ejemplo, se sabe que la ocupación, el rango social y el lugar de residencia influyen poderosamente sobre el estado de salud. Hay enfermedades de pobre y enfermedades de rico [...] de vecino de zona residencial y de villa miseria, etc." Bunge, Mario, "La

humano, sino también la historia del paciente, el medio en el que se desarrolla[575]. Se comienza a decir que no se ocupa de enfermedades, sino de enfermos[576]. En Rosario vivimos esta experiencia con el cambio del plan de estudios de la carrera de medicina a partir del año 2001[577]. El concepto de enfermedad y sus causas y síntomas, y sobre todo la atribución de la enfermedad misma a un único sujeto, muchas veces puede no parecer tan simple.

> ... [en] una familia que tiene un miembro enfermo grave conviviente, [...] se estudiaría no solo la historia clínica del paciente sino también al resto de los miembros del hogar asumiendo que, aunque de manera peculiar, todo el grupo familiar está enfermo. Este supuesto es más sencillo de sostener en casos de enfermedades emocionales y psíquicas[578].

Esta idea hace aplicación de la Gestalt en tanto no se limita a ver la parte aislada del todo[579]. Estas apreciaciones parten de la idea de la complejidad. "El hombre es un ser evidentemente biológico. Es, al mismo tiempo, un ser evidentemente cultural, [...] y que vive en un universo de

---

medicina: ¿ciencia o técnica?, ¿individual o social?", en *Cápsulas*, Barcelona, Gedisa, 2003, p. 100. En la salud de las personas influyen factores no meramente biológicos u orgánicos, lo que da como resultado un concepto complejo.

[575] Sobre cómo impactan las humanidades en la medicina, replanteando su filosofía, no ya positivista, sino comprensiva, interpretativa y evaluativa, ver a íd., p. 42.

[576] Ver íd., p. 44.

[577] La fundamentación del nuevo plan de estudios señala la necesidad de superar a la salud como un proceso individual, biologista y aislado de los contextos sociales, comunitarios y familiares. Se alude a la necesidad del trabajo interdisciplinario. "La formación del médico general, debe considerar un enfoque científico, antropológico, social y humanístico, para lo cual deberá tener en cuenta los aspectos psicológicos, sociales, éticos, culturales, económicos y políticos, además de los científico-técnicos que lo capaciten para la atención de pacientes". Ver https://bit.ly/2Mziurs (6.11.2009).

[578] Sautu, op. cit., p. 82.

[579] "La gestalt [...] constituye un todo que no es la mera suma de sus partes". Heidbreder, op. cit., p. 247. Ver también Köhler, op. cit., pp. 83-84, 88.

lenguaje, de ideas y de conciencia[580]". Coincidentemente, señala Feyerabend que "... una enfermedad es un fenómeno estructural que no es causado por hechos concretos, sino que se desarrolla por entero a partir de procesos de una complejidad más o menos análoga[581]". Aquí se observa la visión de conjunto y la profundidad ínsitas a la complejidad. También sostiene que las fronteras entre la salud y la enfermedad dependen de la tradición a la que pertenece la persona y su particular modelo de vida[582]. Así es que se comprenden mejor las ventajas del antiguo médico de cabecera que conocía a sus pacientes, sus personalidades, ideas, necesidades y había aprendido a satisfacerlas. Así, "... los modernos médicos 'científicos' se asemejan a dictadores fascistas que imponen sus ideas sobre la salud y la enfermedad con el pretexto de una terapia que, en la mayoría de los casos, constituye un ejercicio de banalidad[583]".

Esta complejidad es reconocida por los propios médicos. Uno de ellos señala los distintos aspectos prácticos en los cuales se revela una visión compleja: no estudiando en forma minuciosa los puntos de inserción de los músculos sin ninguna vinculación con otra área del conocimiento; no estudiando los huesos de la muñeca como si no formaran parte del cuerpo; no fomentando que los pacientes deambulen en las especialidades[584], sin identificar quién es la persona indicada para asistirlo; trabajar con una visión ampliada de la problemática del paciente, soslayando el error común de desear un corazón sano, un riñón compensado en un paciente deshidratado o desnutrido, con

---

580 Morin, *Introducción al Pensamiento...*, cit., p. 89.
581 Feyerabend, *Diálogo...*, cit., p. 108.
582 Íd., p. 47.
583 Íd., pp. 47-48.
584 "El 'médico general', el 'clínico' [...] es una 'especie' que tiende a desaparecer". García, op. cit., p. 91.

pésimo estado general; el entrecruzamiento de datos que debe hacer el graduado en la discusión previa de los casos, sin perder de vista nada; trabajar todos los temas aun los específicos como una urticaria o un mareo, con el perfil que tienen en un sujeto determinado, y en un contexto en el que se contemplen las enfermedades concomitantes y las características particulares de ese ser humano; la creación de una cátedra para el aprendizaje de la comprensión humana; escuchar atentamente y posicionarse dentro de la problemática del enfermo; identificar qué es lo que el paciente desea y espera de nosotros[585]. Es necesario tomar conciencia de que, al menos actualmente, "curar significa restituir el estado deseado por el paciente y no restablecer una condición abstracta que parece deseable desde un punto de vista teórico[586]". Se han visto experiencias en las que se trata de forzar al paciente a aceptar un tratamiento, por ejemplo, al imponer la necesidad de amputación de una pierna para frenar la gangrena sin tener en cuenta las limitaciones que ello implicaría para el paciente[587];

---

[585] Yelin, Carlos, "Un filósofo me ayuda en el consultorio", en *La Capital*, del 22.8.2007, en https://bit.ly/2N1km9n (23.8.2007). El filósofo del cual se habla en la nota es Edgar Morin. En alusión a la complejidad sin nombrarla, ver tb. Müller, Mónica, "Adiós a la sensatez en medicina", en *Página/12*, del 10.2.2012, en https://bit.ly/2BowxvN (10.2.2012).

[586] Feyerabend, *Diálogo...*, cit., p. 110.

[587] Ver caso "Jakobson, Juan", en *El Derecho*, t. 144, pp. 122-126. Con notas de Carlos Sanz, "Un fallo doblemente acertado", y Germán Bidart Campos y Daniel Herrendorf, "Una conducta autorreferente judicialmente protegida". El paciente padece una infección en el pie derecho denominada "pie diabético". Se halla afectado de diabetes mellitus complicada con trastornos arteriales que han determinado la aparición de lesiones gangrenosas en el pie derecho. El tratamiento indicado es el quirúrgico (amputación) de las zonas gangrenosas y aquellas susceptibles a gangrenarse por déficit irrigatorio. El mismo es de carácter urgente, dado que el progreso de la sepsis gangrenosa incide desfavorablemente en su estado general y afección diabética en particular. El juez de primera instancia considera que el causante obra con discernimiento al negarse a ser operado y que la parcial mengua de sus facultades mentales no es suficiente para declararlo incapaz y sustituir su voluntad. No surgiendo que la conducta del paciente configure una forma de suicidio, debe respetarse la voluntad de aquel y

la imposición de las transfusiones de sangre a los testigos de Jehová[588], desconociendo el tremendo impacto religioso que ello implicaría. Acertadamente expresa Feyerabend:

> ... un médico efectúa un diagnóstico, prescribe un tratamiento, tal vez quirúrgico, lo pone en práctica y obtiene ciertos resultados. Supongamos que la consecuencia de dicho tratamiento sea un cuerpo deforme que se arrastra durante cinco años y luego muere. ¿Quién puede decirle al médico que se ha equivocado?[589]

En suma, la obligación del médico es curar y no comportarse de modo científico[590]. Así como la obligación del jurista es procurar la justicia y no solo aplicar leyes.

Se plantea una historia clínica basada en el enfermo más que en la enfermedad, sobre la base de un paradigma holista, que hable de una realidad biopsicosocial, una concepción pluridimensional y multicausal de salud y enfermedad en términos de bienestar-malestar según la definición de la OMS[591].

---

la solución viene impuesta por la naturaleza de los derechos en juego que determinan que el paciente sea el árbitro único e irremplazable de la situación. El principio expuesto no debe ceder aunque medie amenaza de la vida. Es el paciente quien se expondrá a los riesgos, a los sufrimientos, a la inmovilidad, a la posibilidad de una subsistencia llena de deficiencias y limitaciones y a una intervención que, a veces, solo ofrece la "probabilidad" de una prolongación transitoria de la vida; ya que la amputación de la pierna no es curativa ni detiene la enfermedad que originó este trastorno físico.

[588] Ver caso "Bahamondez", fallado el 6.4.1993 por la CSJN, y publicado en *El Derecho*, t. 134, pp. 295 y ss. Si bien la mayoría de la Corte optó por rechazar el pedido, en tanto devino abstracto, ya que el enfermo se había curado, la disidencia admitió el señorío sobre el propio cuerpo, el respeto a la voluntad del paciente, la objeción de conciencia, el hecho de la no afectación a terceros con la decisión en cuestión que no buscaba el suicidio, sino el respeto a las convicciones religiosas. En suma, se basó en la autonomía, en el derecho a ser dejado a solas.

[589] Feyerabend, *Contra...*, cit., p. 42.

[590] Íd., p. 112.

[591] Mainetti, op. cit., p. 44.

Morin expresa el triple aspecto de toda enfermedad, mostrando la complejidad inherente al ser humano en su aspecto relativo a la salud.

Les maladies corporelles ne sont pas que corporelles. Les maladies psychiques ne sont pas que psychiques. Elles ont toutes trois entrées. L'entrée somatique, que traitent les médecins par des médicaments et des interventions chirurgicales; l'entrée psychique, que traitaient sorciers et chamans, puis confesseurs et gourous, aujourd'hui psychothérapeutes et psychanalystes; l'entrée écologique et/ou sociale, où pénètrent les perturbations du milieu urbain par exemple, que devrait traiter une politique de civilisation. On peut soigner par l'une de ces entrées, atteindre le psychique par le chimique, atteindre le biochimique par le psychique, et parfois atteindre l'un et l'autre en changeant les conditions de vie. La conversion hystérique, si fréquente, indique que nous pouvons inconsciemment fixer et exhiber un mal de l'âme dans un organe du corps. L'affaiblissement immunologique peut venir d'un deuil ou d'un chagrin. Une farouche volonté ou une intervention apparemment magique peuvent apporter la guérison d'un cancer[592].

---

[592] Morin, *La Méthode 5...*, cit., p. 56. "Las enfermedades corporales no son solo corporales. Las enfermedades psíquicas no son solo psíquicas. Todas ellas tienen las tres entradas: la entrada somática, que tratan los médicos con medicamentos e intervenciones quirúrgicas; la entrada psíquica, que tratan brujos y chamanes, después confesores y gurús, y hoy psicoterapeutas y psicoanalistas; la entrada ecológica y/o social, donde penetran las perturbaciones del medio, urbano por ejemplo, que deberían tratar una política de civilización. Se puede cuidar por una de estas entradas, llegar a lo psíquico por la química, llegar a lo bioquímico por lo psíquico, y en ocasiones llegar a uno y otro cambiando las condiciones de vida. La conversión histérica, tan frecuente, indica que podemos inconscientemente fijar y exhibir un mal del alma en un órgano del cuerpo. El debilitamiento inmunológico puede proceder de un duelo o de una tristeza. Una voluntad feroz o una intervención aparentemente mágica pueden traer la curación de un cáncer". Morin, *El Método 5...*, cit., p. 60.

En el campo de las ciencias médicas se han constituido diversos "nichos" complejos o transdisciplinarios[593]. Si
la salud humana es compleja, ¿por qué no habría de serlo
su "salud jurídica"?

14. El "sexo" de una persona, y luego de las experiencias derivadas de las operaciones de adecuación sexual, ha
variado en su caracterización de una manera impresionante. Morin ha dicho que lo más biológico, como el sexo, el
nacimiento, la muerte, es también lo que está más embebi-
do de cultura[594]. De manera que ya no interesa solamente
su aspecto biológico o genético, sino también el social, biográfico, psicológico, etc. Coincide en esta idea Morin:

> Le sexe ne peut plus se définir de façon simple, comme un trait
> d'essence, clair et distinct, s'opposant sans équivoque à l'autre
> sexe. Notre sexe [...] comporte différents niveaux ou caractè-
> res de sexualité (chromosomique, gonadique, propre aux orga-
> nes sexuels, hormonal, anatomique, psychologique) [...] chaque
> individu conserve secondairement de façon complémentaire,
> concurrent et antagoniste, dans son organisme comme dans
> son comportement des traits du sexe opposé [...][595].

---

[593] Ver Martínez Miguélez, Miguel, "Perspectiva epistemológica de la Bioética", en *Revista Selecciones de Bioética*, n° 14, 2008, p. 42.

[594] Morin, *La cabeza...*, cit., p. 43. Ver también Morin, *La Méthode 2...*, cit., p. 419. (Morin, *El Método 2...*, cit., p. 483). Dice Ciuro Caldani: "la vida no es solo un fenómeno biológico, sino también cultural". "Eutanasia", en *Investigación...*, n° 22, Rosario, FIJ, 1994, p. 25.

[595] Morin, *La Méthode 2...*, cit., pp. 371-372. "El sexo ya no puede definirse de manera simple como un rasgo de esencia, claro y distinto, oponiéndose sin equívoco
al otro sexo. Nuestro sexo [...] comporta diferentes niveles o caracteres de sexualidad (cromosómica, gonádica, propia de los órganos sexuales, hormonal,
anatómica, psicológica) [...] cada individuo conserva secundariamente de
manera complementaria, concurrente y antagonista, en su organismo así como
en su comportamiento, rasgos del sexo opuesto". Morin, *El Método 2...*, cit., p.
430.

En Argentina, ha podido desarrollarse dicha idea en diversos fallos que dan cuenta de esta temática. Por ejemplo, el caso "C. A., M[596]", donde puede apreciarse cómo se margina el aspecto biológico y genético del sexo, dándose preponderancia al aspecto biográfico, en el sentido de las experiencias vividas por la persona solicitante que determinaron su opción. Se dice en una oportunidad: "en cuanto al estudio genético, si bien interesante, podría evitarse por razones de costos y por constituir un hecho no vinculante con la decisión judicial acorde a lo peticionado por el amparista". Cabe resaltar también que intervinieron en dicha resolución el dictamen del Comité del Programa Interdisciplinario de Bioética de la Universidad Nacional de Mar del Plata y el de un Comité de Bioética *ad hoc*. En el fallo se hizo alusión a una interesante idea que es la de la calidad de vida, que parece primar por sobre una vida adecuada a una calidad prefijada[597]. Otro de los fallos es "P., J. C.[598]" en donde curiosamente se hace referencia a la lucha de la amparista contra su "sexo legal". También es llamativo que dichas personas exhiben un conflicto de identidad, cuando el Derecho está sufriendo un conflicto con la ley de la identidad, primer principio de la lógica clásica cuestionado por la complejidad[599]. Hoy las identidades son cuestionadas. En este caso se pidió el dictamen del Comité Interdisciplinario de Bioética de la Asociación de

---

[596] Fallado el 6.10.2003 por el Juzgado en lo Criminal y Correccional de Transición nº 1 del Depto. Jud. de Mar del Plata, sec. nº 5, a cargo de Pedro Hooft, en www.scba.gov.ar

[597] Sobre el tema ver Nicolau, Noemí, "Significación de la metodología trialista aplicada a la construcción de las nociones jurídicas (Un ejemplo: el derecho a la calidad de vida)", en AA. VV., *Dos filosofías...*, cit., pp. 147-156; Albanese, Susana, "El amparo y el derecho adquirido a una mejor calidad de vida", nota a Navas, Leandro c. Instituto de Obra Médico Asistencial (IOMA), fallado el 3.5.1991 y publicado en *La Ley*, t. 1991-D, pp. 77-78.

[598] Fallado por el Juzgado en lo Criminal y Correccional de Transición de Mar del Plata, nº 1, del 19.7.2001, en www.lexisnexis.com/ar (13.3.2004).

[599] Ver cap. 3 del tomo 2.

Genética Humana. La resolución judicial hace referencia a la integración de las identidades física, psíquica y social, tal como el concepto de salud lo refiere. Con respecto al tema de esta tesis, la resolución judicial resalta que:

> ... se ha avanzado en la profundización del conocimiento acerca de la *compleja* problemática vinculada con la sexualidad humana, con una nueva visión, superadora de tradicionales perspectivas *simplistas* y *reduccionistas*, que por su unilateralidad resultaban insuficientes para dar cuenta de todas las connotaciones vinculadas con temas atinentes a la identidad personal en general y con la identidad sexual en particular[600].

Es importante dar cuenta de cómo la sexualidad es definida en el fallo a partir de las prácticas sociales y no ya por lo que determina la Biología. En efecto, se requiere de la interdisciplina, tal como lo menciona la resolución judicial: "los problemas vinculados con la transexualidad, que requiere de un abordaje y valoración interdisciplinaria, ponen a su vez de manifiesto el creciente entrelazamiento entre ética, medicina y derecho en las sociedades actuales". Se alude expresamente a una perspectiva de integración. Estas consideraciones no deben olvidar que tras ellas existe una persona que no puede acceder a un trabajo formal por carecer de un documento de identidad acorde a su sexo, y con ello a los beneficios de la seguridad social y del sistema previsional. En otro de los casos , "T. L.[601]", se hace referencia a la imposibilidad de acceder a estudios, en tanto ello implica la expedición de títulos o diplomas con un nombre no acorde al sexo vivido por la persona solicitante. La diferencia de este caso con los anteriores radica en la previa solicitud de cambio de documentos,

---

[600] Los resaltados hacen referencia a términos afines al Pensamiento Complejo.
[601] Fallado por el Juzgado Correccional nº 4 de Mar del Plata, a cargo de Pedro Hooft, el 10.4.2008, en https://bit.ly/2wdAYDz (30.9.2008).

antes de solicitar, eventualmente, la intervención quirúrgica femeneizante. Aquí puede apreciarse el desglose de un nuevo aspecto en el problema de la sexualidad, el de aquellos transexuales que requieren una intervención quirúrgica para vivir plenamente y aquellos otros que no requieren de un sexo morfológico femenino por situaciones traumáticas previas que infunden temor a la vaginoplastía. La resolución judicial señala que debería darse en el caso un "reconocimiento" del nombre real más que un "cambio" de nombre. Con lo cual se está reconociendo en el caso lo que efectivamente ocurre en la realidad social, para lo cual es indispensable que la teoría jurídica cuente con nociones científicas al respecto. Precisamente, este juzgado hace referencia a un tratamiento jurídico complejo que no se agota en la normatividad. "El órgano jurisdiccional debe necesariamente articular aquí la realidad social (dimensión sociológica), con la dimensión normativa y la dikelógica (justicia)". El fallo hace referencia a un enfoque exageradamente normativista, que resultaría reduccionista y parcial. Cabe acotar que en el caso se trata de sortear las formas, en tanto actúan como un obstáculo a la realización personal, mientras que según el concepto de complejidad de Luhmann, de lo que se trata es de atenerse a la forma como criterio diferenciador[602].

Por otra parte, es este un cuestionamiento a la normalidad, entendiendo a la norma en su sentido uniformizador y en su sentido jurídico.

---

[602] Ver cap. 1, punto 6.

... l'antagonisme entre la liberté de choix du sexe, des traits morphologiques et des aptitudes de l'enfant, et le risque de normalisation biologique de l'être humain. Faudra-t-il éliminer les anormaux potentiels alors que nous savons que l'invention et la créativité viennent d'individus hors normes ?[603]

La perspectiva de género dice que nacemos con un sexo determinado pero que el contexto socio-cultural nos agrega normas, pautas, estímulos, valores, etc. diferenciados y diferenciadores a la vez. Así se construyen socialmente personas del género femenino y del masculino; y se espera de las personas un comportamiento diferencial según sea el sexo al que pertenecen. El paso del tiempo y la evolución cultural siguieron con la ley de identidad de género, nº 26743, sancionada en 2012, en donde la persona no se identifica por criterios biológicos y ni siquiera psicológicos, sino por su voluntad: "Se entiende por identidad de género a la *vivencia interna e individual* del género tal como *cada persona la siente*, la cual puede corresponder o no con el sexo asignado al momento del nacimiento, incluyendo la vivencia personal del cuerpo. Esto *puede* involucrar la modificación de la apariencia o la función corporal a través de medios farmacológicos, quirúrgicos o de otra índole, siempre que ello sea libremente escogido. También incluye otras expresiones de género, como la vestimenta, el modo de hablar y los modales[604]" (art. 2).

15. Algo similar ocurre con el cambio de postura respecto de las esterilizaciones. Antes se realizaban únicamente por indicación terapéutica, ya que se creía que lo

[603] Morin, *La Méthode 6...*, cit., p. 62. "... el antagonismo entre la libertad de elección del sexo, de rasgos morfológicos y aptitudes del hijo, y el riesgo de normalización biológica del ser humano. ¿Habrá que eliminar los anormales potenciales cuando sabemos que la invención y la creatividad proceden de individuos fuera de norma?" Morin, *El Método 6...*, cit., p. 59.
[604] Los resaltados me pertenecen y aluden a la impronta voluntarista en la determinación de la sexualidad.

único que las habilitaba era la protección de la salud, es decir, se realizaban por motivos terapéuticos, respetando el clásico dogma bíblico "creced y reproducíos". Mientras que ahora se las justifica también por motivos de planificación familiar, donde los deseos de la pareja cobran relevancia. Se comprende entonces la posibilidad que una familia tiene de planificar su vida, es decir, no se las funda únicamente en criterios biológicos; precisamente por la amplitud del concepto de salud. La ley 17.132, que regula el ejercicio de la Medicina en la Capital Federal, establecía en su art. 20, inc. 18° que quedaba prohibido a los profesionales que ejerzan la Medicina practicar intervenciones que provoquen la esterilización sin que exista indicación terapéutica perfectamente determinada y sin haber agotado todos los recursos conservadores de los órganos *reproductores*. La ley 26.130, con otra óptica, reforma dicho inciso y establece que queda prohibida dicha práctica si no media el consentimiento informado del paciente o una autorización judicial cuando se trate de incapaces declarados[605] (art. 7).

16. También la anticoncepción en general ha cambiado, en tanto ya no es un tema tabú y así lo consideran varias leyes argentinas: la 25673 sobre salud sexual y procreación responsable; la 26150 sobre educación sexual integral. En el ámbito provincial puede destacarse a la ley 3059 de Río Negro sobre "salud reproductiva y sexualidad humana". Y diversos son los métodos que se contemplan para cubrir las distintas situaciones, los que pueden dividirse en métodos químicos como los espermicidas, las píldoras anticonceptivas, la píldora del día después y

---

[605] Ver también un documento que ha sido pionero en este sentido. Comité de Ética del Hospital Privado de Comunidad de Mar del Plata, "Reflexiones éticas y jurídicas acerca de la esterilización quirúrgica de personas (ligadura tubaria y vasectomía)", en www.bioetica.org (28.11.2006).

la esponja anticonceptiva; los de abstinencia periódica, como el Ogino-Knauss o del ritmo, el de la temperatura basal o rectal, el del moco cervical o Billing; y los de barrera, como el profiláctico, el dispositivo intrauterino (DIU), el diafragma[606]. De dicha diversidad dan cuenta los nuevos "lineamientos curriculares para la educación sexual integral" elaborados por el Consejo Federal de Educación[607].

Debemos olvidar el antiguo anhelo simplista de la ciencia clásica: "on commence à comprendre que cette complexité ait eu effet allergique sur une science qui cherchait ses fondements précisément sur le réductible, le simple, l'élémentaire[608]".

17. Cuando Morin analiza el problema de la sangre contaminada ocurrido en 1985 en Francia, expone la necesidad de la complejidad en el ámbito de la salud. En efecto, en aquella ocasión, los médicos franceses negaron las advertencias acerca de la dañosidad de la sangre y autorizaron su uso, desconociendo también que la sangre calentada desactiva al virus de inmunodeficiencia humana (VIH), descubierto en 1983 por Montagnie. Por ello, el filósofo francés recomienda la necesidad de estar alertas a la información que capte los peligros, a la desburocratización, y a tener conciencia de los problemas y controlar los procesos en su conjunto[609]. Es lo que hace el Trialismo, en tanto la realidad advierte constantemente a la normología,

---

[606] Ver Tessone, Marta, "Reproducción humana", en colección *Ciencia joven*, Buenos Aires, Eudeba, 2006; Chillik, Claudio, "Diversas formas de identificar los días fértiles. Valoración", en https://bit.ly/2Mzx56k (24.10.2007). Ver también Urbandt, Patricia y Bostiancic, María Carla, *Esterilización femenina y derechos reproductivos*, Mar del Plata, EUDEM, 2008.

[607] Ver https://bit.ly/2L8najg (5.6.2008).

[608] Morin, *La Méthode 1...*, cit., p. 105. "Se empieza a comprender que esta complejidad haya tenido un efecto alérgico, en una ciencia que buscaba sus fundamentos precisamente en lo reducible, lo simple, lo elemental". Morin, *El Método 1...*, cit., p. 128.

[609] Morin, *Sociología*, cit., pp. 379-384.

y la dikelogía puede introducir cambios que atemperan la inacción temporal y muchas veces tardía de la burocracia legislativa[610].

18. Otros ejemplos se dan en la inteligencia ya que "... algunas investigaciones equiparan a la inteligencia con su medición mediante el test del [...] [coeficiente intelectual] lo cual ha dado lugar a enormes críticas acerca de su validez para estudiarla despegada del contexto histórico-cultural en el cual los tests han sido elaborados"[611]. Además, los estudios en Psicología dan cuenta de gran cantidad de "inteligencias[612]".

> La nature complexe de l'intelligence dépasse toute appréhension par les quotients intellectuels. L'intelligence n'est pas seulement ce que mesurent les tests d'intelligence, c'est aussi ce qui leur échappe. [...] ce qui est subtil et complexe dans l'intelligence ne peut être évalué avec certitude par des moyens qui brisent la complexité et ne peuvent franchir les seuils de subtilité[613].

Otro tanto puede decirse con respecto a las clases sociales, porque "... solo a partir de la teoría se establecen los criterios de medición[614]".

---

[610] Un ejemplo pudo verse en oportunidad de la falta de sanción de la ley de protección de los bosques nativos, ante la proliferación de las talas indiscriminadas. Sobre el tema ver Galati, "El Derecho Ambiental...", cit.

[611] Sautu, op. cit., p. 61.

[612] Ver Gardner, Howard, *Inteligencias múltiples: la teoría en la práctica*, trad. de María Teresa Melero Nogués, Barcelona., Paidós, 1995; Galiano, Liliana, "Inteligencias múltiples", en https://bit.ly/2vRHf8P (6.11.2009). Ya no se está frente a una única inteligencia, medible cuantitativamente con un test, sino frente a múltiples habilidades. Ver también Sautu, op. cit., p. 61.

[613] Morin, *La Méthode 3...*, cit., p. 180. "La naturaleza de la inteligencia supera toda aprehensión por los cocientes intelectuales. La inteligencia no es solamente lo que miden los tests de inteligencia, también es lo que se les escapa. [...] Lo que en la inteligencia es sutil y complejo, no puede ser evaluado con certeza con medios que rompen la complejidad y que no pueden franquear los umbrales de la sutileza". Morin, *El Método 3...*, cit., pp. 196-197.

[614] Sautu, op. cit., p. 61.

19. En la Economía, los índices necesariamente se miden en función de variables cuantitativas. No obstante, por ejemplo, en el caso del índice de desocupación, hay que tomar una decisión en cuanto a incluir o excluir de la población económicamente activa a aquellos que reciben el seguro de desempleo, planes asistenciales u otro tipo de subsidios. Esta es otra prueba más de que todo problema es necesariamente complejo, es decir, con una buena cantidad de aristas que impiden un tratamiento unidimensional, simple, reduccionista. Respecto de la insuficiencia de la cantidad, dice Morin:

> lo que falta es la posibilidad de contextualizar a la economía en el conjunto del mundo humano, de los aspectos histórico-sociales, religiosos, afectivos, porque una ciencia únicamente cuantitativa es una ciencia que no puede comprender los rasgos humanos que son de pasión, de amor, de odio, de sentimientos[615].

En suma,

> Los denominados constructos son aquellos conceptos teóricos considerados complejos y que no tienen un referente único directo observable sino que deben ser abordados conceptualmente en su diversidad de dimensiones o facetas. Ejemplos clásicos son la inteligencia y las clases sociales[616].

Dice Morin:

> Detrás del dinero, hay todo un mundo de pasiones, está la psicología humana. Incluso en los fenómenos económicos *strictu sensu*, juegan los fenómenos de masa, los fenómenos de pánico, como lo vimos [...] en Wall Street [...]. La dimensión económica contiene a las otras dimensiones y no hay realidad que podamos comprender de manera unidimensional[617].

---

615 Morin, *Complejidad restringida...*, op. cit., p. 116.
616 Sautu, op. cit., pp. 60 y 61.
617 Morin, *Introducción al Pensamiento...*, cit., p. 100.

Señala la misma idea en otra ocasión: "No se puede considerar la economía como una entidad cerrada. Es una instancia autónoma dependiente de otras instancias (sociológica, cultural, política). [...] Es la relación con lo no económico lo que le falta a la ciencia económica[618]".

En el caso del Derecho, se diría que le falta a este una relación con lo "no jurídico". El Trialismo ya contiene en sí lo que podría considerarse desde el punto de vista positivista como "no jurídico", a saber, la jurística sociológica y la jurística dikelógica.

El padre de la interdisciplina, Piaget, señala incluso relaciones entre la Economía y la Psicología:

> Von Neumann et Morgenstern [...] ont tiré une méthode d'analyse économique reposant sur ce que l'on appelle la théorie des jeux ou de la décision. Or cette méthode a permis la constitution d'une série de recherches psycho-économiques assurant une liaison entre deux disciplines jusque là beaucoup trop séparées[619].

20. En la metodología de la investigación también hay complejidad, ya que son diversos los grupos de técnicas empleados por los investigadores[620]. De manera que no deberían existir problemas únicamente estudiados a través de la metodología cuantitativa puramente considerada[621],

---

[618] Morin, y Kern, op. cit., p. 72.

[619] Piaget, Jean, "L'épistémologie des relations interdisciplinaires", en AA. VV., *L'interdisciplinarité. Problèmes d'enseignement et de recherche dans les universités*, Paris, Organisation de Coopération et de Développement Économiques, 1972, p. 137. "Von Neumann y Morgenstern extrajeron un método de análisis económico que reposa sobre lo que se llama la teoría de juegos o de la decisión. Ahora bien, este método permitió la constitución de una serie de investigaciones psico-económicas que aseguran una conexión entre dos disciplinas hasta entonces muy separadas" (trad. del autor).

[620] Sobre el tema ver Galati, "Metodología...", cit.

[621] Ver cap. 9, punto 2. Sobre el tema ver Galati, "Notas sobre investigación jurídica cuantitativa", en *Investigación...*, n° 39, Rosario, FIJ, 2006, pp. 187-206; tb. en https://bit.ly/2MqNJWn (10.2.2008).

ya que existe también la metodología cualitativa[622]. Atinadamente se señala a la hora de propiciar la combinación
de herramientas metodológicas: "al cubrir más dimensiones de la realidad social, se alcanza una información más
profunda y diversificada[623]". Muy claramente, señala Morin
las dos verdades que encierran cada tipo de investigación
a partir de la entrevista: "... le chercheur aura à choisir
entre le risque de superficialité (questionnaire) et le risque d'ininterprétabilité (entretien approfondi), entre deux
types d'erreur, entre deux types de vérité[624]". También se
habla de la posibilidad de integrar elementos de ambas
metodologías[625].

Frente al desmesurado avance de la cuantificación,
que trata de medir numéricamente todo, con el correlativo
pensamiento de creer que la ciencia se encuentra en el
número[626], proveniente de la tradición pitagórica, platóni-
ca, galileana[627], y newtoniana; otros enfoques consideran
que lo que hay que conocer se encuentra en lo singular,
lo particular. "Debemos vivir por la calidad de la vida y no

---

[622] Las metodologías cualitativas privilegian los estudios de casos basados en entre-
vistas no estructuradas, la observación, la narrativa y el análisis del discurso. Ver
Sautu, op. cit., esp. p. 69. Ver también Galati, "Filosofía de la evaluación de la
Universidad. Notas sobre metodología cualitativa en la investigación jurídico-
educativa", en *Academia. Revista sobre enseñanza del Derecho*, nº 9, Buenos
Aires, Facultad de Derecho de la Universidad de Buenos Aires (UBA)/Rubinzal-
Culzoni, 2007, pp. 299-358.

[623] D'Ancona, María de los Ángeles, "Metodología cuantitativa: estrategias y técnicas de investigación social", Madrid, Síntesis, 1999, p. 58.

[624] Morin, *Sociologie*, cit., p. 183. "... el investigador tendrá que elegir entre el riesgo
de la superficialidad (cuestionario) y el riesgo de la incapacidad de interpretación (conversación profunda), entre dos tipos de error, entre dos tipos de verdad". Morin, *Sociología*, cit., p. 209.

[625] Ver Sautu, op. cit., p. 53. Ver por ejemplo Bericat, Eduardo, *La integración de los
métodos cuantitativo y cualitativo en la investigación social. Significado y medida*, Barcelona, Ariel, 1998.

[626] Bunge, *Epistemología...*, cit., pp. 39, 40, 48.

[627] Ya Galileo dijo que el lenguaje de la ciencia se encuentra expresado en números.
Ver Mardones y Ursúa, op. cit., pp. 16-17.

para acumular cifras y estadísticas[628]". En otra oportunidad señala Morin: "les moyens modernes de [...] [la médecine] prolongent souvent la vie humaine dans des conditions de dégradation physique et mentale. N'y a-t-il pas désormais contradiction entre quantité de vie et qualité de vie?[629]" Si la realidad es compleja, debo contar con un método que refleje en mi investigación esa complejidad, llegando a resultados también complejos. De lo contrario habría un ocultamiento, imposible de justificar en metodología. Salvo que se escoja un aspecto y se explicite su justificación. "La costumbre de separar el plano teórico del empírico arraigada en la práctica de la investigación cuantitativa es difícil de reproducir exactamente en la investigación cualitativa"[630]. Dice Morin:

> La metodología científica era reduccionista y cuantitativa. Reduccionista, porque hacía falta llegar a unidades elementales incapaces de ser descompuestas [...] cuantitativa, porque esas unidades discretas podían servir de base a todas las computaciones. La lógica de Occidente era [...] destinada a mantener el equilibrio del discurso mediante la expulsión de la contradicción y del error; ella controlaba o guiaba todos los desarrollos del pensamiento[631].

La opción por la entrevista en profundidad, la ausencia de hipótesis y el mero establecimiento de ideas tentativas, diferencian una investigación, en tanto el científico no puede predeterminar a tal punto su trabajo que no dialogue con su objeto que precisamente son personas, que son las que van a direccionar su investigación. La hipótesis y

628 Morin, Ciurana y Motta, op. cit., p. 81.
629 Morin, *La Méthode 6...*, cit., p. 60. "Los medios modernos [de la Medicina] [...] a menudo prolongan la vida humana en condiciones de degradación física y mental. ¿No existe en adelante contradicción entre cantidad y calidad de vida?" Morin, *El Método 6...*, cit., p. 57.
630 Sautu, op. cit., p. 66.
631 Morin, *Introducción al Pensamiento...*, cit., p. 82.

la encuesta encasillan de tal manera el trabajo que no dan espacio a la desviación, la brecha, lo singular. Esta mecanización pierde la enorme riqueza de comprender cómo, aún en la peor de las circunstancias, la agencia humana está presente, por sobre las estructuras (pobreza, número de hijos, desocupación) y es el motor del cambio[632].

Por ello puede hablarse de "... un uso mayor y más frecuente de la hermenéutica y de la dialéctica, e igualmente en varias orientaciones metodológicas, como las metodologías cualitativas, la etnometodología, el interaccionismo simbólico, la teoría de las representaciones sociales, etc.[633]" Desde una visión amplia, Morin se pregunta:

> ... ¿por qué considerar a los seres humanos según su categoría socioprofesional, su nivel de vida, su edad, su sexo, de acuerdo con cuestionarios de opinión o documentos de identidad? Cada ser, aun el más vulgar o anónimo, es un verdadero cosmos[634].

Mientras que podemos ver en otros postulados teórico-jurídicos el anhelo de uniformización.

> ... su intento de lograr una justicia individual y absoluta dentro de la ley es tan patético como el de Guillermo Tell si hubiere tenido que disparar a la legendaria manzana con los ojos vendados. [...] en la medida en que un magistrado ponga todo su empeño, su actividad tenderá a aproximar los resultados al ideal que el legislador y su propia conciencia le han impuesto. Solo que este acercamiento se produce en forma global y dentro de la ley de los grandes números[635].

---

[632] Ver Sautu, op. cit., p. 35. En contra, Popper, *La lógica...*, cit., p. 45. "... cualquier controversia sobre la cuestión de si ocurren en absoluto acontecimientos que en principio sean irrepetibles y únicos no puede decidirse por la ciencia: se trataría de una controversia metafísica".

[633] Martínez Miguélez, Miguel, "Origen, auge y ocaso del método científico tradicional en las ciencias humanas", en https://bit.ly/2nNsvmS (6.6.2004).

[634] Morin, *Epistemología...*, cit., p. 434.

[635] Guibourg, "La justicia y la máquina", en *La Ley*, t. 150, p. 1004.

Se trata en suma de la vieja polémica que introdujo Platón acerca de ver la ciencia como algo singular, sensible y contingente, o algo ideal, esencial y estable; como una sensación o como el razonamiento que ejercemos sobre ella[636].

En referencia a la Sociología, señala Morin:

> el cuestionario sobre una muestra no puede ser aquí más que un medio eventual de verificación a ciertos niveles superficiales. La encuesta en vivo, en caliente, plantea múltiples problemas: pleno empleo de la observación, participación y, [...] el problema del observador respecto al fenómeno observado[637].

He comprobado la relevancia de la metodología cualitativa en oportunidad de tratar un tema jurídico-educativo[638] y otro jurídico-judicial[639].

Taylor y Bogdan, eminentes metodólogos de la cualidad, señalan:

> ... cuando los investigadores [...] entraron en los hogares descubrieron que la diferenciación entre familias de uno o dos progenitores representa una *simplificación* grosera [...] En 'familias de dos progenitores' hallaron parejas en las que uno de los cónyuges no asumía ninguna responsabilidad respecto de los hijos [...] En familias de 'un progenitor' encontraron parejas convivientes en las que el no progenitor compartía en términos de igualdad las responsabilidades por los hijos; parejas divorciadas que habían vuelto a unirse, [...] de modo permanente [...] o por una sola noche; parejas convivientes en las que el no progenitor ignoraba a los niños, y una multitud de otras relaciones[640].

---

636 Ver Platón, *Teeteto, o de la ciencia*, trad. de José Miguez, Buenos Aires, Aguilar, 1960.

637 Morin, *Sociología*, cit., p. 75.

638 Galati, "Filosofía de la evaluación...", cit.

639 Galati, "Notas...", cit.

640 Taylor, S. J. y Bogdan, R., *Introducción a los métodos cualitativos de investigación. La búsqueda de significados*, Buenos Aires, Paidós, 1986, p. 32. P. v. Galati, "Notas sobre investigación...", cit. Nótese la relación con el punto 4.1. del cap. 3.

En efecto, no puede concebirse la investigación de manera no compleja. "Le développement des qualités, non seulement programmatrices, mais stratégiques, inventives, créatrices est inséparable d'un accroissement corrélatif d'ordre et de désordre[641]".

21. En relación a la política, un referente de la complejidad, Danilo Zolo, señala:

> Las campañas políticas, por ejemplo, están condicionadas, en la actualidad, por los requerimientos del medio televisivo, pero este está subordinado a la legislación que gobierna el uso de los medios, y ambos agentes, los políticos y las compañías de televisión, tienen que someterse a las exigencias del mercado publicitario. Este proceso a su vez, está condicionado no solo por la legislación económica general, sino también por la competencia cada vez más feroz entre la televisión y las formas más tradicionales de la publicidad. Herbert Simon y Raymond Boudon han demostrado cómo, en los campos de la economía, los estudios empresariales y la sociología, un aumento en los fenómenos de interdependencia se ve acompañado por una creciente dificultad de predicción e intervención social[642].

En la obra "Derecho y Política", se aplican las categorías del Trialismo a la Política, evidenciando la complejidad de esta disciplina[643]. Un problema que demanda la acción de varias disciplinas es la paz, así como el urbanis-

---

[641] Morin, *La Méthode 2...*, cit., pp. 369-370. "El desarrollo de las cualidades no solo programadoras, sino estratégicas, inventivas, creadoras es inseparable de un aumento correlativo de orden y de desorden". Morin, *El Método 2...*, cit., p. 428.
[642] Ver Cárcova, "Los jueces...", cit.
[643] Ver a Ciuro Caldani, *Derecho y Política...*, cit., especialmente el capítulo sobre los infradimensionalismos políticos, pp. 40-46.

mo, que "... pose des problèmes à des sciences aussi diverses que les techniques de l'ingénieur, l'architecture, les sciences économiques, la biologie, la psychologie, etc.[644]".

También se expresa en este ámbito la conflictividad entre la común humanidad y los nacionalismos locales, que se traduce en la aspiración a la *unitas multiplex*[645]. Coincidiéndose con el hincapié que Morin hace en la planetarización y el predominio del mercado. "La 'patria universal' realmente existente es la 'planetarización' del sistema económico mundial, cuyo soporte fundamental es la expansión de la técnica[646]".

Cornelius Castoriadis, filósofo y político, sostiene con evidente muestra de complejidad, tal vez impura, que:

> El juez no puede [...] ser nunca un [autómata] [...], porque se encuentra siempre con los 'vacíos del derecho' [...], pero sobre todo porque siempre hay un problema de interpretación de la ley y, más profundamente, un problema de equidad. Tanto la interpretación como la equidad son inconcebibles sin recurrir e invocar al 'espíritu del legislador', y lo mismo ocurre con sus 'intenciones' y los valores sustantivos hacia los que se supone que este último mira[647].

De estas líneas pueden inferirse las dimensiones trialistas, en tanto los vacíos hacen a problemas de carencias, la equidad es estudiada en la dimensión dikelógica, que cubrirá la carencia dikelógica, se menciona la interpretación de la ley, en su elemento clave del espíritu del

---

644 Heckhausen, Heinz, "Discipline et interdisciplinarité", en AA. VV., *L'interdisciplinarité...*, cit., p. 89. "... plantea problemas a ciencias tan diversas como las técnicas del ingeniero, del arquitecto, las ciencias económicas, la Biología, la Psicología, etc." (Trad. del autor).

645 Ver por ejemplo Jiménez, José, "Sin patria. Los vínculos de pertenencia en el mundo de hoy: familia, país, nación", en AA. VV., *Nuevos...*, cit., pp. 213-234.

646 Íd., p. 218.

647 Castoriadis, Cornelius, "La democracia como procedimiento y como régimen", en https://bit.ly/2Pp8JLh (18.7.2007).

legislador, mucho más allá de la intención y el fin, a lo cual
cabe sumar la referencia directa al valor. También hace
referencia a las dimensiones social y valorativa, criticando
a la norma:

> ... si el "Estado de derecho" [...] es una cosa distinta del "Estado
> de la ley" [...] no es sino porque aquel va más allá de la simple
> conformidad con "procedimientos", planteando la *cuestión de la
> justicia* e implicando incluso a las reglas jurídicas ya existentes.
> [...] el "reino de la ley" no puede eludir la pregunta ¿qué ley,
> por qué esta ley y no otra? Ni siquiera la respuesta "formalmen-
> te democrática" —la ley es ley porque representa la decisión
> de mayoría (omitimos evidentemente el saber si realmente lo
> es)— impide la pregunta: ¿y por qué debe ser así? Si la justifica-
> ción de la regla de la mayoría es estrechamente "procedimental"
> —por ejemplo, porque es necesario que toda discusión tenga
> término—, entonces cualquier regla podría tener la misma justi-
> ficación: sortear la decisión, por ejemplo. La regla mayoritaria no
> puede ser justificada si no se admite el valor igual, en el campo
> de lo contingente y lo probable, de las *doxai* [opiniones] de indi-
> viduos libres. [...] entonces es tarea permanente de la institución
> de la sociedad producir individuos de los que puede postularse
> razonablemente que sus opiniones tienen el mismo peso en el
> campo político[648].

22. Si se observa el informe elaborado por diversas
Universidades en coordinación con el Ministerio de Salud
de la Nación, sobre salud mental infantil, puede verse
como este concepto es considerado no desde una óptica reduccionista o simple, sino compleja. Se manifiesta
entonces la necesidad de "... crear una nueva hermenéuti-

---

[648] Íd.

ca epidemiológica basada en la epistemología de la complejidad reafirmando los procesos históricos de la salud mental[649]".

Diversas opiniones han puesto de manifiesto cómo el contexto económico, político, social en definitiva, influye en los comportamientos humanos, en la caracterización de la normalidad. Michel Foucault lo ha puesto de manifiesto en sus obras "Los anormales"[650] e *Historia de la locura en la época clásica*[651]. De hecho, en Argentina hubo un replanteo de la problemática de la salud mental en la doctrina bioética y biojurídica, y en la intención de sancionar nueva legislación sobre el tema[652], que culminó

---

[649] "Problemáticas de salud mental en la infancia. Proyecto de investigación. Informe final", Ministerio de Salud de la Nación y Unidades Académicas de Psicología de las Universidades Nacionales, del 9.11.2007, en https://bit.ly/2Msbe1y (12.6.2008), p. 10.

[650] Foucault, *Los anormales. Curso en el Collège de France (1974-1975)*, trad. de Horacio Pons, Buenos Aires, Fondo de Cultura Económica, 2000. "... en la pericia médico legal tanto la justicia como la psiquiatría se adulteran. [...] La pericia médico legal no se dirige a delincuentes o inocentes, no se dirige a enfermos en confrontación a no enfermos, sino a algo que es, creo, la categoría de los *anormales* [...]. Transformar tanto el poder judicial como el saber psiquiátrico, a constituirse como instancia de control del anormal". Íd., pp. 48, 49. Siempre hay algún anormal a quien expulsar para purificar la comunidad: el leproso, los locos, los criminales, los desviados, los pobres, mendigos, vagabundos, ociosos, libertinos. Íd., p. 51. Hoy es el *swinger*, travesti, la lesbiana, el homosexual, el piquetero, el judío, el musulmán, el que padece síndrome de down, el "pibe chorro", el drogadicto. Como dice Foucault, en el siglo XVIII se aplicará el patrón de inclusión, pero con control, en donde "... se va a calibrar sin descanso a cada individuo para saber si se ajusta a la regla, a la norma de salud que se ha definido". Íd., p. 54.

[651] Cit.

[652] Ver proyecto sancionado por la Cámara de Diputados el 14.10.2009 (expte. 0126-D-2009), en www.hcdn.gov.ar. Al definir la salud mental, alude a "... un proceso determinado por componentes históricos, socio-económicos, culturales, biológicos y psicológicos, cuya preservación y mejoramiento implica una dinámica de construcción social vinculada a la concreción de los derechos humanos y sociales de toda persona" (art. 3). También se alude a la evaluación interdisciplinaria como requisito del diagnóstico (arts. 5, 8). Se promueve la integración familiar, laboral y comunitaria. (art. 7, d, art. 9, art. 11); la supervisión periódica de las internaciones (art. 7, h). La internación es considerada de aplicación restrictiva, debe ser fundada, (art. 14) y lo más breve posible (art. 15). El padeci-

en la ley 26657 promulgada en diciembre de 2010. El caso "Ricardo Trufano[653]" expresa la necesidad de la limitación de la reclusión manicomial. Lo que en el fondo alude a no seguir creyendo que la locura es un "estado", sino más bien un "estadio"[654]. Por otra parte, la Bioética nació como un severo cuestionamiento a las prácticas médicas, a la autoridad del médico y a partir de la necesidad de valorarlas. En este último sentido, la condena a las manipulaciones efectuadas en las investigaciones con seres humanos tuvo un peso decisivo[655].

---

miento mental no es un estado inmodificable (art. 7, n). La medicación no suple el acompañamiento terapéutico, ni funciona como castigo (art. 12). Se prohíbe la creación de instituciones de salud mental monovalentes, es decir, los antiguos manicomios o neuropsiquiátricos (art. 27), ya que deben realizarse en hospitales generales (art. 28). Y se deroga la ley 22194 (art. 44). Todo lo cual se reconoce en la ley de salud mental 26657, sancionada en 2010.

653 Fallado por la CSJN el 27.12.2005.

654 La propia sentencia precisamente alude al "... estado de vulnerabilidad, fragilidad, impotencia y abandono en el cual se encuentran frecuentemente quienes son sometidos a tratamientos de esta índole" (consid. 4). Se dice también que la detención se "... desarrollará por un período breve y en tanto sea la opción menos restrictiva" (consid. 5). La revisión de la internación debe realizarse en intervalos periódicos, razonables (consid. 5).

655 Se han dado casos de infección intencional con el virus de la hepatitis a niños discapacitados de un asilo, la inyección de células cancerosas en pacientes internados por otras causas, la privación intencional del tratamiento con penicilina a personas con angina estreptocócica para estudiar la historia natural de la enfermedad. En 1996, EE.UU. indemnizó a personas sobrevivientes de experimentos realizados con sustancias radiactivas durante la Guerra Fría, para averiguar los efectos del uso de armas atómicas en caso de una guerra nuclear. Los investigadores habían introducido barras radiactivas en la nariz de niños para reducir sus adenoides y prevenir infecciones; administraron fósforo radiactivo a embarazadas antes y después del parto. Las personas involucradas no se habían enterado de lo que se les hacía y por ello no habían dado su consentimiento. En nombre de la seguridad nacional, habían considerado a las personas simples medios para obtener información. Además, la investigación médica es éticamente justificable si la población se beneficiará de sus resultados y si los participantes accederán gratuitamente al tratamiento de probada mayor eficacia terminada la investigación. Probar nuevos productos contra otros existentes requiere más tiempo y dinero que demostrar su eficacia frente a placebos, lo que va contra la regla de obtener mayores ganancias en el menor tiempo posible. De manera que se exige que el grupo control reciba el mejor tratamiento probado hasta la fecha. El "mejor tratamiento" variaba según se tomaran los estándares

En el caso de la Psicología, Morin toma a Freud como desarrollador de la complejidad psicológica: "... le sujet freudien est le produit et le siège d'une dialogique complexe bio-socio-individuelle entre: 1) le Ça (la sphère bio-pulsionnelle); 2) le Sur-Moi ou Super-Ego (la sphère de l'autorité paternelle et au-delà sociale); 3) la sphère proprement individuelle de l'Ego[656]". Resalta al Psicoanálisis como la ciencia de lo complejo: "... en Freud donde el Yo es un sistema abierto al mismo tiempo sobre el ello y el superyo, no pudiendo constituirse más que a partir de uno y otro, manteniendo relaciones ambiguas pero fundamentales con uno y otro ..."[657]. En otra oportunidad expresa Morin: "... pose en fait les fondements d'une théorie du sujet humain, à la fois générative (s'effectuant à partir d'une dialogique entre Ça, Moi, Sur-Moi) et complexe (comportant en son sein le conflit et le déchirement)[658]". Tomando en cuenta a cada persona,

> ... cada uno de nosotros es una sociedad de varias personalidades [...] ese "yo" nace de la dialéctica entre el "ello" pulsional que viene de las profundidades biológicas y el "superyó" que, para Freud, es la autoridad paterna, pero que puede transformarse en un "superyó" más amplio, el de la patria, la sociedad. [...] [Pero]

---

de los países pobres donde se desarrollaba el experimento, o el de los países ricos que patrocinaban el ensayo. Algunos dicen que "algo" es mejor que nada, y otros sostienen que es una nueva forma de colonialismo. Martínez, Stella Maris, "La investigación con seres humanos: entre el paraíso y el infierno", en *Revista Médica de Rosario*, n° 71, 2005, pp. 36-41.

656 Morin, *La Méthode 3...*, cit., p. 129. "... el sujeto freudiano es el producto y el lugar de una dialógica compleja bio-socio-individual entre 1) el Ello (la esfera bio-pulsional); 2) el Superego (la esfera de la autoridad paterna y más allá social); 3) la esfera propiamente individual del Ego". Morin, *El Método 3...*, cit., p. 141. Ver Freud, "El yo...", cit., pp. 547-574.

657 Morin, *Introducción al Pensamiento...*, cit., p. 45.

658 Morin, *La Méthode 2...*, cit., p. 284. "... plantea de hecho los fundamentos de una teoría del sujeto humano, a la vez generativa (se efectúa a partir de una dialógica entre Ello, Yo, Superego) y compleja (comporta en su seno el conflicto y el desagarramiento)". Morin, *El Método 2...*, cit., p. 330.

uno dice "yo" cuando se dedica a las operaciones intelectuales más austeras y dice "yo" cuando se dedica a los juegos eróticos más desenfrenados[659].

Jean Piaget da cuentas de una relación de intercambio entre disciplinas en este ámbito: "... des relations entre la linguistique et la psychologie qui caractérise la jeune discipline connue sous le nom de psycholinguistique[660]".
Cuando explico a mis alumnos el Trialismo les digo que es imposible fraccionar a la persona, en su rol en la familia (pudiendo ser padre, madre, hijo, hermano, etc.), en la sociedad (pudiendo ser ciudadano, habitante, funcionario, etc.), en el ámbito social (pudiendo ser compañero, amigo, conocido, etc.), en el ámbito deportivo (pudiendo ser jugador de básquet, tenis, fútbol, etc.), en el ámbito afectivo (pudiendo ser esposo/a, amante, novia/o, amigovio/a, etc.), en el ámbito laboral (pudiendo ser jefe, colega, subordinada, etc.), etc. Son todos esos aspectos que forman uno. Así, "... il y a en chaque être, et singulièrement l'être humain, plusieurs êtres à la fois et plusieurs modalités d'être[661]". Con respecto a los roles, el filósofo francés señala: "... nous endossons des rôles sociaux différents au foyer, en famille, en amour, au travail, avec nos supérieurs, avec nos inférieurs, avec nos amis[662]". En otra oportunidad Morin brinda un ejemplo a partir del análisis de la cuestión judía: "... 'judío' se convierte en uno de los adjetivos

---

[659] Morin, *La cabeza...*, cit., pp. 136 y 137.
[660] Piaget, "L'épistémologie...", cit., p. 137. "... relaciones entre la lingüística y la psicología que caracterizan a la joven disciplina conocida bajo el nombre de psicolingüística" (trad. del autor).
[661] Morin, *La Méthode 2...*, cit., p. 262. "... en cada ser, y singularmente en el ser humano, hay varios seres a la vez y varias modalidades de ser". Morin, *El Método 2...*, cit., p. 306.
[662] Morin, *La Méthode 5...*, cit., p. 100. "... adoptamos roles sociales diferentes en el hogar, en familia, en amor, en el trabajo, con nuestros superiores, con nuestros inferiores, con nuestros amigos". Morin, *El Método 5...*, cit., p. 101.

que definen diversas cualidades de un individuo: la pertenencia por filiación (judío), la pertenencia a la nación (francés) y la pertenencia, nutrida por la cultura humanista, al género humano[663]. A renglón seguido señala que no debemos ser prisioneros de un pensamiento binario, que separa entre judíos y cristianos, judíos o gentiles[664].

El Pensamiento Complejo nos rememora el lema "uno para todos y todos para uno" de *Los Tres Mosqueteros* de Alejandro Dumas. La complejidad complejizará aún más ese dicho. "Chacun pour soi, tous contre tous, chacun pour tous, chacun pour tout, tout pour chacun, tout contre chacun sont autant de moments, de manifestations, de traits de la même réalité[665]".

La demanda de participación popular es síntoma de complejidad. En el campo de la Medicina, en la Psicología, el paciente reclama una no direccionalidad y dependencia absolutas del terapeuta. Al contrario, pueden darse casos de influencias de la Economía a la hora de retener un paciente-cliente; la influencia de la subjetividad, al darse una relación de agrado, todo lo cual impediría la separación del paciente, ya "sano", del terapeuta[666].

23. Cabe preguntarse con respecto a la Psicología Social: "... ¿cuál es su objeto? [...] Como es fácil imaginar, no existe unanimidad en este punto[667]". Cuando Moscovici

---

[663] Morin, *El mundo...*, cit., p. 52.

[664] Íd.

[665] Morin, *La Méthode 2...*, cit., p. 60. "Cada uno para sí, todos contra todos, cada uno para todos, cada uno para todo, todo para cada uno, todo contra cada uno son otros tantos momentos, manifestaciones, rasgos de la misma realidad". Morin, *El Método 2...*, cit., p. 81.

[666] Friedman, Richard, "Cómo saber cuándo poner fin a la terapia", trad. de Ma. Elena Rey, https://bit.ly/2wfOMxl (3.11.2007).

[667] Moscovici, Serge, "Introducción: el campo de la psicología social", en AA. VV., *Psicología social I. Influencia y cambio de actitudes. Individuos y grupos*, ed. al cuidado de Serge Moscovici, trad. de David Rosenbaum y supervisión de Tomás Ibáñez, Buenos Aires, Paidós, 1985, p. 19. Por lo que el Derecho no es la única ciencia social que tiene disputas epistemológicas. Ver punto 4.

precisa el objeto de la Psicología Social, alude claramente a dos diferentes ámbitos ontológicos: la materia y la idea, que a su turno son el basamento de la diferenciación en dimensiones del Trialismo.

> ... objeto central de la psicosociología, [son] todos los fenómenos relacionados con la ideología y la comunicación [...] los primeros [...] consisten en sistemas de representaciones y de actitudes. A ellos se refieren todos los fenómenos familiares de prejuicios sociales o raciales, de estereotipos, de creencias, etc. [...] son estas representaciones las que dan forma a esta realidad mitad física y mitad imaginaria que es la realidad social[668].

También la Psicología Social es muestra de concurrencia de diversas ciencias a la hora de analizar su objeto, como ocurre en el Trialismo, que recibe los aportes de la Sociología y la Filosofía de la Justicia, transformándolos en jurísticas sociológica y dikelógica respectivamente.

> ... vemos en la psicología social el medio de satisfacer una carencia: por una parte, llenar al sujeto social de un mundo interior, y por la otra, resituar al sujeto individual en el mundo exterior, es decir, social. [...] su naturaleza sería psicológica para unos y sociológica para otros. Sería, al mismo tiempo, un híbrido y una ciencia de residuos de cada una de las ciencias vecinas[669].

En efecto, la hibridación no es antojadiza, sino que es el primer paso para desarrollar la integración, como veremos que la desarrolla el Trialismo, resultado a su vez de la visión compleja que late en cada ciencia, porque late en el ser.

> Resulta absurdo decir que, mientras estamos solos, obedecemos a las leyes de la psicología, que nos conducimos movidos por emociones, valores o representaciones. Y que una vez en grupo

---

[668] Íd.
[669] Íd., p. 26.

cambiamos bruscamente para comportarnos siguiendo las leyes de la economía y de la sociología, movidos por intereses y condicionados por el poder[670].

También en este campo se ha mostrado, por ejemplo, la complejidad del análisis del fenómeno de la obediencia y conformidad, al exponerse sus ventajas, desventajas, factores que las condicionan y juicios de valor. En contra de la obediencia, se dice que

> ... la conformidad no siempre constituye una ventaja para el grupo. En ciertas ocasiones, las normas elaboradas por un grupo a fin de enfrentarse a todas las eventualidades internas o externas no cambian, aunque las circunstancias que han originado las normas hayan cambiado. En tales casos, la continuidad de la conformidad puede resultar inadecuada para el grupo al reducir su capacidad de alcanzar sus fines e incluso al amenazar su existencia. En circunstancias de este tipo, lo mejor para los intereses del grupo es desviarse con intención de satisfacer las verdaderas necesidades del grupo y no conformarse a normas obsoletas[671].

Este fundamento clave de la carencia histórica, en correlación con la dikelógica, es algo que los abogados deberían tener en cuenta. Contrariamente,

> A favor de la obediencia está el hecho de que un subordinado tiene mayores probabilidades de dar una respuesta objetivamente correcta si obedece las órdenes de una autoridad provista de experiencia y conocimientos, que si sigue sus propias inclinaciones. Por otra parte, un subordinado que obedece será recompensado, mientras que aquel que desobedece a menudo puede exponerse a graves castigos [...]. En contra de la obediencia, sucede a veces que un subordinado reacciona de forma

---

[670] Íd.

[671] Levine, John y Pavelchak, Mark, "Conformidad y obediencia", en AA. VV., *Psicología social I...*, cit., p. 68.

objetivamente más adecuada desafiando a la autoridad que obe-
deciéndola. Además, ciertas autoridades respetan a los subordi-
nados que tienen el valor de contestar una orden[672].

La complejidad uniría estos aspectos diversos en un
todo, como lo hace efectivamente el Trialismo al contemplar ambos modos constitutivos del orden de los repartos,
y ambas clases de repartos[673], más las carencias histórica y
dikelógica. Finalmente los autores señalan:

> ... la cuestión de saber si la conformidad y la obediencia son bue-
> nas o malas resulta compleja. La respuesta depende del conoci-
> miento de cierto número de factores específicos que varían de
> una situación a la otra, así como de juicios de valor sobre la
> importancia relativa de fines contradictorios[674].

Se atiende a la diversidad, a la singularidad, y será clave en este sentido la consideración de la dialógica[675]. También Goldschmidt dirá que el poder es "bueno" si es justo.

24. En el caso de la Educación, una coincidencia entre
Morin y Ciuro Caldani es la que se plantea a la hora de
lograr un espíritu abierto. El epistemólogo exhibe dicha
finalidad en *La cabeza bien puesta...* con su célebre máxima: "la primera finalidad de la enseñanza fue formulada
por Montaigne: vale más una cabeza bien puesta que una
repleta"[676]. Y se dice que "sin perjuicio de la adquisición
y transmisión de la información necesaria para la plena
formación, la educación filosófica ha de abrir cauces a la
pregunta, para la más plena realización del objetivo último
de 'formar' y no 'llenar' cabezas"[677].

---

[672] Íd., p. 69.
[673] Ver cap. 14, puntos 23.11 y 23.9 respectivamente.
[674] Levine y Pavelchak, op. cit., pp. 69-70.
[675] Ver cap. 3 del tomo 2.
[676] Morin, *La cabeza...*, cit., p. 23.
[677] Ciuro Caldani, "Líneas programáticas de Filosofía del Derecho", en *Investigación...*, nº 4, Rosario, FIJ, 1988, p. 6.

24.1. Si hablamos de la educación universitaria, ella es también ejemplo de diversidad de fines, concurrentes a un único ente, ya que en la Universidad se desarrollan tareas diversas, pero interrelacionadas: docencia, investigación, extensión, promoción social. Dice Goldschmidt: "La Universidad es departamentalizada. El Departamento es la unidad epicéntrica. Allí se investiga, se enseña y se administra. Se trata de una unidad de investigación, docencia y administración[678]". A lo cual se agrega la promoción social[679].

24.2. Respecto de las teorías que explican el fenómeno educativo[680], a contraposición del conductismo, que sostiene de manera simple que muchos aspectos del psiquismo quedan en una caja negra, la complejidad tiende a analizar qué hay en ella[681].

> Le behaviorisme mit l'accent sur le déterminisme extérieure et non sur l'élaboration intérieure: dans le couple stimulus/réponse, la réponse est plus vue comme le produit du stimulus que comme le fruit d'une computation individuelle. [...] ce qui a amené les éthologistes contemporains à dénoncer le behaviorisme comme doctrine de l'organisme vide[682].

---

[678] Goldschmidt, "Tridimensionalismo, realismo genético y justicia. Homenaje a Miguel Herrera Figueroa", en *La Ley*, t. 1983-A, p. 755.

[679] "... la Universidad de nuestros días es un complejo de educación, investigación, proyección profesional, extensión y promoción social a pensar y realizar no solo desde el grado sino en el *posgrado*". Ciuro Caldani, "Estado del conocimiento en la investigación jurídica: líneas de investigación e impacto social de la producción científica (investigación, posgrado e impacto social), en *Investigación...*, nº 39, Rosario, FIJ, 2006, p. 53.

[680] Profundizaré sobre el tema en el cap. 6, especialmente dedicado al tema.

[681] Morin, *Introducción al Pensamiento...*, cit., p. 60.

[682] Morin, *La Méthode 2...*, cit., p. 153. "El conductismo puso el acento en el determinismo exterior y no en la elaboración interior: en la pareja estímulo/respuesta, la respuesta es vista más como producto del estímulo que como fruto de una computación individual. [...] lo que ha llevado a los etólogos contemporáneos a denunciar al conductismo como doctrina del organismo vacío". Morin, *El Método 2...*, cit., p. 184.

24.3. La Escuela de la Gestalt contribuyó también a profundizar en el análisis y más allá de los aspectos observables de las conductas, materia prima epistemológica del conductismo o asociacionismo[683]. En este sentido, existe lo que se llaman cualidades de las experiencias, que no se explican mediante las propiedades de las sensaciones. Un ejemplo se da en la melodía, que es independiente de los elementos sensitivos particulares que la componen. Así, existe la forma, que no se da en ninguno de los elementos sensitivos[684]. La idea no consistirá en mantener el análisis a nivel superficial de la conducta.

> Los psicólogos de la Gestalt introdujeron el concepto de "organización" entre el estímulo y la respuesta de los conductistas. Estos últimos consideraban al ambiente como una serie de estímulos independientes. Para los gestaltistas, los fenómenos percibidos realmente son formas organizadas, no agrupaciones de elementos sensoriales[685].

Relacionando lo que existe más allá de la experiencia con el todo y las partes en interacción puede comprenderse el funcionamiento del Trialismo. El ejemplo de la física bien puede aplicarse al Derecho. "El sistema solar total puede [...] considerarse una gestalt, ninguna de cuyas partes es independiente del todo o de otra parte cualquiera [...] el proceso se ordena y la forma se logra sin ningún mecanismo visible que así lo haga[686]".

---

[683] "El error de los elementos trae como consecuencia necesaria el de las asociaciones. Si se fracciona la experiencia en porciones artificiales, habrán de idearse medios también artificiales para volver a integrarla, y el resultado son las cadenas de asociaciones". Heidbreder, op. cit., p. 253.
[684] Íd., p. 250.
[685] Díaz Marcos, Karel, "La Psicología Gestalt", en https://bit.ly/2LfOwnx (12.6.2007). "La apariencia de las cosas está determinada por la organización del campo a que da lugar la distribución de la estimulación próxima". Koffka, Kurt, *Principios de psicología de la forma*, Buenos Aires, Paidós, 1953, p. 132.
[686] Heidbreder, op. cit., p. 263.

Coincidentemente, Morin señala que el problema central de la nueva Física —y de la ciencia en general— es la organización. "L'interaction est effectivement une notion nécessaire, cruciale; elle est la plaque tournante où se rencontrent l'idée de désordre, l'idée d'ordre, l'idée de transformation, l'idée enfin d'organisation[687]". Si el eje de una teoría jurídica, como la trialista, es la integración, deberá contar con un esquema organizativo.

24.4. Desde otro aspecto de la educación, y concordantemente a como Morin entiende la complejidad, se señala a la hora de hacer referencia a la calidad educativa, que "... es [un concepto] complejo y entraña diversas dimensiones que lo articulan en una unidad verdaderamente integral[688]". En efecto, desde la noción tradicional de equidad, siempre que se apuntaba a una reforma en la educación, se reformaban los planes de estudio, el currículo y las prácticas pedagógicas, reduciendo la iniciativa a lo cognitivo, creyéndose ingenuamente que así se obtendrían mejores resultados[689]. Es necesario incluir también las otras dimensiones del ser humano, como el saber valorar, hacer, decidir y actuar, la inserción del educando en la sociedad, en su vida familiar y local, y ciudadana, a la vez que es imprescindible el diagnóstico acerca de los saberes que, como tradición, trae cada educando a la escuela[690].

25. En el campo de la Física puede señalarse una paradoja reveladora de complejidad: "... el experimento de Aspect [...] [muestra] que las partículas pueden comunicarse a velocidades infinitas. Dicho de otra manera, en

---

[687] Morin, *La Méthode 1...*, cit., p. 94. "La interacción es efectivamente una noción necesaria, crucial; es la placa giratoria donde se encuentran la idea de desorden, la idea de orden, la idea de transformación, en definitiva, la idea de organización". Morin, *El Método 1...*, cit., p. 116.

[688] Seibold, op. cit.

[689] Íd.

[690] Ibídem.

nuestro universo, sometido al tiempo y al espacio, hay algo
que parece escapar al tiempo y al espacio[691]". Ergo, no pueden sostenerse más las leyes deterministas, universales,
únicas y siempre idénticas a sí mismas de antaño.

25.1. Morin enseña cómo se puede comprender el
cambio de paradigma en la Física a través de una nueva
visión de un elemento que siempre permaneció: la estrella.

> ... la genèse de l'étoile peut être envisagée en fonction de la catas-
> trophe qui est la rupture du nuage, laquelle déclenche, en sens
> inverse du processus général de dispersion, une rétroaction posi-
> tive (condensation s'auto-accélérant), processus déclenchant
> une nouvelle catastrophe (allumage) laquelle déclenche une
> nouvelle rétroaction positive dans le sens explosif; dès lors
> l'antagonisme de ces deux rétroactions inverses donne naissance
> à la stabilité flamboyante d'un soleil[692].

Aquí pueden verse aspectos de desorden y orden, que
son característicos de un único objeto:

> On pouvait certes pressentir dès Newton que les attractions
> dépendent des masses qui dépendent d'elles. Mais on ne pouvait
> pressentir que [...] ces 'lois' coopèrent autant au désordre qu'à
> l'ordre. [...] *Les Lois de la Nature ne constituent qu'une face d'un
> phénomène multiface* qui comporte aussi sa face de désordre et
> sa face d'organisation[693].

---

[691] Morin, *Introducción al Pensamiento...*, cit., pp. 94 y 95.
[692] Morin, *La Méthode 1...*, cit., pp. 47-48. "... la génesis de la estrella puede ser considerada en función de la catástrofe que es la ruptura de la nube, la cual desencadena, en sentido inverso al proceso general de dispersión, una retroacción
positiva (condensación que se autoacelera), proceso que desencadena una nueva catástrofe (alumbramiento) la cual desencadena una nueva retroacción positiva en el sentido explosivo; a partir de ahí el antagonismo de estas dos retroacciones inversas da nacimiento a la estabilidad resplandeciente de un sol". Morin,
El Método 1..., cit., p. 66.
[693] Morin, *La Méthode 1...*, cit., p. 52. "... desde Newton se podía presentir que las
atracciones dependen de las masas que dependen de ellas, pero no se podía presentir que estas leyes [...] cooperaran tanto al desorden como al orden. [...] Las

Vemos entonces la diversidad inherente al fenómeno físico. Perspectiva que coincide con nuestra mirada del fenómeno jurídico: un único objeto con caras diferentes que confluyen en relación. Por ello, afincar la comprensión del Derecho únicamente en la ley es un reduccionismo, ya que no es suficiente para dar cuenta de todo el fenómeno jurídico. "Les lois qui régissaient le monde n'étaient qu'un aspect provincial d'une réalité interactionnelle complexe[694]".

25.2. Otro ejemplo de complejidad en la Física es señalado por Morin al tratar la energía.

> C'est une notion en fait complexe. L'énergie est à la fois indestructible (premier principe), dégradable (deuxième principe); polymorphe (cinétique, thermique, chimique, électrique, etc.), transformable (en masse, c'est-à-dire matière). Son principe d'identité est [...] complexe puisqu'elle maintient son identité à travers ses métamorphoses, son intangibilité à travers la dégradation[695].

Si la complejidad se da también en el ámbito de las ciencias físicas, ¡cómo no podrá darse entonces en las ciencias sociales!

leyes de la Naturaleza no constituyen más que una cara de un fenómeno de muchas caras que comporta también su cara de desorden y su cara de organización". Morin, *El Método 1...*, cit., p. 70.

[694] Morin, *La Méthode 1...*, cit., p. 52. "Las leyes que regían el mundo no eran más que un aspecto provincial de una realidad interaccional compleja". Morin, *El Método 1...*, cit., p. 70.

[695] Morin, *La Méthode 1...*, cit., p. 277. "Es una noción compleja de hecho. La energía es a la vez indestructible (primer principio), degradable (segundo principio), polimorfa (cinética, térmica, química, eléctrica, etc.), transformable (en masa, es decir, materia). Su principio de identidad es, [...] complejo, puesto que mantiene su identidad a través de sus metamorfosis, su intangibilidad a través de la degradación". Morin, *El Método 1...*, cit., p. 315.

> Si un atome de carbone se constitue dans la forge d'une étoile par la rencontre au même moment de trois noyaux d'hélium, il est évident que le hasard de cette rencontre joue un rôle important, mais aussi que la loi fait que les trois noyaux vont créer un atome. [...] on est obligé d'associer des notions qui *a priori* se repoussent (ici aléa et déterminisme). Cela vaut aussi pour l'inséparabilité : tout ce qui est séparé est d'une certaine façon inséparable[696].

Esta última frase de Morin es clave para la comprensión compleja de la integración del fenómeno jurídico. La consideración de los contrarios es inevitable en una sociedad plural, y la única forma de captar y comprenderlos es reconociendo su existencia. Es un acto de respeto intelectual y de organización epistemológica. "El principio de la complejidad [...] se fundará sobre la predominancia de la conjunción compleja[697]"; por oposición a la disyunción y la reducción. Solo si incluimos lo extraño, lo diverso, lo que escapa a la regularidad de las normas, podremos comprenderlo y criticarlo. Dice Morin con respecto a la organización/desorganización: "la formule de Boltzmann permettait désormais de mesurer et prévoir l'évolution du désordre, donc dans un sens de la contrôler[698]". Por ello, tratar científicamente la justicia, el desorden, la crisis, la anarquía, etc., controlan en alguna medida lo incontrolable.

---

[696] Morin, "À propos...", cit., p. 6. "Si un átomo de carbono se constituye en la fragua de una estrella por el encuentro, al mismo tiempo, de tres núcleos de helio, es evidente que el azar de este encuentro juega un rol importante, pero es también evidente que la ley hace que los tres núcleos vayan a crear un átomo. [...] estamos obligados a asociar nociones que *a priori* se repelen (aquí alea y determinismo). Esto vale también para la inseparabilidad: todo lo que es separado es de una cierta manera inseparable" (trad. del autor).
[697] Morin, *Introducción al Pensamiento...*, cit., p. 110.
[698] Morin, *La Méthode 1...*, cit., p. 36. "La fórmula de Boltzman permitía en adelante medir y prever la evolución del desorden, y por tanto, en cierto sentido, controlarla". Morin, *El Método 1...*, cit., p. 53.

25.3. En la Física Cuántica se dará lo que ocurre al interior del Trialismo: elementos diversos que se complementan. Erwin Schrödinger sostuvo que "... la materia y las partículas microscópicas [...] son de naturaleza dual y se comportan a la vez como onda y como cuerpo[699]". El propio Goldschmidt nos dirá como un único objeto puede tener distintos aspectos, es decir, características distintas, que sin embargo son constitutivas de él. En el Trialismo se hablará de sus dimensiones, sus aspectos. El jurista germano-español, en una coincidencia sorprendente pero lógica con el pensador francés, sostiene su mismo ejemplo:

> Las cuentas de energía [...] son indivisibles por lo cual no tienen partes, pero sí poseen un aspecto corpuscular y otro ondulatorio. En una hoja de papel sus caras, el anverso y el reverso, son sus aspectos, pero no son sus partes. Las tres dimensiones del mundo jurídico no son sus partes, las cuales es necesario sumar para lograr su totalidad: son sus aspectos residiendo en cada uno de ellos el todo[700].

Así como cuando se utilizan las herramientas de la Física Cuántica se analiza la materia a niveles muy intensamente profundos, se descubre incertidumbre, multidimensionalidad, focos de vacío, información y constante cambio, a nivel jurídico, cuando se penetra en la realidad social, ocurre lo mismo, evidenciándose el reparto, la adjudicación, el desorden. Esto, en el Derecho, permite el control, ya que no nos quedamos en la norma jurídica; y también nos permite comprender que ella es un acto humano de poder, que incluye influencias económicas, religiosas, entre otras. Lo cual repercute en el posterior acto de interpretación, y a fin de impedir el recurso a la "voluntad de la ley". La ley es hecha por hombres, no es solo una entidad

---

699 Morin, *Articular...*, cit., p. 40.
700 Goldschmidt, "Tridimensionalismo...", cit., p. 757.

abstracta, por lo que mal puede considerársela como un marco abierto a distintas posibilidades de interpretación, como lo sostiene Kelsen[701].

Desde la misma Física ya se cuenta que "... l'univers est fondé, non sur une unité insécable, mais sur un système complexe![702]" Estas ideas nuevas llevan a criticar las actuales teorías jurídicas que tratan de emular a la física clásica con su certidumbre y exactitud, y pretenden en el Derecho aplicar sus postulados, centrándose en la norma jurídica y su pretendida certeza, cuando la microfísica y la astrofísica han demostrado una nueva cientificidad. Así, "... vous avez en fait un pseudo-scientisme qui se croit avant-garde alors qu'il est devenu arrière-garde[703]". Una expresión insuficiente en Epistemología es la de Bunge que sostiene una sistemática degradación de los postulados de las ciencias sociales y de la Filosofía. Así, "... la filosofía debiera ser compatible con la ciencia y, de esta manera, quedar sujeta indirectamente al imperio del método experimental[704]". Lo que implicaría su desaparición si se la entiende como ausencia de supuestos y vocación incesante por el conocimiento[705]. Luego señala:

---

[701] Kelsen, Hans, *Teoría pura del Derecho*, trad. de Moisés Nilve, 29° ed. de la ed. en francés de 1953, Buenos Aires, Eudeba, 1992, pp. 166-167.

[702] Morin, *La Méthode 1...*, cit., p. 98. "... el universo no está fundado en una unidad indivisible, sino en un sistema verdaderamente complejo". Morin, *El Método 1...*, cit., p. 120.

[703] Morin, *Sociologie*, cit., p. 40. "... tienen ustedes, de hecho, un seudocientificismo que se cree de vanguardia, cuando en realidad se ha convertido en retaguardia". Morin, *Sociología*, cit., p. 52.

[704] Bunge, *Epistemología...*, cit., p. 47.

[705] Sobre la función de la Filosofía, ver el excelente trabajo de Salas, Ángel, "La labor del filósofo", en *Dikaiosyne. Revista de Filosofía Práctica*, n° 13, Mérida (Venezuela), Universidad de los Andes, 2004, pp. 11-36.

es cierto que todavía hay mucha especulación incontrolada por la investigación empírica, así como mucha recolección ciega de datos, pero existe una conciencia cada vez más clara de que ni una ni otra son actividades propiamente científicas, sino a lo sumo protocientíficas[706].

Su falta de respeto por la metodología cualitativa —que por cierto describe apuradamente mal— es flagrante. Esa recolección ciega se llama "exploración[707]" y la especulación denunciada es fruto del contacto con lo diverso, que cuestiona su regla metodológica que manda que "... una idea puede ser contrastable y sin embargo incompatible con el grueso del conocimiento científico. En tal caso, no la aceptaremos como científica[708]". Al contrario, otros creen que

> ... ese conocimiento en el que se basa [el método hipotético-deductivo] no es homogéneo ni proviene de una única fuente. Por el contrario, encuentra sus raíces en una multiplicidad muy grande de fuentes de muy diverso orden. Por lo tanto, la relación entre viejo y nuevo conocimiento debe ser repensada como la relación entre una plural diversidad de conocimientos preexistentes[709].

---

[706] Bunge, *Epistemología...*, cit., p. 42.

[707] "... la investigación [...] [exploratoria] tiene como su propósito central desarrollar la experiencia necesaria para crear o seleccionar las ideas o categorías de análisis más relevantes y para una posterior formulación de hipótesis explicativas". Samaja, Juan, *Epistemología y metodología: elementos para una teoría de la investigación científica*, 3ª ed., Buenos Aires, Eudeba, 1999, p. 227. Para un análisis de la metodología cualitativa, ver, por ejemplo, a Saltalamacchia, Homero, "Del proyecto al análisis: aportes para una investigación cualitativa", 3 t., en https://bit.ly/2nWBNgz (11.6.2005).

[708] *Epistemología...*, cit., p. 38.

[709] Saltalamacchia, op. cit., t. 2, p. 177.

25.4. Destacados físicos hablan sobre la necesidad de no alabar un monismo metodológico[710], esto es, que las ciencias sociales imiten, a fin de lograr cientificidad, los postulados y métodos de las ciencias naturales. Así, "... physics is not universal key, that nothing can take the place of the process of creation of relevant questions in each field[711]".

La integración, de la que el Trialismo hace su baluarte científico, es reconocida como un aporte en la Física, que ha "importado" categorías sociales, para realizar luego una "exportación", desarrollando un continuo en la ciencia otrora impensado. En efecto, "... les termes de communica-tion, information, code, programme, message, finalité, ont émigré de l'expérience anthopo-sociale dans la cybernéti-que des machines artificielles puis, de là, sur l'organisation biologique, et reviennent envahir sous leur nouvelle forme cybernétisée l'organisation anthropo-sociale![712]"

25.5. Lo sorprendente de la complejidad en la Física es que ha sido la madre del determinismo y la certeza quien nos ha hecho despertar de esa ilusión mecanicista. Ella

---

[710] Por la unidad de la ciencia se pronuncia Popper, *La lógica...*, cit., p. 37. "... la físi-ca teórica moderna, en la que tanto otras personas como yo vemos la realización más completa hasta la fecha de lo que yo llamo la ciencia empírica". En el mismo sentido ver a Bunge, *Epistemología...*, cit., p. 34. "Nadie duda ya del éxito sensa-cional del método científico en las ciencias naturales". Ver también íd., p. 35. "Galileo engendra el método científico moderno [...]". Asimismo, ver íd., p. 49. "La estrategia o método general de la ciencia nació hace tres siglos y medio, se desarrolló y no tiene miras de estancarse en su evolución. [...] Ya domina a las ciencias sociales y a la tecnología, y está comenzando a presidir algunas zonas de la filosofía".
[711] Stengers, op. cit., p. 97. "... la física no es la llave universal, nada puede sustituir el proceso de creación de cuestiones relevantes en cada campo" (trad. del autor).
[712] Morin, *La Méthode 1...*, cit., p. 274. "... los términos de comunicación, informa-ción, código, programa, mensaje, finalidad han emigrado de la experiencia antropo-social a la cibernética de las máquinas artificiales y, de aquí, a la organi-zación biológica, y vuelven a invadir bajo su nueva forma cibernetizada la orga-nización antropo-social!" Morin, *El Método 1...*, cit., p. 311.

reintroduce al observador[713], cuando todavía en algunas
teorías jurídicas se reniega de la individualidad, de la particularidad, del caso concreto, de la diversidad, en suma, de
la complejidad[714]. En efecto, con la irrupción de la termodinámica en el siglo XIX, el desorden y la irreversibilidad
del tiempo serán los íconos del cambio[715].

25.6. También hacen referencia a la complejidad en
la Física los pensamientos de: Ilya Prigogine[716]; Heinz von
Foerster[717], Henri Atlan[718], Barren Weaver[719], entre otros.

25.7. Morin resalta la necesidad de cuidarnos de la
teoría de los fractales y de las catástrofes, que son incorrec-
tamente ubicadas en el marco de la complejidad, ya que "...

---

[713] Morin, *Epistemología...*, cit., p. 431.

[714] Ver Guibourg, "La justicia...", cit., pp. 994-1004.

[715] Morin, *Complejidad restringida...*, cit., p. 109. Sobre la irreversibilidad del tiempo ver el punto 17 del cap. 1.

[716] Ver cap. 1, punto 17.

[717] Foerster, Heinz von, *Las semillas de la cibernética. Obras escogidas*, 3ª ed, Barcelona, Gedisa, 2006. En su libro explica el cambio de paradigma que se suscitará a
partir de la jerarquización del observador en toda descripción de un objeto, de
manera que no existe la cosa en sí, ni propiedades observadas, sino cualidades
de tal observador. "... la obscenidad no es una propiedad que reside en las cosas
(porque si le mostramos al señor X una pintura y la llama obscena, sabemos
mucho del señor X pero muy poco acerca de la pintura), cuando nuestros legisladores lleguen finalmente a su imaginaria lista sabremos mucho de ellos, pero
sus leyes serán peligrosamente faltas de sentido". Íd., p. 91. Esto será clave para la
reformulación del principio de justicia y la nueva conceptualización del valor.
Ver la tercera parte del tomo 3. Solo podremos alcanzar alguna objetividad evidenciando nuestra subjetividad. Íd., pp. 91, 92.

[718] Atlan, op. cit.

[719] Weaver, Warren, "Science and complexity", en *American Scientist*, nº 36, 1948,
536, en https://bit.ly/2L7kgva (6.11.2009). El autor propone la simplicidad
entendida como aquella categoría que agrupa temas en donde están involucradas dos variables, la complejidad desorganizada, que incluye variables cuantitativamente mayores, en donde interviene entonces la estadística, y la complejidad organizada, en donde las variables constituyen un punto intermedio entre
las dos categorías anteriores. La última categoría incluye a las partes, el todo y el
análisis de varios factores. Aquí se necesita algo más que los promedios matemáticos. No se trata del descubrimiento del teléfono, ni de los cálculos de las
compañías de seguros, sino de cómo se comportan las minorías raciales, por
ejemplo. El análisis se parece al que hace Goldschmidt relativo a la simplicidad
pura, complejidad impura y complejidad pura. Ver cap. 3 del tomo 2.

no tienen nada que ver con lo que se entiende por caos y azar en términos filosóficos. En realidad intentan estudiar fenómenos muy difíciles de formularse matemáticamente dentro de un marco determinista[720]. De allí que "una interesante exploración de la comprensión matemática de lo complejo desde nuevos presupuestos epistemológicos, la hace la escuela del sociólogo español Jesús Ibáñez[721]". Un ejemplo de pérdida de certidumbres en las matemáticas es el caso de la aparición de las llamadas geometrías no euclídeas[722]. Tiene igual coherencia la geometría euclídea que la no euclídea, en tanto se pueden verificar los cuatro primeros axiomas de Euclídes y no el quinto (por un punto exterior a una recta puede trazarse una única paralela a esa recta)[723]. El quinto axioma es violado por la geometría hiperbólica y por la elíptica. El filósofo francés dirá que en ese campo se tradujo el hecho de la complejidad en palabra. Ashby decía que la complejidad era una forma de medir el grado de diversidad de un sistema[724]. Este concepto es clave para mi hipótesis, en tanto no son complejos los llamados sistemas normativos[725].

---

[720] Morin, Ciurana y Motta, op. cit., p. 42.

[721] Moreno, Juan Carlos, "Fuentes, autores y corrientes que trabajan la complejidad", en AA. VV., *Manual de iniciación pedagógica al Pensamiento Complejo*, comp. por Marco Antonio Velilla, Instituto Colombiano de Fomento de la Educación Superior/UNESCO/Corporación para el desarrollo Complexus, 2002, en https://bit.ly/2wdDvxB (27.10.2006).

[722] Gómez Marín, Raúl, "Arquitectura teórica de la complejidad paradigmática. Trayectoria e incursiones", en AA. VV., *Manual de iniciación...*, cit.

[723] Contreras Caballero, Lucía, en https://bit.ly/2OOJu3K (16.9.2009); https://bit.ly/2By7GW6 (16.9.2009). Ver también Bernalte Miralles, Antonio y Llombart Palet, José, "Introducción de las geometrías no-euclídeas en España", en *Estudios sobre historia de la ciencia y de la técnica: IV Congreso de la Sociedad Española de Historia de las Ciencias y de las Técnicas*, Valladolid, 1988, pp. 969-978; Bonola, Roberto, *Geometrías no euclidianas*, Madrid, Espasa Calpe, 1945.

[724] Morin, *Complejidad restringida...*, cit., p. 109.

[725] Ver cap. 5 del tomo 4.

26. La ciencia que plantea que ya no hay lugar para los reduccionismos, sino para las articulaciones es la Astrofísica: "... ciencia nacida de una unión más o menos fuerte entre la física, la microfísica y la astronomía de observación[726]". Es necesario en este sentido, continuar la labor de los filósofos presocráticos, que buscaban la causa y motor del universo en los elementos fundamentales del aire, el fuego, el agua, etc., aunque aportando la interrelación. Si bien suele pensarse que nada hay más sometido a las leyes que los movimientos de los planetas, no solo Plutón cambió su estatuto producto de una convención, sino que la propia rotación de la Tierra, no fue lo mismo hace 300 millones de años, ni será lo mismo dentro de otros 300, por la interacción entre los planetas y otros cuerpos celestes[727].

En el año 2006, los cientistas de la física se encontraron con el dilema de incluir o no a Plutón como planeta de nuestro sistema solar[728]. Una *votación* hecha por hombres decidió sacarlo de la lista en la que había estado por muchos años. Esto muestra que también hay "convención" en el ámbito de las ciencias naturales.

Este hecho descalifica a aquellos que niegan la cientificidad del Derecho argumentando que sus postulados son convencionales y no demostrables.

> Esta forma de razonamiento es ciertamente válida en un texto jurídico, ya que, como el derecho es un conjunto de convenciones, más o menos arbitrarias, y mutables según las épocas y las culturas [...], parece atendible el hecho de confrontar las ideas que personas respetadas tengan sobre las normas que

---

[726] Morin, *Articular...*, cit., p. 45.
[727] Morin, *Complejidad restringida...*, op. cit., p. 115.
[728] Algo similar ocurrió con Urano. Ver Kuhn, *La estructura...*, op. cit., pp. 182-183.

una comunidad debe establecer para su desenvolvimiento. Sin embargo, a nadie se le ocurriría pretender corroborar la mecánica cuántica o la existencia del ADN mediante cita de autores[729].

Ya vimos como Nicolescu, físico teórico, de acuerdo con los postulados de Heisenberg, reconoce distintos niveles de realidad, antes incompatibles en la física y en otras disciplinas.

La tesis clásica citada cae por ella misma al confrontársela con el debate ocurrido en ocasión de Plutón, en donde también hubo convención, casi unánime. Tampoco es feliz la cita de la mecánica cuántica para fundamentar la "dureza" de la física, ya que su aparición originó una revolución.

De admitirse la objetividad, Plutón habría sido y sería por siempre un planeta cuyas características de tal habrían estado eternamente hasta que el hombre las "descubriera". En otros términos, se ha transparentado el papel de la voluntad humana en la determinación de la experiencia. "Toda afirmación, [...] se apoya necesariamente en alguna convención"[730]. Porque esa masa en el universo lleva un largo tiempo existiendo, aunque se la nombre de diversas maneras. La objetividad, al menos, no es completa. Una lapicera, tal vez útil para nosotros en América, no sea más que un palillo en tribus analfabetas africanas[731].

> ... nada influyó para que los objetos fuesen llamados de un modo predeterminado por encima del arbitrio dominante del primer hablante que estableció en su lengua y en su oído la relación entre la palabra y la cosa que mejor cuajaba a su fantasía[732].

---

[729] Whul, Daniel y Blanco, Emir, "Derecho y ciencia", en *La Nación*, del 2.3.1998, sec. "Carta de lectores", cit. por Álvarez Gardiol, *Lecciones...*, cit., p. 41.
[730] Guibourg, *Provocaciones: en torno del Derecho*, Buenos Aires, Eudeba, 2002, p. 18.
[731] Según cuenta Ciuro Caldani en sus clases de "Teoría General del Derecho".
[732] Álvarez Gardiol, *Lecciones...*, cit., p. 52.

Los delegados de la Unión Astronómica Internacional que tuvo sede en Praga, República Checa, se enfrentaron al dilema que introdujo el descubrimiento de nuevas estrellas similares a Plutón pero diferentes del resto de los planetas. La clave estaría en el criterio a utilizar para definir a un planeta, ya que la mayoría de ellos tiene una órbita circular y se encuentran en el mismo plano. Lo que no ocurre con Plutón, cuya órbita es elíptica[733] y se encuentra fuera del plano del sistema solar. La discordia fue introducida por un planeta descubierto recientemente que se llamaría Xena y que es más grande que Plutón. Además, hay muchos objetos alejados, más pequeños que el resto de los planetas y que tienen un tamaño comparable al de Plutón, cuya dimensión es más pequeña que la de la Luna; de manera que si se mantuviera la calificación de este como planeta, también debería adjudicársela a los otros[734]. "Hasta ahora, un planeta era todo objeto celeste grande y redondo que orbitara el Sol"[735]. A partir de ahora, el nuevo criterio, permitirá "que [se] incluya la masa del objeto, la órbita y la distancia del Sol. Será ese criterio el que los expertos aplicarán a Plutón y Xena"[736]. También la gravedad es un factor determinante[737]. De manera que el tamaño y la órbita de Plutón lo asemejan más a las esferas heladas que a los planetas[738]. Ahora se considera planeta al

---

[733] "Plutón posee ciertas características poco usuales, que lo distinguen de los otros ocho planetas y hacen de él un objeto de notable curiosidad para los astrónomos [...]. Tiene la órbita más elíptica de entre los planetas principales". Asimov, Isaac, *Cien preguntas básicas sobre la ciencia*, trad. de Miguel Paredes Larrucea, Madrid, Alianza, 1973, p. 52.

[734] Ver "¿Adiós a Plutón?", en *La Nación* del 14.8.2006, https://bit.ly/2OObg02 (6.9.2006).

[735] "Proponen modificar el Sistema Solar", en *La Nación*, del 15.8.2006, en https://bit.ly/2L7BIzC (6.9.2006).

[736] Ver íd..

[737] "¿12 planetas?", en *La Nación*, del 16.8.2006, https://bit.ly/2nRky0b, (6.9.2006).

[738] Ver "Plutón pasaría a ser hoy un 'planeta enano'", en *La Nación*, del 24.8.2006, https://bit.ly/2vY0GNn (6.9.2006).

que está en órbita alrededor del Sol, al que tiene una masa suficiente para ser esférico y al que tiene limpio (barrido) el entorno de su órbita; con este último requisito no cumple Plutón[739], el que tiene en sus cercanías objetos de tamaño comparable: su luna Caronte y dos satélites más chicos: Hydra y Nix[740].

A lo cual hay que agregar otra diferencia:

> Mercurio, Venus, Tierra y Marte [...] son pequeños, densos y tienen una atmósfera relativamente escasa. Luego están los cuatro planetas exteriores: Júpiter, Saturno, Urano y Neptuno; planetas gigantes, de baja densidad y enormes atmósferas. Lo cual deja fuera a Plutón, que figura entre los "gigantes gaseosos", pero que es un mundo pequeño y denso como los planetas interiores. Indudablemente está fuera de lugar[741].

Los casi treinta mil astrónomos y *científicos* decidieron casi por unanimidad quitar a Plutón la categoría de "planeta". La unanimidad no deja de imprimir a lo establecido un carácter decisionista y en cierta medida arbitrario, ya que al resultado se llegó luego de controversias, discusiones y demás actos voluntarios. Cabe agregar también que así como se debate en el campo de la Astronomía, lo propio debería hacerse en el campo del Derecho.

Además, cabe concluir con Draper en la siguiente pregunta: "¿y por qué se averiguará la verdad por el voto de una mayoría mejor que por el de una minoría?"[742] Hubo

---

[739] Ver "Lo que hay que saber sobre una decisión controvertida", en *La Nación*, del 25.8.2006, https://bit.ly/2MpNeMs (6.9.2006).
[740] Ver "Ayer, los astrónomos degradaron a Plutón a la categoría de 'planeta enano'", en *La Nación*, del 25.8.2006, https://bit.ly/2L6Eplb (6.9.2006).
[741] Asimov, op. cit., p. 53.
[742] Draper, Juan Guillermo, *Historia de los conflictos entre la religión y la ciencia*, trad. de Augusto Arcimís, Madrid, Aribau, 1876, en https://bit.ly/2MmuFsg (14.2.2003). Este autor se realiza la pregunta en oportunidad de criticar la infalibilidad papal, que tampoco es salvable si se la extiende al concilio ecuménico, motivo de la frase que cito.

dos años y diez días de debates y discusiones en las sesio-
nes de la Unión Astronómica Internacional. Cabe reconocer el aporte de Paul Feyerabend en este sentido:

> No scientist will admit that *voting* plays a role in his subject.
> Facts, logic, and methodology alone decide—this is what the
> fairy-tale tells us. But how do facts decide? What is their function
> in the advancement of knowledge? We cannot derive our theo-
> ries from them. We cannot give a negative criterion by saying, for
> example, that good theories are theories which can be refuted,
> but which are not yet contradicted by any fact[743].

De todas formas, se reconoció que se cometió un error
en 1930 al asignar a Plutón el carácter de "planeta"[744]. Otro
error fue el que cometieron en oportunidad de descubrir
a "Ceres", un asteroide que flota entre Marte y Júpiter, el
que durante más de medio siglo fue considerado planeta[745]. Mucho tiempo antes, también se consideraba planeta
a cualquier cosa que se moviera en el cielo, criterio luego
modificado con la revolución heliocéntrica[746]. Cabe preguntarse cuál será la próxima revolución. Esto nos lleva a
reflexionar en el sentido de la "historicidad" de las ciencias, es decir, relativas en su exactitud a los instrumentos
y condiciones sociales determinadas. La principal conclusión es que nada es absoluto, certero, y ello es así en todos
los campos, incluido el de la Física.

---

743 Feyerabend, *Against method. Outline of an anarchistic theory of knowledge*, en
https://bit.ly/2pK2SWi (26.2.2007). "Ningún científico admitirá que la votación
juega un rol en su tema. Solo deciden los hechos, la lógica y la metodología —eso
es lo que los cuentos de hada nos dicen. Pero, ¿cómo deciden los hechos? ¿Cuál
es su función en el avance del conocimiento? No podemos derivar nuestras teorías de ellos. No podemos dar un criterio negativo diciendo, por ejemplo, que las
buenas teorías son teorías que pueden ser refutadas, pero que todavía no han
sido contradichas por ningún hecho" (trad. del autor).
744 Ver "Adiós a Plutón", en *La Nación*, del 24.8.2006, https://bit.ly/2nOLvS1
(6.9.2006).
745 Ver "Lo que hay que saber...", cit.
746 Ver "Ayer, los astrónomos...", cit.

27. La cosmología es una ciencia que integra aportes de otras, en tanto reúne datos provenientes de la astronomía de observación, de radiotelescopios y otros provenientes de la microfísica, en tanto los aceleradores de partículas permiten recrear las condiciones originarias del universo. Y tampoco hay que olvidar que reflexiona[747].

28. Las ciencias de la Tierra, como la geología, la meteorología, la vulcanología y la sismología, se unieron a partir de la tectónica de placas, en donde se comprendió que la Tierra es un sistema vivo, con autorregulaciones, modificaciones, historia[748], enlazando disciplinas a través de un objetivo común: la vida de la Tierra.

29. Es muy interesante lo que señala Morin respecto de la Biología, mostrándose una coincidencia con el Trialismo. "Selon toute vraisemblance, on verra dans les années à venir se développer en parallèle une autre approche, plus intégrative et 'organismique' dans l'étude des grands problèmes de la biologie. F. Gros, F. Jacob, P. Royer[749]". Por otra parte, Morin incluye en el estudio del individuo, sujeto, del ser viviente, de la organización biológica, aportes de distintas disciplinas: "la simplification cherche le concept-maître, qu'elle trouve soit dans le gène, terminus de la simplification génétique, soit dans la molécule, terminus de la simplification chimique, soit dans le comportement, terminus de la simplification behaviora-

---

[747] Morin, *Epistemología…*, cit., p. 427.
[748] Íd.
[749] Morin, *La Méthode 2…*, cit., p. 11. "Es muy verosímil que en los años venideros veamos desarrollarse paralelamente otro enfoque, más integrativo y 'organísmico', en el estudio de los grandes problemas de la biología. F. Gros, F. Jacob, P. Royer". Morin, *El Método 2…*, cit., p. 27.

le[750]". Lo cual muestra cómo es posible que en el interior de una ciencia haya aspectos de diferentes ciencias; con las limitaciones que señalo en este trabajo. La complejidad se capta en su ausencia, que tiene lugar cuando los propios biólogos señalan que no les interesa la vida, sino las moléculas[751]. Hay allí un desentendimiento por un elemento clave de la complejidad que es la emergencia, que no se reduce al análisis de una parte, en este caso, la molécula.

En la Biología Molecular se dio algo similar a lo que ocurrió con el nacimiento del Trialismo. Morin enseña que en la historia de la ciencia se han dado casos de

> ... rupturas de las fronteras disciplinarias, de las usurpaciones de un problema de una disciplina por otra, de la circulación de los conceptos, de la formación de disciplinas híbridas que terminan por ser autónomas, finalmente, es también la historia de la formación de complejos en los que diferentes disciplinas se agruparán o se aglutinarán. [...] si la historia oficial de la ciencia es la de las disciplinas, otra historia [...] es la de las inter-pluri-disciplinas[752].

Esta ciencia nació con el aporte de físicos como Schrödinger, que proyectaron sobre el organismo biológico aspectos de la termodinámica y de la organización física. Luego de lo cual, otros investigadores descubrieron la organización del patrimonio genético a partir de las propiedades químicas del ADN. Monod, Jacob y Lwoff obtuvieron el premio Nóbel, y la Biología Molecular, que no tenía estatuto científico de disciplina, lo logró a tal

---

[750] Morin, *La Méthode 2...*, cit., p. 256. "La simplificación busca el concepto-maestro que encuentra, bien sea en el gen, término de la simplificación genética, bien sea en la molécula, término de la simplificación química, bien sea en el comportamiento, término de la simplificación behaviorista". Morin, *El Método 2...*, cit., p. 299.

[751] Morin, *Complejidad restringida...*, op. cit., p. 113.

[752] Morin, *La cabeza...*, cit., p. 118.

punto que se encerró luego en ella misma[753]. En el caso del Derecho, el Trialismo plantea la captación de aportes de la Sociología y la Filosofía de la Justicia, unidas a la normología, único componente desarrollado por los juristas hasta el siglo XX. Se trata entonces al Derecho como un complejo al que concurren distintos aportes, unidos al hilo de la justicia.

Aunque no todo fue complejidad en la Biología Molecular, ya que esta, siguiendo la ola de la simplicidad de la física clásica del siglo XIX, "... conçut en isolation son objet propre, d'abord l'organisme, puis la cellule quand elle eut trouvé son unité élémentaire: la molécule[754]". Por su parte, "la génétique isola son objet, le génome: elle en reconnut les unités élémentaires, d'abord les genes, puis les quatre éléments-bases chimiques dont la combinaison fournit les 'programmes' de reproduction pouvant varier à l'infini[755]".

Maturana y Varela hacen referencia a la *autopoiesis*[756], concepto clave en Biología y complejidad. Compartirán los epistemólogos chilenos con Morin el estudio del papel del observador en la nueva ciencia. Así "... toda experiencia cognoscitiva involucra al que conoce de una manera personal, enraizada en su estructura biológica, donde toda experiencia de certidumbre es un fenómeno individual ciego al acto cognoscitivo del otro[757]". Esto traerá consecuencias importantes en la elaboración de las normas

---

[753] Íd.

[754] Morin, *La Méthode 1...*, cit., p. 97. "... concibió aisladamente su objeto propio, primero el organismo y después la célula cuando encontró su unidad elemental: la molécula". Morin, *El Método 1...*, cit., p. 118.

[755] Morin, *La Méthode 1...*, cit., p. 97. "La genética aisló su objeto, el genóma: reconoció las unidades elementales de este, primero los genes, después los cuatro elementos base químicos cuya combinación aportó los 'programas' de reproducción que podían variar al infinito". Morin, *El Método 1...*, cit., p. 118.

[756] Respecto de las relaciones con la auto-eco-organización moriniana ver el cap. 7, punto 67.

[757] Maturana y Varela, op. cit., p. 7.

por los legisladores y su parcialidad, al igual que la de los encargados del funcionamiento de las normas, y en este sentido cobrarán protagonismo sin eclipsarse en la "voluntad de la ley", asumiendo consiguientemente la responsabilidad del caso. Gran relación tiene la jerarquización del observador con la consiguiente autocrítica que él debe hacer de sí mismo, coincidiendo Maturana y Varela con Morin. "La reflexión es un proceso de conocer como conocemos, un acto de volvernos sobre nosotros mismos, la única oportunidad que tenemos de descubrir nuestras cegueras[758]". Parece que la diferencia del filósofo francés con los epistemólogos chilenos radica en el papel tal vez demasiado protagónico que estos le asignan al observador, bordeando el idealismo al que es tan proclive el constructivismo.

> ... al fenómeno del conocer no se lo puede tomar como si hubiera "hechos" u objetos allá afuera, que uno capta y se los mete en la cabeza. [...] Toda reflexión [...] se da necesariamente en el lenguaje, que es nuestra peculiar forma de ser humanos [...]. Por esto, el lenguaje es también nuestro punto de partida[759].

Otra diferencia se da cuando los epistemólogos chilenos proponen como condiciones de las proposiciones científicas a las hipótesis explicativas aceptables por la comunidad de observadores y a la deducción a partir de ellas de fenómenos no considerados explícitamente[760]. Morin considera a la hipótesis insuficiente por sí sola para dar cuenta de una investigación.

30. El filósofo francés también señala la diversidad disciplinaria al interior de la Etología, lo cual revela las distintas dimensiones que concurren al estudio de la conduc-

---

[758] Íd., p. 12.
[759] Íd., p. 13.
[760] Íd., p. 15.

ta del hombre y los animales: "... sirve como puente entre diferentes disciplinas: biología, ecología, psicología, fisiología, zoología y veterinaria, según nos estemos refiriendo a personas o animales[761]".

Un ejemplo de la importancia de la integración se dio a propósito de la necesidad de no investigar a los animales en un ambiente artificial como el laboratorio, sino de estudiarlos a partir del medio en el que viven. En el caso del chimpancé, se pudo observar que se trataba de seres complejos, que eran inventivos, capaces de fabricar herramientas, cazar, que no practicaban el incesto, en tanto se creía que solo los hombres lo respetaban. En efecto, "... la observación de los seres en su entorno natural ha permitido descubrir su naturaleza propia, en tanto que el método del aislamiento destruía la inteligibilidad de su vida[762]". De ahí que no quiera el Trialismo aislar la norma de la vida y el valor.

31. Lo propio ocurre con la prehistoria, que

> ... convoca cada vez más a técnicas muy diversas, particularmente para datar huesos, herramientas, análisis del clima, de la fauna, de la flora, etc. [...] Y cuando Ives Coppens, por ejemplo, presenta el balance de su trabajo, resulta una obra que trata de múltiples *dimensiones* de la aventura humana. La prehistoria es hoy en día una ciencia policompetente y polidisciplinaria[763].

La complejidad ha sido revelada en el estudio de la hominización, es decir, el paso evolutivo del primate al hombre, que incluye el estudio del proceso anatómico, ecológico, genético, etológico, psicológico, sociológico, mitológico[764]. Es interesante resaltar que Morin se refiere,

---

[761] Morin, *Articular...*, cit., p. 43.
[762] Morin, "El año I...", cit., p. 42.
[763] Morin, *Articular...*, cit., p. 44. El resaltado es mío.
[764] Han trabajado en este sentido Louis Leakey, Washbur y De Vore. Morin, *Articular...*, cit., p. 43.

cuando habla del origen del hombre, al ámbito de lo que los positivistas calificarían de "indecible" o "pseudociencia". Al hablar de la hominización menciona que la disciplina se apoya en la ausencia de pruebas y que esta no significa prueba de la ausencia[765]. En el campo del Derecho entonces, la ausencia de pruebas empíricas respecto de los valores, no es prueba de su ausencia. En todo caso, su estudio requiere otra metodología, otra perspectiva, la ubicación del hombre en otro paradigma[766].

32. Con la Historia también tenemos complejidad, en donde no solo cabe la recopilación de hechos sino su análisis profundo:

> ... la thermodynamique est inséparable de la révolution industrielle, que la cybernétique, née dans les salves antiaériennes de la Seconde Guerre mondiale, correspond à une nouvelle génération de machines artificielles, [...] l'information naît des télécomunications de la Bell Company, [...] ces déterminations historiques et sociales ne sont pas neutres[767].

El filósofo francés también hace alusión a la complejidad de la Historia en las distintas dimensiones que abarca su estudio:

> ... la historia es los acontecimientos, las crisis, las bifurcaciones, y también las mentalidades; es también los procesos económicos, las costumbres, es decir, la vida cotidiana, las relaciones hacia la muerte, el amor y todas estas cosas. La Historia se enriqueció en

---

[765] Morin, *La Méthode 5...*, cit., p. 30. (Morin, *El Método 5...*, cit., p. 35).

[766] "Las emociones y las historias fuertemente emotivas constituyen vigorosos instrumentos de creación de perspectivas *claras* y nuevas". Feyerabend, *Diálogo...*, cit., p. 137.

[767] Morin, *La Méthode 1...*, cit., p. 375. "... la termodinámica es inseparable de la revolución industrial, [...] la cibernética, nacida en las salvas antiaéreas de la II Guerra Mundial, corresponde a una nueva generación de máquinas artificiales, [...] la información nace de las telecomunicaciones de la Bell Company, [...] estas determinaciones históricas y sociales no son neutras". Morin, *El Método 1...*, cit., p. 423.

este sentido en el curso de los últimos cincuenta años, pero además la enseñanza de esta disciplina no es solamente enseñanza de la historia nacional, que es absolutamente indispensable,
sino también la enseñanza de la historia de Europa, que debe
ser percibida en su unidad y sus divisiones, desde los tiempos
modernos, y es también la enseñanza de la historia del mundo,
porque tenemos una historia planetaria desde el siglo XVI[768].

En otra oportunidad, presentó a la "Escuela de los
Anales", que había destronado al determinismo geográfico
que subordinaba la institución de la sociedad humana al
terreno geofísico, suplantándolo por la reinterpretación de
los fenómenos históricos, a partir de la relación compleja
que existe entre sociedad y medio ambiente. Y se abrió la
Historia a la Economía, la Sociología, incluyéndose también la perspectiva antropológica, llegándose a hablar de
una "ciencia histórica multifocalizada[769]", de varias *dimensiones*. Hay entonces aquí una perspectiva global[770].

32. Por su parte, la Sociología, "... avait depuis sa
fondation considéré la société comme système, au sens
fort d'un tout organisateur irréductible à ses constituants,
les individus[771]". Englobar al todo y las partes en un sistema será propio también del Trialismo. No obstante,
dicho sistema no pierde su especificidad. Cuando habla
de la Antropología, Morin trata de vincularla con la Biolo-

---

[768] Morin, *Articular...*, cit., p. 95.
[769] La periodista Isabel Cittadini, que trabaja en el Depto. de Prensa de CONICET
señaló una historia que avanzó en muchos aspectos antropológicos, buscando
rescatar al ser humano en su totalidad. También agrega que debe tener diálogo
con otras ciencias, tomando un poco de cada una de ellas. En el mismo sentido,
puede consultarse al Instituto Multidisciplinario de Historia y Ciencias Humanas, cuyo director es el doctor Ariel Guiance, investigador del CONICET. Ver "La
historia ya no la escriben los que ganan", del 1.7.2010, en https://bit.ly/2wf-
OhmX (2.7.2010).
[770] Morin, *Articular...*, cit., pp. 42-43.
[771] Morin, *La Méthode 1...*, cit., p. 99. "... había considerado desde su fundación a la
sociedad como sistema, en el sentido fuerte de un todo organizador irreductible
a sus constituyentes, los individuos". Morin, *El Método 1...*, cit., pp. 120-121.

gía, pero dicha apertura "... doit sauvegarder l'originalité, l'irréductibilité, la spécificité anthropo-sociale tout en la fondant, l'enracinant, l'alimentant en vie[772]". Esto es lo que propugnaremos con respecto al Trialismo, que no obstante constituirse del aporte de distintas disciplinas, mantiene su especificidad con la ayuda de la justicia como norte. Dicha especificidad es la que también permite sortear la crítica central que se le realiza de ser una policiencia sin objeto definido. Abrir el Derecho, siguiendo el lenguaje normativista que lo reduce a la ley, es abrirlo a la vida, porque el fundamento, tal como Morin lo encontró para la Sociología,

> ... ne peut être trouvé que dans les infraestructures physiques et biologiques de ces sciences. [...] alimenter l'anthropo-sociologie en réalité, en vie, en fondement, en complexité. C'est l'ouvrir selon un mode de pensée complexe [...] La culture elle-même est le fruit d'une évolution biologique[773].

Tal como lo señalaría el filósofo francés, si bien el Derecho se valdrá de la Sociología y la Filosofía de la Justicia, tendrá su especificidad, sus emergentes propios, como lo demostraré en su versión trialista. Así, "... la culture est une émergence proprement méta-biologique, irréductible en tant que telle, produisant des qualités et réalités

---

[772] Morin, *La Méthode 2...*, cit., p. 416-417. "... debe salvaguardar la originalidad, la irreductibilidad, la especificidad antroposocial al mismo tiempo que la funda, la enraíza y la alimenta de vida". Morin, *El Método 2...*, cit., p. 481.

[773] Morin, *La Méthode 2...*, cit., pp. 417-418. "... solo se puede encontrar en las infraestructuras físicas y biológicas de estas ciencias. [...] alimentar la antroposociología de realidad, de vida, de fundamento, de complejidad. Es abrirla según un modo de Pensamiento Complejo [...] La cultura misma es fruto de una evolución biológica". Morin, *El Método 2...*, cit., p. 482. Este objetivo se actualiza también en *Sociologie*, cit., especialmente pp. 95-118. (*Sociología*, op. cit., especialmente pp. 110-131).

originales, et qui rétroagit en tant que telle sur tout ce qui
est biologique en l'homme[774]". Goldschmidt también señala que no todo es idea:

> ... la cultura es [...] el producto de una colaboración entre una
> materia dada y una intervención humana. Incluso lo que deno-
> minamos "creación" humana, nunca es verdaderamente crea-
> ción o sea producción *ex nihilo* sino solo fabricación o sea pro-
> ducción con una materia dada[775].

Es lo que trata de demostrar Morin cuando describe
el conocimiento del conocimiento a partir de la vida de
la vida:

> La biologie de la connaissance nous introduit aux détermina-
> tions biologiques (le *computo*), animales (notre appareil neuro-
> cérébral 'triunique'), primatiques, hominiennes qui permettent
> et limitent la connaissance cérébrale, y compris celles propres au
> cerveau-sprit d'*homo sapiens*. Nous ne pouvons 'dépasser' ces
> déterminations qu'à condition de les reconnaître[776].

Morin desarrolla la complejidad sociológica en su
libro titulado *Sociología*. Cuando se refiere a ella señala: "el
objeto de la sociología no debería cerrarse[777]". Con lo cual
hay una diversidad ontológica en dicha disciplina:

---

[774] Morin, *La Méthode 2...*, cit., p. 418. "... la cultura es una emergencia propiamente
metabiológica, irreductible como tal, que produce cualidades y realidades originales, y que como tal retroactúa sobre todo lo que es biológico en el hombre".
Morin, *El Método 2...*, cit., p. 482.

[775] Goldschmidt, "Tridimensionalismo...", cit., p. 758.

[776] Morin, *La Méthode 2...*, cit., p. 455. "La biología del conocimiento nos introduce
en las determinaciones biológicas (el *computo*), animales (nuestro aparato neu-
rocerebral 'triúnico'), primáticas, homínidas que permiten y limitan el conocimiento cerebral, incluidas las propias del cerebro-espíritu de *homo sapiens*. Solo
podemos 'superar' estas determinaciones a condición de reconocerlas". Morin,
El Método 2..., cit., p. 523.

[777] Morin, *Sociología*, cit., p. 16.

Es importante establecer o restablecer las comunicaciones/articulaciones con el resto de las ciencias humanas, con el fin de considerar el complejo antropo-sociológico [...]. Al mismo tiempo, se trataría de establecer las comunicaciones con las demás dimensiones internas al fenómeno social (económico, demográfico, comunicativo, mitológico, etc.)[778].

De esta manera, incluye en un estudio sociológico las bases biofísicas, el aspecto antropo-social, en tanto los genes, el cerebro y la originalidad de la humanidad influyen en la organización social. De ahí su concepto clave de auto-eco-re-organización[779]. La sociología nueva debería también tomar conciencia de la interacción de estas dimensiones diversas y de los efectos que ello produce, por ejemplo, respecto del problema ambiente/pobreza/salud, lo que a su vez repercute en la temática economía/seguridad/gobernabilidad democrática[780]. En otra ocasión, critica a las restantes visiones de la sociología que la reducen, tal como ocurre en el Derecho. Señala que su teoría se centrará en el individuo, marginado por la sociología actual, a pesar de que las sociedades modernas son individualistas[781]. Lo que ocurre también en el ámbito jurídico con la marginación por la ciencia jurídica del reparto autónomo. Expresa también el mecanicismo de las teorías sociológicas, los equilibrios de sistemas cerrados, el organicismo[782], lo que en el Derecho se traduce en las características de la Escuela Analítica en tanto la norma se cierra en sí misma y se plantea la división del trabajo entre quienes mandan y obedecen, especializando los trabajos.

---

[778] Íd., pp. 16-17.

[779] Morin, *Sociologie*, cit., pp. 113-114. (Morin, *Sociología*, cit., p. 127).

[780] Motta, *Filosofía, complejidad y educación en la era planetaria: ensayos*, San Nicolás de los Garza, UANL, 2008, p. 13.

[781] Morin, *Sociologie*, cit., p. 117. (Morin, *Sociología*, cit., p. 131).

[782] Morin, *Sociologie*, cit., p. 117. (Morin, *Sociología*, cit., p. 131).

222 OTRA INTRODUCCIÓN AL PENSAMIENTO COMPLEJO

33. También Morin señala la complejidad en la Antropología:

> L'anthropologie est la science du phénomène humain. A la différence des disciplines qui découpent des portions d'entendement dans le phénomène, l'anthropologie considère l'histoire, la psychologie, la sociologie, l'économie, etc., non comme des domaines mais comme des composantes ou dimensions d'un phénomène global[783].

La coincidencia no solo terminológica, sino filosófica con el Trialismo, como estudio de un fenómeno compuesto de dimensiones de un todo global, es clara. Asimismo, al hablarse del hombre se señala:

> En un resonante artículo donde pone a la luz la diferencia radical entre la filosofía estructuralista y el proyecto transdisciplinario, André Bourgignon escribe: "Reducido" al lenguaje, el sujeto no era más un sujeto amante, sufriente y pensante, creador de la trascendencia, hecho de carne y de sangre, sino una "cierta estructura formal". Jamás se le había hecho soportar, en el pensamiento, una reducción tan brutal. Es bien cierto que reducir al hombre a las estructuras formales del lenguaje o de las moléculas, es proclamar la "muerte del hombre". Una aproximación fecunda del sujeto humano impone considerarlo bajo todos los aspectos posibles, y particularmente en sus dimensiones históricas filo y ontogenéticas. No es más cuestión de oponer el holismo y el reduccionismo, sino de intentar tanto como se pueda, de *integrar lo local en lo global y recíprocamente...*[784].

---

[783] Morin, *L'homme et la mort*, Paris, Seuil, 1970, p. 18. "La antropología es la ciencia del fenómeno humano. A diferencia de las disciplinas que recortan las porciones del entendimiento en el fenómeno, la antropología considera la historia, la psicología, la sociología, la economía, etc., no como campos sino como componentes o dimensiones de un fenómeno global" (trad. del autor).

[784] Nicolescu, "La transdisciplinariedad. Desvíos y extravíos", en https://bit.ly/2vUpA0k (6.7.2007), p. 3.

Destaca Morin en *Tierra Patria* el carácter biológico, psíquico y cultural del hombre, mostrando sus diversos ángulos[785], tal como Goldschmidt hace lo propio con el Derecho. En efecto, "... el hombre no está constituido por dos estratos superpuestos, uno bionatural y otro psicoso- cial, [...] no hallamos en su interior ninguna muralla china que separe su parte humana de su parte animal. [...] cada hombre es una totalidad bio-psico-sociológica[786]".

También la identidad humana es compleja:

> ... dans notre société, nous nous définissons par notre nom de famille, et par un prénom, dont nous ne sommes pas le seul titulaire. [...] nous nous définissons en référence à notre village, notre province, notre nation, notre religion. Notre identité se fixe non en s'en détachant, mais au contraire en incluant ses ascen- dants et ses appartenances[787].

Esto es clave para luego entender que el Derecho se define no excluyendo aquello que ayuda a entenderlo, sino integrando lo que fundamenta, soporta y vehiculiza la justicia.

La complejidad también se revela en la antropología cuando Morin resalta la necesidad de incluir al observador y sus estructuras mentales[788]. En efecto, durante mucho tiempo, el antropólogo occidental, calificaba a las comuni- dades que estudiaba como primitivas, en tanto vivían en un estado de participación mística. Sin caer en la cuenta

---

[785] Morin y Kern, op. cit., p. 57.

[786] Morin, *El paradigma perdido. Ensayo de bioantropología*, trad. de Domènec Bergadà, 7ª ed., Barcelona, Kairós, 2005, p. 21.

[787] Morin, *La Méthode 5...*, cit., pp. 94-95. "En nuestra sociedad, nos definimos por el apellido familiar, por un nombre del que no somos el único titular. [...] nos definimos por referencia a nuestra ciudad, nuestra provincia, nuestra nación, nuestra religión. Nuestra identidad no se fija separándose, sino por el contrario incluyendo los ascendentes y pertenencias". Morin, *El Método 5...*, cit., p. 96.

[788] Esta es una de las características puestas de relieve por muchos pensadores de la complejidad. Por ejemplo, Paul Feyerabend, Roger Lewin, entre otros.

que coexistían momentos de racionalidad, al saber cazar con instrumentales, estrategias y conocimiento del exterior, y momentos de magia, al ejecutar hechizos, danzas, cantos y ritos[789]. Actualmente, muchas religiones tienen sus ritos mágicos. Desde un punto de vista metodológico, que tiene en cuenta la complejidad, Feyerabend señala:

> Los antropólogos de formación "científica" no toman en consideración la posibilidad de relacionarse a fondo con una tribu y, quizá, de ganarse la simpatía de los miembros de la propia tribu haciendo cosas útiles y divertidas; no creen que esa posibilidad sea una forma de conocimiento. Estudian a los seres humanos no como si fuesen amigos [...] sino como parásitos [...] Al final cuentan una historia, que ninguno de los indígenas comprendería, a pesar de ser una historia que trata de ellos[790].

A mitad de camino entre la Antropología y la Psicología, puedo ubicar como signo de complejidad fuera del Derecho, a la personalidad clínica humana. Morin expresa muy acertadamente cómo la Historia de la locura actual llama a múltiples personalidades, calificándolas de patológicas, cuando son estados que pueden definirse como múltiples y diversas expresiones de un único humano. "Les phénomènes dits pathologiques de double ou multiple personnalité sont les exagérations d'un phénomène normal dont nous sommes inconscientes[791]". Esta afirmación no hace más que comprobar el carácter histórico y relativo de la salud mental, que varía según los humores y estados afectivos del conjunto de la humanidad.

---

[789] Morin, *Epistemología...*, cit., p. 432.
[790] Feyerabend, *Diálogo...*, cit., p. 143.
[791] Morin, *La Méthode 5...*, cit., p. 98. "Los fenómenos llamados patológicos de doble o múltiple personalidad son exageraciones de un fenómeno normal del que somos inconscientes". Morin, *El Método 5...*, cit., p. 99.

> Le phénomène normal est celui des innombrables discontinuités psychologiques et affectives, selon les humeurs, l'amour, la haine, le mépris, l'indifference, le désir, la ferveur, l'extase, l'adoration, la peur. [...] La cyclothymie, ou le syndrome maniaco-dépressif, alternance de mélancolie et d'exaltation, opère un changement de psychologie qui est déjà un changement de personnalité[792].

Es importante observar otro rasgo de complejidad, en el sentido de diversidad y contradicción con el saber científico, respecto del rescate que hace Morin del modo de vida arcaico, pre-moderno, o no urbano.

> ... l'une des prises de conscience les plus fécondes dans le domaine de l'anthropologie, c'est qu'on se rend compte que l'homme des civilisations archaïques n'est pas un pauvre enfant, un pauvre diable, mais qu'au contraire il a des développements sur le plan personnel, sur le plan de ses sens, de sa psychologie, de son savoir-faire, beaucoup plus riches que n'importe quel individu spécialisé de notre société, et qu'il a aussi une pensée philosophique[793].

Puede ubicarse en este ámbito a la relación que Piaget señala entre diversas disciplinas que conjugan en una: "... du structuralisme ethnographique de Cl. Lévi-Strauss qui

---

[792] Morin, *La Méthode 5...*, cit., p. 98. "El fenómeno normal es el de las innumerables discontinuidades psicológicas y afectivas, según los humores, el amor, el odio, el desprecio, la indiferencia, el deseo, el fervor, el éxtasis, la adoración, el miedo. [...] La ciclotimia, o síndrome maníaco depresivo, alternancia de melancolía y de exaltación, opera un cambio de psicología que es ya un cambio de personalidad". Morin, *El Método 5...*, cit., p. 99.

[793] Morin, *Sociologie*, cit., p. 453. "... las tomas de conciencia más fecundas en el terreno de la antropología consisten en darse cuenta de que el hombre de las civilizaciones arcaicas no es un pobre niño, un pobre diablo, sino que, por el contrario, tiene sus propios desarrollos en el plano personal, en el plano de los sentidos, de su psicología, de su sabiduría, mucho más ricos que cualquier individuo especializado de nuestra sociedad, y que tiene, también, un pensamiento filosófico". Morin, *Sociología*, cit., p. 400.

coordonne les structures linguistiques, juridiques (structures de la parenté revêtant une forme quasi algébrique)
et économiques[794]".

34. Morin tuvo la oportunidad de realizar una investigación artística basada en la complejidad. Cuando trató las
"estrellas"[795], consideró conjuntamente sus aspectos histórico, mitológico, cultural, económico y sus diferencias con
los actores de teatro[796].

Una corriente artística, el surrealismo, es expresión
en el arte de la superrealidad. Es integrador en tanto es
un movimiento antropológico que tiene en cuenta todo lo
que escapa a la realidad, incluyendo el sueño y lo extraño. Reconociendo la escasa realidad de lo real, incorpora
lo imaginario y trata de hacer confluir interfecundamente
uno y otro ámbito[797]; trata de reunir los que antes se pre-
sentaban como pares antagónicos[798]. Reivindica también la
poesía, olvidada por la prosa[799].

35. Ha sido importante reforzar el hecho de la complejidad en el Derecho, a partir de la complejidad de la ciencia
misma. En una época, al investigador le bastaba realizar
un trabajo creativo, serio, fundamentado y siguiendo las
pautas de la comunidad científica. A partir de estos tiempos, debido a la interrelación de las distintas disciplinas,
la necesidad de divulgación de la ciencia a las ciencias y
a su propio interior, deviene necesario aprender a comunicar. De manera que hay que contar con la dimensión
comunicativa también llamada divulgación. Esto no nos

---

[794] Piaget, "L'épistémologie...", cit., p. 137. "... el estructuralismo etnográfico de Cl.
Lévi-Strauss que coordina las estructuras lingüísticas, jurídicas (estructuras del
parentesco revistiendo una forma cuasi algebraica) y económicas [...]" (trad. del
autor).
[795] Morin, *Las Stars*, trad. de Ricardo Mazo, Barcelona, Dopesa, 1972.
[796] Morin, *Mes démons*, cit., p. 201.
[797] Morin, *Introducción a una política...*, cit., p. 56.
[798] Íd.
[799] Íd., p. 57.

convierte en comunicadores sociales, así como la inclusión de la dimensión sociológica en el Derecho no convierte a los abogados en sociólogos. Pero invita seguramente a tener en cuenta este aspecto.

36. Gran relación con la comunicación tiene dentro de la cultura el lenguaje y Morin denota su carácter complejo:

> Le langage dit "natural" (en fait culturel) est d'une extrême complexité, et il est de fait beaucoup plus complexe que les langages formalisés. Il comporte des mots flous, des mots polysémiques, des mots d'une extrême précision, des mots abstraits, des mots métaphoriques; il obéit à une organisation logique, et en même temps peut se laisser porter par l'analogique. D'où son extrême *souplesse*: il permet le discours technique, le jargon administratif, la littérature et la poésie; il est le support naturel à l'imagination et à l'invention[800].

La diversidad anida en la complejidad, lo que se da también en el Trialismo.

37. Es del caso destacar, como moraleja de este apartado, que el objeto disciplinar que hemos visto en cada una de las ciencias es un sistema, no una unidad[801]. Lo propio ocurrirá con el Derecho, en tanto este no puede reducirse a un elemento: la normatividad, sino a la triplicidad de ellos, que forman el sistema jurídico. Así, "... habría que generalizar esta idea y reemplazar la noción de objeto, que es cerrada, monótona, uniforme[802]".

---

800 Morin, *La Méthode 5...*, cit., p. 36. "El lenguaje llamado 'natural' (de hecho cultural) es de una complejidad extrema, de hecho es mucho más complejo que los lenguajes formalizados. Comporta palabras vagas, palabras polisémicas, palabras de una extrema precisión, palabras abstractas, palabras metafóricas; obedece a una organización lógica, y al mismo tiempo puede dejarse llevar por lo analógico. De ahí su extrema *flexibilidad*: permite el discurso técnico, la jerga administrativa, la literatura y la poesía; es el soporte natural de la imaginación y la invención." Morin, *El Método 5...*, cit., p. 42. La cursiva es mía.
801 Morin, *Epistemología...*, cit., p. 427.
802 Íd.

38. Puedo agregar, como conclusión general para el mejor funcionamiento de la ciencia, que esta debería ser tratada desde el Estado de manera transversal y no de manera unidimensional a través del Ministerio de Ciencia, Tecnología e Innovación Productiva, porque esta forma de funcionar presupondría que hay un único método o ciencia, los que el ministro impone o sugiere como pauta, capaz de aplicarse a todas las ramas del conocimiento[803]. Si la ciencia fuera tratada de manera transversal, no existirían disputas metodológicas y el consiguiente problema de la financiación por la "errónea" aplicación de los criterios de cientificidad de cada ciencia. Cada rama de la ciencia, expresada en cada ministerio expondría sus criterios de cientificidad que serían las bases de la financiación de los proyectos de investigación. No pueden asemejarse los criterios de las ciencias físicas, químicas, abordables en las áreas específicas del Ministerio de la Producción, con los de las ciencias agrarias, abordables en el Ministerio de Agricultura, con los de la ciencia jurídica, abordable en el Ministerio de Justicia, la ciencia sociológica, y demás humanidades, abordables en el Ministerio del Interior. Porque por mantener la igualdad a aplicar a todos los científicos y proyectos, se desconocen las particularidades de cada rama del conocimiento. Mientras que sí subsistiría la igualdad en el interior de cada rama del conocimiento.

Merece una especial atención el desarrollo de la complejidad en el ámbito de la Psicología Educativa, que veremos en el próximo capítulo.

---

[803] Sobre el tema ver Galati, "Filosofía de la gestión de la ciencia en Argentina a partir de la historia del Conicet", en *Cinta de Moebio. Revista de Epistemología de Ciencias Sociales*, nº 55, Santiago, Facultad de Ciencias Sociales, Universidad de Chile, 2016, pp. 80-95; tb. en https://bit.ly/2Brd6Cj (4.3.2016).

6

El caso de la Psicología Educativa
y su relación con el Derecho

1. Disputas epistemológico-disciplinares, es decir, referidas a qué incluir como objeto de estudio en una ciencia, se dan en todos los ámbitos: el médico, el psicológico, etc. Analizando el caso de esta rama de la Psicología o de las Ciencias de la Educación, podremos observar cuán necesaria es la integración en una ciencia. Esta investigación también nos demuestra que la discusión por el objeto de estudio no solo se da en el Derecho. También veremos cuál de todas las teorías psicológicas en disputa es la más amplia y cuál se relaciona más con el Trialismo.

Así como en el campo del Derecho existen posturas reduccionistas y otras complejas, lo mismo puede observarse en el ámbito de la Psicología Educativa, en donde distintas corrientes tratan de responder a la pregunta por su objeto de estudio, es decir, qué incorporar a los fines de obtener el mejor aprendizaje. Lo propio ocurre en la Psicología en general, debido a la existencia de distintas corrientes que conciben el ser de distinta forma y que confluyen a los fines curativos: el conductismo, la gestalt, el transpersonalismo, el psicoanálisis, etc. En el campo de la

Psicología Educativa, rama de la Psicología y que contribuye a formar la Ciencia de la Educación, se distinguen al menos, seis principales enfoques psicológicos[804].

2. Uno de ellos es el conductismo, que supone que "el comportamiento humano está sujeto a leyes"[805]. La teoría conductista en Educación considera el aprendizaje de los estudiantes como parte de un mecanismo de condicionamientos psicológicos, en donde ante un estímulo determinado por parte del maestro, el alumno debe responder con una operación determinada, mecánicamente. El aprendizaje se consigue por moldeamiento e imitación. Esto consiste en "… reproducir el comportamiento mostrado por un modelo[806]" hasta lograr el saber querido. La actitud del alumno es pasiva, en la medida en que solo recepciona los "conocimientos" que el maestro ya le transmite "elaborados". De manera que solo resta aprender por memoria, es decir, repitiendo lo ya elaborado. La semejanza con el súbdito obediente de las normas jurídicas es evidente. Por el contrario, lo que hicieron las doctrinas constructivistas y cognitivistas fue examinar la famosa "caja negra"[807] en que consistía la mente, llegando a la conclusión de que la clave de un mejor aprendizaje sería analizar lo que ocurría en esa franja de espacio-tiempo constituida por los mecanismos que emplea el estudiante ante el conocimiento

---

[804] Guzmán, J. y Hernández Rojas, G., *Implicaciones educativas de seis teorías psicológicas*, México, Depto. de Psic. Educativa, UNAM, 1993, p. 9.

[805] Íd., p. 13.

[806] Íd., p. 15.

[807] "La teoría del conductismo se concentra en el estudio de conductas que se pueden observar y medir (Good y Brophy, 1990). Ve a la mente como una 'caja negra' en el sentido de que las respuestas a estímulos se pueden observar cuantitativamente ignorando totalmente la posibilidad de todo proceso que pueda darse en el interior de la mente". Mergel, Brenda, "Diseño instruccional y teoría del aprendizaje", Canadá, 1998, en https://bit.ly/2wPi6hr (1.6.2003).

que se le acerca. Se trata de un mecanismo psicológico y no por ello inanalizable[808]. Es interesante destacar que los conductistas

> [e]ligen esta forma de conocimiento argumentando que ante la complejidad de la conducta humana no es posible ni tenemos los medios para abordarla en toda su extensión; por eso lo mejor es descomponerla en sus elementos e ir estudiando cada uno de ellos por separado hasta lograr leyes generales del comportamiento de los organismos[809].

2.1. Es el normativismo quien renuncia a la complejidad del Derecho expresada en sus aspectos sociológicos, normológicos y dikelógicos; y ante ella opta por la descomposición y focalización en la norma, que es lo "observable". Se cree entonces que acumulando normas, memorizándolas al tratar de aprobar una asignatura, se ayudará al éxito en la futura profesión, cuando el razonamiento es la clave del aprendizaje y de la independencia. Dice Morin: "... je vois de mieux en mieux qu'il ne s'agit pas de les résoudre de façon accumulative. [...] il ne faut pas viser à édifier une tour de Babel du savoir, mais un principe producteur de connaissance ou *méthode*[810]". Esto no solo debería ocurrir en el Derecho, sino en cualquier disciplina que tenga como objetivo formar cabezas antes que llenarlas, como dice Morin. Se trata de resaltar que "le risque et la lutte développent la ruse et l'intelligence stratégique[811]".

---

808 Ver Galati, "Karl Popper y el falsacionismo falsado (Aportes al mundo jurídico desde la filosofía de la ciencia)", en *Investigación...*, nº 37, Rosario, FIJ, 2004, p. 81.

809 Guzmán y Hernández Rojas, op. cit., p. 13.

810 Morin, *La Méthode 1...*, cit., p. 385. "... veo cada vez mejor que no se trata de resolverlos [a los problemas] de forma acumulativa. [...] no es necesario tender a edificar una Torre de Babel del saber, sino un principio productor de conocimiento o *método*". Morin, *El Método 1...*, cit., p. 433.

811 Morin, *La Méthode 2...*, cit., p. 64. "El riesgo y la lucha desarrollan la astucia y la inteligencia estratégica". Morin, *El Método 2...*, cit., p. 86.

Es interesante resaltar que si se concibe al Derecho como norma y a esta como la imputación de una sanción —recompensa o castigo— frente a una conducta, el individuo que recibe el consecuente, puede no entender el porqué, la razón. Lo mismo ocurre con la motivación del alumno vista desde el conductismo. "Una buena manera de motivar al alumno es mediante un sistema de economía de fichas donde se recompense su buen comportamiento[812]". No hay un interés en cumplir la norma porque ésta se toma como algo externo, extraño. Según el conductismo jurídico o normativismo, la actitud del ciudadano es pasiva; lo cual no se relaciona con la costumbre, en tanto en esta se confunden creador y destinatario del Derecho y desaparece la eventual opresión.

> En la visión "bancaria" de la educación, el "saber", el conocimiento, es una donación de aquellos que se juzgan sabios a los que juzgan ignorantes. Donación que se basa en una de las manifestaciones instrumentales de la ideología de la opresión[813].

Tanto el Pensamiento Complejo como el Trialismo plantearán que es fundamental al humanismo la democracia (Morin habla de la democracia cognitiva), incompatible con la absolutización de la jerarquía y con la desigualdad.

El conductismo/normativismo promueve todo lo contrario de lo que sugiere el Pensamiento Complejo, en tanto este separa para luego volver a unir, y estudiar además, los emergentes producto de las interacciones. Según el conductismo, la enseñanza está encaminada a lograr una instrucción individualizada a fin de alcanzar una programación conductual; por ello se considera que la educación es

---

[812] Guzmán y Hernández Rojas, op. cit., p. 17.
[813] Freire, Paulo, *Pedagogía del oprimido*, 1ª ed., Buenos Aires, Siglo XXI, 2003, p. 73.

un medio que emplea la sociedad para controlar la conducta de las personas[814]. La semejanza con el pensamiento de Hans Kelsen es notable: "la sociedad es un orden que regula la conducta de los hombres"[815]. Debe tenerse en cuenta, como trasfondo de una explicación del pensamiento kelseniano, que este autor reduce el Derecho a la norma. En su obra señala: "para definir la relación que la norma jurídica establece entre el acto ilícito y la sanción, la ciencia jurídica formula una regla de derecho que establece que la sanción debe seguir al acto ilícito"[816]. Esto es la imputación, y esta "... vincula [...] dos conductas humanas: el acto ilícito y la sanción"[817]. El fenómeno jurídico se reduce a la imputación y la sanción, sin reparar en los elementos del reparto, que son los que analizan la conducta, quedándose el análisis jurídico en la superficie. Repárese que Goldschmidt, al explayarse sobre los modos constitutivos de los repartos, profundiza el análisis respecto de la forma en que se organizan las conductas humanas, haciendo referencia al plan de gobierno en marcha, cuyo exponente más característico es la constitución, ordenamiento escrito y vertical, productor del valor previsibilidad, pero sin olvidar a la ejemplaridad, cuyo exponente paradigmático es la costumbre, ordenamiento espontáneo y horizontal, generador del valor solidaridad.

2.2. La complejidad nos llama a la profundidad en el análisis y a eso apunta el estudio pormenorizado de Goldschmidt a través del Trialismo. He aquí la gran coincidencia entre las dos teorías. De la importancia que debe consagrarse a la profundidad dan cuenta otros autores:

---

[814] Guzmán y Hernández Rojas, op. cit., p. 14.
[815] Kelsen, *Teoría pura...*, cit., p. 16.
[816] Íd., p. 19.
[817] Íd., p. 20.

El conjunto de todos los criterios podría representarse meta-
fóricamente como un árbol en el que, por debajo de las hojas,
flores y frutos de nuestra profesión, varios criterios-tallo nacen
de un mismo criterio-rama, varios criterios-rama provienen de
un mismo conjunto-tronco de criterios más generales y toda la
planta hunde sus raíces en la profundidad, a menudo ignota,
de nuestras preferencias o tendencias íntimas o de las que otros
abrigaron y nos legaron junto con la cultura[818].

Goldschmidt se introduce en la caja negra del Derecho. Así, "en la vida social el jurista se enfrenta con otros
hombres, con abogados de la parte contraria, con jueces,
con funcionarios administrativos, que algunos defienden
intereses opuestos y otros intereses diversos, pero a veces
coincidentes con los propios[819]". Esto implica una visión
compleja, en tanto

> ... debemos comprender en el objeto jurídico tanto a la norma
> [dimensión normativa] como a las causas por las cuales esta
> aparece y se desenvuelve como tal [dimensión social del Dere-
> cho] y su valoración (a veces positiva y otras crítica) [dimensión
> valorativa][820].

2.3. Las palabras de Kelsen me recuerdan el experimento de Pavlov[821] que hablaba del condicionamiento.

---

818 Guibourg, *Provocaciones...*, cit., p. 14.
819 Goldschmidt, *Introducción...*, cit., p. V.
820 Ciuro Caldani, "Lecciones de Teoría General del Derecho" en *Investigación...*, nº
   32, Rosario, FIJ., 1999, p. 40.
821 Como no es bueno el reduccionismo, que precisamente critico, vale señalar que
   en el conductismo existen otros exponentes, como Burrhus Skinner, quien sostiene que "... 'el vigor de una cultura está en su capacidad para reproducirse a sí
   misma... pero también tiene que cambiar si es que quiere aumentar sus posibilidades de sobrevivencia'". Guzmán y Hernández Rojas, op. cit., p. 15.

> Entre la condición y la consecuencia, entre la acción buena o
> mala y la recompensa o la pena, no hay una relación de causa a
> efecto, sino una imputación, ya que la recompensa o el castigo
> son imputados a la acción a la cual deben 'retribuir'"[822].

El fisiólogo ruso es conocido por su trabajo en condicionamiento clásico o sustitución de estímulos[823]. Al colocar comida frente al perro hacía que este comenzara a
babear. Durante el condicionamiento con el sonido de la
campana, esta se hacía sonar minutos antes de poner el
alimento frente al perro. Después del condicionamiento,
con solo escuchar el sonido de la campana el perro comen-
zaba a salivar. Se trataba de domesticar, es decir, lograr que
alguien haga algo en función de una recompensa o castigo.
Sin caer en la cuenta de las causas por las cuales dicho
comportamiento deseaba ser logrado.

> Considerado en cuanto a su fin, el derecho aparece como un
> método específico que permite inducir a los hombres a condu-
> cirse de una manera determinada. [...] Su meta es, pues, encau-
> zarlos hacia una conducta determinada, amenazándolos con un
> mal en caso de una conducta contraria, y es por la presión que
> así ejerce sobre ellos como obtiene lo que desea[824].

Agrega Kelsen: "... el régimen mismo de las penas y
las recompensas ha sido instituido con la idea de que el
temor de la pena o el deseo de la recompensa puedan tener
el efecto de inducir a los hombres a no cometer crímenes
o a cumplir actos heroicos[825]". El normativismo limita la
capacidad humana a las funciones animales que hay en el
hombre. Y esto repercutirá en la concepción del Derecho,
concibiéndolo como "... un orden social, como un sistema

---

[822] Kelsen, *Teoría pura...*, cit., p. 21.
[823] Mergel, op. cit., p. 3.
[824] Kelsen, *Teoría pura...*, cit., p. 72.
[825] Íd., p. 31.

de normas que regulan la conducta recíproca de los hombres[826]". El exceso del "condicionamiento" generará el abuso del valor orden, que generará a su vez individuos sumisos, no pensantes, cómodos, lo cual es perjudicial para la democracia que se basa en la diversidad de opiniones, en la posibilidad de renovación de las mismas, en la libre elección y en el control. "Una 'adecuada psicología' [...] 'no puede escribirse en términos de estímulo, excitación emocional, asociación y respuesta. Requiere principios subjetivos de organización del tipo frecuentemente designado con el término self o ego'[827]".

La coincidencia entre el kelsenianismo a nivel jurídico, y el conductismo a nivel educativo, se engloba bajo el positivismo, con su correlato a nivel sociológico dado por una "matriz organicista".

> ... el padre imponía su criterio durante todo el período en el que el cerebro infantil es maleable y su personalidad débil. Este proceso acostumbraba al niño a la obediencia y el respeto a las leyes, la autoridad y las instituciones burguesas en su conjunto y lo preparaba para la instrucción clasista, patriotera y religiosa que recibiría en la escuela[828].

2.4. Aquí puede verse como confluyen los distintos aspectos: jurídico, sociológico, económico, religioso, educativo, de un mismo paradigma autoritario.

Volviendo al campo de la educación, el conductismo

> ... se basa en los cambios observables en la conducta del sujeto. Se enfoca hacia la repetición de patrones de conducta hasta que estos se realizan de manera automática. [...] La teoría del conductismo se concentra en el estudio de conductas que se pueden

---

[826] Íd., p. 34.
[827] Ver Hall, op. cit., p. 118.
[828] Suriano, Juan, *Anarquistas. Cultura y política libertaria en Buenos Aires 1890-1910*, Buenos Aires, Manantial, 2001, p. 220.

observar y medir [...]. Ve a la mente como una "caja negra" en el sentido de que las respuestas a estímulos se pueden observar cuantitativamente ignorando totalmente la posibilidad de todo proceso que pueda darse en el interior de la mente. Algunas personas claves en el desarrollo de la teoría conductista incluyen a Pavlov, Watson, Thorndike y Skinner[829].

Tanto el conductismo, tratando a las mentes de los alumnos como depósitos en los que colocar información, descontextualizada de las necesidades y expectativas de aquellos, bien denominada "educación bancaria" por el pedagogo Paulo Freire[830], como el Derecho reducido a la norma, que despliega sus influencias en un contexto en el que se oculta a quienes perjudica y a quienes beneficia, y si aquella es o no justa, evitan la búsqueda de la razón, el motivo; no se transparenta el fenómeno del conocimiento, sea educativo o jurídico. No es casual que el conductismo haga referencia a la observación, la medición, la cantidad, el mecanismo, términos afines al pensamiento simple y a la metodología cuantitativa, los cuales a su vez se relacionan con el positivismo lógico o pensamiento analítico.

Pero así como la Psicología no se reduce al conductismo, afortunadamente el Derecho no se reduce al kelsenianismo. Así, "... el problema teórico de la complejidad es el de la posibilidad de entrar en las cajas negras[831]".

---

829 Mergel, op. cit.
830 "Cuanto más vaya llenando los recipientes con sus 'depósitos', tanto mejor educador será. Cuanto más se dejen 'llenar' dócilmente, tanto mejor educandos serán. De este modo, la educación se transforma en un acto de depositar en el cual los educandos son los depositarios y el educador quien deposita. En vez de comunicarse, el educador hace comunicados y depósitos que los educandos, meras incidencias, reciben pacientemente, memorizan y repiten. Tal es la concepción 'bancaria' de la educación en que el único margen de acción que se ofrece a los educandos es el de recibir los depósitos, guardarlos y archivarlos. Margen que solo les permite ser coleccionistas o fichadores de cosas que archivan". Freire, cit., p. 72.
831 Morin, *Introducción al Pensamiento...*, cit., p. 60.

3. Otra corriente en psicología educativa es el cognoscitivismo. Morin ha dicho en relación a lo que habría que
estudiar que "... una de las bases de la psicología cognitiva
nos muestra que un saber no es pertinente si no es capaz
de situarse dentro de un contexto y que el conocimiento
más sofisticado, si está totalmente aislado, deja de ser pertinente[832]". La coincidencia con el Trialismo es central, ya
que esta es una teoría que sitúa a la normatividad en su
contexto social y en su contexto valorativo, y el encargado
de hacerla funcionar puede hacer modificaciones tomando elementos de los dos contextos mencionados. De ahí las
relaciones, la integración y la complejidad del Derecho.

3.1. Con respecto al origen del cognoscitivismo, sus "...
raíces [...] se remontan a la teoría de la Gestalt [...][833]". No
es casual entonces que el conductismo se relacione con la
Escuela Analítica, heredera de Kelsen, y que el Trialismo
tenga estrechas relaciones con la Gestalt, de la cual abre-
va Morin. La Gestalt resalta "... el trascendental papel que
tienen los procesos perceptuales en la solución de problemas"[834]. Recalco la palabra "proceso", en tanto la norma es
un producto jurídico, consecuencia, que debe contextuali-
zarse en el proceso jurídico general, en donde interactúan
otros elementos. En efecto, "... una composición de elementos [...] es la verdadera antítesis de la *Gestalt*[835]".

---

832 Morin, *Articular...*, op. cit., p. 91.
833 Guzmán y Hernández Rojas, op. cit., p. 25. Ver también el cap. 7. Ver Gardner, *La
     nueva ciencia de la mente: historia de la revolución cognitiva*, trad. de Leandro
     Wolfson, Barcelona, Paidós, 1996.
834 Íd.
835 Heidbreder, cit., p. 248. "... la psicología de la Gestalt reclam[a] [...] al lector que
     abandone sus viejos modos de pensar en función de partes agregadas a partes".
     Íd., p. 257.

3.2. Una visión gestáltica no se preocuparía del Derecho como una suma de normas. "Un examen directo de la experiencia no revela en modo algunos elementos [...][836]". Por ello la Gestalt no se pregunta qué aprendió el individuo[837], es decir, la norma (traducido al ámbito jurídico), sino cómo lo aprendió, es decir, se preguntaría en el campo del Derecho por el proceso jurídico, el fenómeno jurídico. Así, "... el mismo proceso subyacente que explica la formación de totalidades explica también sus propiedades[838]". En otras palabras, se preguntará cómo esa norma llegó a ser tal, no quedándose en la superficie del análisis. Estas afirmaciones se relacionan con lo que Morin critica de la concepción clásica de la ciencia, que tiene su correlato en el Derecho en la Escuela Analítica. Señala: "l'atome n'est plus l'unité première, irréductible et insécable: c'est un système constitué de particules en interactions mutuelles[839]". La identidad que calificaba a las otrora unidades elementales se ha desmoronado. A la partícula, "on ne peut plus l'isoler de façon précise dans l'espace et le temps. On ne peut plus l'isoler totalement des interactions de l'observation. Elle hésite entre la double et contradictoire identité d'onde et de corpuscule[840]". No pueden aislarse las normas de sus procesos productivos y críticos. Continuando con la partícula, señala que "il est de moins en moins plausible qu'elle soit un élément premier; tantôt on la conçoit comme un

---

[836] Íd., p. 253. "... un músculo deja de ser un músculo cuando se le corta en secciones para estudiarlo bajo un microscopio". Íd.

[837] Guzmán y Hernández Rojas, op. cit., p. 25.

[838] Heidbreder, cit., p. 248.

[839] Morin, *La Méthode 1...*, cit., p. 97. "El átomo ya no es la unidad primera, irreductible, e indivisible: es un sistema constituido por partículas en interacciones mutuas". Morin, *El Método 1...*, cit., p. 119.

[840] Morin, *La Méthode 1...*, cit., p. 97. "Ya no se la puede aislar de modo preciso en el espacio y el tiempo. Ya no se la puede aislar totalmente de las interacciones de la observación. Duda entre la doble y contradictoria identidad de onda y de corpúsculo." Morin, *El Método 1...*, cit., p. 119.

système composé de *quarks* [...], tantôt on l'envisage comme un 'champ' d'interactions spécifiques[841]". De esta forma
concibe el Trialismo al Derecho, como un fenómeno en el
que interactúan en armonía los tres elementos característicos de su ser. Con respecto a la necesidad de no quedarnos
en la superficie de los fenómenos el filósofo francés señala
que "... il n'existe peut-être pas d'ultime ou première réalité
individualisable ou isolable, mais un continuum [...], voire
une racine unitaire hors temps et hors espace[842]".

3.3. El *insight*, del que habla la Gestalt, es el "discernimiento repentino, que implica una comprensión profunda
de una situación bajo un nuevo aspecto que antes no se
veía[843]". Lo cual se encuentra estrechamente relacionado
con la concepción del paradigma que esboza Morin y con
la profundidad teórica del Trialismo, que no se queda en el
análisis de superficie del fenómeno jurídico. El cognoscitivismo apunta a ingresar en la "caja negra" del aprendizaje,
así como el Trialismo pretende ingresar en la "caja negra"
del Derecho, a fin de desenmascararlo, corriendo el velo
normativo. "La teoría del procesamiento de la información
está interesada en estudiar las maneras en que los sujetos
incorporan, transforman, reducen, almacenan, recuperan
y utilizan la información que reciben[844]".

Es interesante rescatar cómo el cognoscitivismo se
vincula con la nueva mirada al objetivismo valorativo de
Goldschmidt, que resalta el papel del individuo en la co-
construcción de los valores, que no es un realismo ni

---

[841] Morin, *La Méthode 1...*, cit., p. 97. "Es cada vez menos plausible que sea un elemento primero; tan pronto se la concibe como un sistema compuesto de quarks
[...], tan pronto se la considera como un 'campo' de interacciones específicas."
Morin, *El Método 1...*, cit., p. 119.

[842] Morin, *La Méthode 1...*, cit., p. 97. "... quizá no exista la última o la primera realidad individualizable o aislable, sino un continuum [...] incluso una raíz unitaria
fuera del tiempo y del espacio [...]". Morin, *El Método 1...*, cit., p. 119.

[843] Guzmán y Hernández Rojas, op. cit., p. 25.

[844] Íd.

un idealismo extremos, sino una posición moderada, una modelización del valor[845]. En este sentido, "... la teoría instruccional de Jerome Bruner [representante del cognoscitivismo] enfatiza el valor del aprendizaje por descubrimiento, ya que 'los humanos son seres activos dedicados a la construcción de su mundo'"[846]. Es interesante destacar cómo esta escuela promueve como una estrategia de aprendizaje el autoaprendizaje. Por su parte, Morin señala: "... la boucle récursive où la connaissance est produit/producteur d'une réalité socio-culturelle, laquelle comporte intrinsèquement une dimension cognitive[847]". Estas ideas se traducen en el campo del Derecho en una jerarquización de lo que el Trialismo llama ejemplaridad, como modo en el cual la propia población establece sus propias normas. Esto es clave para la democracia actual y para el involucramiento como un modo de superar el extrañamiento de la política. Dicho ciudadano autónomo debe tener un soporte en el ámbito educativo. De lo que "... se trata [...] [es] de aprender a aprender. Esto es, adquirir las habilidades de búsqueda y empleo eficiente de la información para lograr la autonomía en el aprendizaje[848]". Y para lograr la autonomía en la Política. Lo cual no se relaciona con una concepción estatalista del Derecho, en donde el Leviatán es el único productor jurídico. No se trata de imponer normas, sino de educar para que los ciudadanos desarrollen la iniciativa jurídica o para que los gobernantes sometan a *referéndum* continuamente su gestión en los

---

[845] Ver la tercera parte del tomo 3. Ver tb. Galati, "Una interpretación goldschmidtiana del objetivismo valorativo de Werner Goldschmidt", en AA. VV., *Dos Filosofías*, cit., pp. 101-106.

[846] Guzmán y Hernández Rojas, op. cit., p. 26.

[847] Morin, *La Méthode 4...*, cit., p. 22. "... el bucle recursivo por el que el conocimiento es producto/productor de una realidad sociocultural, la cual comporta intrínsecamente una dimensión cognitiva." Morin, *El Método 4...*, cit., p. 25.

[848] Guzmán y Hernández Rojas, op. cit., p. 26.

aspectos más importantes o conflictivos[849]. En definitiva, tanto la Educación como el Derecho deberían educar para la libertad[850]. "No puede haber sociedad democrática sin *paideia* democrática[851]". Por ello, el papel del alumno según el cognoscitivismo consiste en ir "... más allá de la información expuesta para construir su propia realidad"[852]. Esto no implicará lograr un ciudadano propenso a la desobediencia de la norma, sino a la obediencia racional, a su análisis crítico; lo cual es compatible con el Trialismo, el cual no reniega de la norma, sino que la limita. Castoriadis pone en evidencia también la estrecha relación entre democracia y crítica:

> ... para que los individuos sean capaces de hacer funcionar los procedimientos democráticos según su "espíritu", es necesario que una parte importante del trabajo de la sociedad y de sus instituciones se dirija hacia la producción de individuos que se correspondan con esta definición, [...] hombres democráticos también en el sentido estrechamente procedimental del término. Pero entonces es preciso afrontar el dilema siguiente: o esta educación de los individuos es dogmática, autoritaria, heterónoma —y la pretensión democrática se convierte en el equivalente político de un ritual religioso—; o bien, los individuos que deben "aplicar el procedimiento" —votar, legislar, seguir las leyes, gobernar— han sido educados de manera crítica. En tal caso, es necesario que este espíritu crítico sea valorizado [...] y entonces se abre la caja de Pandora de la puesta en cuestión de las instituciones existentes, y la democracia vuelve a ser movimiento de autoinstitución de la sociedad[853].

---

849 Ver Galati, "Cuestiones de Derecho Electoral", en *Revista del Colegio de Abogados de Rosario*, Rosario, 2003, pp. 49-78.
850 Ver Galati, "La educación jurídica a partir del pensamiento complejo y la teoría trialista del mundo jurídico", en *Complejidad*, nº 22 (primera parte), pp. 34-57, y nº 23 (segunda parte), pp. 16-36, Buenos Aires, 2014; tb. https://bit.ly/2wg4yZq (nº 22) (6.3.2015) y en https://bit.ly/2OVBWMv (nº 23) (8.12.2014).
851 Castoriadis, op. cit.
852 Guzmán y Hernández Rojas, op. cit., p. 29.
853 Castoriadis, op. cit.

De esta manera, no se puede pretender el desarrollo de una democracia plena con un Derecho y una educación jurídica pobres, simples, conductuales. Si se quiere un ciudadano autónomo, se debe promover la autonomía y las herramientas críticas. Una herramienta crítica en el Derecho está dada por la Dikelogía, la cual a su vez se basa en el diagnóstico que le ofrece la jurística-sociológica.

En suma, Castoriadis evidencia una concepción compleja de la democracia: "los procedimientos democráticos constituyen una parte, ciertamente importante, pero solo una parte, de un régimen democrático[854]". Porque solo quien vive, experimenta un proceso, puede ser el mejor guardián de su funcionamiento:

> La rotación, el sorteo, la decisión tras la deliberación de todo el cuerpo político, las elecciones y los tribunales populares, no se basaban tanto sobre el postulado de la igual capacidad de todos para asumir las cargas públicas, sino más bien constituían las piezas de un proceso político educativo, de una paideia activa, que pretendía ejercitar y también desarrollar entre ellos todas las capacidades correspondientes, y, por tanto, hacer el postulado de la igualdad política tanto más posible por estar más próximo a la realidad efectiva[855].

Por otra parte, se reconoce también que "... los estudiantes tienen distintas maneras de aprender, pensar, procesar y emplear la información [...]. Para el cognoscitivismo es esencial averiguar cuáles son los conocimientos y esquemas que el alumno posee para utilizarlos como apoyo y cimiento del nuevo aprendizaje[856]". Es este el reconocimiento de la diversidad, concepto clave en Edgar Morin y en el Trialismo. Dicha enseñanza puede aprovecharse

---

[854] Íd.
[855] Ibídem.
[856] Guzmán y Hernández Rojas, op. cit., p. 29.

perfectamente por el Derecho, sobre todo por quienes elaboran normas. La diversidad profunda se halla en el plurijuridismo a través de despliegues históricos vinculados a la internacionalidad y los modelos jurídicos. En este sentido, nuestra cultura occidental es una integración de aportes griegos, que aglutinan el sentido antropocéntrico, prometeico, filosófico y democrático del hombre, de aportes romanos que aglutinan el sentido práctico y patrimonial, de aportes judeocristianos, donde Cristo reveló las bienaventuranzas, el amor al enemigo y la "separación de reinos", más los aportes germanos que jerarquizan la mujer y el sentido de comunidad[857].

3.4. Otro tema clave para la educación jurídica es la comprensión del problema. En este sentido, se dice que "... cuando surge un problema se crea un desequilibrio y el deseo de superarlo impulsa la acción ..."[858]. En el caso del Derecho, la norma jurídica ya empaqueta el problema junto con la solución. Sí es reprobable en un profesional del Derecho, la creencia de que allí se termina la cuestión, porque ciencia jurídica es aquella que exhibe la solución ya dada, pero también el problema, que es lo que puede permitir análisis alternativos, y ante las soluciones brindadas, la posibilidad de crítica. "Ce nouveau concept [la machine], au lieu d'occulter les grands problèmes et mystères, les pose nécessairement. —Comment des êtres-machines peuvent-ils naître du désordre des interactions et rencontres?[859]" Lo dicho por Morin en relación a la empresa puede valer para el Derecho, que no es una disciplina aislada del resto. "Un problema histórico global se plantea [...]:

---

857 Ver Ciuro Caldani, "La comprensión del plurijuridismo...", cit.
858 Guzmán y Hernández Rojas, op. cit., p. 30.
859 Morin, *La Méthode 1*..., cit., p. 180. "Este nuevo concepto [la máquina], en lugar de ocultar los grandes problemas y misterios, los plantea necesariamente. —¿Cómo pueden nacer los seres-máquina del desorden de las interacciones y los encuentros?" Morin, *El Método 1*..., cit., p. 210.

¿cómo integrar en las empresas las libertades y los desórdenes que pueden aportar adaptatividad e inventiva, pero también la descomposición y la muerte?[860]" Tanto se aplican estas ideas que Goldschmidt contempla el orden y el desorden de los repartos. Incluyendo en este último a la anarquía y su disvalor arbitrariedad, que es relativo, en tanto el quiebre del orden siempre puede ser para lograr otro orden más justo; es decir, la anarquía no es necesariamente disvaliosa[861].

3.5. El cognoscitivismo y, en general, el Pensamiento Complejo, priorizan la autonomía, que es el remedio para la necesidad de la constante actualización. En efecto, "... ante la rápida obsolescencia del conocimiento se precisa dominar estrategias que resalten el cómo pensar en lugar del qué pensar[862]". Porque como dice Goldschmidt citando a Kirchmann: "... un plumazo del legislador convierte bibliotecas enteras en papel mojado[863]". De ahí que el jurista deba ser al mismo tiempo que juez, también un poco legislador, y realizar sus roles, ante la obsolescencia de las normas, pasividad o negligencia de los funcionarios. Lo cual implica el manejo de operaciones propias de las tres dimensiones. "Les stratégies cognitives ont pour mission: [...] extraire des informations [...]; [représenter] une situation; [...] évaluer les éventualités et [...] élaborer des scénarios d'action[864]". La estrategia tiene su "costado" socio-dikelógico en tanto

---

[860] Morin, *Introducción al Pensamiento...*, cit., p. 130.

[861] Goldschmidt, *Introducción...*, cit., pp. 112-114.

[862] Guzmán y Hernández Rojas, op. cit., p. 27.

[863] Goldschmidt, *Introducción...*, cit., p. 105.

[864] Morin, *La Méthode 3...*, cit., p. 62. "Las estrategias cognitivas tienen como misión: [...] extraer información [...]; [representar] una situación; [...] evaluar las eventualidades y elaborar escenarios de acción". Morin, *El Método 3...*, cit., p. 71.

... le développement de l'aptitude stratégique comporte le développement de l'aptitude à décider, laquelle dépend de l'aptitude
à concevoir des alternatives (envisager des scénarios différents).
C'est dire du même coup que le développement des possibilités
de choix/décision nécessite le développement des possibilités
de connaissance[865].

Sería interesante en este sentido investigar el grado de
contacto de los abogados con la investigación, o al menos
con sus tareas.

3.6. Otra relación puede encontrarse entre los productos organizativos estatales, como las leyes, y la motivación
interna de la que habla el cognoscitivismo: "... la persona
buscará los mecanismos y formas para satisfacer su propia
curiosidad intelectual, lo hará porque lo desea y no debido
a que el profesor se lo ordenó o para obtener una calificación"[866]. Será probable entonces que solo el ciudadano
interesado en los asuntos públicos respete luego las decisiones tomadas sobre esos asuntos públicos; porque los
ha sentido como propios, no extraños, ajenos. A propósito,
puede verse en un artículo que analiza las causas de la
crisis en Perú, la importancia de la autorregulación:

An important factor in this sense of alienation is the fact that
most codes and laws have not been expressions of the *volonté générale*, but have been imported from European countries
by the Limean élites without reference to the *customs* or *values*
of Peruvians or to sociocultural differences between Peru and
Europe. In consequence people have not internalised the notion
that state norms might be positive, necessary or convenient.

---

[865] Morin, *La Méthode 3...*, cit., p. 63. "... el desarrollo de la aptitud estratégica comporta el desarrollo de la aptitud para decidir, la cual depende de la aptitud para
concebir alternativas (considerar escenarios diferentes). Es decir, al mismo
tiempo que el desarrollo de las posibilidades de elección/decisión necesita el
desarrollo de las posibilidades de conocimiento". Morin, *El Método 3...*, cit., p.
72.

[866] Guzmán y Hernández Rojas, op. cit., p. 30.

Norms are considered essentially coercive. There is no sponta-
neous compliance that could allow a form of self-administration
to develop [867].

Ya los cínicos decían que el sabio no gobierna según
las leyes, sino según la virtud[868]. Lo cual se relaciona con la
participación del ciudadano que reclama Morin y la necesidad de complementariedad entre aristocracia y democracia[869].

4. Una nueva teoría psicológica con implicancias
pedagógicas es el humanismo, inspirado en la corriente
existencialista. Plantea al hombre como un ser creativo, libre y consciente. Lucha contra las dicotomías
(biológico-psíquico; emociones-pensamiento; individual-
social)[870]. Con respecto a esto último, la coincidencia con
Morin es asombrosa, ya que la complejidad implica la con-
ciliación complementaria entre concurrentes y antagonistas. El humanismo apunta también a la capacidad de amar,
no juzgar a los otros, sino a preocuparse por ellos[871]. Desde el punto de vista jurídico, "la ciencia de la justicia", es

---

[867] Ardito, Wilfredo, "The Right to Self-Regulation: Legal Pluralism and Human
Rights in Peru", in *Journal of Legal Pluralism and Unofficial Law*, n° 39, University of Birmingham, 1997, https://bit.ly/2wjgadZ (12.7.2007), p. 1. "Un importante factor en este sentido de alienación es el hecho de que muchos códigos y leyes
no han sido expresión de la voluntad general, sino que han sido importados de
los países europeos por las elites de Lima sin referencia a los *valores* y las *costumbres* de los peruanos o a las diferencias socioculturales entre Perú y Europa.
En consecuencia, las personas no han internalizado la noción de que las normas
estatales pueden ser positivas, necesarias o convenientes. Las normas son consideradas esencialmente coercitivas. No hay una complicidad espontánea que
pueda permitir el desarrollo de una forma de autoadministración" (trad. del
autor). Nótese cómo resalto a las costumbres y al valor, que representan las
dimensiones sociológica y axiológica respectivamente, y cuyo conocimiento
contribuye a formar juristas y ciudadanos autónomos.
[868] Ver "Los diez libros de Diógenes Laercio", trad. por Josef Ortiz y Sanz, Madrid,
1792, 2 t.
[869] Ver cap. 3 del tomo 2.
[870] Guzmán y Hernández Rojas, op. cit., pp. 41-42.
[871] Íd., p. 42.

un método de constante búsqueda de ella y la equidad es un consuelo frente al formalismo muchas veces rigurosamente excesivo. Se señala que el sujeto es libre para, de acuerdo con sus propios juicios morales, desobedecer las leyes que considera injustas[872]. Esto no es lo que propicia el Trialismo, salvo que la injusticia sea insoportable, o que no ocasione mayor daño salvar la injusticia que tolerarla.

4.1. Un aspecto central de la postura humanista, es que

> ... lo fundamental [...] no [es] lo que propone la psicología [...] positivista, centrada en la aplicación de técnicas metodológicas 'puras' y rigurosas —concebidas además como la única forma válida de obtención de conocimientos— desdeñando lo subjetivo, las intuiciones, lo fenomenológico, etc. [...] los humanistas citan a Einstein quien decía: "en ciencia la formulación de un problema es mucho más importante que su solución, la cual puede constituir solo una mera destreza matemática o experimental; lo crucial es plantearse nuevos interrogantes, diferentes posibilidades de ver los viejos problemas desde distintos ángulos, lo que requiere una gran imaginación creativa y eso es lo que hace avanzar la ciencia"[873].

Y se hace hincapié en aspectos que el Trialismo engloba en la dimensión valorativa:

> Los humanistas hacen énfasis en los aspectos éticos y morales porque consideran que una buena educación debería convertir a las personas en seres altruistas, generosos, creativos; con una fuerte conciencia social, respetuosos de las necesidades, derechos e intereses de los demás. La autorrealización y la tolerancia son virtudes que toda buena educación debe promover[874].

---

[872] Íd.
[873] Íd., pp. 43-44.
[874] Íd., p. 45.

El humanismo y la tolerancia son dos aspectos muy tenidos en cuenta por el supremo principio de justicia, que apunta a la personalización: "el humanismo se caracteriza por tener por meta el desarrollo de la personalidad"[875]. No preferirá el Trialismo clásico[876] al humanismo intervencionista, sino al abstencionista, que es aquel que "... exige que cada cual tenga una zona de libertad lo suficientemente amplia para poder convertirse dentro de ella en persona según su propia elección ..."[877]. Por otra parte, la tolerancia, "... tutela la libertad de enseñanza y de aprendizaje. Mientras que el clima de autoridad solo hace posibles convicciones de fe, el de tolerancia permite florecer tanto las convicciones de fe como las convicciones basadas en la razón[878]".

Tanto el Derecho como la Educación tienen que atender a "complejos", que atañen a la convivencia como al aprendizaje, en suma, a "... la comprensión del hombre como persona total[879]".

4.2. Siguiendo con la línea compleja, al referirse al aprendizaje, Carl Rogers sostiene que "... no consiste en un simple aumento de conocimientos sino que entreteje cada aspecto de la existencia del individuo"[880]. Palabras clave son aquí "entretejer" y "aspectos". La primera hace referencia a aquello que está tejido junto[881], significado de la complejidad, y los aspectos son precisamente esas dimensiones que hay que relacionar, entretejer juntamente. Lo cual se da en el Trialismo.

---

[875] Goldschmidt, *Introducción...*, cit., p. 440.
[876] Llamo Trialismo clásico al formado por su creador, Werner Goldschmidt y su discípulo Miguel Ángel Ciuro Caldani. Cuando me refiera al Trialismo originario haré referencia al del creador solamente.
[877] Goldschmidt, *Introducción...*, cit., p. 440.
[878] Íd., p. 445.
[879] Guzmán y Hernández Rojas, op. cit., p. 45.
[880] Íd., p. 46.
[881] Ver cap. 1, punto 22.

4.3. Con respecto al papel del maestro, el humanismo apunta a que "... la obtención de nuevos conocimientos recupere su sentido lúdico, placentero y libertario. La sugerencia es crear una atmósfera de total respeto y apoyo a la curiosidad, la duda, valorar la búsqueda personalizada de los conocimientos"[882]. En consonancia con el respeto a la diversidad, el humanismo se basa en que "... todos los alumnos son diferentes y los ayuda a ser más como ellos mismos y menos como los demás[883]". Este es el verdadero concepto de la igualdad, que cada uno pueda ser como uno mismo, y que todos tengan esta posibilidad. En el mismo sentido, Goldschmidt califica al humanismo como conteniendo en sí la igualdad de todos los hombres y el respeto a la unicidad: "pese a la igualdad de todos, cada cual tiene unicidad y el derecho a que se le reconozca esa unicidad[884]". La valorización del acuerdo, que el Trialismo propone, es importante en el ámbito educativo porque constituye "... un mediador entre las exigencias propias de una institución educativa y la completa libertad del alumno[885]". Además, fortalece el compromiso en la participación de una causa que le es propia al sujeto. Todo lo cual proyecta el Trialismo al ámbito de la convivencia humana.

5. Otra corriente psicológica sostiene que "... la educación tiene el propósito primordial de contribuir a formar personalidades psicológicamente sanas [...] debe ayudar a que las personas estén libres de neurosis y represiones[886]". En este sentido, la norma jurídica, cual "super-yo", purifica del Derecho la realidad social y reprime la valoración, como componente perturbador del orden. El psicoanálisis

---

882 Guzmán y Hernández Rojas, op. cit., p. 47.
883 Íd., p. 48.
884 Goldschmidt, *Introducción...*, cit., p. 443.
885 Guzmán y Hernández Rojas, op. cit., p. 51.
886 Íd., p. 60.

aplicado a la educación sostiene que "... la principal tarea de la educación es auxiliar a que los individuos desarrollen el principio de realidad, para que sean capaces de diferenciar lo real de lo fantasioso[887]". En igual sentido dice Goldschmidt que "... sería lícito sostener que las leyes son de cierto modo una novela rosa comparada con la realidad social[888]". Esto significa que el jurista debe aterrizar y no volar permanentemente en el cielo de los conceptos legales. Luego agrega:

> La lectura de la literatura jurídica es de mayor garantía que la de la legislación, toda vez que los autores de categoría de libros de Derecho no se contentan con repetir la ley, sino que mencionan por lo menos también los mandamientos extralegales, así como el hecho del incumplimiento o de la caída en desuso de una ley[889].

5.1. Debería también tenerse en cuenta que el aprendizaje involucra procesos inconscientes; dicho de otro modo, hay cuestiones inconscientes que afectan el aprendizaje. En este sentido hay que enfrentar los miedos a lo desconocido, al nuevo conocimiento y a la pérdida de las creencias consolidadas. Para ello hay que romper con ideas preconcebidas, estereotipos y saber manejar la ansiedad provocada por la situación nueva, ya que hay una "... interdependencia de los factores afectivos y cognoscitivos en el proceso educacional[890]". Así como en el ámbito público el ciudadano debe recobrar el gusto o perder el miedo por la participación, para lograr un éxito constante en los asuntos colectivos, "el fin principal de la enseñanza

---

[887] Íd.
[888] Goldschmidt, *Introducción...*, cit., p. 14.
[889] Íd.
[890] Guzmán y Hernández Rojas, op. cit., pp. 61 y 62.

sería la búsqueda del placer y el gusto por aprender"[891].
En este sentido, nadie va a participar en aquello que no
está interesado.

5.2. No deben descuidarse los aportes de Jean Piaget y
la teoría genética, también "conocida como constructivista
en el sentido de que [...] el conocimiento no se adquiere
solamente por interiorización del entorno social [...] sino
que predomina la construcción realizada desde el interior por parte del sujeto[892]". Su relevancia pedagógica está
dada por el hecho de que "... debemos dejar de transmitir
conocimientos a los alumnos en formas preestablecidas
y [...] fomentar su propio proceso constructivo[893]". Aplicado al Derecho, habría que dar menos importancia a la
imposición derivada de la ley y fomentar las formas de
democracia semidirectas u otros mecanismos de participación ciudadana. Goldschmidt jerarquiza no solo el reparto
autónomo, el acuerdo, sino también la ejemplaridad, generadora de solidaridad entre los hombres. Dice Morin:

> ... la idea de que el progreso de la civilización se acompaña de
> un progreso de la barbarie es una idea totalmente aceptable si
> comprendemos un poco la complejidad del mundo histórico-
> social. Es cierto, por ejemplo, que en una civilización urbana que
> aporta tanto bienestar, tantos desarrollos técnicos y de otro tipo,
> la atomización de las relaciones humanas conduce a agresiones,
> a barbaries, a insensibilidades increíbles[894].

Concordantemente, "... el maestro debe reducir su
nivel de autoridad en la medida de lo posible, para que el
alumno no se sienta supeditado a lo que él dice, cuando
intente aprender[895]". La jerarquización del reparto autóno-

---

[891] Íd., p. 64.
[892] Íd., p. 73.
[893] Íd., p. 74.
[894] Morin, *Introducción al Pensamiento...*, cit., pp. 164.
[895] Guzmán y Hernández Rojas, op. cit., p. 76.

mo apunta al respeto al individuo mismo, a la creencia en que los hombres no dependen más que de sí mismos para solucionar sus problemas. Esta es la forma de solucionar flagelos como el clientelismo, la dádiva, el aprovechamiento de la situación de inferioridad del otro. Por ello, en el aprendizaje, el docente debe

> ... dejarlos que formulen sus propias explicaciones e hipótesis sobre los fenómenos [...]. Aunque sepamos que son erróneas, no hay que darles "la respuesta correcta" sino plantear la enseñanza para que ellos mismos se den cuenta y corrijan su razonamiento; de no hacerlo así [...] les impedimos pensar por sí mismos[896].

5.3. Otra relación de la teoría educativa analizada y el Derecho se encuentra en el aspecto problemático. Ya vimos que el interés forma parte del análisis jurídico y que el Trialismo lo llama potencia; y antes señalé la importancia de la jerarquización del problema, que engloba y está más allá de la norma. Porque ante una situación en la que no haya norma que regule el caso, el alumno debe darse "... cuenta de que existen varias soluciones para resolver un problema, [lo cual] agiliza el pensamiento y evita la rigidez mental que conlleva a suponer que el conocimiento es único e inmutable"[897]. No debemos olvidar que el alumno de hoy es el profesional de mañana. Si se considera que el Derecho no es solo la norma, conocimiento ya elaborado, entonces hay que desarrollar herramientas para razonar y así lograr una profundidad que solo evidencia la comprensión compleja.

6. Por último, Vygotsky "... se planteó la tarea de construir una psicología científica acorde con los planteamientos marxistas"[898]. Las enseñanzas del pedagogo soviético

---

[896] Íd., p. 77.
[897] Íd., p. 78.
[898] Íd., p. 92.

recuerdan el necesario basamento sociológico que deben
tener las normas jurídicas para ser eficaces. "No hay aprendizaje sin un nivel de desarrollo previo"[899]. El pedagogo es
famoso por su idea de que el docente trabaje en la zona
de desarrollo próximo del alumno para lograr el aprendizaje, es decir, aprovechar su conocimiento, para lograr más
conocimiento. *Mutatis mutandi*, no hay democracia, sin
un nivel educativo de la población acorde a las exigencias
que plantea la vida democrática. Ergo, ni la democracia es
puro procedimiento, ni la norma tiene funciones mágicas;
es decir, no transforma al pueblo en democrático, ni hace
funcionar las formas de democracia semidirectas por el
mero hecho de su formalización en la Constitución.

Con respecto al papel del docente, lo que puede tras-
polarse al ámbito jurídico es muy interesante y no requiere
mayor esfuerzo:

> El interés del profesor consiste en trasladar al educando de los
> niveles inferiores a los superiores de la zona, "prestando" un
> cierto grado necesario de consecuencia y la competencia cog-
> noscitiva, guiando con una sensibilidad muy fina, a partir de los
> desempeños alcanzados paulatinamente por los alumnos. [...]
> en paralelo con ese traspaso se logra la cesión de la responsabi-
> lidad y el control en el desempeño de la tarea o del contenido a
> aprender. Esto es, lo que el alumno al inicio no era capaz de rea-
> lizar o entender por sí solo y en cambio sí podía realizarlo con la
> ayuda del maestro [...] posteriormente es capaz de desarrollarlo
> o entenderlo por sí mismo[900].

Se trata de adoptar una relación recursiva: "l'idée
de suivre/guider la nature est une proposition complexe
récursive, qui nous dit de suivre la nature qui nous guide,
guider la nature que nous suivons, suivre en étant suivi,

---

[899] Íd.
[900] Íd., p. 95.

guider en étant guidé[901]". El Trialismo, al ser una teoría plenamente abarcativa de las dimensiones del Derecho, hace que ellas interactúen y funcionen cada una como soporte de las otras[902].

Como puede observarse, la integración no es un fenómeno aislado que se da a nivel de los países, cuyo ejemplo paradigmático es la Unión Europea, y más cerca nuestro el incipiente proceso integrador del Mercado Común del Sur (MERCOSUR). Lo que se da a nivel internacional, es una muestra de la necesidad de integración. En el ámbito epistemológico, las otrora aduanas del saber, son hoy fronteras naturales como ríos, que separan pero que a la vez unen, no costando atravesarlas para realizar estancias tal vez temporarias, para luego volver a la disciplina de origen. "Tampoco hay frontera precisa entre la psicología social y la antropología. Todas estas disciplinas comparten en gran medida un mismo interés por las interacciones humanas y los grupos humanos[903]". Concierto de disciplinas al cual deberíamos agregar el Derecho, al cual le ha llegado su turno de "integrar la integración". Como dice Morin: "... nosotros tenemos algo que está en marcha y que, yo pienso, va a ganar otros dominios científicos[904]". Semejante esfuerzo requiere la profundidad de un tema filosófico como el de los paradigmas.

---

901 Morin, *La Méthode 2...*, cit., p. 96. "La idea de seguir/guiar a la naturaleza es una proposición compleja recursiva, que nos dice de seguir a la naturaleza que nos guía, guiar a la naturaleza que seguimos, seguir siendo seguido, guiar siendo guiado [...]". Morin, *El Método 2...*, cit., p. 121.
902 Para ejemplos concretos ver los caps. 10 y 11.
903 Moscovici, op. cit., p. 20.
904 Morin, *Articular...*, op. cit., p. 93.

7

Los paradigmas, axiomas o *themotas*[905]

1. El tratamiento de los paradigmas nos sirve porque es una forma de entender la profundidad del cambio que implica para la ciencia jurídica el Trialismo. Si bien el cambio que propongo no es radical, característica asociada al "paradigma", ya que no planteo la adopción de la visión marxista del Derecho frente a un estado de situación liberal-democrático, la paradigmatología —como la llama Morin— ayudará a comprender el modelo distinto que aquí se propone. Por ello, más que revolución paradigmática, se verá al Trialismo como ciencia anormal, en el sentido kuhniano de cambio de las reglas que rigen en un momento determinado[906].

---

905 Sobre el tema ver tb. Galati, "Visión compleja...", cit.; Galati, "El Código Civil y Comercial de 2015 ante la complejidad del Derecho de la Salud", en "Cartapacio de Derecho", vol. 29, Azul, Facultad de Derecho, UNICEN, 2016, pp. 1-109; en https://bit.ly/2OWJaQA (14.3.2016); Galati, "Un cambio paradigmático en la salud. Consideraciones sociales de la ciencia jurídica a partir de la Ley Argentina de Derechos del Paciente", en *Eä. Revista de Humanidades Médicas & Estudios Sociales de la Ciencia y la Tecnología*, vol. 2, nº 3, abril 2011, Ciudad de Buenos Aires, ISO-CYTE/Instituto de Estudios en Salud, Sociedad, Ciencia y Tecnología, en https://bit.ly/2PtZucA (28.4.2011).

906 Kuhn, *La estructura...*, cit., p. 28. "La ciencia normal consiste en [...] una realización lograda mediante la ampliación del conocimiento de aquellos hechos que el paradigma muestra como particularmente reveladores, aumentando la extensión del acoplamiento entre esos hechos y las predicciones del paradigma [...]". Íd., p. 52. Ver también íd., pp. 68-79. Si se opone complejidad a simplicidad y se incluyen en estas categorías al Trialismo y a la Escuela Analítica respectivamente, esta tesis sí propone un cambio paradigmático.

2. Es importante distinguir en este tópico, siguiendo a Morin, entre paradigma, doctrina y técnica. Vale aquí señalar que

> ... le paradigme a valeur radicale d'orientation méthodologique, de schèmes fondamentaux de pensée, de préssupposés ou de croyances jouant un rôle clé, et porte ainsi en lui un pouvoir dominateur sur les théories. [...] recouvrant in extremis de façon vague l'adhésion collective des scientifiques à une vision du monde[907].

Decía Levi-Strauss que todo depende de los puntos de vista con que miremos. Por ejemplo, se puede observar con nuestra sola vista una gota de agua, con microscopio los microorganismos dentro de esa gota de agua y si dicho microscopio es más potente, se podrán observar los átomos que la componen[908]. En efecto, la paradigmatología importa para lograr mi propósito en el Derecho: que las mentes de los juristas abandonen la exclusión, la reducción, y abracen el pensamiento contradictorio, ambiguo, inclusor, en suma, complejo. Así, "... le mot Méthode éclaire progressivement son sens: il s'agit de la nécessaire réforme des principes mêmes de notre connaissance[909]".

---

[907] Morin, *La Méthode 4...*, cit., p. 212. "... el paradigma tiene valor radical de orientación metodológica, esquemas fundamentales de pensamiento, presupuestos o creencias que tienen un papel clave, por lo que lleva en sí un poder dominador sobre las teorías. [...] cubren de forma vaga la adhesión colectiva de los científicos a una visión del mundo". Morin, *El Método 4...*, cit., p. 217. Hay alguna semejanza con lo que Ian Hacking denomina "estilos de razonamiento". Ver "Style pour historiens et philosophes", en AA. VV., *L'histoire des sciences. Méthodes, styles et controverses*, coord. por Jean-François Braunstein, trad. por Vincent Guillin, Paris, Vrin, 2008, pp. 287-320.

[908] En el mismo sentido, Russell se pregunta si la textura de una mesa es la que vemos a simple vista, aparentemente pulida y lisa, o la que vemos con el microscopio, con asperezas, prominencias y depresiones. Russell, "Los problemas de la filosofía", en https://bit.ly/2BzTGeO (19.4.2003).

[909] Morin, *Mes démons*, cit., p. 50. "... la palabra Método ilumina progresivamente su sentido: se trata de la necesaria reforma de los principios mismos de nuestro conocimiento" (trad. del autor).

3. Como dice Ferrater, se trata de un saber previo a todas las ciencias[910]. De ahí que el paradigma se revela como la clave para la comprensión y asunción de las teorías. Precisamente, un límite del conocimiento, que es a la vez la posibilidad de conocimiento, consiste en considerar que

> ... toute théorie est incertaine, [...] parce qu'elle ne peut exclure la possibilité de réfutation par une nouvelle théorie, [...] [et] parce qu'elle repose sur des postulats indémontrables et des principes invérifiables, qui concernent la nature profonde du réel et la relation entre l'esprit et le réel[911].

4. La relación del paradigma con el axioma es clara: funda el axioma y se expresa a través de él[912]. Así, "... le paradigme institue les relations primordiales qui constituent les axiomes, déterminent les concepts, commandent les discours et/ou les théories. Il en organise l'organisation et il en génère la génération ou la régénération[913]". Según Morin, un axioma tendría un nivel menos general que el paradigma, en tanto este los produce y controla[914]. Es aque-

[910] Ferrater Mora, op. cit., t. A-D, p. 551, voz "ciencia".

[911] Morin, *La Méthode 3...*, cit., p. 224. "... toda teoría es incierta, [...] porque no puede excluir la posibilidad de refutación por una nueva teoría, [...] [y] porque reposa en postulados indemostrables y en principios inverificables, que conciernen a la naturaleza profunda de lo real y a la relación entre el espíritu y lo real". Morin, *El Método 3...*, cit., p. 242.

[912] Morin, *Les sept savoirs nécessaires à l'éducation du futur*, Paris, Seuil/UNESCO, 1999, https://bit.ly/2ByiSlK (19.1.2009), p. 9. Morin, *Los siete saberes necesarios para la educación del futuro*, trad. de Mercedes Vallejo-Gómez, París, UNESCO, 1999, en https://bit.ly/2NamHPh (18.9.2008), p. 8.

[913] Morin, *La Méthode 4...*, cit., p. 215. "... el paradigma instituye las relaciones primordiales que constituyen los axiomas, determinan los conceptos, rigen los discursos y/o las teorías. Organiza su organización y genera su generación o regeneración". Morin, *El Método 4...*, cit., p. 221.

[914] Morin, *La Méthode 4...*, cit., p. 216. (Morin, *El Método 4...*, cit., p. 221).

llo digno de ser estimado, creído o valorado[915]. Un axioma es, por ejemplo: "... el total es la suma de las partes ..."[916] y como tal, es una afirmación dogmática -indiscutible- de la cual se parte. Su contrario parecería el del tercio excluso, nutrido por el paradigma de exclusión[917]. Otro es el de que "nous ne devons reconnaître comme dignes de foi que les idées qui comportent l'idée que le réel résiste à l'idée[918]". Otro caso es el del axioma de justicia de Goldschmidt, que habla de la personalización y que se basa en la doctrina liberal. El axioma es una "proposición tan clara y evidente que se admite sin necesidad de demostración"[919]. La admisión del axioma sin demostración alude a su carácter filosófico, es decir, primero, esencial, fundamental. Su seguimiento llama más a la argumentación sobre su validez que a su demostración, generalmente asociada a lo empírico, un criterio entre tantos otros. También se lo define como "cada uno de los principios fundamentales e indemostrables sobre los que se construye una teoría"[920], caracterización que alude a lo básico, al pilar de las teorías. Así, "... il y a un inconcevable à partir de quoi émerge le concevable..."[921].

5. El principio de demostración no se demuestra. Con esto quiero decir que para comprender por fuera de la complejidad a la complejidad, hay que comprender al axioma, aunque Morin desaxiomatiza a la complejidad, en

---

[915] Ferrater Mora, op. cit., t. A-D, p. 287, voz "axioma". Tb. se los caracteriza como indemostrables, evidentes, aceptados como verdaderos sin probar su validez. Íd., pp. 287-288.

[916] Asimov, op. cit., p. 19.

[917] Morin, *La Méthode 4...*, cit., p. 225. (Morin, *El Método 4...*, cit., p. 231).

[918] Morin, *La Méthode 4...*, cit., p. 245. "No debemos reconocer como dignas de fe sino a las ideas que comportan la idea de que lo real se resiste a la idea". Morin, *El Método 4...*, cit., p. 251.

[919] Ver www. rae.es (3.10.2007).

[920] Ver www.rae.es (3.10.2007).

[921] Morin, *Mes démons*, cit., p. 85. "... hay un inconcebible a partir del cual emerge lo concebible..." (trad. del autor).

alguna medida, al decir que es un desafío, la no receta. En efecto, "... me ubico en el punto de vista de la deficiencia congénita del conocimiento, porque acepto la contradicción y la incertidumbre; pero, al mismo tiempo, la conciencia de esta deficiencia me llama a luchar activamente contra la mutilación[922]". La asunción de la complejidad implicará entonces esta forma de ver los problemas científicos. Tan fundamental es la discusión acerca de los paradigmas que no se le podría aplicar, por ejemplo, la noción de falsación, en tanto ella misma es ya un paradigma centrado en el empirismo. "Le paradigme est 'non falsifiable' c'est-à-dire à l'abri de toute infirmation-vérification empirique, bien que les théories scientifiques qui en dépendent soient 'falsifiables'[923]".

6. En nuestro caso, uno de los axiomas de la complejidad es: "el conjunto es mayor que la suma de sus elementos" o el de la "contradicción/complementariedad". Como axiomas son juicios sintéticos *a priori*[924], de los que Kant predica que son los más valiosos para la marcha de la ciencia, en tanto amplían nuestro conocimiento del mundo[925] y son universales. El filósofo de Königsberg sostiene que son *a priori* en tanto son necesarios, no contienen conocimiento empírico[926] y son sintéticos, en tanto se captan intuitivamente[927]. También ayuda a entender al axioma

---

922 Morin, *Introducción al Pensamiento...*, cit., p. 144.

923 Morin, *La Méthode 4...*, cit., p. 216. "El paradigma 'no es falsable', es decir está fuera del alcance de cualquier invalidación-verificación empírica, aunque las teorías científicas que de él dependen sí son 'falsables'". Morin, *El Método 4...*, cit., p. 222.

924 "Las distinciones analítico/sintético se establecen según el predicado esté o no incluido en el sujeto. Corresponden a la distinción leibniziana entre 'verdades de razón' y 'verdades de hecho'". Moreno Muñoz, Miguel, "Historia de la Filosofía", "Kant", en https://bit.ly/2BvhRea (11.6.2005).

925 Kant, Immanuel, *Crítica de la razón pura*, trad. de José del Perojo y José Rovira Armengol, Buenos Aires, Losada, 2006, p. 182.

926 Íd., p. 180.

927 Íd., p. 181.

la característica que Kant da al juicio sintético, que es la de que no puede presentar ni error ni verdad[928]. Son "... reglas generales que constituyen la unidad en la síntesis de los fenómenos, reglas que pueden siempre demostrar su realidad objetiva y posibilidad en la experiencia, como condiciones necesarias[929]". Como este autor, Morin señala que lo que llamamos realidad es lo que percibimos gracias a nuestras estructuras mentales o *patterns* que organizan nuestra experiencia en el tiempo y espacio[930]: "formas puras de la intuición sensible[931]". Analizados desde el Pensamiento Complejo, esos juicios sintéticos *a priori* implicarían no solo una verdad que puede conocerse independientemente de la experiencia, que no exige comprobación, sino también con la experiencia, siguiendo la complementariedad moriniana. Serían una suerte de "juicios complejos"[932]. Por ello el Trialismo es una teoría compleja, porque incluye a sus contradictorios, validándose empírica y metafísicamente.

La organización del poder constitucional es un ejemplo del axioma de la complejidad relativo al todo y las partes. En este sentido, interesa lo que surge, no de la suma aislada de cada uno de los elementos, sino de las interrelaciones entre cada uno de ellos, ya que no funcionan aisladamente. La Corte surgida a partir de 2003 ha profundizado las interrelaciones, en tanto ha sugerido en algunas oportunidades que el Congreso y el Presidente promuevan determinadas iniciativas legislativas, como la relativa a la movilidad previsional en "Badaro", que generó la polémica

---

[928] Íd., p. 314.
[929] Íd., p. 315.
[930] Morin, *Epistemología...*, cit., p. 431.
[931] Ver Kant, *Crítica de la razón pura*, cit., esp. pp. 195-198.
[932] Es decir, aquellos que reúnen en sí las características de los juicios sintéticos *a priori* y también *a posteriori*; logrando una doble validación epistemológica: lógica y ontológica.

ley 26417. Toda inconstitucionalidad significa también un replanteo para los poderes partidarios de medidas y programas determinados. Con respecto al PL y el PE, el veto, la insistencia, las modificaciones, el voto de censura al Jefe de Gabinete, los pedidos de informes, las comisiones bicamerales, etc., implican relaciones que no compartimentan a los poderes. La interrelación es la clave del todo visto como emergente original, que no surgiría de la mera suma de las partes aisladamente consideradas. El axioma de la complejidad es cierto por su corrección formal y por su desarrollo en la realidad; es decir, es cierto lógica y ontológicamente. Lo propio ocurre con aquello de que el que tiene poder tiende a abusar de él.

7. El Derecho, como todos los fenómenos, debería ser percibido a partir de una primera impresión, de manera ingenua, es decir, como un todo, el cual no se reduce a sus partes, ni a la suma de estas, ya que el todo es más que la suma de sus partes. Es una unidad compleja. Uno de los fundadores de la Gestalt, Koffka[933], decía:

> ... la realidad no es un simple conjunto de hechos elementales, sino que consiste en unidades donde las partes no existen por sí mismas, donde cada parte apunta más allá de sí misma implicando un vasto todo. Los hechos y el significado cesan de ser dos conceptos pertenecientes a dominios diferentes, ya que un hecho es siempre un hecho dentro de un todo intrínsecamente coherente. [...] La solución debe venir del todo. [...] Se ha dicho: El todo es más que la suma de sus partes. Más correcto es decir que el todo es otra cosa que la suma de sus partes, porque la suma es un procedimiento sin sentido, mientras que la relación todo-parte está llena de sentido[934].

---

[933] Junto a Wertheimer y Köhler.
[934] Koffka, op. cit., pp. 210-211.

8. La Psicología de la Gestalt pone énfasis en cómo son organizados los elementos a fin de que podamos captarlos. Y en este sentido la noción de paradigma es clave, si se lo entiende a este como los anteojos con los cuales vemos la realidad. Depende de cuál usemos, así la captaremos: "... un paradigme est co-générateur du sentiment de réalité, puisque l'encadrage conceptuel et logique de ce qui est perçu comme réel relève de la détermination paradigmatique[935]".

9. Thomas Kuhn fundó la idea de paradigma como "principios organizadores del conocimiento, [...] [ya que] la ciencia no solamente crece, se transforma[936]". Esta idea va contra la clásica en ciencias —Popper[937], Bunge— que sostiene que hay progreso científico cuando se acumula más conocimiento. En efecto, "... la connaissance scientifique n'est pas pure et simple accumulation de savoirs, et [...] le mode de concevoir, formuler et organiser les théories scientifiques était commandé et contrôlé par des postulats ou présupposés occultes[938]". Por eso la Gestalt habla de la psicología de las formas, ya que todo depende de cómo organizamos, con qué forma, lo dado. Así, "... les choses de l'univers objectif ne prennent figure qu'en fonction de nos formes et structures cognitives bio-cérébrales, qu'en fonction de nos paradigmes, principes, catégories, théories, informations propres à notre moment de l'histoire

---

935 Morin, *La Méthode 4...*, cit., p. 217. "... un paradigma es cogenerador de la sensación de realidad ya que el enmarque conceptual y lógico de lo que es percibido como real depende de la determinación paradigmática". Morin, *El Método 4...*, cit., p. 222.

936 Morin, *Articular...*, cit., p. 59.

937 "... el problema central de la epistemología ha sido siempre, y sigue siéndolo, el del aumento del conocimiento". Popper, *La lógica...*, cit., p. 16. Ver también p. 19.

938 Morin, *La Méthode 4...*, cit., pp. 211-212. "... el conocimiento científico no es pura y simple acumulación de saberes, [...] el modo de concebir, formular y organizar las teorías científicas era regido y controlado por postulados o presupuestos ocultos". Morin, *El Método 4...*, cit., p. 217.

scientifique, culturelle et sociale[939]". También Morin señala muchas veces a la organización de la organización cuando se refiere a los paradigmas: "... défini dans son caractère nucléaire et génératif d'organisateur de l'organisation, on peut situer le concept de paradigme au gouvernail des principes de pensée et au cœur des systèmes d'idées, y compris [...] des théories scientifiques[940]". La importancia de la organización, de las formas, está dada por el ejemplo de las cinco flechas que pueden generarse a partir de cuatro, según cómo se las disponga. Separadas son cuatro flechas, pero juntas, generan una quinta. Feyerabend nos acerca el caso de tres círculos diferentes en cuanto a sus características accesorias, uno vacío, otro relleno de color gris y otro de color negro.

Una persona dijo que existía una relación entre ellos, ya que son similares en tanto tienen forma circular. Pero

---

939 Morin, *La Méthode 2...*, cit., p. 296. "... las cosas del universo objetivo no toman figura más que en función de nuestras estructuras cognitivas biocerebrales, en función de nuestros paradigmas, principios, categorías, teorías, informaciones propias de nuestro momento de la historia científica, cultural y social". Morin, *El Método 2...*, cit., pp. 344-345.

940 Morin, *La Méthode 4...*, cit., p. 216. "... definido en su carácter nuclear y generativo de organización de la organización, se puede situar el concepto de paradigma en la gobernalla de los principios de pensamiento y en el corazón de los sistemas de ideas, incluidos [...] los de las teorías científicas". Morin, *El Método 4...*, cit., p. 221.

> ... en algunas pruebas psicotécnicas que se efectuaron en los años treinta a un grupo de analfabetos de Uzbekistán, estos consideraron los tres dibujos como completamente diferentes entre sí [...] En el primer dibujo vieron una pulsera, en el segundo, la luna y en el tercero, una moneda[941].

Motta nos acerca el caso de las dos series de números ordenados:

    1 2 3 4 5 6 7 8 9
    5 4 2 9 8 6 7 3 1

Como se observa la primera secuencia está muy bien ordenada, pero la segunda parece desordenada o producto del azar. Sin embargo, la segunda secuencia puede también considerarse perfectamente ordenada, si el observador tiene la suficiente flexibilidad como para percibirlo, puesto que los números de la segunda secuencia se ordenaron según sus nombres en función del alfabeto castellano[942].

Ejemplo al cual pueden sumarse el de la imagen que proyecta la bella dama o la anciana; el vaso medio lleno o medio vacío. Cupiendo preguntarse qué es lo que nos hace seleccionar uno u otro aspecto de la imagen. La cultura en la que vivían los analfabetos, pero de la cual desconocían sus reglas y otros modos de vida, no les había transmitido las regularidades que a nosotros nos parecen tan naturales. "... esto era lo que mejor se adecuaba a su modo de vida"[943]. Más adelante dice Feyerabend:

---

[941] Feyerabend, *Diálogo...*, cit., p. 152.
[942] Motta, "Hacia una epistemología de la complejidad", en https://bit.ly/2MFZozV (6.7.2007).
[943] Feyerabend, *Diálogo...*, cit., p. 153.

... [no] tendría sentido hablar, en este caso, de "principios universales y objetivos del razonamiento". [...] se puede afirmar que son relaciones "objetivas", siempre y cuando se tenga en cuenta que hay implícita la elección de un cierto modo de vida y no un modelo Platónico[944].

En este sentido es que se concibe al paradigma como tipo organizativo. El kelsenianismo organizará los datos, con los que contamos todos, de manera de excluir, y cada referencia a los problemas de justicia los marginará de la ciencia jurídica. En lugar de hablar de "ciencia de la justicia", dirá que es un aspecto metafísico, indecible, que forma parte de la no-ciencia o pseudociencia.

Todos los estudiosos de los fenómenos cognitivos que implican creatividad y flexibilidad mental han considerado estas cuestiones. Las personas son más capaces de hallar respuestas creativas a los problemas que implican análisis y reestructuración del conjunto de datos en la medida en que mayor sea su posibilidad de contemplar un número considerable de alternativas, y de liberarse de los estereotipos perceptuales que, involuntariamente, cargamos desde la infancia. Casi todo descubrimiento o invento sensacional en la Historia ha tenido lugar en el afortunado *insight* de una mente lúcida[945].

10. Es así como la Psicología tiene que ver con el paradigma, porque este "... vise quelque chose de très radical, profondément immergé dans l'inconscient individuel et collectif, dont l'émergence toute récente et partielle à la pensée consciente est encore embrumée[946]". En efecto,

---

944 Íd., p. 154.
945 Díaz Marcos, op. cit.
946 Morin, *La Méthode 4*..., cit., p. 213. "... tiende a algo muy radical, profundamente inmerso en el inconsciente individual y colectivo, cuya emergencia totalmente nueva y parcial en el pensamiento consciente todavía es brumosa". Morin, *El Método 4*..., cit., p. 218.

"le paradigme est inconscient, mais il irrigue la pensée consciente, la contrôle et, dans ce sens, il est aussi sur-conscient[947]".

Esto significa que las disputas entre jusnaturalistas, juspositivistas, críticos y trialistas, dependen de cómo se organizan los datos provenientes de la realidad, los recortes que se hagan y las formas, más o menos rígidas que se les den. Claro que la captación de la alternativa no puede darse en esquemas rígidos. Por ello, el paradigma "contrôle de plus l'épistémologie qui contrôle la théorie, et il contrôle la pratique qui découle de la théorie [...][948]". En efecto, "no podemos separar el mundo que conocemos de las estructuras de nuestro conocimiento[949]".

11. Denis Wood demuestra esta unión entre nuestro conocimiento del mundo y la estructura con la que lo conocemos en ocasión de hablar del "poder de los mapas". Unos optan por poner el ecuador por el centro, el Atlántico en medio y el Norte arriba. Otros centran su atención en el impacto humano, utilizando imágenes provistas de noche, con lo que se resaltan las ciudades y fuegos y se opacan los contornos de océanos y continentes[950]. Distinto es el modelo que muestra las anomalías del campo gravitatorio, en donde se prescinde de la superficie terrestre y se muestra la topografía del fondo oceánico, ilusión que se acrecienta por la iluminación de simas y valles[951]. Por ello, debemos tomar conciencia de que

_____

947 Morin, *La Méthode 4...*, cit., p. 215. "El paradigma es inconsciente, pero irriga el pensamiento consciente, lo controla y, en ese sentido, también es supracons-ciente". Morin, *El Método 4...*, cit., p. 221.

948 Morin, *La Méthode 4...*, cit., p. 213. "Controla además la epistemología que controla la teoría, y controla la práctica que se desprende de la teoría [...]". Morin, *El Método 4...*, cit., p. 218.

949 Morin, *Epistemología...*, cit., p. 432.

950 Wood, Denis, "Ciencia en imágenes: El poder de los mapas", en *Investigación y ciencia*, nº 202, Barcelona, Prensa científica, 1993, p. 54.

951 Íd., p. 55.

Los mapas han de ser explícitos por lo que toca a la elección [de] sus datos y la manera en que los representan. Deben declararse las distorsiones introducidas. Hay que educar a los usuarios sobre lo que pueden o no recibir de ellos[952].

Estas ideas son claves para comprender las "funciones" de los paradigmas, más allá de su validez. Por ello, dime qué paradigma eliges y te diré qué quieres resaltar...

Lo que realmente exige racionalidad, lo que la hace un bien y algo indispensable y le confiere su autoridad, no es su propia naturaleza, sino nuestra necesidad de ella tanto en la acción económica como doméstica, así como en el placer de la comprensión[953].

¿De dónde surge entonces, en el Derecho, esa necesidad furiosa de constante orden y uniformidad? ¿En base a qué modelo o patrón se establecerá dicha uniformidad? ¿Hay algún modelo jurídico alternativo a la obediencia y la sumisión a lo 'legal'? Por ello, un paradigma es "... une association de concepts fondamentaux, capable de guider tout discours sur [quelque chose]. [...] un paradigme n'explique pas, il permet et oriente le discours explicatif [...][954]". Por ello resalto que el Trialismo es una doctrina jurídica del desenmascaramiento[955]; una teoría que permite la transparencia, y la crítica. Así, "... la pertinence et

---

[952] Íd., p. 55.

[953] García Amado, op. cit., p. 214.

[954] Morin, *La Méthode 2...*, cit., p. 354. "... una asociación de conceptos fundamentales capaz de guiar todo discurso sobre [algo]. [...] un paradigma no explica, permite y orienta al discurso explicativo". Morin, *El Método 2...*, cit., pp. 410-411.

[955] "... el propósito de dar única consideración a las normas, como lo indica la teoría 'pura' del Derecho, oculta juegos de intereses que a muchos nos importa —y mucho— estudiar y evaluar *en el marco jurídico*". Ciuro Caldani, *Metodología jurídica*, cit., p. 5.

le sens d'une conception se décident [...] au niveau de la conception de la conception[956]", es decir, en el nivel epistemológico.

12. En este sentido, el tiempo y el espacio han permanecido por siempre, ya que somos en ellos. Aunque la visión del científico puede ser distinta. Esto fue lo que ocurrió con Einstein en relación a Newton. Así, "... el paso básico que dio Einstein fue percibir un nuevo conjunto de diferencias esenciales, de las cuales surgió una nueva relación de similitud y por ende un nuevo orden de espacio y tiempo[957]".

13. El Trialismo, como doctrina jurídica, expresiva del paradigma de la complejidad, plantea una nueva forma de encarar el Derecho, integrando elementos que otras doctrinas excluyen. Ya que ellas se basan en paradigmas que tienen como premisa epistemológica básica la exclusión, la no contradicción.

> Le paradigme dispose d'un principe d'exclusion: le paradigme exclut non seulement les données et idées qui ne lui sont pas conformes, mais aussi les problèmes qu'il ne reconnaît pas. Ainsi, un paradigme de simplification (disjonction ou réduction) ne peut reconnaître l'existence du problème de la complexité[958].

---

[956] Morin, *La Méthode 3...*, cit., p. 187. "... la pertinencia y el sentido de una concepción [...] se deciden en el nivel de la concepción de la concepción". Morin, *El Método 3...*, cit., p. 204.

[957] Bohm, op. cit., p. 45.

[958] Morin, *La Méthode 4...*, cit., p. 217. "El paradigma dispone de un principio de exclusión: el paradigma excluye no solo los datos, enunciados e ideas que no sean conformes a él, sino también los problemas que no reconozca. De este modo, un paradigma de simplificación (disyunción o reducción) no puede reconocer la existencia del problema de la complejidad". Morin, *El Método 4...*, cit., p. 222.

Recuérdense los pseudoproblemas que menciona Russell[959] y lo pseudocientífico o metafísico que mencionan Popper[960] o Bunge. ¿Qué legitima ese afán demarcatorio, "discriminador" en las ciencias? Ya Julián Marías se ha encargado de señalar que la clarificación propuesta la ha hecho la Filosofía en todos los tiempos, cuando el pensamiento inglés la reduce a eso. Tampoco se tiene en cuenta el carácter filosófico de cualquier enunciado, incluidos los empíricos[961].

Todo se trata, en suma, de paradigmas, que: "... contient, pour tous discours s'effectuant sous son empire, les concepts fondamentaux ou les catégories maîtresses de l'intelligibilité en même temps que le type de relations logiques d'attraction/répulsion (conjonction, disjonction, implication ou autres) entre ces concepts ou catégories[962]".

14. Parecería que Morin realiza la declinación trialista del paradigma:

> Sémantiquement, le paradigme détermine l'intelligibilité et donne sens. Logiquement, il détermine les opérations logiques maîtresses. Idéo-logiquement, il est le principe premier d'association, élimination, sélection, qui détermine les conditions d'organisation des idées[963].

---

[959] Es común que autores como Moore o Russell denominen a los grandes debates filosóficos como portadores de falacias o confusiones, que dichos filósofos vendrían a aclarar. Ver Russell, "Los problemas...", cit.

[960] *La lógica...*, cit., pp. 33-38.

[961] Marías, Julián, *Historia de la Filosofía*, 33ª ed., Madrid, Revista de Occidente, 1981, pp. 390-391.

[962] Morin, *La Méthode 4...*, cit., p. 213. "... contiene, para cualquier discurso que se efectúe bajo su imperio, los conceptos fundamentales o las categorías rectoras de inteligibilidad al mismo tiempo que el tipo de relaciones lógicas de atracción/repulsión (conjunción, disyunción, implicación u otras) entre estos conceptos o categorías". Morin, *El Método 4...*, cit., p. 218.

[963] Morin, *La Méthode 4...*, cit., p. 213. "Semánticamente, el paradigma determina la inteligibilidad y da sentido. Lógicamente, determina las operaciones lógicas rectoras. Ideo-lógicamente, es el principio primero de asociación, eliminación, selección, que determina las condiciones de organización de las ideas". Morin, *El Método 4...*, cit., p. 218.

La dimensión sociológica, con el reparto y sus razones, más las categorías básicas causalidad y finalidad, y consecuencias[964], conllevan un sentido en la decisión repartidora. La dimensión normológica genera los instrumentos lógicos para clarificar e integrar el reparto del caso. Y la dimensión dikelógica implica el análisis valorativo que ideológicamente controla a las dimensiones anteriores. Como dice Morin, el primero sería un sentido generativo y el segundo organizativo[965]. Y agrego que el tercero sería ideológico.

15. A su turno, Newton también implicó con sus teorías un cambio fundamental con respecto a las ideas anteriores. Así, "... alguien debería haber empezado a sospechar que la diferencia entre la materia celeste y la terrenal no era fundamental. No obstante, por diversas razones (religiosas, políticas, psicológicas, etc.) esta noción tardó mucho en ser tomada en serio[966]". De manera que "... el desarrollo creativo de la ciencia depende en general de la percepción de la irrelevancia de un conjunto ya conocido de diferencias y similitudes fundamentales[967]".

16. El paradigma se asocia al mito, por el grado de profundidad con que graba a fuego sus esquemas organizadores de la materia y las ideas. El mito pone en juego todo el ser, cuestionándolo, de ahí que sea importante la intensidad con que es creído y vivido en cuanto a lo objetivo y lo real[968]. Morin señala la ambigüedad de su significado precisamente por lo radical a lo que alude y

---

[964] Sobre el tema ver Galati, "Consideraciones jurídico-sociales del aborto no punible. La autonomía del paciente frente al poder del profesional de la salud", en *RedBioética/UNESCO*, año 3, vol. 2, nº 6, pp. 47-62, Uruguay, 2012, en https://bit.ly/2vWWP38 (2.5.2013).

[965] Morin, *La Méthode 4...*, cit., p. 213. (Morin, *El Método 4...*, cit., p. 218).

[966] Bohm, op. cit., p. 46.

[967] Íd.

[968] Morin, *La Méthode 3...*, cit., p. 171. (Morin, *El Método 3...*, cit., p. 187).

lo profundo de sus características. Así, "... son ambiguïté
[...] nous renvoie à de multiples racines enchevêtrées (linguistiques, logiques, idéologiques, et, plus profondément
encore, cérébro-psychiques et socio-culturelles)[969]".

El mito también se caracteriza por su ambigüedad.
En esta perspectiva confrontan la normatividad y el valor,
tan incompatibles, pero tan complementarios y en muchos
casos *de facto*.

> La pensée mythologique est carencée si elle n'est pas capable
> d'acceder à l'objectivité. La pensée rationnelle est carencée si elle
> est aveugle au concret et à la subjectivité. [...] le mythe nourrit
> mais brouille la pensée; la logique contrôle mais atrophie la pen-
> sée. La pensée logique ne peut franchir l'obstacle de la contra-
> diction; la pensée mythologique le frachit trop bien[970].

En suma, "el pensamiento posibilita la integración de
la contradicción en un conjunto, en el que pueda continuar fermentando, sin perder su potencialidad destructiva e incluso su potencialidad constructiva[971]". Repárese en
los personajes entronizados como próceres o héroes, que
no por ello dejan de ser meros seres humanos y, como
tales, portadores también de miserias y bajezas. San Martín al descuidar su familia por liberar América, Eva Duarte
de Perón al luchar por los pobres, pero no siendo aus-
tera en su vestuario, y Sarmiento al luchar por la educa-

---

[969] Morin, *La Méthode 4...*, cit., p. 213. "... su ambigüedad [...] nos remite a múltiples
raíces enmarañadas (lingüísticas, lógicas, ideológicas y, aún más profundamente, cerebro-psíquicas y socioculturales)". Morin, *El Método 4...*, cit., p. 218.

[970] Morin, *La Méthode 3...*, cit., p. 175. "El pensamiento mitológico tiene carencias si
no es capaz de acceder a la objetividad. El pensamiento racional tiene carencias
si es ciego para con lo concreto y la subjetividad. [...] El mito nutre pero nubla al
pensamiento; la lógica controla pero atrofia al pensamiento. El pensamiento
lógico no puede franquear el obstáculo de la contradicción; el pensamiento
mitológico lo franquea demasiado bien". Morin, *El Método 3...*, cit., p. 190.

[971] Morin, Ciurana y Motta, op. cit., p. 28.

ción argentina pero despreciar a la cultura popular. Jean-Jacques Rousseau, tanto fomentó el desarrollo del niño y sin embargo envió a sus cinco hijos a un internado.

Haciendo explícita la opción por uno de los paradigmas en estudio, expresa Morin: "la pire pauvreté est non seulement celle d'un discours analogique privé de logique, mais aussi celle d'un discours purement logique, qui, devenu uniquement formel, est alors privé de concret et de complexité[972]".

17. Volviendo sobre la psicología de la forma, la idea principal de la Gestalt es que existen distintos principios organizativos de la percepción[973]. En estas ideas se ve la influencia de Kant. Son ejemplos de principios organizativos: "... l'*Ordre* dans les conceptions déterministes, la *Matière* dans les conceptions matérialistes, l'*Esprit* dans les conceptions spiritualistes, la *Structure* dans les conceptions structuralistes[974]".

18. En muchas de nuestras facultades, la intención de introducir el Trialismo, como idea a debatir, es muy difícil en tanto la ceguera paradigmática impide poder pensar en la posibilidad de incluir la justicia en el fenómeno jurídico. He aquí una posible explicación: "la ley gestáltica del equilibrio, referida a figuras claras, simétricas y armónicas, se denomina *Ley de la Praegnanz*. Afirma que la organización perceptual tiende a la mayor simplicidad

---

[972] Morin, *La Méthode 5...*, cit., p. 119. "La peor pobreza no es solo la de un discurso analógico privado de lógica, sino también la de un discurso puramente lógico que, al volverse únicamente formal, queda entonces privado de concreto y de complejidad". Morin, *El Método 5...*, cit., p. 118.

[973] Díaz Marcos, op. cit.

[974] Morin, *Les sept...*, cit., p. 8. "... el *Orden* en las concepciones deterministas, la *Materia* en las concepciones materialistas, el *Espíritu* en las concepciones espiritualistas, la *Estructura* en las concepciones estructuralistas". Morin, *Los siete...*, cit., p. 8.

posible[975]". Tendemos siempre a lo más cómodo a la mente. Esta idea rememora la famosa "navaja de Occam", según la cual, hay que explicar un tema con la menor cantidad posible de elementos, es decir, no hay que multiplicar los entes más allá de lo necesario. En suma, hay que simplificar: la mejor teoría es la más simple. Es la base del reduccionismo metodológico.

Aquí nuestra percepción, de forma espontánea y sin sugestión, ve las líneas en grupos de dos. Esta es una tendencia muy fuerte, lo cual se manifiesta cuando tratamos de formar grupos distintos con estas líneas. Puede formarse un solo par con dos líneas alejadas, pero resulta difícil ver el campo, en su totalidad, estructurado en pares de líneas alejados[976].

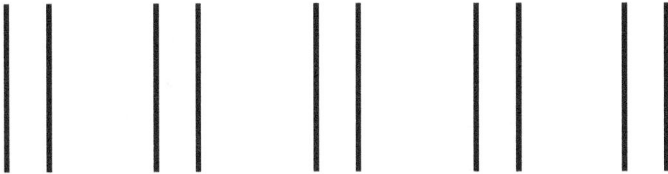

19. La totalidad que plantea el Trialismo es la totalidad de las dimensiones que componen el Derecho. No es casual entonces que la Gestalt critique una forma de pensar anterior:

L'économie cosmique, physique et politique se fondait sur une loi générale du moindre effort, du moindre détour d'un point à l'autre, du moindre coût d'une transformation à une autre. La vérité même

975 Díaz Marcos, op. cit. "... la organización psíquica será siempre tan 'buena' como lo permitan las condiciones dominantes. En esta definición, el término 'bueno' es ambiguo. Abarca propiedades tales como regularidad, simetría, simplicidad". Koffka, op. cit., p. 136.

976 Díaz Marcos, op. cit.; Heidbreder, op. cit., p. 258.

d'une théorie se juge toujours à son caractère économique par rapport à ses rivales, plus dépensières en concepts, postulats, théorèmes[977].

Esta caracterización explica por qué cuesta tanto que los juristas comprendan o adopten la complejidad del mundo jurídico. "La difficulté de penser de façon complexe est extrême. Plus l'esprit affronte la complexité, plus il doit lui-même complexifier son exercice, plus difficiles et multiples sont les combinaisons des différentes qualités qu'il doit mettre en œuvre[978]".

20. Otro ejemplo de la comodidad de nuestra mente se puede dar en lo que se llama la ley de semejanza:

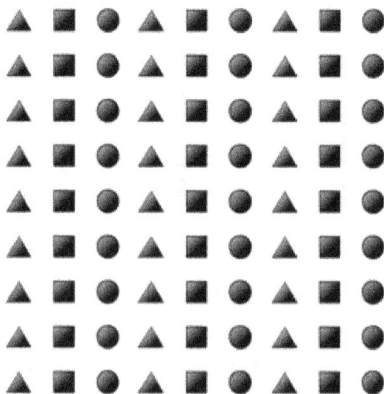

---

[977] Morin, *La Méthode 1...*, cit., p. 85. "La economía cósmica física y política se fundaba sobre una ley general del esfuerzo mínimo, del menor rodeo de un punto a otro, del menor coste de una transformación a otra. La verdad misma de una teoría se juzga siempre por su carácter económico con relación a sus rivales, más gastadoras en conceptos, postulados, teoremas". Morin, *El Método 1...*, cit., p. 106.

[978] Morin, *La Méthode 5...*, cit., p. 116. "La dificultad de pensar de forma compleja es extrema. Cuanto más enfrenta la complejidad la mente, más debe esta complejizar su ejercicio, más difíciles y múltiples son las combinaciones de las diferentes cualidades que debe poner en acción". Morin, *El Método 5...*, cit., p. 116.

La figura de arriba se ve más fácil como nueve columnas que como nueve filas horizontales. La percepción agrupa las figuras por su similitud de forma[979]. Esto es lo que ocurre con el mecanismo que emplea la ley y que luego dificulta la consideración del caso a través de la equidad; o la comprensión de la finalidad de la norma, más allá de su letra. Nótese también por qué cuesta tanto aceptar la contradicción del ser y el consiguiente antagonismo al interior del Trialismo; si se piensan a las tres leyes de la lógica como las que rigen el pensamiento.

21. Otro aspecto interesante que se da por ayuda de esta psicología es la ley de cierre: "... cuando la situación externa no está completamente 'formada', la reacción psicológica tiende a completarla[980]".

Aquí la percepción agrega líneas horizontales, verticales y diagonales para completar los cubos. Este principio se conoce también como *fenómeno de cierre*, y se manifiesta al activarse patrones cognitivos de figuras previamente conocidas (se relaciona con el *principio de familiaridad*). Obsérvese que el primer cubo resulta mucho más fácil de completar que el segundo. Pues, las líneas que cierran los trazos parciales de la segunda figura, rompen la continuidad que favorece al sistema organizador la emergencia del patrón conocido *cubo*[981].

---

[979] Díaz Marcos, op. cit.; Heidbreder, op. cit., p. 259. "... los grupos están determinados por la similaridad cualitativa de sus miembros". Ver también Koffka, op. cit., p. 199.

[980] Heidbreder, op. cit., p. 259.

[981] Díaz Marcos, op. cit.

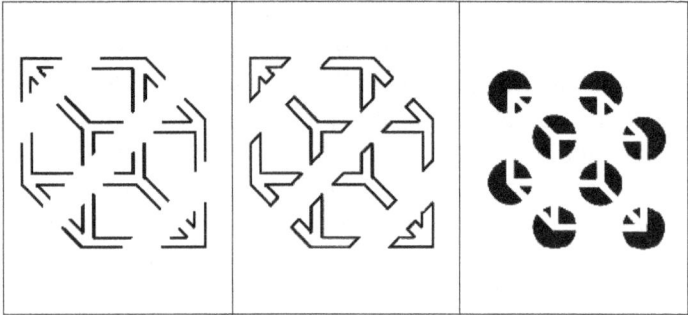

A lo cual podemos agregar la tercera figura, si pensamos en los círculos negros o en el cubo a completar.
Algo más familiar nos ocurre cuando leemos, en tanto
no necesitamos deletrear con la mente cada palabra para
seguir una lectura, ya que nuestra mente capta, a partir de
indicios de algunas letras, la palabra entera. Ocurre que
a veces, cuando no comprendemos lo que leímos y volvemos, caemos en la cuenta de que nuestro "cierre" fue
incorrecto. Esto es lo que ocurre en el Derecho con la ley,
al presumir que la realidad es uniforme como los enunciados que emplea para regular. Además, si hay problemas sin
soluciones legislativas, tenemos la tendencia de solucio-
narlos yendo a la ley, es decir, diciendo que si la conducta
no está prohibida, está permitida y citamos el art. 19 de
la CN. Pero puede encontrarse una conducta peligrosa no
prohibida y aunque nuestro "sentido común" no la admi-
tiría, simplemente por el hecho de no estar legalmente
prohibida, nuestro "sentido legal" la permite porque se nos
enseñó a respetar la ley y no la justicia.

22. En el ámbito educativo, es mucho más simple
reducir el Derecho a la ley, para profesores y alumnos, en
tanto los primeros tienen menos trabajo y los segundos
menos que estudiar. Pero este beneficio es un arma de
doble filo, en tanto los profesores podrán incluir en sus

cuestionamientos, elementos de las otras dimensiones, si es que pretenden que sus alumnos razonen. Porque los problemas que se presentarán al futuro abogado en su vida profesional incluyen aristas o aspectos de dichas dimensiones. Entonces, el profesor legalista que, no obstante, quiere que sus alumnos razonen, quebrará una idea fundamental de la Pedagogía que consiste en que los alumnos siempre deben estar prevenidos de los contenidos a evaluarse, como una suerte de principio de "tipicidad educativo"[982]. De ahí que una enseñanza verdaderamente reflexiva sea la que incluye al Trialismo[983]. Para los encargados del funcionamiento de las normas, la tarea se verá reducida también en tanto no tienen que dar fundamento de sus decisiones si solo exponen la norma en virtud de la cual, con sus palabras vagas y ambiguas, pueden decir casi todo. Expresa Goldschmidt:

> Los autores de normas, con el pretexto de la acientificidad de la justicia, se ven exentos de la obligación de justificarlas dikelógicamente. Ello les permite redactarlas con exclusiva preocupación política. Luego los aplicadores de normas, dada su esencial multivocidad, y de nuevo exentos del deber de justificar dikelógicamente su elección hermenéutica, tienen también la oportunidad de escoger la interpretación políticamente favorable de la que hacen uso con excesiva frecuencia.
>
> [...] el Positivismo Jurídico, al descartar la justicia, la cual obligaría al autor y al explicador de normas al menos a rendir cuentas de sus razones, [...], lejos de brindar seguridad jurídica que es ineludiblemente secuela de la justicia, abre las puertas a la más absoluta arbitrariedad[984].

---

982 Ver como la complejidad atraviesa a todos los despliegues del Derecho: educativo, investigativo, de extensión, de ejercicio abogadil, judicial, administrativo, etc.

983 Ver Galati, "La educación...", cit.

984 Goldschmidt, *Introducción...*, cit., p. 106.

23. Puedo aquí introducir mi experiencia de vida, ya que mi primera formación fue kelseniana. Mi fantasía, a la hora de toparme con "una cátedra distinta" —la trialista— era ver qué podía hacer un jurista con una norma injusta. Yo creía que la crítica debía encauzarse a través de la norma, es decir, la norma debía incluir a la justicia como controladora de las normas, es decir, pretendía resolver un problema filosófico-jurídico con herramientas "jurístico-normológicas". Solía tranquilizarme cuando descubría, por ejemplo, que el Preámbulo de la Constitución Federal hablaba de "afianzar la justicia", aunque el problema volvía cuando pensaba en la posibilidad de que alguna disposición constitucional fuera injusta. En suma, trataba de recurrir a los argumentos de los que hoy se vale el llamado positivismo incluyente. Así, "... los criterios para identificar las normas (existencia y contenido) pueden ser morales, dentro de los límites permitidos por la norma de reconocimiento[985]". Así,

> ... tales "estándares globales" [morales básicos] se encuentran en la Constitución. [...] la Constitución obliga directamente a los jueces. Esto significa que el juez [...] está obligado a considerar su decisión, en la perspectiva de ciertos estándares identificados por la propia Constitución[986].

---

[985] Serna, op. cit., p. 686. Para la regla de reconocimiento, ver Hart, H. L. A., *El concepto de Derecho*, trad. de Genaro Carrió, Buenos Aires, Abeledo-Perrot, 1961.

[986] Gizbert-Studnicki, Tomasz, y Pietrzykowski, Tomasz, "Positivismo blando y la distinción entre el derecho y la moral", en *Doxa...*, nº 27, Alicante, Depto. de Filosofía del Derecho, 2004, p. 66.

Sin embargo, ya Sagüés habla de los distintos techos ideológicos de la Constitución argentina: liberal, cristiano, social[987]; lo que revela una amplitud que hace temblar la seguridad jurídica.

24. En otra oportunidad, pude ya vivir en persona la disputa paradigmática. Exponía en una jornada sobre el valor justicia y la clásica disputa entre el objetivismo representado en el Derecho por el jusnaturalismo, y el relativismo de los valores representado en el Derecho por el positivismo jurídico. Al finalizar la ponencia recibí la "observación" de que la disputa en torno al jusnaturalismo y el juspositivismo era banal ya que se había tornado "abstracta", al haber sido resuelta por una norma, que decía que tales derechos naturales, eran los que se enunciaban en un tratado. Teniendo en consideración que se está ante una disputa de hondo contenido filosófico, su tratamiento debe apelar a argumentos relativos a causas primeras o principios últimos; términos estos con los que se define incluso a la mismísima Filosofía. Así, "... les idées, souvent plus têtus que les faits, résistent au déferlement des données et des preuves. Les faits effectivement se brisent contre les idées tant qu'il n'existe rien qui puisse autrement réorganiser l'expérience[988]". He aquí casos en donde los paradigmas funcionan seleccionando elementos definidores de los problemas y disputas clásicas. En el caso, lo que solucionaba la disputa era una "ley".

---

[987] *Elementos de Derecho Constitucional*, 3ª ed., Buenos Aires, Astrea, 1999, t. 1, pp. 62-63. Concluye con la cruda realidad: "en la práctica prevalecerá casi siempre la ideología del operador [...] de la constitución". Íd., p. 63.

[988] Morin, *La Méthode 1*..., cit., p. 21. "... las ideas, a menudo más testarudas que los hechos, resisten el embate de los datos y de las pruebas. Los hechos se estrellan efectivamente contra las ideas, mientras no exista nada que pueda reorganizar de otra manera la experiencia". Morin, *El Método 1*..., cit., p. 34.

A pesar de su intensidad y fuerza, no debemos claudicar en la lucha paradigmática, como nos lo recuerda Morin:

> ... à l'échelle des individus la connaissance n'évolue pas en même temps que l'expérience. Un individu conserve sa structure cognitive en dépit de la multiplication d'événements qui démentent la pertinence de cette structure [...] Un jour peut-être, sous le choc d'un événement mineur, ou sous l'effet tardif d'une idée-virus, ou encore après un travail inconscient, la structure cognitive de l'individu subit une mutation, sa croyance s'effondre et il se convertit à une tout autre croyance[989].

La norma actuó como filtro, no dejando ver más que aquello que los límites de su "paradigma" le permite. Cuando la realidad no plantea distinciones. "Los hechos y las teorías científicas no son categóricamente separables [...][990]". Al abogado no se le presentarán problemas sobre normas, sino conflictos de intereses referidos a la justicia. "Un paradigma es un tipo de relación lógica [...] entre un cierto número de nociones o categorías maestras. Un paradigma privilegia ciertas relaciones lógicas en detrimento de otras, y es por ello que un paradigma controla la lógica del discurso[991]". Estábamos posicionados desde paradigmas distintos. ¿Y qué ocurriría con los derechos naturales no incluidos en la norma? El jurista positivista, rendido

---

[989] Morin, *La Méthode 4...*, cit., p. 44. "... a escala de los individuos, el conocimiento no evoluciona al mismo tiempo que la experiencia. Un individuo conserva su estructura cognitiva a pesar de la multiplicación de eventos que desmienten la pertinencia de esta estructura [...]. Puede que un día, por el choque de un evento menor, o por el efecto tardío de una idea-virus, o incluso después de un trabajo inconsciente, la estructura cognitiva de un individuo experimente una mutación, su creencia se hunda y se convierta a una creencia muy distinta". Morin, *El Método 4...*, cit., p. 47.

[990] Kuhn, *La estructura...*, cit., p. 29.

[991] Morin, *Introducción al Pensamiento...*, cit., pp. 154-155.

ante la adversidad remitirá la cuestión a la Política, es decir, a la oportunidad y conveniencia, no a la justicia, al Poder Judicial.

> Nôtres esprit, inconsciemment, tend à sélectionner les souvenirs qui nous sont avantageux et à refouler, voire effacer, les défavorables [...] Il tend à déformer les souvenirs [...] Il y a parfois de faux souvenirs qu'on est persuadé avoir vécus, comme des souvenirs refoulés qu'on est persuadé n'avoir jamais vécus[992].

He aquí la base de algunos errores, necesitando la Epistemología de la Psicología. Recuérdese lo dicho acerca de la selección que todo paradigma efectúa.

> ... toute remémoration serait [...] une reconstruction holoscopique, mais, à la différence de la perceptive, la représentation du souvenir serait ressuscité par inter-computations de myriades de neurones à partir des inscriptions hologrammatiques.
>
> Si donc [...] on peut comprendre comment des engrammes voisins ou parents peuvent interférer et se confondre les uns avec les autres au moment de la remémoration, fournissant ainsi des souvenirs syncrétiques que nous croyons pourtant authentiquement fidèles[993].

---

[992] Morin, *Les sept...*, cit., p. 6. "Nuestra mente, de manera inconsciente, tiende a seleccionar los recuerdos que nos convienen y a rechazar, incluso a borrar, los desfavorables [...] También tiende a deformar los recuerdos [...] Existen a veces, falsos recuerdos con la persuasión de haberlos vivido y también recuerdos que rechazamos porque estamos persuadidos de no haberlos vivido jamás". Morin, *Los siete...*, cit., p. 6.

[993] Morin, *La Méthode 3...*, cit., p. 103. "... cualquier rememoración será, [...] una reconstrucción holoscópica, pero, a diferencia de la perceptiva, la representación del recuerdo sería resucitada por intercomputaciones de miríadas de neuronas a partir de las inscripciones hologramáticas. Así pues, [...] se puede comprender entonces cómo en el momento de la rememoración pueden interferir y confundirse entre sí engramas vecinos o emparentados, suministrando de este modo recuerdos sincréticos que sin embargo creemos auténticamente fieles". Morin, *El Método 3...*, cit., pp. 114-115.

25. De esta manera, la doctrina analítica, basada en el paradigma lógico-empírico o positivista, tendrá como herramienta de selección pre-lógica a la disociación, la disyunción, la exclusión. Mientras que la doctrina trialista apuntará a la conjunción, la síntesis. La primera doctrina será expresiva del paradigma de la simplificación y la segunda del paradigma de la complejidad. Es así como el discurso teórico es regido por el paradigma[994]. Sin llamar a estos modelos paradigmas, sino "estilos de razonamiento", Hacking dice con respecto a ellos: "Il y a l'insertion d'un nouveau style, qui peut alors être intégré avec un autre style, comme cela s'est passé avec le raisonnement algorismique et sa combinaison avec la pensé géométrique et postulationnelle[995]". Otro sinónimo de paradigma es lo que Gerard Holton llama *thêmata*: "... un seul et même 'thêma' généralisé puisse se manifester, sous des aspects différents, dans toutes les branches de la connaissance[996]". En referencia a la completud, todo elemento de la realidad jurídica, tiene que tener una contrapartida en la teoría jurídica y todos los operadores del Derecho, en algún momento de su vida profesional, han operado con realidad social y valores. Es imposible entonces, relegar el tratamiento del tema a otras disciplinas; las cuales pueden por otra parte, contribuir a la teoría jurídica, en tanto el saber, como el hombre, siempre es uno. La completud debe tener un paradigma que la refleje.

26. La armonía dependerá del punto de vista que se adopte sobre el Derecho y la justicia, en tanto lo que es armónico para un jusnaturalista puede no serlo para un

---

[994] Ver a Morin, *La Méthode 4...*, cit., p. 215. (Morin, *El Método 4...*, cit., p. 220).
[995] Hacking, "Style...", cit., p. 312. "Existe la inserción de un nuevo estilo, que puede integrarse con otro estilo, como ocurrió con el razonamiento algorítmico y su combinación con el pensamiento geométrico y postulacional" (trad. del autor).
[996] Nicolescu, *Nous, la particule et le monde*, Paris, Le Mail, 1985, p. 239.

positivista[997]. De ahí que si un positivista tuviera que analizar a la justicia, la consideraría en desarmonía con una teoría jurídica, en tanto es considerada "metafísica". Y un trialista consideraría "simple" toda posición que no *incluya* a la justicia. Coincidentemente dice Morin:

> ... le principe logique du tiers exclu est dominé paradigmatiquement par la souveraineté de la disjonction et par l'exclusion de toute conjonction ou implication possible qui ouvrirait une tierce hypothèse [...] Ainsi s'absolutise un paradigme de simplification; toute possibilité de conception complexe qui associerait deux propositions contraires est éliminée dans l'œuf[998].

27. Morin señala ejemplos de operaciones reduccionistas que realiza el paradigma de la simplificación:

> ... nous enjoint d'opter entre matière ou esprit, substance ou forme, continu ou discontinu, analyse ou synthèse, mécanique ou organique, déterminisme ou hasard, finalité ou causalité, unité ou pluralité, permanence ou changement, apparence ou essence, et chaque esprit élit le thème qui répond à sa libido intellectuelle. Le paradigme ne décide pas du thème, mais il décide de l'alternative, et exclut toute tierce possibilité[999].

---

[997] Ciuro Caldani, *El Derecho Universal...*, cit., p. 81.

[998] Morin, *La Méthode 4...*, cit., p. 215. "... el principio lógico del tercio excluso es dominado paradigmáticamente por la soberanía de la disyunción y por la exclusión de cualquier conjunción o implicación posible que abriera una tercera hipótesis [...]. Así se absolutiza un paradigma de simplificación; cualquier posibilidad de concepción compleja que asociara dos proposiciones contrarias es eliminada de raíz". Morin, *El Método 4...*, cit., p. 220. Esto se relaciona con lo que señalo a la hora de hablar del "debilitamiento de la lógica clásica". Ver cap. 3 del tomo 2.

[999] Morin, *La Méthode 4...*, cit., p. 216. "... nos conmina a optar entre materia o espíritu, sustancia o forma, continuo o discontinuo, análisis o síntesis, mecánico u orgánico, determinismo o azar, finalidad o causalidad, unidad o pluralidad, permanencia o cambio, apariencia o esencia, y cada cual elige el tema que responde a su líbido intelectual. El paradigma no decide el tema, pero decide la alternativa y excluye cualquier tercera posibilidad". Morin, *El Método 4...*, cit., p. 221.

De manera que así puede entenderse cómo la Escuela
Analítica elige entre norma y valor y demoniza al valor
descalificándolo[1000]. De esta manera, por ejemplo, ante un
problema biojurídico como el aborto, el paradigma de simplificación que nutre a la Escuela Analítica, decide optar
por la norma, eliminando la posibilidad de crítica y de
apoyo a un sujeto autónomo y crítico. Lo curioso es que
ni siquiera se aceptan los abortos no punibles permitidos
por la ley, como el terapéutico y el sentimental. Lo que
se explica en función de la influencia de las concepciones
religiosas católicas en los juristas y médicos[1001]. Un paradigma complejo analizaría la realidad social de las abor-
tantes y valoraría la autonomía que poseen y desvaloraría
el sometimiento que no merecen; permitiéndose incluso
el aborto voluntario, que no está legalmente habilitado. La
ley no admite dimensiones que la contradigan, ni desde el
ángulo sociológico, ni desde el dikelógico.

28. Aquel deseo mío importaba un ansia de captar
lo complejo, de comprenderlo, de integrarlo a la norma.
Muchos profesionales del Derecho no pueden impedir
estas ansias y la conmoción que genera una injusticia. La
fuerza de semejantes experiencias terminan "explotando"
y se canalizan por los medios que permite el sistema a

[1000] "... si [...] una ciencia del derecho debe considerar su objeto a la vez como norma, como hecho y como valor, el tema se vuelve mucho más vidrioso. Cada uno
de esos puntos de vista es distinto de los otros, porque se dirige a examinar una
'realidad' diferente: la empírica, la normativa y la axiológica. Los métodos para
tal examen son diversos y en ciertos aspectos se hallan sujetos a grave controversia. [...] la realidad empírica goza de gran consenso y, aun en las partes en que
nos es desconocida, juzgamos teóricamente posible acceder a ella mediante la
observación. La realidad normativa es algo distinto, ya que no estamos todos de
acuerdo en llamarle realidad. El método que empleamos para analizarla es el
lógico, pero la lógica depende explícitamente de ciertos axiomas que hemos de
elegir por medios extralógicos. [...] la existencia de hechos morales enfrenta una
verdadera tormenta de opiniones: no todos aceptan que haya tales hechos [...]".
Guibourg, *Provocaciones...*, cit., p. 40.
[1001] Sobre el tema ver Galati, "Consideraciones...", cit.

través de hipótesis *ad hoc*, es decir, inventos que justifican lo que un férreo seguimiento del paradigma no permitiría. Incluso un positivista lógico como Popper manda no salvar a un sistema, sino elegir al más apto[1002]. Es decir, se trata de las deformaciones de las que habla Goldschmidt y en las que incurre Kelsen. "En réalisant à quel point le monde est complexe, nous vivons, en quelque sorte, une seconde naissance. A. Mohler[1003]". Porque es inevitable tener una visión de conjunto.

Köhler resumió la teoría de la Gestalt sobre la percepción en la siguiente afirmación:

> Nuestro punto de vista es que el organismo, en lugar de reaccionar a estímulos locales, responde a la pauta de los estímulos a los que se halla expuesto; y esta respuesta es un todo unitario, funcional, que constituye una experiencia, una escena sensorial más que un mosaico de sensaciones locales[1004].

Exhibiendo una de sus fuentes, dice Morin: "la *Gestalt* a insisté sur l'action de *champ* qui commande la formation de totalités non additives: le tout est différent de la somme des parties[1005]".

29. No es casualidad tampoco que Kelsen y Goldschmidt sean claros exponentes de estos paradigmas distintos, en tanto uno ha escrito *Teoría pura del Derecho*, a fin de

---

1002 Popper, *La lógica...*, cit., p. 41.
1003 Morin, *La Méthode 2...*, cit., p. 355. "Al darnos cuenta de hasta qué punto es complejo el mundo, vivimos, de alguna forma, un segundo nacimiento. A. Mohler". Morin, *El Método 2...*, cit., p. 412.
1004 Díaz Marcos, op. cit. "Una acción instintiva [...] no es una cadena de reflejos; no es una mera sucesión de actividades parciales, sino un proceso continuo, un todo unificado, en el que cada actividad parcial está determinada no solo por su predecesora inmediata, sino también por la actividad total y por cada fase de la actividad total, en particular por la naturaleza del acto que consuma el proceso". Heidbreder, op. cit., p. 262. Ver también el cap. 5, punto 24.3.
1005 Morin, *La Méthode 1...*, cit., p. 106. "La Gestalt ha insistido en la acción de campo que manda la formación de totalidades no aditivas: el todo es diferente de la suma de las partes [...]". Morin, *El Método 1...*, cit., p. 129.

expulsar del Derecho sus elementos "impuros": justicia y
realidad social, y *Teoría general del Derecho y del Estado*,
por un lado, y *¿Qué es la justicia?*, por el otro, como si
fueran elementos distintos. En tanto Goldschmidt ha escrito *La ciencia de la justicia (Dikelogía)*, evidenciando que
puede ser analizada científicamente; e *Introducción filosófica al Derecho*, cuyo subtítulo es *La Teoría Trialista del
mundo jurídico y sus horizontes*, mostrando la triplicidad
de elementos a incluir en el Derecho. Cuando se refiere a
la "Dikelogía", el jurista germano-español dice que "... se
quería ya desde la entrada indicar que la obra rechaza el
criterio de Kelsen de negar la cientificidad de esta materia.
Ella es, pues, un Anti-Kelsen[1006]".

30. Si efectivamente encontramos "lo jurídico" en la
práctica y puede existir falta de correspondencia entre lo
que la normatividad dice y lo que la realidad social muestra, ¿por qué no estudiarlo y mostrarlo? Es evidente que
el rol que se adjudica a los hombres en cuanto a lo jurídico varía según cuál sea la doctrina que adoptemos. Dice
Guibourg: "... los juristas toman a su cargo [...] proponer a
los organismos estatales un modelo ordenado de sus propios criterios de aplicación de la ley[1007]". Esta idea parte de
considerar que el jurista es un autómata que aplica y que
quien tiene el poder de decisión es el gobernante; ergo
aquel no participa en la elaboración del Derecho[1008]. Por
ello, también proponen un curso de "Interpretación de la
ley"[1009] y otro de "Teoría General del Derecho" en la Universidad de Buenos Aires (UBA); aunque este último debería
llamarse "Teoría General de las Normas". Así, "... el análisis

---

1006 Goldschmidt, "Trialismo...", cit., p. 788.
1007 Guibourg, *Provocaciones...*, cit., p. 132. Uno de sus cursos en la Maestría en Filo-
     sofía del Derecho que se desarrolla en la Facultad de Derecho de la UBA se llama
     "Aplicación analítica del Derecho".
1008 Ver cap. 3 del tomo 2.
1009 Ver cap. 2 del tomo 2.

jurídico sirve para poner de resalto el conflicto y para *proponer* soluciones alternativas[1010]." No sirve entonces para tomar decisiones.

31. Luego, Guibourg señala abiertamente el conflicto entre los paradigmas ínsitos en el Trialismo y la Escuela Analítica.

> ¿Quién los ha convencido [a los juristas] de que desempeñan en la sociedad un papel mesiánico...? [...] tiene facultad, como cualquier ciudadano, para concebir y expresar sus propias ideas. Pero [...] una sociedad espera demasiado de sus juristas, jueces y abogados cuando aprende a esperar demasiado poco de sus gobernantes. En los sistemas políticos actuales, existe un mecanismo especialmente diseñado para facilitar el cumplimiento de las condiciones pragmáticas del ejercicio del poder: es la democracia, que permite a los ciudadanos guiar el rumbo de los gobernantes, controlar su gestión y hallar un fundamento razonable para el acatamiento[1011].

¿No es acaso el acatamiento, sometimiento lo que tiene que hallar fundamento? ¿Puede lograrse el control sin participación, con la mera delegación? ¿No se tratará de una democracia meramente nominal? El gran problema que se plantea al jurista es el de incluir o no esta temática en el Derecho. Lo cual no es una cuestión académica, sino de responsabilidad, ya que cambia el concepto de participación, de involucramiento. Se deja de esperar todo de los demás, sean funcionarios o gobernantes, y hay entonces producción de carencias —históricas o dikelógicas—; se desarrollan formas de democracia semidirecta; se da espacio para la participación comunitaria a través de, por ejemplo, las ONG; más activo será el papel de la costumbre y más respetuosos para con ella serán los encargados del funcionamiento de las normas. La violencia se

---

1010 Guibourg, *Provocaciones...*, cit., p. 132.
1011 Íd., pp. 132-133.

290 OTRA INTRODUCCIÓN AL PENSAMIENTO COMPLEJO

debe en gran medida a la injusticia, y en este sentido los juristas tienen mucho por hacer para eliminarla, siendo entonces responsables de lo que ocurra[1012]. Esta participación se planteó en el "Mayo francés[1013]". Al respecto, dice Morin al hablar de la relación entre ética y democracia: "la non-participation à la vie de la cité, en dépit du caractère démocratique des institutions, détermine un dépérissement démocratique. Il y a donc corrélativement dépérissement de démocratie et dépérissement de civisme[1014]". Esta participación se relaciona también con lo que digo a propósito del Trialismo[1015]. Tal como lo plantea Guibourg el problema es político, es decir, se apunta a definir el rol del ciudadano. Y así lo cree Morin aunque apuntando a mayor participación y control: "... le défi de la complexité du monde contemporain est un problème clé de la pensée, de l'éthique et de l'action politique[1016]". Coincidentemente con el Trialismo, señala luego Morin que no hay un lugar disciplinario para el pensamiento, a ubicarse en el concierto de las ciencias[1017]; de manera que solo piensen los cientistas políticos, sociólogos o filósofos. También algunos abogados piensan y todos deberían pensar. No solo los legisladores son los estrategas que piensan y consiguientemente elaboran normas, y los jueces y demás ciudadanos obedecen, respetando la "soberanía" del pueblo, verdadero mito, en sentido peyorativo. El pueblo se equivoca porque

---

1012 Ciuro Caldani, "El Trialismo y la conciencia filosófica en el hombre de Derecho", en *Revista del Colegio de Abogados de Rosario*, nº 4, Rosario, 1970, p. 117.
1013 Ver Galati, "El mayo francés...", cit.
1014 Morin, *La Méthode 6...*, cit., p. 188. "La no participación en la vida de la ciudad, a pesar del carácter democrático de las instituciones, determina un deterioro democrático. Hay pues correlativamente deterioro de democracia y deterioro de civismo". Morin, *El Método 6...*, cit., p. 166.
1015 Ver cap. 1 del tomo 4: "La dimensión práxica. El trialismo del trialismo".
1016 Morin, *La Méthode 6...*, cit., p. 197. "... el desafío de la complejidad del mundo contemporáneo es un problema clave del pensamiento, de la ética y de la acción política". Morin, *El Método 6...*, cit., p. 172.
1017 Morin y Kern, op. cit., p. 192.

está compuesto de seres humanos, y errar es de los hombres. El filósofo francés está también a favor de la democratización del derecho a pensar[1018].

32. Volviendo sobre la desunión que plantea la ciencia clásica de la responsabilidad y la acción, esto se traduce en la disyunción entre ciencia y técnica, lo cual influye en el papel que se le adjudicará al jurista, o sea, al científico.

> Las acusaciones al político por parte del científico se convierten de este modo en un medio para eludir la toma de conciencia, por parte del investigador, de las interacciones solidarias y complejas entre las esferas científicas, las esferas técnicas, las esferas sociológicas, las esferas políticas[1019].

Para no descargar toda la responsabilidad en el político, Morin expresa que no debe considerarse al investigador (jurista) un simple funcionario[1020], que ejecuta directivas diseñadas y elaboradas por otros.

33. Cada disciplina construye su objeto de acuerdo a sus necesidades. Y las necesidades son variadas en función de los faltantes: si al sujeto o al pueblo le faltan justicia, que su interés sea reconocido, muy difícilmente nos quedemos con el mero análisis de la normatividad. "La tesis se autentica por su total fidelidad al dato que tematiza. La tesis no construye una coherencia, sino encuentra una necesidad[1021]". En el caso de los juristas analíticos, es evidente su manifiesta confianza en los elaboradores de las normas:

[1018] Íd.
[1019] Morin, *Ciencia con conciencia*, trad. de Ana Sánchez, Barcelona, Anthropos, 1984, p. 90.
[1020] Íd., p. 91.
[1021] Cossio, Carlos, "La teoría egológica del Derecho. (Su problema y sus problemas)", en *La Ley*, t. 110, p. 1012.

... es absolutamente necesario fortificar los fundamentos del saber, aun cuando ello pueda significar sacrificar las alas y el vuelo de lo quimérico, cuando ese vuelo, no despreciable en la elaboración del edificio de la ciencia, pone en serio peligro la seguridad de los destinatarios últimos de la juricidad: los hombres, los receptores finales de la ciencia jurídica[1022].

Todo lo cual es elogiable, pero también es elogiable la eterna vigilancia, ante la posibilidad de equivocación por parte de quienes dicen ser nuestros custodios[1023], y nuestra capacidad de crítica y participación. El "sacrificio de las alas" es la mutilación del hombre, lo que implica decirle que se conforme y se resigne; nada más alejado de la humanidad y más cercano a un autómata, una máquina[1024]. Concordantemente con el pensamiento tridimensional de Cossio, dice Morin: "les développements du comportement peuvent être considérés comme autant de réponses à des manques de plus en plus nombreux, qui'accroissent les possibilités du comportement à les combler[1025]". Esto que parecería teórico, como no podría ser de otro modo, tiene un sustrato, su base física: "cette carence a suscité la dépendance première de l'animal au végétal, laquelle est à l'origine de la domination animale sur le végétal[1026]". Contundentemente señala Morin en "la vida de la vida" cuando habla del animal: "... le besoin va le mettre en

---

[1022] Álvarez Gardiol, *Derecho y realidad...*, cit., p. 142.
[1023] "Han pasado los tiempos en que era posible confiar en las reglas del derecho positivo o embelesarse con un derecho natural petrificado". Ciuro Caldani, "El Trialismo y la conciencia...", cit., p. 118.
[1024] Ver cap. 8, punto 29.
[1025] Morin, *La Méthode 3...*, cit., p. 54. "Los desarrollos del comportamiento pueden ser considerados como otras tantas respuestas a carencias cada vez más numerosas, que aumentan las posibilidades del conocimiento para colmarlas". Morin, *El Método 3...*, cit., p. 63.
[1026] Morin, *La Méthode 3...*, cit., p. 54. "Esta carencia ha suscitado la primera dependencia del animal respecto del vegetal, que se halla en el origen de la dominación animal sobre el vegetal". Morin, *El Método 3...*, cit., p. 63.

mouvement[1027]". No por casualidad al hablarse de los métodos en el Derecho se dirá con respecto al conservadurismo
que es afín al deductivismo[1028]. En otras palabras, quien
hace la norma estará a favor del *status quo* que dispone la
norma, que a su vez reparte en un sentido determinado,
y como el que parte y reparte siempre se queda con la
mejor parte, su necesidad será la de conservar el estado de
situación en cuestión. Por ello cabe preguntarse si muchos
de los que adoran las normas no serían comunistas, socialistas, de partidos de masas o de movimientos populares, si
se encontraran en una situación distinta de la clase media,
acomodada o alta.

Esta necesidad trae como consecuencia el nacimiento
de la teoría, de la cual debemos ayudarnos, pero también
cuidarnos. "Il est dans la logique organisatrice de tout système d'idées de résister à l'information qui ne lui convient
pas ou qu'il ne peut intégrer[1029]". Ahora se entiende el continuo aislacionismo del pensamiento analítico. Mientras
que la necesidad no sabe de lógica o normas, simplemente
existe, es algo inherente al género humano:

> ... à la différence de la tendance hermaphrodite qui s'épanuit
> dans les fleurs, c'est la tendance à la division rigide entre indivi-
> dus mâle et femelle qui prévaut chez les animaux supérieurs.
>
> Les manques, insuffisances, besoins se multiplient dans les
> organismes les plus évolués, au lieu de se combler. [...] Des
> perturbations écologiques (variations climatiques, disparitions
> d'espèces complémentaires, apparition d'espèces concurrentes
> ou antagonistes) provoquent de nouveaux manques, de nouve-
> lles insuffisances, à quoit il est vital d'inventer des réponses.

[1027] Morin, *La Méthode 2*..., cit., p. 208. "... la necesidad va a ponerlo en movimiento". Morin, *El Método 2*..., cit., p. 245.

[1028] Ver cap. 2 del tomo 2.

[1029] Morin, *Les sept*..., cit., p. 7. "Forma parte de la lógica organizadora de cualquier sistema de ideas el hecho de resistir a la información que no conviene o que no se puede integrar". Morin, *Los siete*..., cit., p. 6.

> [...] l'insuffisance de l'organisme par rapport à ses besoins tend à développer des comportements pour satisfaire ces besoins, tend donc à développer le système nerveux[1030].

34. Lo curioso es que las necesidades cambian de sujeto en sujeto, porque de hecho somos distintos. De ahí que debe tenerse conciencia de que, a la hora de juzgar a las teorías, "... ambas partes tendrán que decidir qué pruebas aceptarán como refutatorias, luego, podrá ponerse en marcha el 'proceso racional' de refutación. Pero dicha decisión implica elementos que no son ya racionales".[1031] En definitiva, el problema de la composición del fenómeno jurídico es filosófico[1032].

35. De la misma manera en que muchos docentes e integrantes de una institución como la Universidad se niegan a una reforma de la educación universitaria, uno de cuyos ejes es la instalación de la profesionalización docente, lo mismo ocurre en el ámbito disciplinar. Es decir, existe una negación a ampliar el concepto de Derecho, a sacarlo de las garras reductoras de la norma escrita. "Muchos de los docentes se instalaron en sus costumbres y sus soberanías disciplinares. [...] estos [...] como los lobos que orinan para marcar su territorio y muerden a los que allí entran"[1033]. El docente simple solo transmite

---

[1030] Morin, *La Méthode 2...*, cit., p. 212. "... a diferencia de la tendencia hermafrodita que se expande en las flores, en los animales superiores prevalece la tendencia a la división rígida entre individuos macho y hembra. Las escaseces, insuficiencias necesarias se multiplican en los organismos más evolucionados, en lugar de colmarse. [...] las perturbaciones ecológicas (variaciones climáticas, desaparición de especies complementarias, aparición de especies concurrentes o antagonistas, provocan nuevas escaseces, nuevas insuficiencias, para las que es vital inventar respuestas. [...] la insuficiencia del organismo en relación con sus necesidades tiende a desarrollar los comportamientos que satisfagan estas necesidades, tiende, pues, a desarrollar el sistema nervioso". Morin, *El Método 2...*, cit., p. 249.

[1031] Feyerabend, *Diálogo...*, cit., p. 66.

[1032] Ver cap. 7.

[1033] Morin, *La cabeza...*, cit., p. 104.

leyes; de lo contrario, "conocimientos claves" como los de las dimensiones sociológica y dikelógica le permitirían al alumno contar con herramientas para competir con el docente en el ejercicio de la abogacía. Otros solo transmiten leyes porque creen fervientemente que el Derecho es solo la ley. Para desempeñarse exitosamente, un buen abogado no solo es el que conoce leyes, sino la estrategia en la relación con conductas de personas, porque los jueces son personas, no papeles. Lo cual es de una elocuencia difícil de rebatir. Y en ese entramado de conductas, "l'important pour une organisation vivante n'est pas seulement de s'adapter, mais d'apprendre, d'inventer, de créer[1034]".

36. El paradigma positivista despliega sus influencias coherentemente a lo largo de todas las aristas de lo jurídico, retroalimentándose en cada uno de los actos de sus protagonistas. Se produce entonces lo que Morin llama el *imprinting*:

> ... terme que Konrad Lorentz a proposé pour rendre compte de la marque sans retour qu'imposent les premières expériences du jeune animal (comme chez l'oisillon, sortant de l'œuf, qui suit comme sa mère le premier être vivant passant à sa portée [...]. L'*imprinting* culturel marque les humains, dès la naissance, du sceau de la culture familiale d'abord, scolaire ensuite, puis se poursuit dans l'université ou la profession[1035].

[1034] Morin, *La Méthode 2...*, cit., p. 327. "Para una organización viviente, lo importante no solo es adaptarse, sino aprender, inventar, crear". Morin, *El Método 2...*, cit., p. 379.

[1035] Morin, *Les sept...*, cit., p. 10. "... término que Konrad Lorentz propuso para dar cuenta de la marca sin retorno que imponen las primeras experiencias del joven animal (como el pajarillo que saliendo del huevo toma al primer ser viviente a su alcance como madre [...]. El *imprinting* cultural marca los humanos desde su nacimiento, primero con el sello de la cultura familiar, luego con el del escolar, y después con la universidad o en el desempeño profesional". Morin, *Los siete...*, cit., p. 10. Ver también Morin, *La Méthode 4...*, cit., p. 26 (Morin, *El Método 4...*, cit., p. 28).

En nuestro caso, es difícil luchar contra el *imprinting*
del sometimiento: al maestro/profesor y su conocimiento, al padre, al sacerdote, al jefe/patrón en el trabajo, etc.
Con lo que el sometimiento a la ley es un mero eslabón más en esta "cadena cultural" del sometimiento. Debe
emprenderse una lucha paradigmática. Así, "... un paradigme maître est si profondément enraciné dans la réalité sociale-culturelle-noologique-psychique que les conditions de son dépérissement et de son remplacement néces-
sitent des grandes transformations sociales, culturelles, qui
elles-mêmes ne peuvent s'accomplir qu'avec le concours
d'une transformation paradigmatique[1036]".

37. El paradigma positivista es constitutivo de lo que
Morin señala: "... une burocratie, une puissance anonyme aliénant l'individu ..."[1037]. El positivismo, adorador del
hecho, como en sus orígenes, olvida al individuo; pero este
retoma su papel, encubierto, porque es imposible evitar la
participación del sujeto. Es allí donde sale a escena en el
Derecho la "voluntad de la ley" y lo que pretende ser objetivo no es más que un subjetivismo larvado. Precisando
aún más lo que propongo, el anarquismo sostiene: "... la
critique politique de la bureaucratie, cette recherche communiste qui se veut collectiviste, égalitaire, autogestionnai-
re et pour qui l'autorité est toujours déléguée et toujours
révocable[1038]". Como señala Morin, tratando de desmitificar

---

[1036] Morin, *La Méthode 4...*, cit., p. 234. "... un paradigma rector está tan profundamente enraizado en la realidad social-cultural-noológica-psíquica que las condiciones de su deterioro y sustitución necesitan grandes transformaciones
sociales, culturales que no pueden realizarse sin el concurso de una transformación paradigmática". Morin, *El Método 4...*, cit., p. 240.

[1037] Morin, "L'anarchisme en 1968", dans *Magazine littéraire*, n° 19, 1968,
https://bit.ly/2nSUQs7 (3.7.2007). "... una burocracia, un poder anónimo alie-
nante del individuo" (trad. del autor).

[1038] Íd. "... la crítica política de la burocracia, esta búsqueda comunista que se quiere
colectivista, igualitaria, autogestionaria y porque la autoridad sea siempre dele-
gada y siempre revocable" (trad. del autor).

al joven anarquista, este no se halla sometido al dogmatismo del partido oficial, marxista, trotskysta o maoísta; ellos no son prisioneros de marcos de pensamientos rígidos[1039]. Realiza el filósofo francés una observación a la corriente crítica de bases generalmente marxistas: "ils n'ont pas cette sorte de recherche obsessionnelle du défaut, de la carence, de la déviation. Ils sont considérablement plus ouverts[1040]". También hay que desmitificar el hecho de ver al anarquismo como sinónimo de desorden, caos, fin del mundo; sobre todo frente a la jerarquización epistemológica del caos. En efecto, cuando Morin condena la dominación a nivel biológico, señala: "... l'homme apportera de plus en plus à la fois sa domination et son contrôle dans les éco-systèmes, mais ceux-ci conservent encore une vertu organisatrice 'anarchiste' ou 'spontanée'[1041]". Lo cual podemos ver por las distintas vías de resistencia por las que se expresa la Tierra: inundaciones, calentamiento global, deshielos, terremotos, maremotos, etc. Lo cual obliga a los hombres a generar condiciones a fin de revertir su afán dominador. Por ejemplo, con el protocolo de Kyoto[1042], el acuerdo de París[1043].

38. Por otra parte, Morin señala que hay una ecología mental de las ideas, es decir, que todo depende de cómo es desarrollada una teoría en una mente, singular.

[1039] Íd.

[1040] Ibídem. "Ellos no tienen esta suerte de búsqueda obsesiva del error, de la carencia, de la desviación. Ellos son considerablemente más abiertos" (trad. del autor).

[1041] Morin, *La Méthode 2...*, cit., pp. 44-45. "... el hombre aportará cada vez más su dominación y su control a la vez en los ecosistemas, pero estos conservan todavía una virtud organizadora 'anarquista' o 'espontánea'". Morin, *El Método 2...*, cit., p. 63.

[1042] Sobre el tema ver Galati, "El Derecho Ambiental...", cit.

[1043] Ver https://bit.ly/2foaCGG (17.5.2016).

L'aristotélisme dans l'écologie mentale du christianisme médié-
val n'est pas l'aristotelisme de l'Académie d'Athènes: le marxisme
dans une écologie mentale libertaire ou ouverte vit de façon tout
à fait opposée au marxisme nourri par l'écologie mentale auto-
ritaire ou dogmatique. [...] *Les idées, les théories n'existent pas en
dehors de la vie mentale qui les anime*[1044].

Nótese entonces la importancia de los condicionantes, influyentes, o contexto de las teorías y de las normas
en este caso.

39. Este miedo a la libertad de los positivistas, que se
ve de manera clarísima en el llamado "positivismo blando",
se observa a la hora de calificar sus artículos de doctrina:
"How moral principles can enter into the law?"[1045] ¿Por qué
tiene que pedir permiso la justicia para ingresar en la ciencia jurídica? ¿Acaso estamos en presencia de una represión
académica que deba exorcizarse? Sería necesario entonces
psicoanalizar a los juristas[1046] y recalcar el hecho de que
su objeto no está claro, como en ciencia alguna. Al hablar
de Freud, Morin dice que él conoce las terribles fuerzas
que el sujeto encadena, amarradas por el super-yo, "... sabe
que la civilización es necesariamente represiva, que deriva de una represión [...] [y si] tuviera que formular una
política, esta sería doble: 'liberar y encadenar'[1047]". Por ello,
el Trialismo sabe contener en sí al ello y al super-yo, de

[1044] Morin, *La Méthode 2...*, cit., p. 85. "El aristotelismo en la ecología mental del
cristianismo medieval no es el aristotelismo de la Academia de Atenas. En una
ecología mental libertaria o abierta el Marxismo vive de manera totalmente
opuesta al Marxismo nutrido por la ecología mental autoritaria o dogmática. [...]
Las ideas, las teorías no existen fuera de la vida mental que las anima". Morin, *El
Método 2...*, cit., p. 109.
[1045] Kramer, Matthew, "How moral principles can enter into the law?", in *Legal
Theory*, edit. by Larry Alexander, Jules Coleman, and Brian Later, 13 vol., Cambridge University Press, 2000, vol. 6.
[1046] Ver cap. 3 del tomo 2.
[1047] Morin, *Introducción a una política...*, cit., p. 34.

manera que la Dikelogía puede ser la herramienta de liberación, si las cadenas de la normatividad son muy fuertes y opresivas.

¿Impulsa acaso el miedo a la libertad que implicaría enfrentarnos ante un objeto desconocido como la justicia o el temor a la libertad que ella nos daría de introducirse en el Derecho[1048]? Relacionando la libertad con la reflexión, puedo transferir dicho avance del hombre que marca Fromm al jurista que valorará. "En lugar de una acción instintiva predeterminada, el hombre debe valorar mentalmente diversos tipos de conducta posibles; empieza a pensar[1049]". La libertad nos da la posibilidad de pensar, de criticar lo establecido y de salir del marco cómodo y simple de soluciones que es la normatividad. "El acto de desobediencia, como acto de libertad, es el comienzo de la razón[1050]". Por ello, cuando Morin admite la contradicción

---

[1048] Ver Fromm, Erich, *El miedo a la libertad,* trad. de Gino Germani, 2ª ed., Buenos Aires, Paidós, 2005, esp. p. 42. El jurista debería pertenecer a él mismo. Ver íd., p. 44. "... la sumisión no es el único método para evitar la soledad y la angustia. Hay otro método, el único que es creador y no desemboca en un conflicto insoluble: *la relación espontánea hacia los hombres y la naturaleza,* relación que une al individuo con el mundo, sin privarlo de su individualidad". Íd., p. 48.

[1049] Íd., p. 51. Así como hay que liberarse de Dios y de la Iglesia para librarnos de la coerción, actualmente debemos liberarnos del Estado y reencontrar al hombre perdido, repensando la solidaridad. Ver también íd., p. 53. Es importante tener en cuenta, como lo señala Fromm, que la libertad no es un ente abstracto, sino que depende de condiciones, entre las cuales las económicas juegan un papel importante, ya que la opresión del capital coarta cualquier libertad. Ver íd., p. 56. Por eso propongo la protección del individuo del mercado. Ver tercera parte del tomo 3.

[1050] Íd., p. 52. "Les había prohibido expresamente que tocaran los frutos del árbol de la ciencia. Quería que el hombre, privado de toda conciencia de sí mismo, permaneciese un eterno animal, siempre de cuatro patas ante el dios eterno, su creador y su amo. Pero he aquí que llega Satanás, el eterno rebelde, el primer librepensador y el emancipador de los mundos. [...] lo emancipa e imprime sobre su frente el sello de la libertad y de la humanidad, impulsándolo a desobedecer y a comer del fruto de la ciencia". Bakunin, Mijail, *Dios y el Estado,* La Plata, Terramar, 2007, p. 12.

como característica del Pensamiento Complejo señala: "le risque de la contradiction demeure et demeurera: la pensée qui l'assume effectue un pari dangereux[1051]".

40. Como esta disputa trata en definitiva de paradigmas, se produce una de sus consecuencias que es la inconmensurabilidad, es decir, solo se ve con los lentes que proporciona el paradigma, es decir, dentro de los límites que él establece.

> On peut le voir à la lecture de la polémique Piaget/Chomsky [...], où les combattants étaient incapables d'intégrer dans leur système d'intelligibilité les arguments de leurs adversaires. [...] les difficultés de compréhension d'un système de pensée à un autre, [...] tiennent à l'intraductibilité et à l'incommunicabilité des paradigmes[1052].

El Trialismo concibe las relaciones entre las dimensiones y metodológica y epistemológicamente es la unión de las doctrinas que se consideran, ellas mismas, conceptualmente incompatibles: el realismo jurídico, el positivismo jurídico, el jusnaturalismo y la teoría crítica. En un sistema, el trialista, se suman los aportes más diversos, permitiendo redefinir aquello que Thomas Kuhn llama la inconmensurabilidad. La complejidad es el método que comprende la inconmensurabilidad y plantea el desafío de solucionarla. He aquí la pacífica convivencia de sistemas que considerados por ellos mismos son antinómicos, diversos; porque la tarea que nos plantea como desafío la complejidad es

---

[1051] Morin, *La Méthode 4...*, cit., p. 198. "El riesgo de la contradicción sigue y seguirá existiendo: el pensamiento que la sume efectúa una apuesta peligrosa". Morin, *El Método 4...*, cit., p. 203.

[1052] Morin, *La Méthode 4...*, cit., p. 218. "Esto se puede ver leyendo la polémica Piaget/Chomsky [...], en la que los combatientes eran incapaces de integrar en su sistema de inteligibilidad los argumentos de sus adversarios. [...] las dificultades de comprensión de un sistema de pensamiento a otro, [...] dependen de la intraducibilidad e incomunicabilidad de los paradigmas". Morin, *El Método 4...*, cit., p. 223.

la unidad en la diversidad. Eso es lo que creo lleva a cabo el Trialismo en el Derecho, que es el Pensamiento Complejo en lo jurídico.

41. Contrariamente a lo señalado por Popper, "bien que les théories scientifiques soient les seules à accepter la possibilité de leur réfutation, elles tendent à manifester cette résistance[1053]". Esta resistencia se observa en la perseverancia del normativismo. La comodidad del docente al enseñar se relaciona con la comodidad del objeto a transmitir. "Como las mentes en su mayoría están formadas según el molde de la especialización cerrada, la posibilidad de un conocimiento que vaya más allá de esta especialización les parece insensato"[1054]. Goldschmidt también condena la especialización[1055].

42. El ambiente social propicio para el desarrollo de una teoría compleja es el de una sociedad con graves problemas, ya que estos inconvenientes, irregularidades, injusticias, son síntomas de que los mismos no están siendo bien tratados y que se requiere una profundidad producto de una mirada multidimensional, capaz de lograr una perspectiva abierta. O puede darse una sociedad con necesidades básicas satisfechas, o población media conforme, lo que es síntoma de abordaje complejo de dichos problemas. Tampoco cabe olvidar a la complejidad, incluso en tiempos de bonanzas, en tanto estos pueden cambiar.

43. Más allá del resultado de la disputa, lo importante es tener en claro a los paradigmas para poder elegir, y elegir en todo momento, ya que las elecciones no nos atan.

1053 Morin, *Les sept...*, cit., p. 7. "Aunque las teorías científicas sean las únicas en aceptar la posibilidad de ser refutadas, tienden a manifestar esta resistencia". Morin, *Los siete...*, cit., p. 6.

1054 Morin, *La cabeza...*, cit., p. 104.

1055 Goldschmidt, "La universidad alemana", en *Justicia...*, cit., p. 529.

Nosotros deberíamos elegir a las ideas, no ellas a nosotros. No podemos escapar de la elección por un criterio, a pesar de un meta-paradigma o metacriterio que construyamos.

> ... la contemplation théorique de la vérité s'allie à la possession possèdée de cette vérité. [...] La composante pré-extatique et mystique se trouve, non dans la théorie elle-même, [...] mais dans l'adhésion à sa vérité. À la limite, l'extase (*ex-stasis*: être hors de soi) apparaît lorsque l'intensification du bonheur théorique transforme la contemplation en ravissement[1056].

Esta elección se basará en experiencias pasadas, proyecciones, temores, expectativas. "Il nous faudra aussi nous servir de notre pensée pour repenser notre structure de pensée[1057]". Sin descuidar una enseñanza más profunda:

> ... la science n'est pas le reflet de la réalité; c'est l'élaboration de théories sur la réalité qui gardent un caractère hypothétique. On peut [...] s'appuyer sur des faits certains, comme la certitude que nous avons de la rotation de la terre sur elle-même et autour du soleil; mais nous pouvons savoir qu'il y a quelques millions d'années, ce n'était pas la même vitesse [...]. Au total, aucune théorie scientifique ne peut se targuer d'avoir la certitude définitive et absolue[1058].

[1056] Morin, *La Méthode 3...*, cit., p. 133. "... la contemplación teórica de la verdad se alía con la posesión poseída de esta verdad. [...] El componente pre-extásico y místico no se encuentra en la teoría misma, [...] sino en la adhesión a su verdad. En el límite, el éxtasis (*ex-stasis*: estar fuera de sí) aparece cuando la intensificación de la felicidad teórica transforma la contemplación en arrebato". Morin, *El Método 3...*, cit., p. 146.

[1057] Morin, *La Méthode 1...*, cit., p. 21. "Necesitamos también servirnos de nuestro pensamiento para repensar nuestra estructura de pensamiento". Morin, *El Método 1...*, cit., p. 35.

[1058] Morin, "À propos...", cit., p. 6. "... la ciencia no es el reflejo de la realidad; es la elaboración de teorías sobre la realidad que guardan un carácter hipotético. Podemos [...] apoyarnos sobre hechos ciertos, como la certeza que tenemos de la rotación de la tierra sobre ella misma y alrededor del Sol; pero podemos saber que hace algunos millones de años, no era la misma velocidad [...]. En resumen, ninguna teoría científica puede hacer alarde de tener la certeza definitiva y absoluta" (trad. del autor).

44. Por ello, Morin resalta que debemos educarnos en el asombro, es decir, no sorprendernos de que estamos ante elecciones paradigmáticas: "... l'idée au départ scandaleuse et insensée devient normale et évident, puisque l'impossible trouve sa solution selon un nouveau principe et dans un nouveau système d'organisation des données phénoménales[1059]". Concordantemente señala Motta: "... ¿por qué si los hombres son los inventores de las ideologías llegan a dejarse conducir por ellas a tal punto que pareciera que las ideologías los inventan a ellos e incluso propenden a que se maten por ellas?"[1060].

45. Tiempo antes de Kant, tomando como referencia su obra *Crítica de la razón pura*, de 1781, Blaise Pascal (1670) decía que "... los conocimientos de los primeros principios: espacio, tiempo, movimiento, números, son tan firmes como los que nos dan nuestros razonamientos, y sobre esos conocimientos del corazón y del instinto es preciso que se apoye la razón y que fundamente todo su discurso"[1061]. Entonces, una teoría no solo debe tener en cuenta la "realidad", sino el observador y el instrumental de observación. Todo lo cual puede englobarse en el marco teórico que sirve de apoyo a la teorización/investigación. Es decir, los "lentes" con los que miramos la realidad, que pueden hacernos ver algunas cosas y ocultarnos otras, ya que pueden o no estar determinadas categorías que nos ayuden.

[1059] Morin, *La Méthode 1...*, cit., p. 20. "... la idea escandalosa e insensata en su principio se vuelve normal y evidente, puesto que lo imposible encuentra su solución según un nuevo principio y en un nuevo sistema de organización de los datos fenoménicos". Morin, *El Método 1...*, cit., p. 34.

[1060] Motta, "Hacia...", cit.

[1061] Pascal, Blaise, *Pensamientos*, trad. de J. Llansó, Barcelona, Altaya, 1993, p. 48.

Cada sistema de pensamiento es [...] responsabilidad del individuo que lo sustente; y más valdrá a ese individuo conocerlo
y revisar su consistencia, puesto que es el medio principal del
que dispone para desarrollar su vida, perseguir sus objetivos,
prevenir los peligros y disfrutar de aquello que le apetezca, así
como para forjar y emplear otros instrumentos que le faciliten
esos resultados. [...] quien tenga un sistema y crea que tiene otro
se engañará a sí mismo y se privará de su propio control racional;
quien tenga un sistema y diga que tiene otro engañará acaso a
los demás y se privará del control racional intersubjetivo[1062].

46. Lo importante es que

... la mejor manera de combatir los sesgos subjetivos no es
ocultando su existencia en el proceso de la investigación, sino
[...] haciéndolos absolutamente presentes y conscientes en todo
momento del proceso de investigación. Es la inmunología y no
la cirugía el método adecuado al tratamiento de los aspectos
subjetivos de todo relato de vida[1063].

47. Coincidentemente, señala Morin: "todos tenemos
una tendencia inconsciente a descartar de nuestro espíritu
lo que lo va a contradecir [...]. Vamos a tener una atención
selectiva hacia aquello que favorece a nuestra idea y una
inatención selectiva hacia aquello que la desfavorece"[1064].
Por ello, "ser conscientes de las ideas preconcebidas que
nos han estado condicionando sin que nos diéramos cuenta significa ser capaces de percibir y comprender el mundo
con nuevos ojos. Entonces podemos 'investigar' y explorar
lo desconocido[1065]". De allí el desafío de la complejidad...
Es inútil fingir objetividad donde no existe o no ha sido
resignificada.

1062 Guibourg, *Provocaciones...*, cit., p. 15.
1063 Saltalamacchia, op. cit., t. 3, p. 70.
1064 Morin, *Introducción al Pensamiento...*, cit., pp. 102.
1065 Bohm, op. cit., p. 81.

N'est-il pas décent, normal, sérieux que, lorsqu'il s'agit de science, de connaissance, de pensée, l'auteur s'efface derrière son œuvre, et s'évannouisse dans un discours devenu impersonnel? Nous devons au contraire savoir que c'est là que triomphe la comédie. Le sujet qui disparaît de son discours s'installe en fait à la Tour de Contrôle. En feignant de laisser place au soleil copernicien, il reconstitue un système de Ptolémée dont son esprit est le centre[1066].

48. Ahora bien, la inexorable opción se realizará entre el paradigma de la simplificación y el de la complejidad. Así, "... la complexité se situe, non seulement au niveau de l'observation des phénomènes et de l'élaboration de la théorie, mais à celui du principe ou paradigme[1067]". Y para sugestionar aún más al lector, podría agregar, con Morin, que "... cette extrême différence lui permet [au paradigme de la complexité] de comprendre et d'intégrer la simplification[1068]". Por ello, en el límite con la opción[1069], señala

---

[1066] Morin, *La Méthode 1...*, cit., p. 24. "¿No es decente, normal, serio que, cuando se trata de ciencia, de conocimiento, de pensamiento, el autor se eclipse detrás de su obra y se desvanezca en un discurso que se ha vuelto impersonal? Debemos, por el contrario, saber que es allí donde triunfa la comedia. El sujeto que desaparece de su discurso se instala de hecho en la torre de control. Fingiendo dejar sitio al Sol copernicano, reconstituye un sistema de Ptolomeo cuyo centro es su espíritu". Morin, *El Método 1...*, cit., p. 38. Además, "... tanto la lógica de Tarski como el teorema de Gödel nos dicen que ningún sistema es capaz de autoexplicarse totalmente a sí mismo ni de auto-probarse totalmente. [...] todo sistema de pensamiento está abierto y comporta una brecha, una laguna en su apertura misma. [...] el meta-punto de vista es posible solo si el observador-conceptualizador se integra en la observación y en la concepción". Morin, *Introducción al Pensamiento...*, cit., p. 109.

[1067] Morin, *La Méthode 1...*, cit., p. 382. "... la complejidad no solo se sitúa en el nivel de la observación de los fenómenos y de la elaboración de la teoría, sino al del principio o paradigma". Morin, *El Método 1...*, cit., p. 430.

[1068] Morin, *La Méthode 1...*, cit., p. 382. "... esta extrema diferencia le permite [al paradigma de la complejidad] comprender e integrar la simplificación". Morin, *El Método 1...*, cit., p. 430. Ver también *La Méthode 2...*, op. cit., p. 392. (*El Método 2...*, cit., p. 453).

[1069] Digo así porque es imposible que nos posicionemos por sobre nosotros, a fin de crear el metaparadigma, que incluya a todos los paradigmas. Aunque la complejidad es tal vez el paradigma más viable para dicha integración o metaanálisis.

Morin: "... es el Pensamiento Complejo quien debe vigilar el paradigma[1070]". De esta forma, al teorizar al paradigma, al sugerir la no receta como metodología de razonamiento, la complejidad no puede autoproclamarse como paradigma, que la limita en algún sentido y adopta la fluida y flexible categoría de *Pensamiento Complejo*.

Es interesante tener en cuenta una experiencia científica que desarrolló Köhler, para trasladarla al Derecho:

> El concepto clásico de *insight* se ilustra claramente en la observación de Köhler con el mono Sultán. Köhler situó una banana colgada del techo en el exterior de la jaula del chimpancé de modo que este no podía alcanzarla con un palo que tenía a su disposición ni subiéndose a una caja. El animal lo intentaba una y otra vez con ambos medios por separado, y después abandonaba la tarea desanimado. Pero de pronto se dirigía con decisión al palo y se subía a la caja de modo que alcanzaba la banana y la solución. Köhler asegura que Sultán experimentaba una súbita reorganización perceptiva de los elementos del problema, comprendiendo de pronto una relación nueva entre los elementos que conduce a la solución[1071].

Es imposible entonces que alcancemos una solución jurídica valiéndonos únicamente de la ley. Es necesario apoyarnos en el "banco" de la realidad social y guiar nuestra conducta con la ayuda del valor, a la vez que criticar nuestras anteriores decisiones que pueden ser desacertadas. Con un solo instrumento, que por otra parte es una herramienta (la lógica), nada podemos hacer; ya que hay

---

[1070] Morin, Ciurana y Motta, op. cit., p. 32.
[1071] "Teoría de la Gestalt", en https://bit.ly/2L7ZE64 (12.6.2007). "La comprensión es un modelamiento del campo perceptual realizado de tal modo que se evidencian las relaciones significativas [...] un animal discierne su problema cuando percibe una caja como algo sobre lo cual puede subirse y que puede colocar bajo el fruto que está suspendido fuera de su alcance; o cuando introduce dos cañas una dentro de otra, las ve constituir juntas una sola, lo suficientemente larga, para procurarle el fruto que con una no puede alcanzar". Heidbreder, op. cit., p. 263.

que dotarla de contenido y dirección. La marginación de la realidad social viene de la ciencia clásica, que aislaba los objetos de su entorno, a fin de analizarlos.

> ... el método experimental ha resultado estéril o perverso cuando hemos querido conocer a un animal por su comportamiento en el laboratorio y no en su medio natural, rodeado de sus congéneres. Así, el método del laboratorio ha sido incapaz de llegar a las constataciones capitales que se efectúan mediante la observación de los chimpancés en su ecosistema[1072].

49. En efecto, "todo lo que aísla un objeto destruye su realidad misma[1073]". Por ello, apunto a una reorganización de los elementos del Derecho, a fin de realizar un completo abordaje. Solo quien tenga conciencia de la realidad, de sus normas y de cómo valorar ambas, podrá hacer un acabado análisis jurídico. Expresa Morin, coincidentemente con el Trialismo y la Gestalt: "... les problèmes clés de la pensée et de la connaissance ne sont pas seulement d'objectivité et d'universalité, mais sont aussi des problèmes radicaux concernant l'organisation profonde de toute connaissance et de toute pensée[1074]".

Una uni-organización, que se da con la fuerza del *imprinting*[1075] en el Derecho, es la que tiene lugar con la ley, que marca a fuego la mentalidad del universitario, para luego bloquear su desempeño.

> Nos encontramos en cierto modo tutelados por un paradigma que nos obliga a tener una visión separada de las cosas; estamos acostumbrados a pensar en el individuo como en una entidad

---

1072 Morin, *Introducción a una política...*, cit., p. 142.
1073 Íd.
1074 Morin, *La Méthode 4...*, cit., p. 85. "... los problemas claves del pensamiento y el conocimiento no son únicamente de objetividad y universalidad, sino que son también problemas radicales relativos a la organización profunda de todo conocimiento y todo pensamiento". Morin, *El Método 4...*, cit., p. 92.
1075 Ver punto 36.

separada de su entorno y de su predisposición, estamos acos-
tumbrados a encerrar las cosas en sí mismas, como si no tuvie-
ran entorno[1076].

Es claro en este sentido cuánta coincidencia hay entre
Morin y el Trialismo, si se observa cómo sus dimensiones
hacen las veces del necesario entorno de la ley.

50. Debido a la conciencia e información paradigma-
tológica que tenemos que tener, para poder optar, crece
la importancia de la educación paradigmática, es decir,
en los paradigmas. Por otra parte, al tomar conciencia de
ellos, se posibilita el funcionamiento efectivo de la democracia, en donde es necesaria la superación de las posturas
sectoriales, la necesidad de la integración de las doctrinas
en cuestión —basadas en paradigmas—, o al menos su
armonía o justo vencimiento. Como decía Whitehead, "la
nouvelle mentalité est plus importante [...] que la nouvelle science [...]"[1077]. Precavidos sobre los distintos lenguajes
se operarán mejor las traducciones. "La communication
complexe, pour s'opérer de façon optimale, nécessite que
les interlocuteurs disposent du même savoir, participent
à la même vision du monde, obéissent à la même logique et à la même structure paradigmatique[1078]". Con este
señalamiento no pretendo que haya una única visión del
mundo para llevar a cabo una comunicación eficiente, sino
que tomemos conciencia de la existencia de esas distintas visiones a fin de mejorar la comunicación. Otras voces
también coinciden con la educación en los paradigmas:

[1076] Morin, *Introducción a una política...*, cit., p. 141.
[1077] Morin, *La Méthode 2...*, cit., p. 9. "La nueva mentalidad es más importante [...]
que la nueva ciencia". Morin, *El Método 2...*, cit., p. 23.
[1078] Morin, *La Méthode 1...*, cit., p. 349. "Para operar de forma óptima, la comunicación compleja necesita que los interlocutores dispongan del mismo saber, parti-
cipen de la misma visión del mundo, obedezcan a la misma lógica y a la misma
estructura paradigmática". Morin, *El Método 1...*, cit., p. 393.

Si lo conocido atrae (y retiene en una "fijación" de la verdad) justamente por ser terreno "conocido" bajo el aval de poderosas y "sagradas" tradiciones, al convertirlas en verdades absolutas hacemos de tales certidumbres las mayores barreras en la comprensión social mutua, y si queremos superarlas, el camino entonces es el educarnos y educar a nuestros hijos en la aventura del conocimiento[1079].

La educación en los paradigmas permitiría que pueda devenir consciente, por ejemplo, el carácter monstruoso de los actos de ciertos integrismos o fanatismos, muchos de los cuales son alimentados por la creencia en la obediencia a la voluntad divina que castiga al infiel[1080]. Esta conciencia es la que permitiría la liberación a través de la autocrítica por cada uno y por todos[1081].

51. Esta educación es la clave para el cambio. "La révolution paradigmatique dépend de conditions historiques, sociales et culturelles que nulle conscience ne saurait commander. [...] il faut changer les conditions socio-culturelles pour changer la conscience, mais il faut changer la conscience pour modifier les conditions socio-culturelles[1082]". Cuando Morin habla de las vías regeneradoras para lograr una ética altruista y comunitaria hace referencia a una reforma también en la ciencia, donde se efectúe asimismo una solidaridad entre las disciplinas, entre la ética y la ciencia, superando el reduccionismo y el determinismo

---

1079 Behncke, Rolph, "Al pie del árbol", prefacio a Maturana y Varela, cit., p. XV.
1080 Morin, *Mes démons*, cit., p. 110. Sobre el tema cabe hacer referencia a la desgraciada masacre de los periodistas franceses que trabajaban en el semanario parisimo Charlie Hebdo (www.charliehebdo.fr). Ver Teruggi, Marco, "Charlie Hebdo: aprender del fuego", del 9.1.2015, en https://bit.ly/1IgoZEl (21.1.2015).
1081 Íd., p. 114.
1082 Morin, *La Méthode 4...*, cit., p. 236. "La revolución paradigmática depende de condiciones históricas, sociales y culturales que ninguna conciencia podría mandar. [...] hay que cambiar las condiciones socioculturales para cambiar la conciencia, pero hay que cambiar la conciencia para modificar las condiciones socioculturales". Morin, *El Método 4...*, cit., p. 242. Ver también los caps. 2 y 3 del tomo 2.

físico, lo que configuraría una revolución. Hay que sumar
también la democratización del conocimiento, para que
todos tengamos acceso a él y seamos conscientes y parti-
cipativos de los problemas locales y globales. Se volverían
a comunicar la cultura científica y la de las humanidades,
lo que permitiría salir de la edad de hierro planetaria, de
la prehistoria de la mente humana[1083]. La idea de la articulación, la comunicación y la integración no son extrañas
al Trialismo.

52. Por otra parte, algo que puede extraerse de la
Gestalt es su diferenciación entre el estímulo distante y el
próximo. "El término estímulo se puede considerar desde dos acepciones: como las excitaciones provocadas por
los rayos de luz que parten del objeto (estímulos próximos) y como el objeto en su ámbito geográfico (estímulos
distantes)[1084]". El error del jurista es creer que el Derecho
se reduce a su estímulo próximo que estaría constituido
por la normatividad, descuidando la justicia, como pro-
motora del orden de repartos y controladora del mismo y
que serían los estímulos distantes. Por ello, lo importante
es el estímulo distante, que es el que posibilita distintos
estímulos próximos. O en su caso, el estímulo profundo.
Esto es la traducción científica de aquel refrán que dice
que el "árbol no deja ver el bosque" o que "lo esencial es
invisible a los ojos". "Esta comprensión de la complejidad
requiere un cambio muy profundo de nuestras estructuras mentales[1085]". Coincidentemente, se señala que "el juicio de compatibilidad es uno de los más complejos del

---

[1083] Morin, *La Méthode 6...*, cit., p. 222. (Morin, *El Método 6...*, cit., p. 194).
[1084] Díaz Marcos, op. cit.
[1085] Morin, *Introducción al Pensamiento...*, cit., p. 123.

proceso, exigente de una profunda comprensión jurídica[1086]". El Trialismo trata de compatibilizar sus distintos elementos, expresando su complejidad.

53. Actualmente se dan casos de "prestamos" de elementos entre distintos paradigmas[1087]. Si bien esta tesis no pretende ser catequista, en el sentido de evangelizar juristas, sí pretende ser una crítica y una proposición de un modelo de ver el Derecho que creo apto para la labor en un país que ha pasado, pasa y puede pasar por muchas injusticias. El ocultamiento teórico, típico en nuestro país, se da de la mano con la hipocresía cultural. Por ello, el Trialismo, al develar el reparto que corre paralela y subterráneamente a la norma, puede ser interesante para un jurista. Aunque la adopción de la Teoría Trialista puede no ser total, sí pueden tomarse algunos de sus elementos.

> Lo que sí sucede, y cada vez con mayor frecuencia, es la aceptación de la legitimidad de otros paradigmas y la posibilidad de tomar prestados elementos de ellos. Por ejemplo, la perspectiva del actor es uno de los componentes del paradigma constructivista/interpretativista que goza de la mayor preferencia de los positivistas cuando deciden combinar métodos, por ejemplo, encuestas con entrevistas[1088].

La tarea "quirúrgica" será difícil pero no imposible, en tanto si bien el Trialismo no reniega de la ley, de la normatividad en sentido amplio, es decir, afirma que ella integra, como dimensión, el todo constituido por el Derecho,

---

[1086] Ciuro Caldani, *El Derecho Universal...*, cit., p. 91. Ver también el cap. 14, punto 25.1.

[1087] Ver Alexy, Robert, "La justicia como corrección", trad. de Ana Inés Haquín, en *Doxa...*, cit., nº 26, 2003, pp. 161-171; "La naturaleza de la Filosofía del Derecho", trad. de Carlos Bernal Pulido, en *Doxa...*, cit., nº 26, 2003, pp. 147-159. Sobre su relación con el Trialismo ver a Dabove, María Isolina, Nawojczyk, Erika y Barbero, Dariel, "Werner Goldschmidt y Robert Alexy: *corsi e ricorsi* del integrativismo jurídico", en AA. VV., *Dos filosofías...*, op. cit., pp. 49-60.

[1088] Sautu, op. cit., p. 46. Ver también el punto 20 del cap. 5.

las interrelaciones que realiza con las otras dimensiones
son fundamentales a la teoría y hacen que esas otras dos
dimensiones se vean reflejadas en ella. Así como las otras
dos dimensiones también reflejan características de la normatividad[1089].

54. La opción que todo paradigma implica significa
mucho más que participación, también reflexión, toma de
conciencia.

> ... une prise de conscience est plus qu'une prise de connais-
> sance: c'est un acte réflexif mobilisant la conscience de soi et
> engageant le sujet à une réorganisation critique de sa connais-
> sance, voire à une remise en question de ses points de vue fon-
> damentaux[1090].

A lo cual hay que agregar la cuota de responsabilidad
que conlleva dicha opción: "... son corresponsables, [las
teorías sobre el Derecho] aunque tal vez de modo diverso
y en distinto grado, de la conformación última que el derecho asuma en la práctica[1091]". Por ello, pronunciarme por
el paradigma que permita la reflexión, ya me posiciona.
¿Podría alguien negar al ser humano la posibilidad *jurídica*
de que reflexione?

> ... la connaissance scientifique ne se connaît pas elle-même: elle
> ne connaît pas son rôle dans la société, elle ne connaît pas le
> sens de son devenir, elle ignore les notions de conscience et de

---

[1089] Ver los caps. 10 y 11. No corresponde al objeto de esta investigación averiguar
cómo podrían articularse por fuera de la propuesta trialista, las doctrinas jurídicas; por ejemplo, la realista —en el sentido del realismo jurídico— con la positivista lógica.

[1090] Morin, *La Méthode 3...*, cit., p. 192. "... una toma de conciencia es más que una
adquisición de conocimiento: es un acto reflexivo que moviliza a la conciencia
de sí y compromete al sujeto a una reorganización crítica de su conocimiento,
incluso a una nueva puesta en cuestión de sus puntos de vista fundamentales".
Morin, *El Método 3...*, cit., p. 209.

[1091] García Amado, op. cit., p. 202. Ver lo que resalto respecto de la conceptualización de la norma en la segunda parte del tomo 3.

subjectivité, et par là elle se prive du droit à la réflexion, qui suppose l'auto-observation d'un sujet conscient essayant de connaître sa connaissance[1092].

55. La renuncia a la reflexión, o su sinónimo, la obediencia ciega, es una premisa del paradigma positivista. Es así como puede verse la siguiente cita en un libro: "'el magistrado es la ley que habla, y la ley un magistrado mudo. Seamos esclavos de la ley para que podamos ser libres. Cicerón[1093]'". No se entiende cómo la esclavitud puede generar la libertad; salvo que se la entienda como libertad interior del esclavo; argumento espiritual difícilmente viable en estos tiempos. En suma, no puedo dejar de reconocer la influencia que ejerce en mí el paradigma de la complejidad.

El desenvolvimiento de la investigación exige superar paradigmas científicos obsoletos, a veces cerrados al ingreso de los datos de la realidad[1094], como ocurre por ejemplo en el Derecho, que es a menudo abordado con prescindencia de los datos que deben aportar las ciencias naturales y las ciencias sociales. Aunque parezca innecesario, importa destacar que hay que superar el memorismo y la obsecuencia intelectual[1095].

1092 Morin, *La Méthode 4...*, cit., p. 68. "... el conocimiento científico no se conoce a sí mismo: no conoce su papel en la sociedad, no conoce el sentido de su devenir, ignora las nociones de conciencia y de subjetividad, y con ello se priva del derecho a la reflexión, que supone la autoobservación de un sujeto consciente que intenta conocer su conocimiento". Morin, *El Método 4...*, cit., pp. 73-74. Ver también AA. VV., *Nuevos...*, cit.

1093 Cit. por Álvarez Gardiol, *Introducción...*, cit.

1094 Un trialista jamás titularía un libro incluyendo a las palabras "Derecho" y "realidad" separadas por la "y", ya que la realidad forma parte del Derecho. Al respecto ver Álvarez Gardiol, *Derecho y realidad...*, op. cit.

1095 Ciuro Caldani, "Notas sobre la investigación científica universitaria", en *Investigación...*, n° 28, Rosario, FIJ, 1997, p. 72.

56. Al fin, no hay receta y es imposible escapar a la incertidumbre, la carencia de un ojo de Dios, o un meta-paradigma que nos diga cuál es el paradigma acertado. Así, "... la connaissance [...] ne peut être un objet comme les autres, puisqu'elle est ce qui sert à connaître les autres objets et ce qui lui sert à se connaître elle-même[1096]". Por ello,

> ... dar una descripción científica, o, como tradicionalmente se piensa, "objetiva", de un fenómeno en que el propio investigador está involucrado pretendiendo que no lo está, es una flagrante contradicción conceptual, y como tal nos imposibilita adquirir tal conocimiento en tanto operar universal de la naturaleza humana[1097].

Por ejemplo,

> ... un biólogo explorando el funcionamiento del cerebro para dar cuenta de los fenómenos cognoscitivos, se encontrará con que su descripción del operar del cerebro será necesariamente incompleta si no muestra cómo surge en él, con su cerebro, la capacidad de hacer esas descripciones[1098].

Lo cual, traducido al Derecho, implica que no podemos sin más reducirlo al producto terminado de la normatividad y deviene necesario incluir los mecanismos de su producción, eminentemente sociales, y los mecanismos de crítica, eminentemente valorativos. La ciencia jurídica no puede reducirse a la ciencia legislativa y dejar de ser una ciencia de la naturaleza jurídica de esa humanidad. De lo contrario, el esfuerzo por fundamentar las exclusiones debería ser inmensamente grande.

[1096] Morin, *La Méthode 3...*, cit., p. 18. "... el conocimiento no puede ser un objeto como los demás ya que es lo que sirve para conocer a los demás objetos y lo que le sirve para conocerse a sí mismo". Morin, *El Método 3...*, cit., p. 26.

[1097] Behncke, op. cit., p. X.

[1098] Veríd., p. XIX.

... si pensamos en que el derecho se compone, en el sentido de que se produce como elaboración, tanto en la faena legislativa como en todos los otros modos de producción de normas [...], en el derecho que se realiza en cuanto a su cumplimiento espontáneo, [...] el que se comete en la infracción, en el incumplimiento que genera la consecuencia sancionadora del aparato coactivo del Estado [...] en cuanto búsqueda de la elaboración de métodos de investigación para la indagación de regularidades basadas en la observación directa de los fenómenos y hasta donde sea posible, en la medición exacta de los fenómenos sociales, es realidad[1099].

¿Puede una disciplina científica no tener contacto con la realidad a la cual hace referencia?

En otra ocasión, Álvarez Gardiol tampoco pudo resistir la influencia de la realidad social y con "forceps" dijo en referencia a la teoría de la argumentación, que "... las normas jurídicas deben ser las que son verdaderamente aplicables al caso a resolver, es decir, al conflicto de intereses puesto en evidencia en los hechos relevantes de la causa que se va a decidir[1100]". Señala Agustín Gordillo: "... la clave del buen funcionamiento de un sistema está no tanto en su texto como en los valores con los cuales los ciudadanos efectivamente se comporten[1101]".

Por otro lado, si bien un autor estadounidense considera que el objeto del Derecho está constituido por "... todos los aspectos del sistema social de reglas promulgadas y ejecutadas por los legítimos órganos de gobierno", más adelante describe los *aspectos* señalando que ello no es tan simple como a primera vista de la definición pareciera.

1099 Álvarez Gardiol, *Lecciones...*, cit., p. 131; y Álvarez Gardiol, *Derecho y realidad...*, cit., p. 147.
1100 Álvarez Gardiol, *Lecciones...*, cit., p. 204.
1101 Gordillo, *La administración...*, cit., p. 27.

Entre estos aspectos se encuentra incluida la determinación de qué constituye una regla legítima, cómo podrían responder [...] aquellos cuyo comportamiento se encuentra alcanzado por las mismas; [...] cómo influyen sobre la ley las cortes, [...] y las relaciones entre los métodos no gubernamentales de regulación [...] [que] afectan el comportamiento e interactúan con el sistema legal[1102].

En otro lugar señala que

... una vez que los realistas sugirieron que las consecuencias de una norma deberían formar parte de la evaluación del mérito de esa norma, resultó necesario hallar algún método para establecer cuáles son las consecuencias de una norma. Como resultado [...] el trabajo empírico se convirtió en una parte [...] del estudio académico del derecho[1103].

57. Las consecuencias de una norma son, en última instancia, las consecuencias del reparto que normar significa, es decir, proyectar beneficios (potencia) para unos y descuidos, olvidos, (impotencia), para otros. Dice García Amado: "... el derecho es un producto social que se constituye en el seno de la comunicación lingüística[1104]". De esta forma, "si el derecho es lo que se dice sobre el derecho, quien controla qué, dónde y bajo qué etiqueta puede decirse acerca del derecho está controlando el único ser posible del derecho, su ser social[1105]". Todos estos aspectos son estudiados por el Trialismo, sobre todo en la dimensión sociológica, que desnuda el reparto, sobre todo el reparto de normar. Pareciera que aquí se está haciendo referencia a algunos elementos del reparto: quién controla haría

---

[1102] Ulen, Thomas, "Un premio nóbel en la ciencia legal: teoría, trabajo empírico y el método científico en el estudio del derecho", trad. de Laura Giuliani, en *Academia...*, cit., n° 4, 2004, p. 88.

[1103] Íd., p. 97.

[1104] Op. cit., p. 194.

[1105] Íd., p. 200.

referencia a los repartidores, "bajo qué etiqueta" haría referencia al objeto del reparto, y "dónde" implica el contexto, es decir, los límites de los repartidores y la razonabilidad social que los envuelve. Es importante entonces tener en cuenta las categorías de la dimensión sociológica, los elementos del reparto, a fin de valorar luego a estos junto a la norma en sus "consecuencias".

> ¿Puede acaso pensarse que la "división de poderes" de Locke y Montesquieu, sostenida cuando el hombre se comunicaba por tracción a sangre y en las sociedades había mayor diversidad de clases que podían enfrentarse a través de los poderes, funciona con iguales resultados cuando el poder administrador tiene en su favor todo el peso de una asombrosa tecnología y la sociedad se divide en solo dos clases antagónicas que suelen excluirse en el mando?[1106]

El Trialismo también analiza las consecuencias de la aplicación de una norma a través de la equidad, en la justicia, en la incorporación de elementos de la teoría de la decisión, y en la finalidad y causalidad. Categorías a las que hay que agregar la de las "consecuencias"[1107]. Es necesario entonces un nuevo paradigma integrador y articulador en el Derecho.

58. Creer que el Derecho es norma implica que esas normas son creadas por hombres, que a su vez captan y regulan lo que ellos consideran como realidad y aplicando lo que ellos consideran que es el valor primordial, en contraposición a otro que consideran inactualizable en la ocasión de que se trate. Con el normativismo, las entidades metafísicas no afloran a la superficie o son ocultadas, pero están. Es simplemente una cuestión de grados. Ya Kuhn señala que el paradigma es no solo un criterio

---

[1106] Ciuro Caldani, *Derecho y Política...*, cit., p. 6.
[1107] Sobre el tema ver Galati, "Consideraciones...", cit.

para seleccionar problemas, que devienen los únicos, sino que también otros problemas son rechazados como metafísicos o como correspondientes a otra disciplina[1108]. Tal es lo que sucede con la justicia, extrañada en la Política. "Así pues, un paradigma puede incluso aislar a la comunidad de problemas importantes desde el punto de vista social[1109]". Ocurre lo mismo que basar la ciencia en la experiencia. Así, "... el conocimiento científico [...] quiere ser un conocimiento no trivial, que no busca a nivel de la espuma de los fenómenos, sino que busca lo invisible detrás del fenómeno. Bachelard decía: 'No hay otra ciencia que la de lo oculto[1110]'". Si se recuerda la imagen de las mamushkas rusas, hay que llegar hasta la última.

59. También es común en la metodología de la investigación recurrir a la triangulación a fin de confirmar la validez de las conclusiones sobre una investigación[1111]. En el campo de la Epistemología y el Derecho, contar con distintos lugares desde los cuales pueda observarse y comprenderse el fenómeno es crucial a fin de captarlo adecuadamente, comprenderlo y abarcarlo en su totalidad. Es necesaria una "triangulación epistemológica". Dice Morin cuando habla de los medios para luchar contra los límites del conocimiento que "... chacun des moyens de lutte contre erreurs, illusions, aveuglements se retourne contre lui-même s'il demeure seul utilisé[1112]".

[1108] Kuhn, *La estructura...*, cit., p. 71.
[1109] Íd.
[1110] Morin, *Introducción al Pensamiento...*, cit., p. 144.
[1111] "... la combinación en un estudio único de distintos métodos o fuentes de datos. [...] la triangulación suele ser concebida como un modo de protegerse de las tendencias del investigador y de confrontar y someter a control recíproco relatos de diferentes informantes". Taylor y Bogdan, op. cit., p. 92.
[1112] Morin, *La Méthode 3...*, cit., p. 228. "... cada uno de los medios para luchar contra errores, ilusiones, cegueras se vuelve contra sí mismo si sigue siendo utilizado él solo". Morin, *El Método 3...*, cit., p. 247.

60. Cuando en la ciencia jurídica se niega participación al valor y a aspectos sociológicos como la costumbre, ocurre algo similar a lo que sucede en la Filosofía de la Ciencia cuando los epistemólogos tratan como a-epistemológicas a las "condiciones de realización" de la ciencia, al contexto de descubrimiento, a la Política, la Sociología, la Psicología o la Economía en el estudio de la ciencia. Como es el caso de Mario Bunge: "... el contenido del conocimiento científico es axiológica y éticamente neutral[1113]". Por ello, luego dice que "... la filosofía explícita de los filósofos no tiene por qué coincidir con la involucrada en su producción científica[1114]". Morin ubicaría a este pensador en la corriente que considera que "... la science demeure intrinsèquement bonne, bienfaisante et morale; la technique est ambivalente, comme la langue d'Ésope; la politique, elle, est mauvaise, et les utilisations mauvaises des sciences sont dues à la politique[1115]".

Contrariamente al aislacionismo logicista en Epistemología, Morin nos dice: "... il est arbitraire d'isoler son objet de son contexte[1116]". Luego señala: "l'épistémologie complexe [...] se proposera d'examiner, non seulement les instruments de connaissance en eux-mêmes, mais aussi les conditions de production (neuro-cérébrales, socioculturelles) [...][1117]". En otra oportunidad expresa:

[1113] Bunge, *Ética...*, cit., p. 30. Ver también Bunge, *Epistemología...*, cit., pp. 34, 49.

[1114] Bunge, *Ética...*, cit., p. 32.

[1115] Morin, *La Méthode 6...*, cit., p. 86. "... la ciencia sigue siendo intrínsecamente buena, benefactora y moral; la técnica es ambivalente, como la lengua de Esopo; la política sí es mala, y las utilizaciones malas de la ciencia se deben a la política". Morin, *El Método 6...*, cit., p. 79.

[1116] Morin, "À propos...", cit., p. 3. "... es arbitrario aislar su objeto de contexto" (trad. del autor).

[1117] Morin, *La Méthode 3...*, cit., p. 23. "La epistemología compleja [...] se propondrá examinar no solo los instrumentos de conocimiento en sí mismos, sino también las condiciones de producción (neurocerebrales, socioculturales)". Morin, *El Método 3...*, cit., p. 32.

... l'acquisition d'une information, la découverte d'un savoir,
l'invention d'une idée peuvent modifier une culture, transformer
une société, changer le cours d'une histoire. La théorie physique de l'atome, élaborée dans un but de connaissance purement
désintéresée, a abouti à Hiroshima, Nagasaki, et aux centrales
nucléaires[1118].

61. El filósofo francés señala cómo el Pensamiento
Complejo puede concebir esta estrecha relación entre ética
y ciencia: "les esprits formés par un mode de connaissance
qui répudie la complexité, donc l'ambivalence, ne savent
concevoir l'ambivalence inhérente à l'activité scientifique,
où connaissance et manipulation sont les deux faces du
même processus[1119]". Quien no puede ver que la ciencia
manipula, es porque no puede reflexionar sobre los comportamientos humanos, y la reflexividad es inherente al
hombre, y a su costado o desarrollo jurídico. "De même,
elle ne peut penser la responsabilité: pour qu'il y ait responsabilité, il faut qu'il y ait un sujet conscient[1120]". Morin
tiene una obra en la que explicita la unión del valor con la
ciencia o el tratamiento del valor en la ciencia. Así, "... la
ciencia, en la concepción 'clásica' que rige todavía en nuestros días, pone en disyunción por principio hecho y valor,

---

[1118] Morin, *La Méthode 4...*, cit., pp. 22-23. "... la adquisición de una información, el
descubrimiento de un saber, la invención de una idea pueden modificar una
cultura, transformar una sociedad, cambiar el curso de una historia. La teoría
física del átomo, elaborada con el fin de un conocimiento puramente desintere-
sado, ha desembocado en Hiroshima, Nagasaki, y en las centrales nucleares".
Morin, *El Método 4...*, cit., p. 25.
[1119] Morin, *La Méthode 6...*, cit., p. 86. "Las mentes formadas por un modo de conocimiento que repudia la complejidad, por tanto la ambivalencia, no saben concebir la ambivalencia inherente a la actividad científica, en la que conocimiento
y manipulación son las dos caras del mismo proceso". Morin, *El Método 6...*, cit.,
p. 80.
[1120] Morin, *La Méthode 6...*, cit., p. 87. "Del mismo modo, no puede pensar la responsabilidad: para que haya responsabilidad es preciso que haya un sujeto
consciente". Morin, *El Método 6...*, cit., p. 80. Morin, *Ciencia...*, cit., p. 87.

es decir, elimina de su seno toda competencia ética[1121]". También expresa el filósofo francés que es necesaria la comunicación entre dichos ámbitos, lo que será posible a partir de un pensamiento capaz de reflexionar sobre los hechos a fin de organizarlos, y a partir de un pensamiento que sea capaz de concebir el enraizamiento de los valores en una cultura y sociedad[1122]. Desde otro ángulo, las antiguas diferencias entre ciencia y técnica se vuelven difíciles de contornear; sobre todo si se complementa la visión crítica con la visión moriniana relativa a la recursividad, en donde cada elemento retroactúa sobre el otro[1123]. En otras palabras, no corresponde aislar la técnica de la ciencia, de la industria y de la sociedad en la cual está inmersa[1124].

62. El filósofo francés expresa la importancia de la integración, de la solidaridad, de la complejidad, a fin de lograr una ciencia consciente.

> ... l'hyper-spécialisation contribue puissamment à la perte de la vision ou conception d'ensemble car les esprits enfermés dans leur discipline ne peuvent appréhender les solidarités qui unissent les connaissances entre elles. Une pensée aveugle au global ne peut saisir ce qui unit les éléments séparés[1125].

Coincidentemente, une, religa, solidariza en el Derecho, la Teoría Trialista del mundo jurídico, en tanto no se limita a conocer la normatividad, sino que se abre al estudio de sus condiciones de producción —dimensión

---

[1121] Íd.
[1122] Íd., p. 93.
[1123] Íd., p. 77.
[1124] Íd., pp. 77-78.
[1125] Morin, *La Méthode 6...*, cit., p. 88. "... la hiperespecialización contribuye poderosamente a la pérdida de visión o concepción de conjunto, pues las mentes encerradas en su disciplina no pueden aprehender las solidaridades que unen entre sí los conocimientos. Un pensamiento ciego para lo global no puede captar lo que une a los elementos separados". Morin, *El Método 6...*, cit., p. 81.

sociológica— y de sus condiciones de valoración, crítica —dimensión dikelógica—. El problema de la composición del Derecho es entonces un problema *filosófico*.

63. La complejidad nos puede dar alguna pauta, más solo alguna, relativa al metaparadigma jurídico ansiado. Ya que la contradicción que conlleva, elevada a criterio universal, permite la inclusión de todos, o al menos varios, en tanto siempre habrá dos personas que se contradigan o piensen distinto. Ya dije que el Trialismo permite incluir voces alternativas a la normativa. Ergo, un paradigma debería incluir a los contrarios para adquirir cierta validez[1126]. Aunque volvemos al perro que trata de morderse la cola..., es decir, "... la dificultad central del conocimiento humano, que está en reconocer su naturaleza circular, [...] el fenómeno de la tautología cognoscitiva[1127]". He aquí lo que llamo la melancolía por el paradigma árbitro; es decir, la tara congénita y sin remedio de todo científico o filósofo consistente en que no hay cura para la ausencia del paradigma que nos diga qué paradigma es el acertado[1128]. Así, "... en ce qui concerne les visions du monde, philosophies et théories, il n'est pas de principe de sélection, naturelle ou culturelle, en faveur de la vérité[1129]". En este sentido, es inevitable la "fe epistemológica"; y hablo de la "fe" en tanto es una decisión sobre la que no se sabe mucho qué es lo que la rodea, sus consecuencias, pero que hay que tomar; es una especie de salto al vacío. "Más allá de eso, nada es posible decir", decía Maturana en *Biology of cognition*[1130].

[1126] Ver lo que digo en el punto 48.

[1127] Behncke, op. cit., p. XI.

[1128] Salvo cuando el hombre, devenido creador de la nueva especie, inserte en su mente el programa que determine todos los otros programas.

[1129] Morin, *La Méthode 4...*, cit., p. 87. "... por lo que concierne a las visiones del mundo, filosofías y teorías, no existe un principio de selección, natural o cultural, en favor de la verdad". Morin, *El Método 4...*, cit., p. 94.

[1130] Cit. por Behncke, op. cit., p. XI.

Ciuro Caldani, no por casualidad, dándose cuenta de esto, propone para el más cuestionado de los elementos del Derecho, que no es al fin más que reflejo de los otros, la justicia, que se establezca por consenso. Tampoco por casualidad, Goldschmidt hace partes centrales de su teoría al reparto autónomo y la ejemplaridad, adjudicándoles preferencia ontológica y dikelógica; aunque se haya declarado objetivista en términos valorativos. Behncke, sobre la base de esta paradoja, recae en el consenso:

> ... la creación de consenso sobre el operar de nuestros procesos de aprendizaje social se visualiza como la única alternativa válida racional que nos va quedando para disminuir las tensiones sociales y revertir el proceso de desintegración de las sociedades modernas, llevando en cambio a estas últimas a una construcción social de colaboración mutua[1131].

64. Al final de lo cual reconoce la complejidad: "... solo **es posible discrepar sobre una base de consenso** [...] que posibilite el entendimiento entre nuestras complejas sociedades modernas tan interdependientes unas de otras[1132]". Es un canto a la democracia, mejor dicho, a la democracia epistemológica[1133]. Por ello, Morin no puede ocultar que el paso del paradigma religioso al positivista, a pesar de todo, constituye un progreso:

[1131] Íd., p. XIII.

[1132] Íd.

[1133] Ya se ha señalado también que hay una democracia a nivel cerebral, a pesar de que el cerebro fue el órgano que más fama tuvo de autoritario y mandón. "... il y a démocratie communautaire entre tous les constituants du cerveau, coopération inter-modulaire sans hiérarchie, en même temps que hiérarchies instables et rotatives entre les deux hémisphères, les trois instances, les deux faisceaux [...]". Morin, *La Méthode 3...*, cit., p. 97. "... hay democracia comunitaria entre todos los constituyentes del cerebro, cooperación intermodular sin jerarquía, al mismo tiempo que jerarquías inestables y rotativas entre los dos hemisferios, las tres instancias, las dos haces [...]". Morin, *El Método 3...*, cit., p. 108. Ver lo dicho sobre las desventajas de la democracia, como sustitutiva de la realidad, en el cap. 3 del tomo 2.

> ... la conception nouvelle devient respectable et respectée, s'institutionnalise, établit sa règle, voire son début de normalisation, dans sa sphère d'influence. Ainsi, la "mentalité scientifique", d'abord marginale et déviante, [...] s'est progressivement [...] autonomisée [...] et en deux siècles la science est devenue la nouvelle orthodoxie dans la connaissance du monde, mais une orthodoxie de type nouveau, puisqu'elle comporte en son sein le débat et le conflit d'idées[1134].

No olvidemos pensar en los que pueden y los que no pueden consensuar, lo que es evidentemente una cuestión previa al consenso; y que incluye la problemática económica, política, religiosa, etc.; es decir, volvemos al "círculo". Apunto entonces a una democracia epistemológica sin voto calificado y en donde todos puedan participar. Por ello, creo que el constructivismo[1135] que plantea Ciuro Caldani se aleja de la complejidad, precisamente por el peligro que acarrea su afinidad con el idealismo, es decir, sin tomar en cuenta las cuestiones previas a la construcción.

> Aunque somos realistas[1136], creemos que ante la dificultad para la demostración de cualquiera de las dos posiciones [realismo/idealismo] la cuestión puede ser dejada en suspenso. Adoptamos una posición "constructivista", en el sentido de establecer,

---

[1134] Morin, *La Méthode 4...*, cit., pp. 32-33. "... la concepción nueva se vuelve respetable y respetada, se institucionaliza, establece su regla, incluso su comienzo de normalización, en su esfera de influencia. De este modo, la 'mentalidad científica', en un principio marginal y desviante, [...] progresivamente se autonomizó [...] y, en dos siglos, la ciencia se ha convertido en la nueva ortodoxia del conocimiento del mundo, pero una ortodoxia de nuevo tipo, puesto que comporta en su seno el debate y el conflicto de ideas". Morin, *El Método 4...*, cit., p. 35.

[1135] Desarrollo una crítica compleja a esta postura en la tercera parte del tomo 3.

[1136] En un momento, Ciuro Caldani creyó en el realismo: "A nuestro parecer, la respuesta correcta es la dada por el realismo". Ciuro Caldani, *Derecho y Política...*, cit., p. 11. La opción filosófica es inevitable.

de ser posible por pacto, la referencia a un "objeto" que tendrá los alcances que nosotros le demos, sin establecer si ese objeto existe solo "en nosotros" o también "fuera" de nosotros[1137].

Comparte este constructivismo Behncke, quien prologa un libro de tendencia biologista y neodarwinista. En este sentido, ha dicho en relación al constructivismo:

> ... si bien se puede **postular** la existencia de tal naturaleza como cognoscible en su verdad última independientemente de los propios procesos orgánicos que generan nuestras experiencias perceptuales, no es posible **demostrar** ni su existencia ni su constitución con independencia de la experiencia perceptual que es el acto de observación del presente, [...] que transcurre **siempre** y solo tiene existencia **en el ser** de un ser vivo[1138].

En relación a la biología del conocimiento ha dicho que el individuo viene

> ... al mundo ya con conocimientos "previos" que el proceso de *selección* evolutiva de la especie ha "almacenado" (mediante selección diferencial) en su sobrevivencia. [...] el conocimiento es un proceso de "almacenamiento" de "información" sobre el mundo ambiente, y que el proceso de vivir es por tanto un conocer cómo "adaptarse" a este mundo adquiriendo más y más "información" sobre la naturaleza del mismo[1139].

Esto implica un neodarwinismo, de posible extrapolación antroposocial, y difícil de aceptar para la complejidad. De aquella forma se validaría a quienes ya vienen con su aparato cerebral en buenas condiciones, a aquellos que acumulan méritos por herencia, por tener medios más

---

[1137] Ciuro Caldani, *Metodología jurídica*, cit., p. 47. Al hablar del valor, no es posible suspender el debate, sino hacerlo propio de la teoría, de la ciencia.
[1138] Behncke, op. cit., p. XVIII.
[1139] Íd., p. XVII. El resaltado me pertenece.

que suficientes para sobrevivir, y por ende adaptarse a las condiciones que exige la sociedad. Se favorece al que más almacena, y el pobre de cultura y bienes es resignado.

65. Así como Goldschmidt solo plantea una mera preferencia por el acuerdo, creo que un constructivismo es una puerta abierta de par en par al acuerdo en el Derecho, que puede acarrear peligros si se suma a la preferencia[1140]. El propio Ciuro Caldani ha dicho anteriormente: "... las doctrinas pactistas, que confunden frecuentemente justicia con acuerdo, tienden a veces a ignorar los merecimientos, porque el acuerdo es más fácil sobre la consagración de la igualdad, en especial cuando se parte de una situación abstracta[1141]". Ocurre que no siempre hay una base de igualdad de los que son llamados a acordar. En suma hay que complementar acuerdo e intervención/compensación.

66. No creo que la cuestión pueda ser dejada en suspenso, ya que extrapolando el deseo a otras cuestiones, con el mismo criterio se podría dejar en suspenso la cuestión de la existencia de la justicia y decir que se la supone o que se acuerda en su participación en el Derecho[1142]. Lo cual puede también implicar que se acuerde en su no existencia y la obediencia a la ley. "En el fondo, no se trata de una discusión científica, sino de una polémica sobre el lugar que ocupamos en el mundo[1143]".

Volviendo al idealismo, Behncke sostiene, bordeando el del obispo Berkeley:

[1140] Ver lo que digo a propósito de la oscilación en el tomo 3.

[1141] Ciuro Caldani, "Merecimientos y Derecho", en *Estudios jusfilosóficos*, Rosario, FIJ, 1986, pp. 149-150.

[1142] Nótese también que es propio de los escépticos la suspensión de los juicios, lo que a su vez se relaciona con el escepticismo ético que profesan muchos analíticos, que en el fondo implica la prevalencia de la utilidad, ya que la mente humana no puede escapar de los valores. Tampoco debemos caer en el dogmatismo objetivista. Para un equilibrio en este sentido, ver la tercera parte del tomo 3.

[1143] Laughlin, op. cit., p. 15.

... al examinar sus propios procesos cognitivos, no tiene manera de decir: he aquí al ambiente "en sí" versus he aquí cómo varía mi actividad perceptual ante tales cambios ambientales. Y esto no lo puede hacer porque no tiene, en último término, manera de diferenciar lo que es propio del "ambiente en sí" de la manera como él (su ser-organismo) experimenta (percibe) tal ambiente[1144].

Para llegar a la pregunta clave, ante la cual, si caemos en el pesimismo idealista, quedamos atrapados en sus redes. "¿Cómo es posible que yo mismo pueda dar cuenta de las regularidades y variaciones perceptuales de mi propio mundo, incluyendo el surgimiento de explicaciones sobre ellas, siendo que no tengo manera de situarme 'fuera' de mis propias percepciones?[1145]" Es aquí donde, si bien en un principio Behncke y Morin compartían la crítica a la ciencia clásica, el primero se aleja de la complejidad moriniana:

... en vez del triángulo clásico observador-organismo-ambiente, lo que hay es un círculo con el observador al centro, donde el observador es solo un modo de vivir el mismo campo experiencial que se desea explicar. El observador, el ambiente y el organismo observado forman ahora un solo e idéntico proceso operacional-experiencial-perceptual en el ser del ser observador[1146][1147].

67. Con respecto al peligro de caer en el idealismo, dice Maturana que "... las explicaciones científicas son proposiciones generativas (proposiciones que generan el fenómeno a explicar) en el ámbito de experiencias de los

---

[1144] Behncke, op. cit., p. XVIII.

[1145] Íd., p. XIX.

[1146] Íd.

[1147] Hay un parentesco con la cibernética. Pero recordemos cómo Morin critica concienzudamente las posiciones de Wiener y Shannon. Morin, *La Méthode 2...*, cit., p. 203 y cc. (Morin, *El Método 2...*, cit., p. 239 y ss.).

observadores, por lo que no requieren la suposición *a prio-ri* de un mundo objetivo independiente del observador[1148]". Esta es la base de la *autopoiesis*[1149], que Morin reconoce en diversas oportunidades en *La vida de la vida*[1150], pero a la cual no reduce la vida, que es un proceso mucho más complejo: es *autos* y *oikos*; es auto-(geno-feno-ego)-eco-reorganización[1151]. "L'idée d'auto-référence, dans son éla-boration nécessairement formalisatrice, plane encore au-dessus de la vie sans savoir s'y incarner[1152]".

Las afirmaciones de Behncke, basadas en la obra de Maturana y Varela pueden llevar a rememorar las bases del idealismo:

> La mesa en la que escribo [...] existe; [...] la veo y la siento. Y si estando yo fuera de mi estudio dijera que la mesa existe, lo que yo estaría diciendo es que, si yo entrara de nuevo en mi estudio, podría percibirla, o que algún otro espíritu está de hecho perci-biéndola. [...] lo que se dice de la existencia absoluta de cosas impensadas, sin relación alguna con el hecho de ser percibidas, me resulta completamente ininteligible. Su *esse* es su *percipi*[1153], y no es posible que posea existencia alguna fuera de las mentes o cosas pensantes que las perciben[1154].

[1148] Se trata del trabajo de Humberto Maturana en Chile con "grupos de investiga-ción de cibernética en EE.UU." Behncke, op. cit., p. XXI.
[1149] Íd.
[1150] Morin, *La Méthode 2...*, cit., pp. 109, 184, 374. (Morin, *El Método 2...*, cit., pp. 134, 218, 433).
[1151] Morin, *La Méthode 2...*, cit., pp. 174, 265, 266, 353. (Morin, *El Método 2...*, cit., pp. 207, 309, 310, 410).
[1152] Morin, *La Méthode 2...*, cit., p. 109. "La idea de auto-referencia, en su elabora-ción necesariamente formalizadora, sigue planeando por encima de la vida sin saber encarnarse en ella". Morin, *El Método 2...*, cit., p. 135. En este sentido, cabe ver tb. pp. 268, 275, 379, 380. (En castellano, pp. 313, 321, 439).
[1153] La cursiva pertenece al original. Significa "su ser consiste en ser percibidas", clá-sico principio de Berkeley.
[1154] Berkeley, George, *Tratado sobre los principios del conocimiento humano*, trad., prólogo y notas de Carlos Mellizo, Barcelona, Altaya, 1994, p. 56. Más adelante complementa su pensamiento: "... todos esos cuerpos que componen la podero-sa estructura del mundo, carecen de una subsistencia independiente de la men-te, y que su ser consiste en ser percibidos o conocidos; y que, consecuentemen-

Puedo avanzar una síntesis del apartado señalando que más allá de poner en Dios la garantía de que las cosas existen más allá de que alguien las perciba[1155], propongo la garantía de la complejidad, en tanto posibilidad integradora de los antagonismos, expresados en sendos puntos de vista humanos, a través de procesos de complementariedad; lo que se relaciona con las bases del Trialismo como sistema de complementariedades. A esta comprensión ayuda sin dudas la noción de sistema.

---

te, mientras no sean percibidos por mí o no existan en mi mente o en la de otro espíritu creado, o bien no tendrán existencia en absoluto, o, si no, tendrán que subsistir en la mente de algún espíritu eterno". Íd., p. 58.

[1155] "... esta existencia continua [...] se debe al hecho de que Dios continúa percibiéndolo; el árbol 'real', que corresponde a lo que hemos denominado el objeto físico, consiste en ideas en el espíritu de Dios [...] Todas nuestras percepciones, según él, consisten en una participación parcial en las percepciones de Dios, y a consecuencia de esta participación ven las diferentes personas más o menos el mismo árbol". Russell, "Los problemas...", cit., p. 25.

8

Sistemismo/integrativismo[1156]

1. La idea base de este trabajo consiste en la mutación del objeto de estudio, no solo en el Derecho, sino en todas las ciencias, que fue representado por una unidad base, elemental, desarrollada en las ciencias del siglo XIX, y que ahora toma la forma de un sistema organizado[1157], gracias a una visión de la totalidad, de las partes, del conjunto y de las articulaciones, más que las separaciones y los análisis[1158]. En efecto, "... distinguir un algo del todo [...] depende de la integridad de los procesos que lo hacen posible[1159]". Lo que da por tierra con el aislamiento a partir de la normatividad que plantean los analíticos. Dice magistralmente Morin:

> ... nuestra visión es algo muy complejo [...]. Porque al mirar lo que tenemos ante los ojos somos capaces de concentrar la mirada en un elemento, de ver el conjunto, de hacer una panorámica,

---

[1156] Sobre la sistémica aplicada a la investigación científica ver Galati, "El aporte de la sistémica a la metodología de la investigación científica", ponencia al I Congreso de Investigación Cualitativa en Ciencias Sociales, organizado por el International Institute of Qualitative Inquiry, el CIECS (Conicet) y la Universidad Siglo XXI, Córdoba, en https://bit.ly/2MFa3Lb (31.10.2014).

[1157] Ver lo dicho en el punto 7 del cap. 5. Sobre sistemas ver a Bertalanffy, Ludwig von, *Teoría general de los sistemas*, Madrid, Fondo de Cultura Económica, 1976; *Les problèmes de la vie*, Paris, Gallimard, 1961.

[1158] Ver Morin, *Articular...*, cit., p. 93.

[1159] Maturana y Varela, op. cit., p. 28.

de establecer la conexión entre diferentes cosas. Con nuestros ojos somos capaces de ver de manera compleja. Pero no somos capaces de pensar de manera compleja[1160].

2. En el caso del Derecho las partes son sus dimensiones, y las articulaciones son las interrelaciones que veremos, propias de un sistema, en contraposición a una yuxtaposición. Ya hablaré de un objeto procesual[1161], en otro lugar del continuo jurídico[1162], del cambio de lógica[1163], de la dialógica[1164], de la oscilación[1165]. Es otra manera de concebir al Derecho. Cuando Morin se refiere a la Sociología, aplicándole el método de la complejidad, define el objeto de la misma y señala que la sociedad es un conjunto de interacciones económicas, físicas, culturales, que forman un sistema[1166]. Lo propio ocurrirá en el Derecho, en el que interaccionan sus distintas dimensiones, dependiendo cada una del resto, y esto es un sistema. El propio filósofo francés expresa que estas ideas fundamentales en Sociología son también "... valables pour tout système quel qu'il soit, c'est-à-dire pour toute unité globale constituée à partir d'éléments interrelationnés, lesquelles interrelations constituent une organisation[1167]". Y al definir al sistema, lo hace a partir de la unidad de lo complejo, por oposición a la unidad elemental, núcleo de la Escuela Analítica. Lo complejo y lo sistémico no pueden aplicarse a esta última escuela y su concepto de Derecho, en tanto se requiere que

---

[1160] Morin, *Epistemología...*, cit., p. 440.
[1161] Ver punto 47.
[1162] Ver cap. 3 del tomo 2.
[1163] Ver cap. 3 del tomo 2.
[1164] Ver cap. 3 del tomo 2.
[1165] Ver cap. 3 del tomo 2.
[1166] Morin, *Sociologie*, cit., p. 68. (Morin, *Sociología*, cit., p. 84).
[1167] Morin, *Sociologie*, cit., p. 74. "... válidas para todo sistema cualquiera que sea, es decir, para toda unidad global constituida a partir de elementos interrelacionados, cuyas interrelaciones constituyan una organización". Morin, *Sociología*, cit., p. 89.

los elementos del sistema sean *diferentes*, razón por la cual están en interdependencia. El hecho de considerar solo normas, hace que no haya diferencia más que de grados, por ejemplo, normas derogadas, vigentes, generales, particulares, nacionales, extranjeras, comunitarias, constitucionales, legales, etc. Mientras que las dimensiones trialistas son *sustancialmente*[1168] diferentes.

3. La integración es un problema que nos plantea "... la alternativa de elegir entre la clausura del objeto de conocimiento, que mutila sus solidaridades con los otros objetos así como con su propio entorno[1169]". El propio Morin expresa al analizar las ideas, un dilema que el Trialismo soluciona con las dimensiones ontológicamente diversas: "... la sociologie de la connaissance oscile entre un émancipationnisme, où, à la limite, la raison et la science s'arrachent au sol social et prennent leur vol, et un déterminisme rigide d'une société qui produit des connaissances destinées à assurer ses fonctions et sa reproduction[1170]". La justicia es el elemento que permite la crítica de los determinismos, es decir, del reparto y de su captación por la normatividad. La justicia permite entonces el emancipacionismo. De manera que no hay lugar epistemológico para el conservadurismo, aunque tampoco para el utopismo. "Nous devons cheminer en oscillation ininterrompue entre la nécessité

[1168] Ver cap. 2 del tomo 2.

[1169] Morin, Ciurana y Motta, op. cit., p. 34.

[1170] Morin, *La Méthode 4...*, cit., p. 14. "... la sociología del conocimiento oscila entre un emancipacionismo en el que, el último extremo, la razón y la ciencia se separan del suelo social y emprenden el vuelo, y un determinismo rígido de una sociedad que produce conocimientos destinados a asegurar sus funciones y su reproducción" . Morin, *El Método 4...*, cit., p. 16.

logique d'isoler les objets de pensée et l'exigence, logique-
ment contraire, de les solidariser, entre l'exigence de sim-
plicité et l'exigence de complexité"[1171]".

Como lo señala Goldschmidt, el Trialismo es una teoría jurídica integralista, mencionando a Jerome Hall[1172],
como quien impulsara dicha denominación.

4. Así como el Trialismo plantea la necesidad de integrar las tres dimensiones para comprender al Derecho,
Morin dirá que para comprender la humanidad hay que
integrar sus tres dimensiones.

> Dans ce livre, nous mobilisons conjointement les trois regards
> qui nous permettent de dégager la trinité individu-société-
> espèce, de façon à ce que ni la réalité de l'individu, ni la réalité de
> la société, ni la réalité de notre espèce biologique ne se chasent
> les unes les autres[1173].

5. La psicología de la Gestalt explicaría por qué el
Trialismo habla de integrativismo y no de yuxtaposición
de dimensiones. El asociacionismo, que critica la Gestalt,
no ve el todo, formado por las partes, que se confunden
en un mismo y único fenómeno. No hay mera suma de las
partes, sino integración de ellas formando un todo único.
Es así como también encuentra sentido aquí la formulación del jusnaturalismo de que el positivismo proclama
la obediencia a las normas jurídicas (escritas) sin reparar

[1171] Morin, *La Méthode 4...*, cit., p. 207. "Debemos caminar en una oscilación ininte-
rrumpida entre la necesidad lógica de aislar los objetos de pensamiento y la exigencia, lógicamente contraria, de solidarización, entre la exigencia de simplicidad y la exigencia de complejidad". Morin, *El Método 4...*, cit., p. 213.

[1172] Ver Goldschmidt, "La ciencia de...", cit., p. 177. Ver punto 27 del cap. 1.

[1173] Morin, *La Méthode 5...*, cit., p. 54. "En este libro movilizamos conjuntamente las
tres miradas que nos permiten poner de relieve la trinidad individuo-sociedad-
especie, de tal manera que ni la realidad del individuo, ni la realidad de la sociedad, ni la realidad de nuestra especie biológica se expulsen unas a otras". Morin,
El Método 5..., cit., p. 58.

en que esa obligación no puede finalizar en una norma escrita, sino en una norma moral. Ergo, existe la moral en el Derecho.

> Si se pretende sostener [...] que hay una obligación de obedecer las normas jurídicas [...] corresponde preguntarse de dónde surge esa obligación. No se puede contestar que surge de otra norma jurídica, puesto que si así fuera tendríamos que preguntarnos si estamos obligados a obedecer esa otra norma jurídica, en algún momento se agotarán las normas jurídicas que estipulan la obligación de obedecer a otras normas jurídicas. La única respuesta posible es que la obligación de obedecer las normas jurídicas surge de otro tipo de norma, de normas que son consideradas "intrínsecamente obligatorias" [...] cuando [...] [se] sostiene que las normas jurídicas son obligatorias se está presuponiendo una norma o principio *moral* que prescribe obedecer las disposiciones de todo sistema jurídico. [...] [Se] introduce[n] encubiertamente [...] [las] convicciones morales [...]. El principio moral de que deben obedecerse y aplicarse las normas jurídicas vigentes es un principio plausible [...]. Pero [...] [t]ambién hay otros principios, como los que consagran el derecho a la vida, a la integridad física, a la libertad, etc. En ciertas circunstancias excepcionales, la violación de estos últimos principios, en que se incurriría si se observaran las reglas jurídicas, sería tan radical y grosera como para justificar apartarse del principio moral que prescribe atenerse al derecho vigente [1174].

6. Ocurre que el positivista, en realidad, no obedece a las normas, sino a un paradigma, que dice que hay que obedecer a la lógica, y en el mejor de los casos a los hechos, y seguramente no al valor de manera explícita. "Comme il est invisible [le paradigme], celui qui lui est soumis croit obéir aux faits, à l'experience, à la logique, alors qu'il lui

---

[1174] Nino, Carlos, *Introducción al análisis del Derecho*, 2ª ed., Buenos Aires, Astrea, 1992, pp. 25-26.

obéit en premier[1175]". De ahí que nunca sea neutral la ciencia. Goldschmidt sí tiene esta visión paradigmática o conciencia de las limitaciones al conocimiento, sobre todo
en los postulados de Gödel, sin mencionarlos. Cuando el
jurista germano-español analiza las críticas del positivismo al jusnaturalismo, por la falta de comprobación de los
principios del positivismo, este las hace desde su propio
paradigma de verificación. Señala entonces Goldschmidt
que todo es un problema de "corte", de fraccionamiento.
En efecto, el positivismo basa sus postulados, también en
axiomas como el jusnaturalismo, con la diferencia de que
el positivismo, cierra el análisis en uno, que es la obediencia, tal como lo señala Nino.

> ... Euclides habla de "axiomas", precisamente por carecer sus
> principios de prueba, toda vez que son ellos los que hacen posi-
> ble cualquier prueba de otras reglas. Ya Aristóteles [...] seña-
> la la falta lógica de querer probar lo que es base de cualquier
> prueba[1176].

7. Esta complementación de norma y valor, es también la razón de la complementariedad entre metodologías
comprensivistas y explicativas.

> La représentation elle-même n'est "comprise" que parce qu'elle
> a été organisée de façon cohérente en vertu de principes/
> règles qui rétablissent la constance des objets perçus, c'est-
> à-dire en vertu d'un dispositif pré-explicatif, et, une fois for-
> mée, elle subit les processus explicatifs de l'esprit qui l'étudie et
> l'analyse. De même, [...] les projections/identifications de sujet

---

[1175] Morin, *La Méthode 4...*, cit., p. 217. "Como es invisible [el paradigma], quien está
    sometido a él cree obedecer a los hechos, a la experiencia, a la lógica, siendo que
    le obedece ante todo". Morin, *El Método 4...*, cit., p. 222.
[1176] Goldschmidt, "Justicia y Verdad", en *Justicia...*, cit., p. 53.

à sujet s'effectuent dans un contexte de déterminations objectives et de causalités explicatives (ainsi, l'insulte reçue explique l'humiliation que je comprends)[1177].

8. La coincidencia del Pensamiento Complejo con el Trialismo deviene de la utilización por aquel de la categoría del "macroconcepto", que permite integrar lo que normalmente se considera por separado; en nuestro caso: la norma, los hechos y el valor.

El Pensamiento Complejo piensa por medio de macroconceptos, es decir por medio de la asociación de conceptos atómicos separados por regla general, antagonistas a veces, pero que en su interrelación generan figuras complejas que sin esa dinámica interactiva se volatilizan y dejan de existir. Los macroconceptos asocian conceptos que se excluyen y se contradicen, pero que una vez críticamente asociados, producen una realidad lógica más interesante y comprensiva que por separado[1178].

9. En muchas ocasiones señalo la interdependencia de las dimensiones del Trialismo y como una se entiende en función de las demás. Mientras que las otras doctrinas jurídicas son reductoras, porque colocan un único elemento fundante de su concepción: la ley en el normativismo, el hecho en el realismo, el valor en el jusnaturalismo; y excluyen los otros. Ello no obsta a que, irremediablemente, el resto de los elementos excluidos se introduzcan de contrabando, debido a la inexorable complejidad de la realidad jurídica.

[1177] Morin, *La Méthode 3...*, cit., p. 151. "La representación misma no es 'comprendida' sino porque ha sido organizada de manera coherente en virtud de principios/reglas que restablecen la constancia de los objetos percibidos, es decir, en virtud de un dispositivo pre-explicativo y, una vez formada, experimenta los procesos explicativos del espíritu que la estudia y analiza. De igual modo [...] las proyecciones/identificaciones de sujeto a sujeto se efectúan en un contexto de determinaciones objetivas y de causalidades explicativas (así, el insulto recibido explica la humillación que yo comprendo)". Morin, *El Método 3...*, cit., p. 165.

[1178] Morin, Ciurana y Motta, op. cit., p. 52.

Por ello el Trialismo, con la ayuda de los conceptos del
Pensamiento Complejo, desarrolla el deseo de un jurista
que critica a Reale:

> Constatation certainement banale, qui pourtant a suffit pour
> faire le succès de la "théorie tridimensionnelle du droit" dont
> parle un auteur brésilien. Mais lui, de même que la dogmatique
> courante, n'a pas réalisé que la définition de ce qu'est "droit",
> comme celle de tout terme juridique, est chose conventionnelle,
> simplement instrumentale, n'importe quelles seront les "dimen-
> sions" retenues ou laissées de côté dans cette définition. Ce qui
> pourrait être vraiment intéressant, [...] n'est pas la remarque qu'il
> *existe* de telles "dimensions" [...] mais de mettre en relief certains
> rapports fondamentaux entre elles, leur entrelacement, déga-
> ger pourquoi et comment les contenus spécifiques de chaque
> "dimensión" dépendent encore de ce qui se passe dans les deux
> autres : interdépendance (qui peut encore véhiculer des contra-
> dictions) entre idéologies, discours juridique professionnel, inté-
> rêts en présence et forces sociales en général, dans ce que disent
> et ce que font les juristes. La "théorie tridimensionnelle", cepen-
> dant, n'envisage guère *ces* questions, car elle relève surtout d'une
> affaire terminologique[1179].

[1179] Haba, Enrique, "Sciences du Droit —quelle science? Le droit en tant que science : une question de méthodes", en *Archives de Philosophie du Droit*, t. 36 "Droit
et science", Paris, Sirey, 1991, p. 170. "Constatación ciertamente banal, que por lo
tanto ha bastado para hacer el éxito de la 'teoría tridimensional del derecho' de
la que habla un autor brasileño. Pero él, al igual que el dogmatismo corriente, no
realizó más que la definición de lo que es 'derecho', como todo término jurídico,
es una cosa convencional, simplemente instrumental, no importa cuáles serán
las dimensiones retenidas o dejadas de lado en esa definición. Lo que podría ser
verdaderamente interesante no es la observación de que existen tales dimensiones, sino de resaltar ciertas relaciones fundamentales entre ellas, sus entrelaza-
mientos, extraer por qué y cómo los contenidos específicos de cada dimensión
dependen todavía de lo que pase en las otras dos: interdependencia (que puede
todavía vehiculizar contradicciones) entre ideologías, discurso jurídico profesional, intereses en presencia y fuerzas sociales en general, entre lo que dicen y
lo que hacen los juristas. La 'teoría tridimensional', sin embargo, no considera
mucho estas cuestiones, porque ella concierne sobre todo a un asunto terminológico" (trad. del autor).

10. En tanto teoría tridimensionalista, no creo que esto sea así en el Trialismo, vivo ejemplo de la armonización de doctrinas jurídicas antagonistas y del desarrollo de las relaciones entre las dimensiones, como ejemplo de complejidad pura y no de yuxtaposición. Claro que los sostenedores de esta teoría tridimensional no están geoestratégicamente ubicados en el norte del Ecuador como para hacerla visible y, de esta forma, no quedarse la teoría tridimensional en un "asunto terminológico".

De acuerdo a una visión compleja, "... cada célula es una parte de un todo[1180]". Por ejemplo, en relación con el ente ideal justicia, por un lado motiva el reparto en la dimensión sociológica, por otro lado funciona en relación con las normas al declararlas, eventualmente injustas, en la dimensión normológica, y también es analizado en sus formas, relaciones y contenidos en la dimensión dikelógica propiamente dicha. La justicia puede verse reflejada en cada dimensión, y por eso el Trialismo no es una mera yuxtaposición de elementos. La justicia, en este caso, al participar de cada dimensión, se nutre de informaciones y elementos útiles para incorporar al análisis propiamente dicho de la jurística dikelógica. Así como "... la totalidad del patrimonio genético está presente en cada célula individual"[1181]. Así,

> La proyección de la dimensión jurístico-dikelógica sobre sí misma y en relación a las otras dimensiones nos brinda la validez, la valorización (en las normas) y su realización (en los repartos). En los lugares intermedios se sitúan, respectivamente, la racionalización como mínimo de valor surgido de las normas, y la

---

[1180] Morin, *La cabeza...*, cit., p. 99.
[1181] Íd.

ejecutoriedad como mínimo de valor emergente de la relación de las normas y la realidad social. Vinculando la validez con la realización se halla la razonabilidad de los repartos[1182].

11. Lo mismo puede decirse en la Educación, al estudiar la filosofía de la educación de que se trate; ella estará presente en la concepción del alumno que tengamos: activo, pasivo; en la cantidad y calidad de estrategias de enseñanza que utilice el docente: solo la conferencia o incorporando otras. Si el alumno es pasivo, solo dispondrá de la clase magistral. En la evaluación del aprendizaje del alumno, si este tiene protagonismo, es activo, aquella será permanente y no existirá solo al finalizar el ciclo, y a fin de detectar no solo debilidades, sino fortalezas, ya que estas últimas influyen en la autoestima del alumno en orden a lograr superar sus debilidades. La subjetividad que involucra a la autoestima tampoco puede comprenderse en la Educación si esta es vista desde parámetros que solo analizan lo externo al aprendizaje, es decir, cuando no se involucran emociones, sentimientos, etc., que no son medibles con los parámetros normales, pero que influyen fuertemente en la relación docente-alumno, y en consecuencia, en la relación alumno-conocimiento.

L'homme est *demens* dans le sens où il est existentiellement traversé par des pulsions, désirs, délires, extases, ferveurs, adorations, spasmes, ambitions, espérances tendant à l'infini. Le terme *sapiens/demens* signifie, non seulement relation instable, complémentaire, concurrente et antagoniste entre la 'sagesse' (régulation) et la 'folie' (dérèglement), il signifie qu'il y a sagesse dans la folie et folie dans la sagesse[1183].

[1182] Ciuro Caldani, *Derecho y Política...*, cit., p. 110.
[1183] Morin, *La Méthode 1...*, cit., p. 372. "El hombre es *demens* en el sentido en que está existencialmente atravesado por pulsiones, deseos, delirios, éxtasis, fervores, adoraciones, espasmos, ambiciones, esperanzas que tienden al infinito. El

OTRA INTRODUCCIÓN AL PENSAMIENTO COMPLEJO

De la misma forma, "... la sociedad está presente en cada individuo como un todo a través del lenguaje, la cultura, las normas"[1184].

12. El imperativo de Pascal, como Morin lo llama, es interesante para los problemas de convivencia que se dan en nuestro país. La complejidad nos desafía a integrar toda la población separada en grupos o clases. La República Argentina, constitutiva del todo "Nación argentina" está formada por diversas partes, es decir, elementos constitutivamente distintos, complicados. Argentina es la inmigración derivada de Europa, más los pueblos originarios, más las influencias de los partidos políticos. Es también los que están en el sistema y los que no, es decir, los marginados: piqueteros, encarcelados, minorías sexuales, en su momento las abuelas y madres de plaza de mayo, los indigentes, "discapacitados". Otro problema, graduando la marginación, se da con los relativamente excluidos, o los que no gozan de la totalidad de las ventajas que proporciona el sistema, como estudiantes, docentes, investigadores[1185], jubilados, mujeres, etc[1186]. Generalmente, las normas jurídicas solo solucionan los problemas

---

término sapiens/demens no solo significa relación inestable, complementaria, concurrente y antagonista entre la 'sensatez' (regulación) y la 'locura' (desajuste), significa que hay sensatez en la locura y locura en la sensatez". Morin, *El Método 1...*, cit., p. 419.

[1184] Morin, *La cabeza...*, cit., p. 99.

[1185] Ver Ciuro Caldani, "Las fuentes de las normas", cit., p. 234.

[1186] En distintos grados, estas minorías, han adquirido mejorías, avances, luego de que se comenzó a superar el punto culminante de la crisis que acabó con el neoliberalismo en la Argentina del 2001.

de las mayorías, los poderosos, o los incluidos en el sistema[1187]. De allí que la nueva lógica, si quiere ser integradora, sea la lógica contradictoria[1188].

> Le surgissement de la contradiction opère l'ouverture soudaine d'un cratère dans le discours sous la poussée des nappes profondes du réel. Elle constitue à la fois le dévoilement de l'inconnu dans le connu, l'irruption d'une dimension cachée, l'émergence d'une réalité plus riche, et elle révèle à la fois les limites de la logique et la complexité du réel[1189].

Por ello, cuando Morin examina los límites de la lógica, señala:

> ... le champ d'application de la logique déductive-identitaire est seulement, et encore partiellement, le champ de la bande moyenne du réel. Cette logique nous permet de dissocier ce champ de celui des au-delà hors normes logiques, comme elle nous permet de dissocier la vielle (par ses cohérences) du rêve[1190].

[1187] En la primera mitad de 2008, el gobierno tenía frente a sí el problema de las retenciones a las exportaciones agropecuarias, que lo enfrentaba al campo, que cortó rutas, desabasteció y presionó, lo que le valió la derogación de la resolución 125/08. Simultáneamente, se presionaba al gobierno para que sancione la ley de movilidad previsional, que favorecería a jubilados y pensionados con un sistema universal de actualización de sus haberes, y sin tener que litigar en los tribunales. Ellos no podían presionar con la fuerza con la que lo hacía el campo. Solo tuvieron la "ayuda" de una indicación de la Corte Suprema de Justicia de la Nación (CSJN) con el caso "Badaro".

[1188] Ver cap. 3 del tomo 2.

[1189] Morin, *La Méthode 4...*, cit., p. 182. "El surgimiento de la contradicción realiza la apertura súbita de un cráter en el discurso debido al empuje de las capas profundas de lo real. Constituye a la vez el desvelamiento de lo desconocido en lo conocido, la irrupción de una dimensión oculta, la emergencia de una realidad más rica, y revela a la vez los límites de la lógica y la complejidad de lo real". Morin, *El Método 4...*, cit., p. 186.

[1190] Morin, *La Méthode 4...*, cit., p. 205. "El campo de aplicación de la lógica deductiva-identitaria es solamente, y aun ahí parcialmente, el campo de la banda media de lo real. Esta lógica nos permite disociar este campo de aquel que está más allá de las normas lógicas, al igual que nos permite disociar la vigilia (por sus coherencias) del sueño". Morin, *El Método 4...*, cit., p. 210.

La banda media[1191] de lo real estaría constituida por la mayoría que refleja el Parlamento, que no necesariamente representa a todas las minorías u otros débiles o marginales.

13. Si no examinamos las cuestiones con una reflexión profunda y considerando las contradicciones que comprenden una sociedad compleja, terminaremos considerando posiciones organicistas que legitiman el estado de los que han tenido más ventajas en la vida en el aspecto que sea. La ideología llamada organicismo positivista se traduce en el conservadurismo de los poderosos.

Si bien no hay argumentos científicos que permitan afirmar el organicismo, hubo parciales enfoques que dieron al organicismo un carácter cientificista, principalmente los que fueron arbitrariamente tomados de Darwin y llevados al plano social (evolucionismo sociológico). El dominio técnico permitía grandes conquistas (el canal de Suez, el buque a vapor, el ferrocarril, etc.), y, por lógica, el mismo método de conocimiento fue manipulado por los sectores hegemónicos para explicar su "natural" posición de poder[1192].

Estas ideas traen como consecuencia considerar que

... el hombre era una cosa entre otras cosas, y los había de mejor y de peor calidad. Los de peor calidad, los "degenerados" y biológicamente deficientes caían en la escala social, por un proceso de decantación "natural" y debían ser controlados por los que se mantenían en el poder, pues se convertían en una "clase social peligrosa"[1193].

[1191] Ver Spota, Alberto, *Tratado de Derecho Civil*, t. 1, Parte General, Buenos Aires, Depalma, 1967, p. 409.

[1192] Zaffaroni, Eugenio, *Manual de Derecho Penal. Parte General*, 6ª ed., Buenos Aires, Ediar, 1997, p. 239.

[1193] Íd., p. 240.

14. La consecuencia más grave es "... justificar el desprecio al indio, al negro, al mestizo y al mulato, que son los habitantes 'naturales' de nuestras cárceles[1194]". Es aquí donde cobra importancia la máxima de Pascal[1195], la cual, transformada en una pauta de acción significaría: "para solucionar la marcha de un todo, deben solucionarse los problemas de sus partes". De manera que si no captamos cada problema de cada grupo de la población argentina, no podremos tener un país en paz. Lo cual a su vez se relaciona con la reformulación del supremo principio de justicia que planteo[1196]. En efecto, no basta con dar a cada uno una esfera de libertad, sino hacer énfasis también en lo que hace posible esas esferas, que es el conjunto de los individuos. Un jurista tridimensionalista señala que la experiencia jurídica se distingue por su nota de bilateralidad atributiva, que implica el esfuerzo del hombre, no solo de dar a cada uno lo que es suyo, sino de dar al todo lo que es del todo[1197]. Esta reformulación es entonces profundamente moriniana, compleja.

15. La importancia de la noción sistémica, del todo y las partes, y de la diversidad al interior de aquel cobra virtualidad cuando la caracterización del hombre se aplica al Derecho, que es una de sus creaciones. El ser humano se diferencia de las máquinas, al poder repararse, tomar conciencia de sus errores, reproducirse y autoorganizarse. El Derecho, entonces, no puede reducirse a un pensamiento mecánico, meramente repetitivo, en el sentido de un programa que, previendo conductas y adjudicando consecuencias, tal como la estructura de la norma lo muestra,

---

1194 Íd., p. 241. Ver la obra de Foucault, *Vigilar...*, cit., e *Historia...*, cit.
1195 Considero imposible conocer las partes sin conocer el todo y conocer el todo sin conocer particularmente las partes.
1196 Ver la tercera parte del tomo 3.
1197 Reale, "Naturaleza...", op. cit., p. 189.

pueda prever de antemano todas las situaciones. "La fantasía de Samuel Butler, que parecía descabellada cuando él la formuló, se ha realizado. Estamos en una nueva edad geológica en la cual las máquinas, nuevo género de seres, han llegado a substituir al hombre y lo tiranizan[1198]". El Derecho no debería reducirse a una sola de sus partes, renunciando a su intrínseca diversidad. Coincidentemente señala Goldschmidt, al hablar de las fuentes y criticar a la Exégesis:

> Tradicionalmente se indican como fuentes de constancia de las normas la ley y la costumbre.
>
> Esta tradición se basa en la tesis de que solo las normas generales son las normas verdaderas, mientras que las normas individuales carecen de personalidad. Esta tesis, a su vez, radica en la enseñanza de Montesquieu de que el juez no es sino "la boca de la ley" [...]. La ley que se identifica a la norma general, contiene de manera exacta la solución de cualquier caso a través de una norma individual. Esta enseñanza es democrática y antiliberal. [...] ella es democrática porque quiere asegurar plena eficacia a la voluntad del pueblo que produce la ley general; pero [...] es antiliberal, toda vez que priva al juez de toda independencia intelectual frente al legislador, rebajándolo a un mero autómata, con lo cual distorsiona el juego de pesos y contrapesos esencial para el principio de la división de los poderes[1199].

16. El juez no es una máquina, porque es un hombre y como tal es complejo. Así, "... las máquinas se caracterizan por su finalidad, que no es otra que la de su constructor, el proyecto del que las fabrica para realizar determinada tarea[1200]". Pensar lo contrario significaría que el hombre se ha quedado en la escala evolutiva, jerarquizando aquello que lo asimila al simio, con el cual comparte el 98 por 100

[1198] Navarro Monzó, Julio, *La misión del arte en la cultura de América*, Buenos Aires, Mundo Nuevo, 1934, p. 12.
[1199] Goldschmidt, *Introducción...*, cit., pp. 217-218.
[1200] Atlan, op. cit., p. 15.

de los genes, en lugar de hacer hincapié en aquello que lo diferencia[1201]: la conciencia de la cultura. En efecto, la conciencia solo es posible en los cerebros desarrollados que tienen a su vez un lenguaje, es decir, la cultura[1202]. Algo similar ocurre con la muerte, a la cual todo animal, incluido el hombre, le huye, no obstante lo cual, el animal no desarrolla el rito funerario, es decir, no tiene conciencia de la idea de muerte[1203]. En el ámbito del Derecho, el jurista evolucionado es aquel que tiene conciencia de la injusticia; no el que trata de ser la boca de la ley o de la sociedad, sino quien sirve a la justicia[1204]. Así, "... lo propio de una máquina no es tanto obedecer como un reloj a las leyes de la mecánica [...], ni tampoco transformar la energía cual una turbina o una máquina de vapor, sino ser programable[1205]".

17. La inventiva humana es la que permite entonces regular ante lo no regulado por el Estado y criticar, regenerando, lo resuelto por el Estado. Aristóteles decía con respecto al juez: "ir al juez es ir a la justicia, pues el juez ideal es, [...] la justicia animada. Las partes buscan en el juez como un medio entre ellas; y de aquí que en algunos lugares se llama a los jueces mediadores[1206]".

> Bien que des artefacts dépassent aujourd'hui en performances et en computation les machines vivantes, bien qu'il existe désormais des ordinateurs effectuant des opérations intellectuelles surhumaines, la plus perfectionnée et la plus avancée des

---

[1201] Morin, *La Méthode 5...*, cit., pp. 28-29. (Morin, *El Método 5...*, cit., p. 34).
[1202] Morin, "La noción...", cit., p. 82.
[1203] Morin, *La Méthode 5...*, cit., p. 47. (Morin, *El Método 5...*, cit., p. 51).
[1204] Ciuro Caldani, "El Trialismo y la conciencia...", cit., p. 117.
[1205] Atlan, op. cit., p. 16.
[1206] Aristóteles, *Ética nicomaquea*, cit., p. 62. Ya veremos en el cap. 3 del tomo 2 cómo el fallo es un ejemplo de visión hologramática del Derecho.

machines artificielles est incapable de se régénérer, de se réparer, de se reproduire, de s'auto-organiser, qualités élémentaires dont dispose la moindre des bactéries[1207].

El filósofo francés explica un experimento en el cual fueron sacadas todas las hojas de un árbol y este reaccionó reemplazando lo más rápido posible las hojas que le faltaban y segregando una sustancia que lo protegía contra los parásitos sin saber que era el humano el parásito[1208]. Esto demuestra que un vegetal puede reaccionar reparándose ante un imprevisto y con mucha más razón entonces un ser humano y jurídico como un juez. Algo curioso fue que los otros árboles también comenzaron a realizar los mismos dispositivos[1209], lo cual demuestra en el mundo vegetal cómo se da lo que en el ámbito humano se trataría de la costumbre judicial.

Werner Goldschmidt, al hablar de los conflictos respecto de las relaciones especiales de poder que restringen los derechos fundamentales, señala en la educación: "... no se debe proceder en el colegio a castigos consistentes en imponer al alumno trabajo maquinal, como por ejemplo, escribir cien veces 'no quiero llegar tarde al colegio[1210]'". Esto y memorizar teorías son una misma cosa.

18. Lo dicho respecto de la máxima pascaliana vale también respecto de la relación que hay entre la participación cívica y la participación en la economía: "Hay que

---

[1207] Morin, *La Méthode 1...*, cit., pp. 169-170. "A pesar de que los artefactos sobrepasan hoy día en prestaciones y en computación a las máquinas vivas, a pesar de que ya existen ordenadores que efectúan operaciones intelectuales sobrehumanas, la más perfeccionada y la más avanzada de las máquinas artificiales es incapaz de regenerarse, de repararse y de reproducirse, de auto-organizarse, cualidades elementales de las que dispone la menor de las bacterias". Morin, *El Método 1...*, cit., p. 199.

[1208] Morin, "La noción...", cit., p. 79.

[1209] Íd.

[1210] Goldschmidt, *La ciencia de...*, cit., p. 274.

348 OTRA INTRODUCCIÓN AL PENSAMIENTO COMPLEJO

'albergar temor que a un hombre al que se despoja en el proceso del trabajo de la posibilidad de gobernarse a sí mismo, le será muy difícil dominarse a sí mismo en la vida moral y social[1211]". No vale pregonar la necesidad de participar en el aspecto electoral, llamando a ir a votar, ponderando la obligación de ser autoridad de mesa, etc., si los cauces de participación no se predican y ejercen en todos los aspectos de la vida. La participación debe ser pantónoma para ser justa. Por otra parte, Morin señala la participación incluso en el ámbito menos pensado, el de la Filosofía.

> La pensée qui se déploie dans les civilisations n'est pas can-tonnée dans un secteur qui serait la philosophie. La pensée s'applique à tous les problèmes, cognitifs et pratiques; il y a de la pensée vivante dans les sciences, les techniques, les arts, les religions, dans la vie quotidienne, chez les analphabètes. C'est une activité personnelle et originale, chez tous ceux qui perçoi-vent par eux-mêmes, conçoivent par eux-mêmes, réfléchissent par eux-mêmes[1212].

Ocurre que determinadas doctrinas, basadas a su vez en determinados paradigmas, son más propensos a la obe-diencia por acatamiento irreflexivo o imposición. Por ello el pensamiento "... peut-être limitée, inhibée, intimidée (par *imprinting*, vérités établies, normalisation)[1213]". Nótese cómo las verdades establecidas son generalmente deriva-

---

[1211] Íd., p. 391.
[1212] Morin, *La Méthode 5...*, cit., pp. 114-115. "El pensamiento que se despliega en las civilizaciones no está acantonado en un sector que sería la filosofía. El pensa-miento se aplica a todos los problemas, cognitivos y prácticos; hay pensamiento vivo en las ciencias, las técnicas, las artes, las religiones, en la vida cotidiana, en los analfabetos. Es una actividad personal y original, en todos aquellos que per-ciben por sí mismos, conciben por sí mismos, reflexionan por sí mismos". Morin, *El Método 5...*, cit., p. 114.
[1213] Morin, *La Méthode 5...*, cit., p. 115. "... puede ser limitado, inhibido, intimidado (por *imprinting*, verdades establecidas, normalización)". Morin, *El Método 5...*, cit., p. 114.

das del dogma de la religión, que cobra vida en muchas doctrinas jurídicas, y cómo la normalización es la actividad propia de la normatividad.

19. Otro aspecto importante que introduce el Pensamiento Complejo, y que lo coloca en una nueva situación de coincidencia con el Trialismo es la polilógica, que introduce en el concepto de máquina una nueva diversidad.

> Ici surgit une différence radicale avec les ordinateurs fabriqués par l'homme. Ceux-ci ne disposent pas de plusieurs types et variétés de mémoire; ils ne portent pas constitutionellement en eux une multiplicité égo-géno-ethno-référente. Enfin, ils ne sont pas simultanément comandés/controlés par des logiciels différents[1214].

Precisamente, el Trialismo contiene en sí lógicas diferentes, desde el punto de vista del análisis tradicional; que es lo que equivocadamente ven nuestros adversarios como tres ciencias o polimorfismo. "De manera que la ciencia trialista se divide en tres ciencias o, más probablemente, en una ciencia y media[1215]". Bidart Campos ha contestado, sin saberlo, excepcionalmente a esta acusación, señalando que la existencia de los horizontes que plantea Goldschmidt para cada una de las jurísticas significan las fronteras que delimitan a las jurísticas de las ciencias distintas[1216] con las que se pretende la acusación. En otras palabras, esto significa que una ciencia puede usar distintos métodos para captar un mismo objeto, cuyo carácter

---

[1214] Morin, *La Méthode 4...*, cit., p. 19. "Surge aquí una diferencia radical con los ordenadores fabricados por el hombre. Estos no disponen de diversos tipos y variedades de memoria; constitucionalmente, no llevan en sí mismos una multiplicidad ego-geno-etno-socio-referente. Por último, no son mandados/controlados simultáneamente por logiciales diferentes". Morin, *El Método 4...*, cit., p. 21.

[1215] Guibourg, *Provocaciones...*, cit., p. 40. El autor no explica a qué se refiere con "una ciencia y media".

[1216] Bidart Campos, "La Teoría Trialista...", cit., p. 903.

es gnoseológicamente inabarcable[1217], es decir, complejo; y no por ello debe ser acusada de policientífica o polimórfica. Se trata de un mismo objeto con sus distintos aspectos y cada uno de ellos abordable con su respectivo método. Cuando Ferrater Mora se refiere a la ciencia, señala que los métodos que emplea son diversos para cada una de ellas, e incluso para las distintas partes de cada ciencia[1218].

Morin incluye como complementarios a los polilogiciales que derivan del origen biocerebral, como el lenguaje, la lógica, y la conciencia, y a los de origen sociocultural, como el espíritu y el pensamiento[1219]. Ambas derivaciones pueden relacionarse con la dimensión material y la dimensión ideal de la teoría trialista.

20. El Trialismo no es una teoría mecanicista. Al contrario, permite, por sus despliegues diversos, generar anticuerpos, soluciones a los problemas que plantea la vida jurídica; mientras que el normativismo solo plantea soluciones en términos de exclusión, oposición, marginación, no integración. Pareciendo entonces una máquina artificial, que al menor error apaga su funcionamiento ya que hay que esperar a que sesione el Congreso, o en el más humillante de los casos, deriva la solución de los problemas a otras disciplinas científicas, señalando que la injusticia social es un problema político. El Trialismo tiene respuestas ante la problemática de la costumbre, del incumplimiento de las normas[1220], la injusticia, etc. Puede ocurrir que ante una falta de regulación no se siga una permisión, como lo dice el principio normativista de que todo lo no prohibido está permitido. El normativismo, generalmente prohíbe la aplicación de la costumbre, pero ella puede

---

1217 Íd.
1218 Op. cit., t. A-D, p. 545.
1219 Morin, *La Méthode 4*..., cit., p. 19. (Morin, *El Método 4*..., cit., p. 21).
1220 Ver lo que digo en la segunda parte del tomo 2.

regular una situación con más eficacia y justicia que las normas. La única regla es obedecer, sin discutir. La normatividad puede lograr una lógica (una) perfecta, y una coherencia admirable, que de hecho se encuentra en la dimensión normológica, pero es insuficiente. Dice Morin, citando a Von Neumann:

> ... pourquoi une machine artificielle, dont les constituants sont d'une extrême fiabilité, est moins fiable que la machine vivante dont les protéines constitutives sont extrêmement dégradables. Il découvrit que cela tenait au caractère toujours dégénératif de la première (une perturbation, une erreur sont cause d'arrêt ou de dégradation irréversible) et au caractère provisoirement non dégénératif de la seconde, capable de tolérer, combattre, rectifier l'erreur en procédant à des réparations et de réorganisations[1221].

21. Cuando Guibourg se refiere a las fallas del mecanicismo alude precisamente a esto. Es decir, a que no se admiten variaciones o particularismos, y a que el menor error acarrea productos defectuosos o incluso el daño de la máquina. Pero también señala que estas "fallas" se compensan con la rapidez, el costo y el número de los productos finales uniformes[1222]. Si un particular ocurre al tribunal es porque su caso es complejo, problemático, único,

---

[1221] Morin, *La Méthode 2...*, cit., p. 108. "... por qué una máquina artificial cuyos constituyentes son de una fiabilidad extrema, es menos fiable que la máquina viviente cuyas proteínas constitutivas son extremadamente degradables. Descubrió que esto se debía al carácter siempre degenerativo de la primera (una perturbación, un error son causa de degradación o de parada irreversible) y al carácter provisionalmente no degenerativo de la segunda, capaz de tolerar, combatir, rectificar el error procediendo a reparaciones y reorganizaciones". Morin, *El Método 2...*, cit., p. 134.

[1222] Guibourg, "La justicia...", cit., p. 998.

particular. Todo caso es "el" caso y es jurídico, no político, en el sentido de decisión tomada en el Poder Legislativo y no susceptible de modificación[1223].

22. Esto nos permite pensar en la necesidad de una teoría que no sea estricta, rígida, implacable. La Escuela Analítica se caracteriza por jerarquizar la lógica en el Derecho. Señala el jurista porteño tratando de traspolar los caracteres de la lógica deóntica al Derecho:

> ... la lógica trata muy especialmente sobre las tautologías, y por esto empleamos hoy máquinas —las computadoras— que son formidables constructoras de relaciones tautológicas: dados un programa y los datos con que se la alimenta, la máquina produce una respuesta que resulte *formalmente* verdadera bajo la condición de la verdad de aquellas premisas[1224].

La coincidencia de la Escuela Analítica con el pensamiento de Parménides, quien habló sobre la inmutabilidad del ser, es clara. Así, "... se mantiene dentro de una visión arcaica en la que el conocer es como un viaje, en que el error es un desviarse del camino[1225]". El filósofo centra su pensamiento en "... el desarrollo de un conjunto de ideas unidas por una férrea coherencia lógica acerca de la realidad última de las cosas[1226]". Opera también disyuntivamente, como lo señala Morin respecto de la simplificación. El "... pensamiento puede buscar la verdad, concibiendo

---

[1223] En contra: íd., p. 999. "... el legislador tiene sus propias preferencias acerca de lo que él considera el resultado *justo* del proceso, y [...] acepta conscientemente el riesgo de provocar un número indeterminado de situaciones que él mismo calificaría de injustas. [...] la decisión es [...] claramente política". Todas estas apreciaciones corresponden a la doctrina, y es difícil adjudicarlas al legislador. Lo que revela en última instancia, la importancia de los factores extralegales.

[1224] Echave, Delia Teresa, Urquijo, María Eugenia y Guibourg, Ricardo, *Lógica, proposición y norma*, 1º edición, Buenos Aires, Astrea, 1980, p. 70.

[1225] Bernabé, Alberto (trad., introd. y notas), *Fragmentos presocráticos*, Barcelona, Altaya, 1995, p. 148.

[1226] Íd., p. 150.

el conocimiento como un viaje. Uno de estos caminos es transitable. La búsqueda de 'es'; otro, intransitable: el de 'no es', que no puede buscarse. Opera, pues, el filósofo disyuntivamente: o *a)* o *b)*[1227]. Una fórmula lógica puede resultar interpretada como que "fumar hace daño o no hace daño" y resultará verdadera en toda circunstancia. Pero, ¿fumar hace realmente daño? Esta pregunta tiene importancia médica, social y económica, pero no perturba la placidez de la lógica. Porque, cualquiera que sea la opinión que sustenten sobre la respuesta correcta, fumadores empedernidos, médicos, directores de empresas tabacaleras y activistas han de estar de acuerdo en que fumar hace daño o no hace daño[1228]. Esta es la gran crítica que se le hace a la filosofía analítica, ya que se ocupa de lo formal y no del contenido, que lo da el análisis de los valores. Se está frente a tautologías. "Tienen la ventaja de ser siempre verdaderas con independencia de su contenido, pero [...] tienen también una desventaja: no proporcionan ninguna información sobre el mundo que nos rodea[1229]". Esto significa que la lógica se sustenta en ella misma, en tanto conforma una estructura formal con encadenamientos, sin cuestionamientos de orden extra-lógico. Lo tautológico hace referencia a él mismo. No cabe en su lógica la integración. Así, "... en la base del razonamiento de Parménides habría una tautología [...] 'lo que es, es', implica algo así como 'si decimos 'es', lo decimos con todas sus consecuencias' (que serán excluir 'era', 'será', 'llegar a ser', etc.)[1230]". Lo

---

[1227] Íd., p. 152.
[1228] Echave, Urquijo y Guibourg, op. cit., pp. 68-69.
[1229] Íd., p. 69.
[1230] Bernabé, op. cit., pp. 152-153.

que implica la indivisibilidad y homogeneidad de lo que es, y su no desmenuzabilidad[1231]. Se excluye así al "deber ser" de la axiología.

23. Mientras que en Heráclito la validez y existencia de lo uno remite a lo otro. "Si tomamos a Heráclito [...] su pensamiento es el de enfrentar las contradicciones[1232]". Su pensamiento busca la paradoja[1233]. Cuando se refiere a la búsqueda de la verdad, dice que le gusta ocultarse, y que se presenta como una ensambladura invisible[1234]. Nótese aquí la semejanza con la noción de complejidad de Morin, como tejido o ensamble de aspectos y por la necesidad de un análisis profundo. También hace referencia a la razón como substrato unificador bajo la pluralidad de manifestaciones de las cosas[1235]. En relación a su teoría de los opuestos, señala que solo la tensión entre elementos opuestos los unifica a niveles superiores, creando una estructura en la que el todo es algo más que la suma de las partes y cuya unidad consiste en esa relación entre los opuestos[1236]. Morin hablará de la particularidad de dicha relación entre los opuestos a través de la dialógica, que no es mera dialéctica[1237]. No obstante, según el filósofo de Efeso, ambos contrapuestos son interdependientes y se requieren mutuamente. Es así como todas las cosas son una, aunque reuniendo la continua tensión entre los contrarios[1238]. En suma, contrariamente a lo sostenido por su contemporáneo Parménides, señalará que el reposo del ser es el cambio[1239]. En el Derecho trialista, sus dimensiones

---

[1231] Íd., p. 153.

[1232] Morin, *Complejidad restringida...*, cit., p. 108.

[1233] Bernabé, op. cit., p. 118.

[1234] Íd., p. 122.

[1235] Íd., p. 123.

[1236] Íd., p. 124.

[1237] Ver cap. 2 del tomo 2.

[1238] Bernabé, op. cit., p. 124.

[1239] Íd., p. 128.

son tan antagonistas como complementarias las unas con las otras. Por ejemplo, la norma no dependerá de ella misma —como la concepción tautológica plantea—, sino que depende de la realidad social; lo que se percibe a través de las categorías sociológicas de fidelidad, exactitud y adecuación.

24. Desde una postura lógica o parmenídea, el Mayo francés habría naufragado antes de producirse, porque la alternativa no es el cambio, sino represión y cárcel por contradecir las normas. De ahí que la teoría de la autoorganización, que viene a Morin de Monod, Schrödinger y von Foerster[1240], se llevará de manera coincidente con su símil en el Derecho trialista, que promueve no solamente el reparto autoritario (substrato de la norma), asimilable a la máquina artificial, sino también el autónomo, ese acuerdo que hace fluir la vida jurídica y que silenciosamente muestra que el Derecho no es solo el conflicto, sino también la convivencia. Asimismo, se incluye en el Trialismo la carencia dikelógica.

25. El Derecho puede seguir funcionando y cumpliendo su meta de justicia, sin necesidad de esperar siempre el largo trámite legislativo. No es una máquina artificial[1241]. Los postulados de la transdisciplinariedad pueden aplicarse al Derecho. En efecto,

> ... el pensamiento clásico permanece disciplinadamente dentro de las fronteras establecidas, [...] lo mismo sucede en áreas como la de las humanidades médicas, donde el traspasar los límites disciplinares puede ser esencial para una interpretación más profunda de lo verdaderamente "humano" en las ciencias médicas[1242].

[1240] Morin, *Mes démons*, cit., p. 47.
[1241] Ver punto 20.
[1242] Garrafa, op. cit., pp. 70-71. Sobre el tema ver Galati, "Los comités...", cit.

En nuestro caso, el Trialismo trata lo humano en la dimensión dikelógica, como aspecto integrado al Derecho. Morin reconoce a la transdisciplinariedad como herramienta de la complejidad:

> La transdisciplinariedad plantea la actitud que busca *articular* los conocimientos y las disciplinas. Hace un "recorrido transversal" en los conocimientos que va uniendo, asociando, descubriendo y problematizando los diversos puntos de enlace entre ellos. Por ser más una actitud que una disciplina [...] permite observar las diversas *dimensiones* de la realidad, rompiendo definitivamente con el paradigma reduccionista. Posibilita la observación, comprensión y explicación de un fenómeno utilizando las distintas dimensiones que lo configuran; esto permite abarcar el contexto y las *interacciones* que surgen en él[1243].

Al respecto, dice también Nicolescu: "the ontological axiom: There are, in Nature and society and in our knowledge of Nature and society, different levels of Reality of the Subject and, correspondingly, different levels of the Object[1244]".

25.1. En efecto, el Trialismo realiza lo que la transdisciplinariedad le propone a las ciencias clásicas. Así, "... para transgredir las fronteras, necesitamos libertad para emerger [...] unir cosas que de otra manera no serían unidas porque los campos diferentes no se relacionan, pero somos nosotros, los seres humanos los que los relacionamos'[1245]". Lo que el pensamiento simple nunca ha pensado unir, representado por la las purificaciones kelsenianas,

---

1243 Morin, *Articular...*, cit., pp. 31-32. Los resaltados me pertenecen.
1244 Nicolescu, "Transdisciplinarity...", cit. "El axioma ontológico: hay, en la naturaleza y la sociedad y en nuestro conocimiento de la naturaleza y la sociedad, diferentes niveles de realidad del tema y, en la misma medida, diferentes niveles del objeto" (trad. del autor). Para un estudio más completo de las relaciones entre la transdisciplinariedad y la complejidad, y el Derecho, ver Galati, *Los comités...*, cit.
1245 Ver Garrafa, op. cit., p. 71.

ha sido integrado por el Trialismo. Frente a las acusaciones a la teoría trialista de constituir tres ciencias[1246], o de desarrollar Sociología o Filosofía, se dice: "la transdisciplinariedad, [...] es un abordaje que va más allá, proporcionando libertad de estar del otro lado sin ser acusados de estar pisando donde no debemos y sin temer serlo[1247]". En efecto, el normativismo aísla los factores, principalmente la norma, mientras que el Trialismo busca integrar —contextualizar, ecologizar— dicho factor en un marco teórico de conjunto, satisfaciendo la máxima compleja que señala Morin[1248].

26. Ante el hecho de que los seres vivientes se caracterizan por su auto-organización permanente, puede decirse que las leyes también pueden ser constantemente producidas, modificadas, recicladas, etc.; frente a lo cual contestaría que la auto-organización, la *autopoiesis* se da en la diversidad, en la complejidad de todo objeto. Esto significa que la producción de lo jurídico no es monopólica, sino diversa; que permite la creación de Derecho no solo por el Estado, sino también por otros protagonistas[1249]. "Maturana, Varela, Uribe [...] considérent que l'*auto-poiesis*, c'est-à-dire la capacité de s'auto-produire de façon permanente, constitue la propriété centrale des systémes vivants[1250]". De ahí que "... los seres vivos se caracterizan porque [...] se producen continuamente a sí mismos [...][1251]". Cabe preguntarse entonces ¿por qué habría en el Derecho productores "cualificados" o "privilegiados", cuando son vivos tan-

---

[1246] Ver punto 19.
[1247] Garrafa, op. cit., p. 71.
[1248] Morin, *Sociologie*, cit., p. 126-127. (Morin, *Sociología*, cit., pp. 139-140).
[1249] Ver punto 45 del cap. 2 del tomo 2.
[1250] Morin, *La Méthode 2...*, cit., p. 109. "Maturana, Varela, Uribe [...] consideran que la *autopoiesis*, es decir, la capacidad de auto-producirse de manera permanente, constituye la propiedad central de los sistemas vivientes". Morin, *El Método 2...*, cit., p. 134.
[1251] Maturana y Varela, op. cit., p. 25.

to el legislador, el juez, como el jurista? Cuando Delmas-
Marty considera la complejidad, señala que es inherente
a ella, funcionalmente hablando, la autoadaptación a los
cambios, tan rápidamente que no es necesario pasar por
una instancia central. Sustancialmente hablando, la complejidad permite asimismo el juego de márgenes que preservan las diferencias[1252]. A su turno, los epistemólogos
chilenos señalan, coincidiendo con Morin y su recursividad, que "... no hay separación entre productor y producto
[...][1253]" al hablar de los seres vivos. Con lo cual, la artificial diferencia entre norma y aplicación es una ilusión.
Tanto la sociedad contribuye a formar al individuo, como
este a aquella.

27. Esta idea es inconcebible en una doctrina que
manda obedecer la normatividad y en donde el hombre
debe permanecer inactivo, como regla sin excepciones,
hasta la terminación del proceso legislativo. Solo se puede
regular adecuadamente un problema y tomar conciencia
de él si se toma contacto con la realidad en la cual se inscribe, si se puede aprender de y aprovechar dicha realidad.
Por otro lado, si un "error", "alea" se le plantea a la ley,
y se le capta por fuera de ella, es necesario aprovechar
dichos elementos que vienen por fuera de la norma, como
por ejemplo, los antecedentes normativos, para adecuar-
la. Es el caso de la interpretación restrictiva, extensiva y

[1252] Delmas-Marty, "La tragédie...", cit., p. 12. "... sa capacité d'auto-adaptation aux
changements, d'autant plus rapide qu'il n'est pas nécessaire de passer par une
instance centrale. L'autre est substantielle : permettre le jeu des marges qui pré-
servent les différences". "[...] su capacidad de auto-adaptarse a los cambios, tan
rápido que no es necesario pasar por una instancia central. La otra es substan-
cial: permite el juego de márgenes que preservan las diferencias" (trad. del
autor). Que la autora destaque el hecho de que para solucionar un problema
jurídico no sea necesario —aunque sea lo mejor y lo preferible— pasar por el
Estado, muestra la importancia del tridimensionalismo trialista, y uno de los
núcleos problemáticos de este trabajo.
[1253] Maturana y Varela, op. cit., p. 29.

sustitutiva. En estas operaciones adaptamos la voluntad del cuerpo legislativo a aquello que fue escrito. Algo similar sucede con la revolución, donde hay un cambio de criterios de reparto y de personas encargadas de gobernar, que evidentemente deben responder a lo que ocurre en la realidad que demanda un cambio. En el pensamiento normativista este fenómeno es visto a través de la norma hipotética fundamental, que no es puesta. También cuenta la posibilidad que tiene un juez de accionar por omisión de las autoridades de hacer respetar un mandato constitucional, como es el de la movilidad de las prestaciones previsionales, la salubridad e higiene en las cárceles, etc. Y si la realidad social juega un papel en el Derecho, puede ampliárselo, por ejemplo, al ámbito de la fuerza jurígena de la costumbre[1254].

28. Rolando García condena el imperialismo de la informática, tan en boga en estos momentos para hacer más simple la vida. De ahí que Guibourg señala la inevitable introducción de la cibernética, que emplea procedimientos y medios mecánicos y electrónicos en la adopción de decisiones referidas a la conducta humana, para que las computadoras, en relación con la administración de justicia, no se limiten a sistematizar leyes y fallos, sino que decidan por sí solas determinados casos. Todo lo cual, no es bueno ni malo, ya que el progreso técnico es neutro[1255]. El progreso técnico no es neutro, en tanto innumerables desastres se han derivado del uso de la ciencia, como en el caso de la energía nuclear (Hiroshima, Nagasaki, Chernobyl), la contaminación industrial, etc[1256]. Ni hablar de

---

[1254] Sobre el tema ver Galati, "La costumbre...", cit.
[1255] Guibourg, "La justicia...", cit., pp. 994-995.
[1256] Ver punto 60 del cap. 7. Ver tb. Galati, "La complejidad del derecho de la ciencia", en *Complejidad*, n° 29, Ciudad Autónoma de Buenos Aires, Raúl Motta, 2016, pp. 22-55; tb. en https://bit.ly/2L8H919 (21.11.2016).

los problemas bioéticos que surgen del control de natalidad, el alquiler de vientres, la abuela que gesta el embrión
de su hija[1257]. A lo cual hay que agregar la fecundación *in
vitro*, la crioconservación de embriones, etc. Si por algo se
esfuerzan Morin y el Trialismo es precisamente por liberar
al hombre de la igualación con la máquina artificial[1258].

29. La intención de asimilar el Derecho a la máquina
deriva del ansia de calcular, y sobre todo de saber de antemano qué decisión tomará el magistrado judicial, transfor-
mado ahora en "juez parquímetro". Contrariamente, Morin
sostiene que el conocimiento inadecuado es aquel que se
cierra a lo previsto de antemano y que detesta a la realidad que lo contradice[1259]. Guibourg cita recurrentemente
a la informática para proponerla como modelo de vida.
Según el modelo informático no deben incluirse instruc-
ciones conflictivas entre sí que traben su aplicación, hay un
sistema operativo básico que ordena todos los elementos
del sistema. Así, "... algo semejante sucede con la mente
humana[1260]". Aunque reconoce su complejidad y en este
sentido la "falla" tan a menudo[1261]. Ocurre que este anhelo
de la ciencia clásica de la certeza, exactitud como precisión
y control[1262], no se corresponde con los tiempos actuales de
incertidumbre, contradicción, diversidad, etc., en suma, de
complejidad, en donde necesitamos un "juez bucle". Además, una falla puede ser el comienzo de un nuevo sistema.

[1257] Morin, *Epistemología...*, cit., p. 436. Sobre el tema ver Galati, "Un estudio jurídico complejo de la gestación por sustitución", en *Revista de Derecho de Familia y
de las Personas*, año 7, nº 1, Buenos Aires, La Ley/Thomson Reuters, 2015, pp.
165-181.
[1258] Ver, en este sentido, la enorme cantidad de contradicciones éticas en el cap. 3
del tomo 2.
[1259] Morin, *Ciencia...*, cit., p. 69.
[1260] Guibourg, *La construcción del pensamiento: decisiones metodológicas*, Buenos
Aires, Colihue, 2004, p. 10.
[1261] Íd.
[1262] Ver Guibourg, "La justicia...", cit., p. 995.

Hay que agregar también el muy viejo ideal de reducir la realidad a los números, que comenzó con los presocráticos como Parménides y los pitagóricos, y continuó con Platón, pasando por Galileo[1263], Descartes y Newton, y hoy prosigue con el Círculo de Viena y la Escuela Analítica. De seguirse con estas pautas, "Vizzoti, Carlos c. AMSA SA.[1264]" se habría resuelto de otra manera, aplicando a rajatabla la tremenda y escandalosa reducción de la indemnización producto de la época neoliberal aplicada por el ex presidente Menem y las recetas del Fondo Monetario Internacional (FMI) de la época de George Bush. "Dos más dos es igual a cuatro en cualquier tiempo y lugar, [...] y el conjunto de las relaciones de este tipo, reunidas en una

---

[1263] "Galileo *propone hipótesis y las pone a la prueba experimental.* [...] Galileo engendra el método científico moderno [...]". Bunge, *Epistemología...*, cit., p. 35. El sostuvo que la naturaleza habla en lenguaje matemático.

[1264] Declaró la inconstitucionalidad de la limitación de la indemnización por despido del art. 245 de la LCT. Fallado por la CSJN el 14.9.2004, y publicado en *La Ley*, t. 2004-E, pp. 928-944. La indemnización del director médico se vio reducida en un 90,55%. Por el tope legal percibió un 9,45% de indemnización con relación al salario mensual que se le abonaba, lo que resultaba equivalente aproximadamente a dos salarios y medio. La Corte decidió que corresponde aplicar la limitación a la base salarial prevista en los párrafos 2° y 3° del art. 245 de la LCT, solo hasta el 33% de la mejor remuneración mensual normal y habitual computable. La base salarial para el cálculo de la indemnización del actor asciende a $7370, de los $11.000 que cobraba (consid. 12). Y ese monto, se multiplica por los años de servicio. "Esta preferencia [...] es la respuesta constitucional dada en 1957 a diversas situaciones y comprobaciones fácticas, entre otras, la desigualdad de las partes que regularmente supone la relación de trabajo" (consid. 9). La Corte también dice que tal vez este pronunciamiento no se compadezca con un estricto "análisis económico del Derecho", al mencionar "... como inadecuados a los lineamientos que serían necesarios para el mejoramiento del llamado mercado de trabajo, cuando no del mercado económico en general" (consid. 11), pero que sí respeta la protección del trabajador, ya que interesa "el sentido profundamente humanístico y protectorio del trabajador" (consid. 11). "... el hombre no debe ser objeto de mercado alguno, sino señor de todos estos, los cuales solo encuentran sentido y validez si tributan a la realización de los derechos de aquél y del bien común" (consid. 11). La primacía del valor justicia, y del valor final humanidad son claros: "... no debe ser el mercado el que someta a sus reglas y pretensiones las medidas del hombre ni los contenidos y alcances de los derechos humanos (consid. 11)".

teoría matemática universalmente admitida, nos permite verificar formalmente la exactitud de cualquier cálculo[1265]". El Derecho es solo cálculo sobre la base de las premisas dadas. Así, "... lo que no han logrado hacer todavía la ciencia y la filosofía no puede conseguirse del mero razonamiento, que es solo una herramienta intelectual, y no la fuente de la verdad[1266]".

30. Esta automatización causa dolor si no tiene control. No se trata de sumar 327 + 458 y esperar 785, ni poner carne y esperar salchichas de una máquina de hacer salchichas[1267]. Se trata de aquello que necesita un hombre despedido para subsistir hasta que consigue otro trabajo con el cual *vivir*. Pero las máquinas no saben de vida, saben de aquello con lo cual son cargadas. Y aquellos que "cargan" las normas lo hacen por el bien común que generalmente esconde el beneficio de un sector. Pero el beneficio no ingresa en la teoría lógica, porque es sociología; y esa sociología, mala palabra que pudre el objeto jurídico llenándolo de impurezas, es precisamente lo que hace pensar al hombre y criticar actos de injusticia. Ninguna suma hicieron los jueces de "Roe vs. Wade" para decidir en aquel caso, que no se resolvió apelando a calculadoras o máquinas de hacer sentencias. Tampoco un caso "simple[1268]" como un desalojo puede resolverse en ese sentido. El vencimiento del plazo, la falta de pago, cosa tan sencilla de comprobar, puede complejizarse si el juez tuviera la

---

[1265] Echave, Urquijo y Guibourg, op. cit., pp. 19-20.
[1266] Íd., p. 23.
[1267] Guibourg, "La justicia...", cit., p. 995.
[1268] Sobre el tema ver a Ciuro Caldani, "Perspectivas trialistas para la construcción de los casos. La complejidad de los casos", en *La Ley*, 2004-D, pp. 1181 y ss. "... los casos son solo partes del gran 'caso' de la vida, difícil de conceptuar como ella misma, pero nos encontramos en la necesidad de construirlos con recortes adecuados a nuestros deseos de conocer y hacer". "El ámbito de la decisión jurídica (La construcción del caso)", en *Revista del Centro...*, cit., n° 24, Rosario, FIJ, 2000, p. 73.

delicadeza de prever en el caso concreto, otra mala palabra, las consecuencias de sus decisiones: dejar en la calle a una familia numerosa, con sus padres sin trabajo, con un dueño que no tiene la urgencia de usar la propiedad, la pronta puesta en marcha por la comuna o municipalidad de un plan de viviendas, etc. Una máquina no puede tener en cuenta todo esto porque no siente, no se emociona, no tiene pasión, sensibilidad, no es humana. Son los "daños colaterales" que debemos aceptar; es el precio de la rigidez, de la producción en serie[1269]. En otro ámbito disciplinar serán los "efectos secundarios" de los medicamentos. Ocurre que ese precio se paga con injusticias. Esto me recuerda lo que Morin llama los rasgos negativos de la ciencia, que son vistos por la ciencia tradicional como inconvenientes secundarios o subproductos menores[1270]. El jurista porteño señala que el criterio para sacar un tema de la mecanización es la "jerarquía de los intereses sociales e individuales implicados[1271]". Ocurre que la gradación de dicha importancia en los distintos casos no es un criterio mecánico. Por otro lado, para una familia de desocupados su caso es el de mayor "jerarquía", tanto como un caso penal relativo a la acusación de evasión fiscal a una empresa internacional. No obstante, Guibourg deja latente la posibilidad de que algún delito penal sea mecanizado, "cuya verificación depende exclusivamente de pruebas preconstituidas[1272]". Pienso en el caso de la tenencia de droga para consumo personal, en donde ante un determinado gramaje se considere que es delito menor y se aplique la pena del caso. Pero la CSJN, en "Arriola"[1273], ha desoído

---

[1269] Guibourg, "La justicia...", cit., p. 1002.
[1270] Morin, *Ciencia*..., cit., p. 32.
[1271] Guibourg, "La justicia...", cit., p. 1001.
[1272] Íd.
[1273] Fallado el 26.8.2009. Ver https://bit.ly/2w2HDkS (26.8.2009).

la ley penal de estupefacientes y fallado en contra de ella, desconociendo la matemática mecanizadora. El plafón de esta actitud han sido los diversos fallos que declararon la "inconstitucionalidad" de la ley 23737[1274]. Anótese que con la misma Carta Magna también se ha fallado por la constitucionalidad de dicha prohibición y sanción[1275].

31. ¿Cómo resolvería una máquina un caso en el que estén involucrados pueblos originarios, con sus distintas costumbres, sus distintos jueces? ¿Cómo haría progresar al Derecho la máquina? Porque de seguirse el criterio del juez parquímetro el proceso legislativo también debería mecanizarse. Pero, ¿quién programaría a los legisladores? De manera similar, Morin se pregunta ¿quién educará a los educadores? La máquina artificial aplica un programa, pero este le viene dado por los ingenieros[1276]. Ante este interrogante se señala: "la mecanización total del proceso no es necesaria: solo es posible sobre la base de ciertas decisiones políticas[1277]". Porque "... la conclusión se desprende necesariamente de las premisas[1278]". Ocurre que hay que debatirlas y cuestionarlas entonces. La uniformización que se pretendía es imposible de realizar. Por su parte, el Trialismo pretende transparentar ese agujero negro qué es el de las "decisiones políticas", es decir, transparentar por qué en algunos casos se procede mecánicamente, como lo marca la norma, y por qué en otros

---

[1274] Por ejemplo, el fallo de la Sala 1ª de la Cámara de Casación Penal de la Prov. de Buenos Aires en el caso "R., C. M." del 24.4.2008; en https://bit.ly/2LhNcAJ (27.5.2008).

[1275] Ver los fallos "Colavini, Ariel Omar s. inf. ley 20771 (estupefacientes)", del 28.3.1978; "Capalbo, Alejandro Carlos s. tenencia de estupefacientes", del 29.8.1986; y "Montalvo, Ernesto Alfredo s. inf. ley 20771", del 11.12.1990.

[1276] Morin, *Ciencia...*, cit., p. 81.

[1277] Guibourg, "La justicia...", cit., p. 1001.

[1278] Echave, Urquijo, y Guibourg, op. cit., p. 22.

no[1279]. No creo que el único miedo que tengamos que tener frente a las máquinas sea el de tener una computadora mal programada[1280]. Una máquina nunca llegará a pensar porque si lo hiciera dejaría de ser máquina y sería humano. Nótese que no se habla en momento alguno acerca de si las salchichas son de carne, rellenas, más o menos saladas, etc. No se habla de contenidos. "Entonces ¿para qué sirve la lógica, si no permite distinguir lo verdadero de lo falso? Esto vale tanto como preguntar para qué sirve la televisión, si los programas son tan malos[1281]".

32. En última instancia, el anhelo de la Escuela Analítica no es mecanizar el Derecho ya que no está mal que el expendio de tickets para cédulas sea mecánico, sino uniformizarlo. Y de ahí que no coincida con el Pensamiento Complejo, cuyo anhelo es captar la riqueza de la complejidad. En otras palabras, según Morin, no está mal que algunas veces nos comportemos como máquinas triviales y presentemos los escritos, generalmente, en el plazo determinado. Ocurre que las cosas más importantes no son triviales, "... no se pueden reducir a un aspecto[1282]". El cumplimiento de un plazo se traduciría en no trivial cuando de él depende un derecho fundamental. Sobre el plazo y su vencimiento se han expedido los jueces en el caso "Federico Garófalo c. Club Atlético Independiente[1283]" relativo a la perentoriedad del plazo de un artículo de un código procesal, que implica la pérdida del derecho que se

---

[1279] Sobre el tema ver Galati, "La ciencia de la transdisciplinariedad o la política compleja. (Las fronteras entre el derecho y la política)", en *Desafíos*, vol. 27, n° 2, Bogotá, Universidad del Rosario, 2015, pp. 83-120, en https://bit.ly/2BrOGc2 (21.3.2015).

[1280] Guibourg, "La justicia...", cit., p. 996. "De aquí que no exista en verdad oposición alguna entre máquina y hombre". Íd., p. 996.

[1281] Echave, Urquijo y Guibourg, op. cit., p. 22.

[1282] Morin, *Complejidad restringida...*, cit., p. 114.

[1283] Fallado por la Cám. 2ª de Apelación de La Plata (en pleno), el 19.7.1946; y publicado en *La Ley*, t. 43, pp. 369-374.

hubiese dejado de ejercitar, el cual no se aplica ni para el vencimiento del plazo de la prueba, ni para el vencimiento del plazo para contestar la demanda si no se acusa la rebeldía. En efecto, "... en la *práctica* gran parte de la prueba se produce casi siempre después de vencido su término[1284]". Además, "la ley que impusiera la perentoriedad de tal término estaría fuera de la *realidad*[1285]". Aquí se percibe cómo la costumbre hace no trivial al Derecho, en el sentido de mecánicamente normativo[1286].

El anhelo de dominio de las ciencias naturales para con la naturaleza se traslada al campo de las Ciencias Sociales, en tanto los hombres también son producto de la naturaleza susceptible de artificializar[1287]. Por ello critico tanto al monismo epistemológico[1288].

33. Volviendo sobre la idea del contenido, es sugerente el caso del cheque[1289]. Todo el ordenamiento relativo a el: su tamaño, sus formalidades, su proceso de ejecución, el *clearing*, hacen que los negocios sean previsibles. Es el instrumento de que se vale el mercado para hacer circular el capital. La referencia a la Escuela de la Exégesis es automática. Quería atar el juez a la ley[1290], que era la que aseguraba la propiedad privada y la libertad de contratación.

_____

[1284] El resaltado el mío.
[1285] La cursiva es mía.
[1286] Sobre este tema ver Galati, "La costumbre...", cit. Ver también Cossio, *Teoría de la verdad jurídica*, Buenos Aires, Losada, 1954, p. 257.
[1287] Atlan, op. cit., p. 24.
[1288] Ver punto 5 del cap. 5.
[1289] Guibourg, "La justicia...", cit., p. 1000.
[1290] "Si el legislador elige un sistema mecanizado para la solución de cierto tipo de conflictos, deberá asegurarse de que el perjuicio que pueda causar la rigidez de las normas quede compensado por la mayor velocidad del procedimiento, por la mayor previsibilidad de los riesgos individuales o por otras ventajas, y estar además atento a las fallas que la práctica vaya poniendo de relieve para modificar las normas en consecuencia". Guibourg, "La justicia...", cit., p. 1002. La historia del Derecho ha mostrado las fallas e inconveniencias de la exégesis como para retornar a sus postulados. Si para algo existe el juez, es para no recurrir a la comisión legislativa o al *référé legislatif*. Ver al respecto Alvazzi del Frate, Paolo, "Aux

Elementos pétreos, incuestionables. No es entonces neutro el mecanicismo. Guibourg propugna la extensión de la mecanización al proceso judicial "... por imperio de cierto determinismo económico y social que obliga a adoptar métodos modernos para resolver eficazmente un número creciente de casos[1291]". A un desocupado, a un pobre, a un habitante de un pueblo originario, a un piquetero, poco le importan dichas formalidades, a quienes tampoco les va la vida en ello. Oportunamente, señala Morin: "... el gran problema de toda organización viviente y de la sociedad humana sobre todo, es que funciona con mucho desorden, aleas y conflictos[1292]". Y quienes participan en dichos conflictos no son escoria, anomalías, desechos a reabsorber, sino constituyentes claves en la organización social[1293]. Por ello, es necesario cambiar el antiguo "fondo" maquinista, por un "nuevo fondo" termodinámico en donde "... le défi est de penser l'unité multiple dans une totalité en tension[1294]".

34. Incluso, la Escuela Analítica quiere ir más allá de la Exégesis ya que, con la ayuda de la tecnología, la precisión y la rigidez son mayores.

> A un universo determinado o determinable de casos debe corresponder exactamente un universo determinado o determinable de soluciones, expresadas con tal precisión que se elimine toda apreciación personal de su contenido. Es decir, se requiere un sistema completo de normas *que no requieran interpretación*[1295].

---

origines du référé législatif: interprétation et jurisprudence dans les cahiers de doléances de 1789", en *Revue Historique de Droit Français et Étranger*, vol. 86, nᵒ 2, Paris, Dalloz, 2008, pp. 253-262.

[1291] Guibourg, "La justicia...", cit., p. 1002.

[1292] Morin, *Ciencia...*, cit., p. 82.

[1293] Íd.

[1294] Delmas-Marty, "La tragédie...", cit., p. 10. "... el desafío es pensar la unidad múltiple en una totalidad en tensión" (trad. del autor).

[1295] Guibourg, "La justicia...", cit., p. 1001.

Edgar Morin cuestiona la tecnología aislada de los conceptos de ciencia, industria y sociedad, y añade a la crítica la reducción de la vida a la lógica de la máquina artificial[1296]. Allí reside la manipulación en tanto la máquina no tolera el desorden y ahoga la creatividad, la libertad[1297]. A ello hay que sumar que no pueden regenerarse, cuando lo social y las máquinas vivientes están en continuo estado de reorganización, es decir, implican, utilizan, combaten y toleran el desorden[1298]. Por ello es indispensable rejerarquizar la estrategia que capta lo nuevo, el azar, el evento, lo desconocido, el misterio, frente al programa invariable desde el comienzo[1299].

35. Volviendo al punto de vista económico que prioriza la Escuela Analítica, que soluciona en masa lo que requiere más artesanado, se trata de la expresión del costo-beneficio propio de la solución uniformadora, que proyecta ahorrar recursos económicos, sacrificando la justicia y la posibilidad de cambio de los esquemas establecidos. Ocurre que hay que tener un "criterio más pragmático que principista"[1300]. Morin, pensador de la complejidad, puede tener conciencia de los extremos, los contradictorios, que toman cuerpo al analizar el problema de la política. Al señalar las dos tendencias, remarca la que seguirá la Escuela Analítica: la idea de solucionar los problemas sociales de manera tecnocrática y econocrática, en donde se prioriza el criterio económico[1301]. Fue este el caso de la "época Bush" en EE. UU. y de la Argentina en la década de los noventa. El Estado era un estorbo que acarreaba gastos, y no el instrumento de protección del débil frente

---

[1296] Morin, *Ciencia…*, cit., p. 80.
[1297] Íd., p. 81.
[1298] Íd.
[1299] Íd., pp. 82, 83.
[1300] Guibourg, "La justicia…", cit., p. 1004.
[1301] Morin, *Epistemología…*, cit., p. 436.

al mercado. Así nos fue, y les fue, precisamente a los mentores de la doctrina en EE. UU. con la crisis hipotecaria de 2008. Otra de las tendencias en antagonismo es la del partido que domina el Estado y pretende imponer su ideología a todos los aspectos de la vida humana[1302]. Tal vez se pueda ejemplificar con Chávez, sobre todo con las estatizaciones que hizo a partir de mayo de 2009. Quizás la solución se encuentra en la ausencia de solución o en la dialógica entre ambos estilos. Sí pienso que costará desnaturalizar la idea de que hay capitalismo que no sea salvaje, y la otra también ingenua de que es posible la igualdad absoluta lograda por un gobernante iluminado.

36. Si se cree que el Derecho no es maquinal, todo acto que se desarrolla en un proceso debería llevarse a cabo por seres humanos. Ni siquiera lo más sencillo en apariencia como el cómputo de un plazo, podría ser mecánico[1303]. Porque ello influye en última instancia sobre las personas de carne y hueso que en aquel están implicadas. El número de instancias que tiene que recorrer un caso hasta llegar a la Corte es matemático; es decir, tiene que pasar por la segunda instancia antes de llegar al máximo tribunal. Sin embargo, a tuerto o a derecho, no fue esta la decisión de la Corte en el caso "Dromi s. avocación en autos 'Fontela c. Estado Nacional'"[1304] en donde se avaló el salto de instancia contrariando la normatividad. Allí se vale de la justicia: "... que el marco normativo que procura la eficiencia del

---

1302 Íd.

1303 En contra, Guibourg, "La justicia...", cit., p. 996. "... presentado el escrito de apelación, la decisión sobre su admisibilidad se toma a través de un proceso enteramente mecánico, similar al utilizado por el parquímetro: se computa, calendario y reloj en mano, el tiempo transcurrido desde la notificación de la sentencia y se lo compara con el lapso establecido en la ley procesal".

1304 Fallado por la CSJN el 6.9.1990 y publicado en "Fallos", vol. 313, pp. 863-890. La mayoría estuvo conformada por los jueces Ricardo Levene, Mariano Cavagna Martínez, Rodolfo Barra, Julio Nazareno y Eduardo Moliné O'Connor. Carlos Fayt fue la única disidencia.

OTRA INTRODUCCIÓN AL PENSAMIENTO COMPLEJO

Tribunal no conspire contra la eficiencia de su servicio de justicia al que, en rigor, debe tributar todo ordenamiento procesal" (consid. 5). Incluso en el mismo fallo, la Corte habla del respeto a los otros poderes:

> ... lo vinculado con el gobierno, prudencia y sabiduría relativas a la administración de la hacienda y patrimonio públicos, y al diseño de las políticas respectivas, es ya materia propia de los otros poderes. Solo compete al Tribunal, en punto a los actos dictados en esas materias, decidir, en causas judiciales, acerca de su legalidad, no de su acierto, oportunidad y conveniencia (consid. 18).

La Corte hizo esta consideración para desacreditar el cuestionamiento que Fontela hacía de la privatización de Aerolíneas Argentinas ¿Por qué no se respetó la reglamentación que el Congreso hizo del recurso extraordinario? ¿Acaso el Tribunal no debe respetar la conveniencia de instaurar una o dos instancias previas a la última? También se sabe que ciertos plazos que tienen lugar en un proceso están regulados por la costumbre[1305]. Y esta no depende de una máquina, sino del devenir humano. Esta manía por la rigidez en los plazos me recuerda al caso "Saguir y Dib[1306]" en donde la niña, que dio su riñón a su hermano, tenía 4 meses menos de la edad requerida por la ley de

---

[1305] Sobre el derecho consuetudinario ver Galati, "La costumbre...", cit.
[1306] Fallado por la CSJN el 6.11.1980. Los padres de la niña solicitaron autorización judicial para que diera uno de sus riñones a su hermano. Fundamentaron su pedido en el padecimiento de una insuficiencia renal crónica de su hijo, que solo sobrevive mediante un tratamiento artificial de hemodiálisis y que ha sido trasplantado con un riñón de su madre, operación que tuvo solo relativo éxito, ya que el riñón injertado funcionó los seis meses posteriores en un 40%, pero a partir de ese momento solamente lo hizo en un 15%. Afirmaron que de los exámenes clínicos realizados en centros especializados, el único dador posible era su hermana, quien tenía un estudio de compatibilidad histoidéntico. Pero fueron informados por los médicos que el trasplante no podría realizarse sin la previa autorización judicial, por ser la dadora menor de 18 años. Al momento del fallo contaba con 17 años y 8 meses.

trasplantes de órganos. En ese caso, la Corte habilitó igualmente el trasplante porque era la única histocompatible,
porque priorizó el fin de protección de la salud del dador,
más allá de la letra de la norma (interpretación histórica) y
porque su conciencia del acto se encontraba protegida ya
que ella, por sí sola, había decidido. Si el proceso hubiera
sido mecánico, una persona tal vez habría muerto.

37. Un caso paradigmático, a nivel general, que revela
la importancia de la humanidad no trivial es el de Jesús.
"Cuando alguien dice que, ante una ofensa, no hay que
castigar sino poner la otra mejilla (es decir: perdonar),
esta es una reacción no trivial a la lógica de la *vendetta*,
de la venganza y el castigo[1307]". No hay nada más automá-
tico o mecánico que un cálculo basado en el talión. La
humanidad precisamente ha avanzado con grandes des-
viantes, disruptores de reglas. La no trivialidad de los individuos preserva su autonomía[1308]. Morin expresa que ese
desorden ante el cual la máquina artificial se detiene es
la libertad, necesaria en los procesos de creación e invención[1309]. Ante las manifestaciones de jóvenes y obreros en
el Mayo francés, y en el caso de la Reforma Universitaria argentina de 1918, los reclamos aparecían al sistema
imperante como errores, desviaciones, que no encajaban
en la mecánica del orden establecido[1310]. "He aquí como es
necesario pensar la complejidad de base de toda la realidad viviente[1311]".

[1307] Morin, *Epistemología...*, cit., p. 430.

[1308] Atlan, op. cit., p. 25.

[1309] Morin, *Epistemología...*, cit., p. 430.

[1310] Ver Galati, "La educación jurídica a partir del Pensamiento Complejo y la Teoría
Trialista del Mundo Jurídico", en *Complejidad*, nº 22 (primera parte), pp. 34-57, y
nº 23 (segunda parte), pp. 16-36, Buenos Aires, 2014; tb. en https://bit.ly/
2OVBWMv (8.12.2014).

[1311] Morin, *Epistemología...*, cit., p. 430.

38. No es casual que un destacado profesor de la UBA se refiera a casos del Derecho Romano a fin de acercar ejemplos de mecanicismos[1312], ya que ese Derecho está plagado de formalismos. Carlos Cossio, al criticar algunos planes de abogacía, señalaba la importancia de las ideas generales, al pronunciarse contra la inclusión del "Derecho Romano" en el plan de estudios de la carrera de Abogacía:

> ... por referirse a un régimen jurídico del más acentuado individualismo cuya influencia artificial no hará otra cosa que poner obstáculos a la aparición de las instituciones que reclama la vida moderna. Piénsese en la teoría romanista de la culpa y en cómo ella ha trabado la concepción y el desarrollo de los nuevos tipos de contrato que ha determinado la estructura social contemporánea. O piénsese lo que ha sufrido y demorado la configuración jurídica de la relación del trabajo por el empeño de los juristas de ubicarla en las categorías clásicas de la locación de obra y de servicio. [...] la opinión conservadora o reaccionaria que se opuso a la sanción de leyes como la de Accidentes del Trabajo, sacó del arsenal romanista sus cartuchos más refinados y sutiles[1313].

39. Un plan de estudios no se trata con una máquina, sino con la discusión, la reflexión, el pensamiento. Por ello, creo que es sumamente perjudicial excluir del plan de Abogacía a "Filosofía del Derecho"[1314]; o reducir la "Historia del Derecho" al "Derecho Romano". Lo que Cossio

---

[1312] Guibourg, "La justicia...", cit., p. 997.

[1313] Cossio, *La función social de las escuelas de abogacía*, 3ª ed., Buenos Aires, Facultad de Derecho y Ciencias Sociales de la Universidad de Buenos Aires, 1947, p. 119.

[1314] El plan de estudios de la carrera de Abogacía de la UNR contiene "Introducción a la Filosofía y las Ciencias Sociales" en el ciclo básico y "Filosofía del Derecho" en el ciclo superior. Ver concordantemente a Cossio, "La función...", cit., p. 127. Aunque no concuerdo con el contenido que el jurista ególogo le da a la "Filosofía Jurídica": "... orientar todo el estudio hacia el Derecho como técnica, vale decir, hacia la Abogacía". Íd., p. 128. No debe recaerse en extremo alguno: ni un técnico que no despegue los pies del suelo, ni un filósofo que no aterrice en la realidad de la vida jurídica.

aplica al dirigente, puedo trasladarlo al profesional: "... ha de tener la mente hecha para familiarizarse y valorar las ideas generales que son la savia de los problemas concretos que se presentan en la sociedad donde vive[1315]".

40. Cabe destacar que parecería que el anhelo de certeza, previsibilidad, precisión, y uniformización olvidan la misión del Derecho. Él está para realizar justicia[1316], no para automatizar el Poder Judicial. Es necesario recordar que el Trialismo incluye la dimensión normológica en el Derecho, con lo que no desdeña a las normas: generales, obligatorias, sancionatorias. La diferencia es que considera que esto es insuficiente para dar cuenta y actuar el Derecho. El anhelo de Guibourg consiste en reemplazar al juez por una máquina[1317]. Mi anhelo consiste en reemplazar la imposición de la máquina por acuerdos parciales, es decir, el totalitarismo de la ley por un semi-anarquismo. No creo que la tendencia actual sea la que el jurista porteño preconizaba en el año 1973 como de "recrudecimiento considerable del formalismo", o el restar "relevancia a todo cuanto se haga o verifica por medios no formales[1318]". En cuanto a la idea de consolidar las leyes argentinas en el Digesto Jurídico (ley 26939), de realizar este banco de datos jurídico, Morin señalaría que este saber científico está "... destinado cada vez más a ser acumulado en los bancos de datos y después computado por instancias manipuladoras, en primer lugar, el Estado[1319]". Ya que la lógica de la máquina artificial es funcional no solo a la uniformización, sino a las herramientas para lograrla: la centralización, la

---

1315 Íd., p. 135.
1316 Guibourg señala que el objeto primordial del proceso judicial es resolver un conflicto de acuerdo con las leyes. "La justicia...", cit., p. 999.
1317 Íd.
1318 Íd., p. 1004.
1319 Morin, *Ciencia...*, cit., p. 33.

especialización y la jerarquía[1320]. Hoy en día, el multicultu-
ralismo y la jerarquía que cada día cobra el Pensamiento
Complejo a nivel general, reclaman al Derecho una teoría
concordante, que está lejos de alabar la forma y la uniformización. El hombre no es una computadora y la teoría
debe dar cuenta de por qué no es así. En efecto, "... es imposible racionalizar en una fórmula a un ser humano[1321]".
Además, Morin también criticaría esta empresa si analiza-
mos lo que piensa del conocimiento, que no se reduce a
la información. En efecto, "... si tenemos demasiada información y no las estructuras mentales suficientes, el exceso
de información nos sumerge en una 'nube de desconoci-
mientos'[1322]". Porque carecemos del sentido[1323].

41. Si se considera al Derecho como una máquina
es difícil asociarla al sistemismo, que involucra los caracteres autogeneradores e interrelaciones entre elementos
diversos.

> La idea sistémica, que se opone a la idea reduccionista, consiste
> en que 'el todo es más que la suma de las partes'. [...] [y] la organi-
> zación de un todo produce cualidades o propiedades nuevas en
> relación con las partes consideradas de forma aislada[1324].

Si se considera que el Derecho es solo ley, nada nuevo
puede surgir porque se está ante algo que es producido
exclusivamente por personas extrañas a nosotros: las autoridades gubernamentales. Por el contrario, si agregamos
a la normatividad, la dimensión sociológica y la dikelógica, las relaciones entre ellas podrán permitir emergentes.
Así, "... desde un punto de vista sistémico-organizacional el

---

1320 Ver íd., p. 81.
1321 Morin, *Epistemología...*, cit., p. 435.
1322 Morin, *Ciencia...*, cit., pp. 68-69.
1323 Íd., p. 68.
1324 Morin, *La cabeza...*, cit., p. 98.

todo es más que la suma de las partes. Ese 'más que' son los fenómenos cualitativamente nuevos a los que denominamos 'emergencias'[1325]". Desde un punto de vista antropo-filosófico, "... cada uno de nosotros tiene un significado que trasciende los átomos de su constitución[1326]". De esta manera, el normativismo generaría resultantes, que son producto de la suma: normas provinciales, más normas federales, más normas internacionales, más decretos, más tratados, etc., y en este sentido se reagrupan mecánicamente. Mientras que los emergentes son cualidades nuevas[1327]. A su vez, la emergencia tiene que ver con la síntesis.

42. El Derecho visto desde el Trialismo es un fenómeno que puede producir entidades nuevas producto de las relaciones entre las dimensiones; lo cual no se daría de tener en cuenta únicamente a las normas. "Estas emergencias son efectos organizacionales, son producto (producir: traer al ser) de la disposición de las partes en el seno de la unidad sistémica[1328]". La cualidad nueva depende en gran medida de las diferencias ontológicas de las partes que constituyen el todo. Ya que la complejidad implica diversidad, y diversidad al interior del sistema en cuestión. El sistema normativo puede generar, por las relaciones de las normas en su interior, emergentes, pero al no haber diversidad ontológica en su seno, se cierra en una lógica única, no en una polilógica, en una diversidad ontológica. Solo hay orden, exclusión.

43. Considerar al Derecho desde el punto de vista sistémico implicará tener que familiarizarnos con una terminología propia relativa a un conjunto, sus partes diversas y las relaciones que darán cuenta de emergentes y restric-

---

[1325] Morin, Ciurana y Motta, op. cit., p. 29.
[1326] Laughlin, op. cit., p. 17.
[1327] Ver Ferrater Mora, op. cit., t. E-J, p. 991, voz "emergente".
[1328] Morin, Ciurana y Motta, op. cit., p. 29.

ciones. Como primera enseñanza, Morin señala que "... la connaissance des parties additionnée ne peut conduire à la connaissance; pourquoi ? Parce que l'organisation d'un système produit des émergences et les émergences sont des propriétés qui naissent de l'organisation du tout[1329]". En nuestro caso, lo que emerge de la unión de estos tres elementos es el fenómeno jurídico visto en sus diferentes aspectos y las relaciones entre sus elementos, las cuales no podrían darse si se considerara una única o dos dimensiones. Porque cada una de ellas interactúa con las otras.

44. Según la presentación que efectúa Morin, ninguna dimensión puede tomar un protagonismo excesivo, porque se caería en un unidimensionalismo o bidimensionalismo. Así, "... l'organisation d'un système impose des contraintes et des inhibitions sur les parties[1330]". No obstante, debe existir equilibrio, y no abuso por parte de dichas restricciones e inhibiciones, que sí se desarrolló en la época de la Exégesis, que por dar un excesivo protagonismo a la norma, no dejó que el jurista abra sus ojos a la realidad social, para desbloquear el prejuicio que acarrea la consideración de la mera norma. Realidad social que se traduce en la costumbre, los mandamientos extralegales, o los que no se cumplen.

45. Señala Morin, que los elementos que están "tejidos juntos" evidencian interdependencia, interacción. Así, "... la organización en sistemas produce cualidades o propiedades desconocidas de las partes concebidas aisladamente"[1331]. Además, la teoría de los sistemas parte de la base

---

[1329] Morin, "À propos...", cit., p. 2. "... el conocimiento de las partes adicionadas no puede conducir al conocimiento; ¿por qué? Porque la organización de un sistema produce emergentes y los emergentes son propiedades que nacen de la organización del todo" (trad. del autor).
[1330] Íd. "... la organización de un sistema impone restricciones e inhibiciones a las partes" (trad. del autor).
[1331] Morin, *La cabeza...*, cit., p. 29.

de que la mayoría de los objetos de las distintas disciplinas científicas forman sistemas, es decir, "... conjuntos de
partes *diversas* que constituyen un todo organizado [...] el
todo no es más que el conjunto de las partes que lo componen"[1332]. De manera que el Derecho no puede ser concebido sin sus elementos y las relaciones que entre ellos se
producen. "Les interactions sont des actions réciproques
modifiant le comportement ou la nature des éléments, [...]
en présence ou en influence[1333]". Si se quiere inaplicar una
norma por injusta, debe admitirse que la justicia se relacione con la normatividad. Estas interacciones, interrelaciones, son las que demuestran que estamos en presencia
de un único objeto, no de distintos objetos que provienen
de distintas ciencias, en donde cada uno actúa independientemente del otro[1334]. Esto da cuentas de un objeto complejo, diverso, pero único. Morin menciona como características de los fenómenos a las interrelaciones, que son
las que creo permiten construir un objeto complejo en el
Derecho y que se dan en el Trialismo. Así, "... deviennent
dans certaines conditions des interrelations (associations,
liaisons, combinaisons, communication, etc.), c'est-à-dire
donnent naissance à des phénomènes d'organisation[1335]".
Una teoría es precisamente eso: una organización de elementos dispuestos a brindar soluciones a problemas específicos de un área del saber/hacer. En el caso de la Teoría
Trialista los aspectos diversos solo se entienden por referencia recíproca.

[1332] Íd.. El resaltado es mío.

[1333] Morin, *La Méthode 1...*, cit., p. 51. "Las interacciones son acciones recíprocas
que modifican el comportamiento o la naturaleza de los elementos [...] que
están presentes o se influencian". Morin, *El Método 1...*, cit., p. 69.

[1334] Ver cap. 3 del tomo 2.

[1335] Morin, *La Méthode 1...*, cit., p. 51. "... en ciertas condiciones se convierten en
interrelaciones (asociaciones, uniones, combinaciones, comunicación, etc.), es
decir, dan lugar a fenómenos de organización". Morin, *El Método 1...*, cit., p. 69.

OTRA INTRODUCCIÓN AL PENSAMIENTO COMPLEJO

> ... ces termes de désordre, ordre, organisation sont désormais liés, *via* interactions, en un boucle solidaire, où aucun de ces termes ne peut plus être conçu en dehors de la référence aux autres, et où ils sont en relations complexes, c'est-à-dire complémentaires, concurrentes et antagonistes[1336].

El Trialismo es el bucle moriniano en lo jurídico.

46. Otro elemento que contribuye a resolver el problema de la integración, aportado por el Pensamiento Complejo, es la organización[1337]. Esta idea es la que permite unir los elementos diversos de los que está compuesto el Trialismo. Así como se habló del par antagónico/complementario cerebro/espíritu y se le aplicó la idea de organización, lo mismo puede ocurrir con la materialidad y la idealidad propias de los constituyentes ontológicos de la Teoría Trialista.

> ... non seulement la matière n'est plus la "base" de toute réalité physique, mais encore c'est la réalité physique elle-même qui comporte des réalités immatérielles comme l'information et l'organisation [...] le cerveau et l'esprit ont en commun, l'un et l'autre, quelque chose qui est immatériel et trans-matériel: l'organisation. Nous pouvons donc lever ici l'incompatibilité du matériel et de l'immatériel[1338].

1336 Morin, *La Méthode 1...*, cit., p. 52. "... están en adelante unidos, vía interacciones, en un bucle solidario en el que ninguno de estos términos podrá ser ya concebido fuera de la referencia a los demás, y en el que estos se encuentran en relaciones complejas, es decir, complementarias, concurrentes, antagonistas". Morin, *El Método 1...*, cit., p. 71.

1337 Ver también el punto 9 del cap. 7.

1338 Morin, *La Méthode 3...*, cit., pp. 76-77. "... no solo la materia ha dejado de constituir la 'base' de toda realidad física, sino que la realidad física misma comporta realidades inmateriales como la información y la organización [...] el cerebro y el espíritu tienen en común, uno y otro, algo que es inmaterial y transmaterial: la organización. Aquí podemos superar por tanto la incompatibilidad de lo material y lo inmaterial". Morin, *El Método 3...*, cit., p. 86.

47. Las interacciones también demuestran que el concepto unitario, elemental del objeto concebido en otros tiempos, tiene que dar paso a un objeto-procesual o interactivo, es decir, un objeto complejo en el que interesen más las relaciones entre distintos aspectos, que la reducción del objeto de estudio de una disciplina a un elemento/aspecto fundamental. "En tant qu'objet, [...] se convertit en nœud gordien d'interactions et d'échanges. Pour la définir, il faut faire appel aux interactions auxquelles elle participe[1339]". Cuando se habla de objeto se trata de una noción aplicable al objeto de una disciplina científica.

En el ámbito de la física, asistimos a la lectura de las distintas posiciones que sustentan Einstein y Bohr en ocasión del experimento Einstein, Podolsky y Rosen, en donde estos tratan de decir que las propiedades de una partícula son calculables[1340], por lo que la mecánica cuántica no funciona como teoría, mientras que Bohr contesta que ello no es posible porque en tanto se obtenga con más precisión una medición, se hará agua con otra. Medir algo ya no consiste en una operación determinista.

> ... critica el criterio de realidad propuesto y se reafirma en la idea de que la única descripción posible es la del fenómeno cuántico, es decir, la *totalidad* de la situación experimental. [...]

[1339] Morin, *La Méthode 1...*, cit., pp. 97-98. "En tanto que objeto [...] se ha convertido en nudo gordiano de interacciones y de intercambios. Para definirla es necesario recurrir a las interacciones de las que participa". Morin, *El Método 1...*, cit., p. 119.

[1340] "Si medimos ahora el momento de una de las partículas (digamos A) mediante el instrumental apropiado, podemos calcular con seguridad el momento de la partícula B sin tener que efectuar ninguna medición sobre ella. Asimismo, si en lugar del momento, decidimos medir la posición de A, podemos calcular la posición de B. Puesto que en ambos casos hemos podido establecer los valores de la posición y el momento de una de las partículas sin perturbarla en absoluto, hemos de aceptar que la partícula posee real y simultáneamente una posición y un momento con esos valores". Diéguez, Antonio, "Realismo y teoría cuántica", en *Contrastes. Revista interdisciplinar de Filosofía*, vol. 1, Málaga, Grupo de Investigación en Ciencias Cognitivas, 1996, p. 94.

en el sistema sigue incluida la partícula B, que no puede ser considerada independientemente de A, aunque haya dejado de interactuar con ella[1341].

48. Estas apreciaciones me recuerdan lo que se encuentra en la base del Círculo de Viena, que es el atomismo, tan afín al capitalismo, que considera a los seres en su individualidad y no en su conjunto, como plantea el reconocimiento de las contradicciones, de la diversidad, de la complejidad. Señala Morin: "il faut relier, pour ne pas occulter la rétroactivité des totalités et l'extrême complexité des polymachines. Il faut de l'autonomisme, pas d'atomisme: du totalisme complexe, non du totalitarisme[1342]". En otra oportunidad dice: "l'état stationnaire, dans une physique atomisée sans concept d'organisation comme sans concept d'être, est un état physique particulier[1343]". Por estas razones, la complejidad moriniana no puede ser compatible con la Escuela Analítica, porque esta no da cuentas de una organización compleja[1344].

49. En efecto, siguiendo con la polémica, otro pasaje de la misma recuerda lo mencionado.

Solo al realizar una medición sobre el sistema adquiere "realidad" el valor medido, pero como el sistema sigue siendo un todo hasta el momento de la medición, el resultado de esta es algo que compete a ese todo. [...] Por utilizar los términos aristotélicos a

1341 Íd.
1342 Morin, *La Méthode 1...*, cit., p. 178. "Hay que unir para no ocultar la retroactividad de las totalidades y la extrema complejidad de las polimáquinas. Es necesario el automatismo, no el atomismo: el totalismo complejo, no el totalitarismo". Morin, *El Método 1...*, cit., p. 209.
1343 Morin, *La Méthode 1...*, cit., p. 189. "En una física atomizada sin concepto de organización, así como sin concepto de ser, el estado estacionario es un estado físico particular". Morin, *El Método 1...*, cit., p. 219.
1344 Ver cap. 1, punto 9.

los que recurrió Heisenberg, el sistema como un todo encierra una serie de potencialidades que se actualizan en todo el sistema cuando se efectúa la medida[1345].

50. Si bien muchos juristas recurren a la normatividad para caracterizar al objeto jurídico, es imposible entenderla sin acudir a su contexto social y al marco de valores que la atraviesa y las controla. Una parte no puede entenderse sin el análisis de las otras y del todo emergente.

En la sección titulada "Lo analítico trascendental", Kant analiza cómo la facultad de entender[1346] convierte los datos presentados por la facultad de imaginar en los denominados objetos de pensamiento. "Sin sensatez, ningún objeto nos sería dado, sin entendimiento ningún objeto sería pensado"[1347]. [...] El entendimiento no puede intuir nada, los sentidos no pueden pensar nada[1348]. Solo mediante su unión puede surgir el conocimiento[1349].

Guardan clara relación con esto, actuales desarrollos:

... un claro principio de la epistemología bohriana: la teoría cuántica no versa directamente sobre la realidad, sino sobre los fenómenos y, por tanto, sobre nuestro propio conocimiento de las cosas. "Nos encontramos aquí —escribe Bohr [...]— bajo un nuevo aspecto, esa antigua verdad que dice que al describir los

---

[1345] Diéguez, op. cit.

[1346] "La facultad de entender participa en los procesos de clasificar y ordenar los datos que le presenta la facultad de imaginar". Want, Christopher, *Kant para principiantes*, trad. de Antonio Bonano, Buenos Aires, Era Naciente, 2004, p. 49. "La facultad de imaginar es un recurso para intuir datos (que Kant llama 'fenómenos' o 'múltiples') y, de esa manera, presentar la posibilidad de reflexividad a la facultad de entender". Íd., p. 48.

[1347] Clásica frase de Kant que queda bien con el empirismo y el racionalismo. "Sin sensibilidad, no nos serían dados los objetos, y sin el entendimiento, ninguno sería pensado". Kant, *Crítica de la razón pura*, cit., p. 226.

[1348] "Pensamientos sin contenido, son vacíos; intuiciones sin conceptos, son ciegas". Íd.

[1349] Want, op. cit., p. 59. "El entendimiento no puede percibir y los sentidos no pueden pensar cosa alguna. Solamente cuando se unen, resulta el conocimiento". Kant, *Crítica de la razón pura*, cit., p. 226.

fenómenos nuestro propósito no es revelar su esencia misma sino establecer solo, y en la medida de lo posible, *relaciones* entre los múltiples aspectos de nuestra experiencia[1350].

En similar sentido se pronunciaba David Hume[1351] al criticar el principio de causalidad[1352]. En el campo de las Ciencias Sociales, Morin tiene conciencia de esto: "... la atomización de nuestra sociedad requiere nuevas solidaridades espontáneamente vividas y no solamente impuestas por la ley, como la Seguridad Social[1353]".

51. Desde otro aspecto de la importancia de las relaciones, a la hora de conceptualizar a los emergentes de un sistema, que lo caracterizan como tal, Morin los señala como "... qualités ou propriétés d'un système qui présentent un caractère de nouveauté par rapport aux qualités ou propriétés des composants considérés isolément ou agencés différement dans un autre type de système[1354]". Así como el agua surge de la combinación de moléculas[1355], que por sí solas no la producirían, lo mismo sucede en el Derecho con las combinaciones que pueden observarse entre las distintas dimensiones del Trialismo.

52. Lo que constituye una coincidencia, y a la vez un aporte al Derecho que hace el Pensamiento Complejo, es el tratamiento de la "integración". El Trialismo se muestra como integrativista y lo propio señala Morin al hablar del proceso por el que se genera el emergente:

[1350] Diéguez, op. cit., p. 82. La cursiva me pertenece.
[1351] Hume, David, *Investigación sobre el conocimiento humano*, trad. de Jaime de Salas Ortueta, Barcelona, Altaya, 1994, pp. 87-97.
[1352] Ver Ferrater Mora, op. cit., t. 3 (K-P), p. 1990, voz "Kant".
[1353] Morin, *Introducción al Pensamiento...*, cit., p. 131.
[1354] Morin, *La Méthode 1...*, cit, p. 106. "... cualidades o propiedades de un sistema que presentan un carácter de novedad con relación a las cualidades o propiedades de los componentes considerados aisladamente o dispuestos de forma diferente en otro tipo de sistema". Morin, *El Método 1...*, cit., pp. 129-130.
[1355] Ver Morin, *La Méthode 1...*, cit., p. 107. (Morin, *El Método 1...*, cit., p. 130).

En ce qui concerne la vie, "il est clair que les propriétés d'un organisme dépassent la somme des propriétés de ses constituants. La nature fait plus que des additions: elle intègre" (Jacob, 1965), et il est clair que la cellule vivante détient des propriétés émergentes (Monod, 1971) —se nourrir, métaboliser, se reproduire[1356].

53. Esto abona la hipótesis de que Morin aceptaría la integración de las dimensiones del Derecho desde el Trialismo. En efecto, el problema que se plantea en *La naturaleza de la naturaleza* es encontrar un meta-sistema que sea capaz de integrar en sí elementos diversos. Y lo resuelve a través de la figura del bucle. Así, "... le méta-système ne peut être qu'un boucle rétroactive/récursive, qui non pas annule, mais se nourrit des mouvements contraires sans qui elle n'existirait pas, et qu'elle intègre en un tout producteur[1357]". El todo productor en el Derecho que integra elementos jurídicos diversos es la Teoría Trialista. De manera que la clave está en la integración. Así, "... un paradigme des paradigmes, c'est-à-dire un paradigme de complexité qui sache nous faire penser de façon conjonctive et multidimensionnelle[1358]". Produciendo interrelaciones[1359],

---

[1356] Morin, *La Méthode 1...*, cit., p. 107. "En lo que concierne a la vida, 'está claro que las propiedades de un organismo sobrepasan la suma de las propiedades de sus constituyentes. La naturaleza hace algo más que adiciones: *integra*' (Jacob, 1965) y está claro que la célula viva detenta propiedades emergentes (Monod, 1971) —alimentarse, metabolizar, reproducirse". Morin, *El Método 1...*, cit., p. 130.

[1357] Morin, *La Méthode 1...*, cit., p. 276. "... *el meta-sistema no puede ser más que un bucle retroactivo/recursivo*, que no anula, sino que se nutre de los movimientos *contrarios* sin los cuales no existiría, y a los que integra en un todo productor". Morin, *El Método 1...*, cit., p. 313. El último resaltado es mío.

[1358] Morin, *La Méthode 2...*, cit., p. 378. "... un paradigma de los paradigmas, es decir, un paradigma de complejidad que sepa hacernos pensar de manera conjuntiva y multidimensional". Morin, *El Método 2...*, cit., p. 437.

[1359] Ver los caps. 10 y 11.

... chaque instance [...] a besoin des autres pour se connaître et se légitimer, et la boucle qui pourrait alors se constituer entre ces instances, chacune dépendant de l'autre et chacune appelant l'autre, constituerait alors le méta-point de vue à laquelle chacune tenterait de se référer[1360].

54. Uno de los inconvenientes que se presenta a la teoría tradicional es comprender un objeto jurídico compuesto por diferentes aportes de diferentes disciplinas —Sociología, Lógica y Filosofía—, lo que el Trialismo logra con un objeto de naturaleza ontológica diversa[1361]. Esto ocurre si se piensa complejamente.

Une propriété remarquable de ces intégrations mutuelles est que *les relations d'appartenance n'annulent pas les relations d'exclusion*: chaque être demeure, à son degré, un individu-sujet égocentrique, bien qu'il 'appartienne' à un méga-être, lui-même égocentrique, dont il est une infime et infirme partie.

D'où des conséquences bouleversantes pour l'ontologie traditionnelle[1362].

Aquí podemos cambiar *ser* por dimensiones. Como pauta integradora: "... el propio desarrollo de la sabiduría en el sentido occidental implica la inclinación a integrar todas las direcciones parciales del espíritu, sea cual sea su

---

1360 Morin, *La Méthode 4...*, cit., p. 91. "... cada instancia [...] [dimensión del Trialismo] necesita de las otras para conocerse y legitimarse, y el bucle que entonces podría constituirse entre estas instancias —cada una depende de las otras y cada una llama a las otras— constituiría entonces el metapunto de vista al que cada una intentaría referirse". Morin, *El Método 4...*, cit., p. 98.

1361 Ya vimos en el apartado relativo a la complejidad en las ciencias que muchas tienen un objeto que se compone de manera compleja. Ver cap. 5.

1362 Morin, *La Méthode 2...*, cit., p. 262. "Una propiedad remarcable de estas integraciones mutuas es que *las relaciones de pertenencia no anulan las relaciones de exclusión*: cada ser sigue siendo en su grado, un individuo-sujeto egocéntrico, aunque 'pertenezca' a un mega-ser, él mismo egocéntrico, del que constituye una parte ínfima y lisiada. De ahí las consecuencias trastornadoras para la ontología tradicional [...]". Morin, *El Método 2...*, cit., p. 305.

procedencia[1363]". En el mismo sentido contestaba Goldschmidt cuando se le preguntaba por la fuerza que le guiaba
en su vida. En efecto, "... la convicción de ser el portador de
un mensaje [...] que me construya mi propia vivienda a fin
de realizar el ideal de la casa propia. Quienquiera puede
visitarla y tomar ejemplo para la suya. El mensaje es pues
egoísta con ribetes altruistas[1364]".

55. Morin señala una cualidad emergente en la lingüística a propósito de partes contrarias:

> le sens, que les linguistes cherchent à tâton dans les profondeurs
> ou les recoins du langage, n'est autre que l'emergence même du
> discours, qui apparaît dans le déploiement des unités globales,
> et rétroagit sur les unités de base qui l'ont fait émerger[1365].

En el ámbito de la Sociología, "dans la société humaine, avec la constitution de la culture, les individus développent leurs aptitudes au langage, à l'artisanat, à l'art,
c'est-à-dire que leurs qualités individuelles les plus riches
émergent au sein du système social[1366]".

56. El pensador francés señala casos de interacciones
producto de la acción, el movimiento, la relación, que
acompañan a todo fenómeno complejo, como muestra de
su existencia. Lo cual se dará también en el Derecho, como
un fenómeno más en el que el hombre actúa.

[1363] Ciuro Caldani, "La sabiduría y la justicia", en *Estudios de Filosofía...*, cit., t. 1, p. 8.

[1364] Perugini, "Homenaje...", cit., p. 168.

[1365] Morin, *La Méthode 1...*, cit., p. 107. "El sentido que los lingüistas buscan a tien-tas en las profundidades o recodos del lenguaje no es otro que la emergencia misma del discurso que aparece en el despliegue de las unidades globales y retroactúa sobre las unidades de base que lo han hecho emerger". Morin, *El Método 1...*, cit., p. 131.

[1366] Morin, *La Méthode 1...*, cit., p. 108. "En la sociedad humana, con la constitución de la cultura, los individuos desarrollan sus aptitudes en el lenguaje, en el arte-sanado, en el arte, es decir que sus cualidades individuales más ricas emergen en el seno del sistema social". Morin, *El Método 1...*, cit., p. 131.

L'atome est un quasi-tourbillon particulaire. Tout est turbulences, flux, flammes, collisions, dans le soleil. Tout est en action sous le soleil. La terre tourne, se convulse, craquelle, durcit, mollit, s'humecte, se dessèche, les fonds marins deviennent montagnes, les montagnes arasées deviennent fonds marins; la surface est arrosée, irriguée d'eaux courantes, ceinturée de vents ascendants, descendants, tourbillonnants, et toute vie qui s'immobilise, sur cette terre, devient cadavre[1367].

El movimiento en el interior de una teoría, y entre sus elementos diversos, es de imprescindible tratamiento y estudio por el jurista. Lo que difícilmente se daría si el Derecho es una máquina en donde reina el automatismo. La complejidad propone relaciones en el sistema y veremos cómo la Teoría Trialista cumple con las mismas articulando sus dimensiones.

[1367] Morin, *La Méthode 1...*, cit., p. 155. "El átomo es un cuasi-torbellino particular. Todo es turbulencias, flujo, llamas, colisiones, en el sol. Todo está en acción bajo el sol. La tierra da vueltas, se convulsiona, se resquebraja, se endurece, se ablanda, se humedece, se deseca, los fondos marinos se convierten en montañas, las montañas arrasadas se convierten en fondos marinos; la superficie está regada, irrigada de aguas corrientes, rodeada de vientos ascendentes, descendentes, en torbellino y toda vida que se inmoviliza, en esta tierra, se convierte en cadáver". Morin, *El Método 1...*, cit., p. 184.

9

Relaciones sistémicas

1. Cabe mencionar que hay relaciones en cada dimensión, lo que evidencia el tratamiento sistemático, aunque no complejo del Trialismo. En el normativismo hay también relaciones entre las normas y no por ello la teoría es compleja[1368]. De ahí que una verdadera teoría jurídica es compleja cuando desarrolla "interrelaciones", es decir, relaciones que se dan desde una dimensión y que involucran a más de una[1369].

2. Para ser completo, un sistema debe desarrollar relaciones e interrelaciones. Por ello la Escuela Analítica es incompleta, por su carácter simplificador; al desarrollar solamente relaciones entre las normas. Al eliminar los elementos que sí incluye el Trialismo, no posibilita interrelaciones

> ... l'extraordinaire jeu des interactions et des interférences nécessite des méthodes aptes à se hausser au niveau de la *complexité*: cela signifie que le but essentiel de la recherche empirique n'est pas seulement de réduire à des unités élémentaires quantifiables, mais de concevoir l'organisation des unités complexes[1370].

1368 Ver cap. 5 del tomo 4.
1369 Ver los caps. 10 y 11.
1370 Morin, *Sociologie*, cit., p. 127. "... el extraordinario juego de las interacciones y de las interferencias requiere métodos aptos para alzarse hasta el nivel de la *complejidad*; ello significa que el objetivo esencial de la investigación empírica no es solamente el de reducir a unidades elementales cuantificables, sino el de concebir la organización de las unidades complejas [...]". Morin, *Sociología*, cit., p. 139.

Incluso desde el fundamento filosófico del pensamiento transdisciplinario se justifican las relaciones a partir de la mecánica cuántica: "ce sont les *relations* entre les événements qui sont responsables de l'apparition de ce qu'on appelle particule[1371]".

3. Las *relaciones intersistémicas* podrán ser abordadas en una futura investigación. Se trata de aquellas que se dan entre distintas disciplinas científicas llamadas a abordar problemas que son complejos, como los bioéticos. Aquí la transdisciplinariedad será indispensable[1372].

4. Al tratar la armonía en el mundo jurídico, se ha hecho referencia a las relaciones que se dan en el interior de cada dimensión. A partir de otro estudio realizado por el jurista rosarino, también podemos ver la complejidad del Trialismo, desde referencias a las partes y al todo.

5. Relaciones en la dimensión sociológica

5.1. El jurista rosarino señala la relación que se da entre los repartos y las distribuciones. Aquí es clave tomar en cuenta la relación entre la naturaleza y el hombre[1373]. Como la dimensión sociológica es la base que no debe descuidar profesional del Derecho alguno, por ejemplo, los noveles procesos de integración como el del MERCOSUR deben

---

[1371] Nicolescu, *Nous...*, cit., p. 28. "Son las *relaciones* entre los acontecimientos las responsables de la aparición de aquello que llamamos partículas" (trad. del autor).

[1372] Sobre el tema ver Galati, "La Bioética y el Bioderecho y las relaciones entre valores. Propuestas de soluciones para los comités de ética", en AA. VV., *Derecho y complejidad*, coord. por Eduardo Lapenta y Fernando Ronchetti, Azul, Facultad de Derecho, UNICEN, 2011, pp. 383-391; Galati, "Compréhension transdisciplinaire et trialiste des comités d'éthique cliniques", en *Rencontres Transdisciplinaires*, sec. "Pratique de la transdisciplinarité", Paris, CIRET, 2011, en https://bit.ly/2BvHonJ (10.12.2011); Galati, *Los comités...*, cit.

[1373] Ciuro Caldani, *El Derecho Universal...*, cit., p. 85. Ver tb. Galati, "El Derecho Ambiental...", cit.

tener en cuenta las asimetrías[1374] relativas de sus integrantes, a fin de diagramar una normatividad exacta. Así, "...los repartos no se producen en el vacío, sino en marcos de distribuciones y las distribuciones se generan en ámbitos influidos por los repartos. [...] las distribuciones por influencias humanas difusas son, en mucho, resultados de múltiples repartos[1375]".

5.2. En referencia a las razones, también hay armonía cuando los móviles de los supremos repartidores coinciden con las razones alegadas y la comunidad acuerda en ello. Menciona también que el grado máximo de armonía se da en el reparto autónomo, en tanto hay acuerdo de los interesados[1376]. Hay también relaciones entre el reparto autónomo y el autoritario, referidas a la equivalencia y la preferencia. Las primeras aluden a la transformación, de una clase en otra, y a la interpenetración, en donde la autoridad y la autonomía interactúan y conviven armónicamente. Las relaciones de preferencia aluden a la primacía óntica y dikelógica, para el Trialismo clásico, del reparto autónomo sobre el autoritario[1377].

5.3. Con respecto al orden de los repartos, "pese a que la armonización puede surgir por ejemplaridad y cuando así ocurre es más profunda, en la mayoría de los casos se la busca mediante la planificación gubernamental[1378]". No es posible el funcionamiento del plan de gobierno en marcha sin cierta ejemplaridad y que ésta importa de alguna manera una planificación[1379]. Planificación gubernamental

---

[1374] Ciuro Caldani, *El Derecho Universal...*, cit., p. 85.
[1375] Ciuro Caldani, "Integración trialista de la aristocracia y la democracia", en *El Derecho*, t. 147, p. 899. De ahí que sea fundamental incorporar la protección del individuo del "mercado". Ver la parte 3 del tomo 3.
[1376] Ciuro Caldani, *El Derecho Universal...*, cit., p. 86.
[1377] Ver Goldschmidt, *Introducción...*, cit., pp. 68-70.
[1378] Ciuro Caldani, *El Derecho Universal...*, cit., p. 86.
[1379] Ciuro Caldani, "Integración...", cit., p. 900.

y ejemplaridad se interfecundan en tanto las formalizaciones promueven que el plan de gobierno logre ejemplaridad y entonces la previsibilidad obtiene solidaridad, mientras que la ejemplaridad se convierte en planificación y la solidaridad es sustituida por la previsibilidad[1380]. Por ejemplo, la regularidad de una costumbre da confianza a sus destinatarios. También señala, por el carácter menos abrupto de la evolución, que los cambios que en ella se dan, tanto de actores como de criterios, son más armoniosos que los de la revolución[1381]. En líneas generales,

> La variación de los repartidores y de los recipiendarios significa *transmudación* de los repartos, la modificación de los objetos adjudicados es su *transustanciación*; el cambio de la forma significa *transformación* y la alteración de las razones es su *transfiguración*. Cuando se modifica la clase de reparto se produce su *transmutación*. También puede hablarse de transmutación de la ordenación cuando lo que cambia es el modo constitutivo del orden. La modificación del panorama de los límites necesarios puede llevar a resultados de *viabilización* o *inviabilización*[1382].

5.4. En esta dimensión, el todo estaría reflejado por la naturaleza y las influencias humanas difusas, que poseen un enfoque amplio y en este sentido funcionan como condicionantes, no determinantes, de las conductas particulares. Las partes estarían representadas por los repartos, por su perspectiva parcial y conductora, que representa la libertad[1383]. Nótese que Morin, al hablar de la humanidad también la complejiza al señalar que está constituida por el bucle trinitario individuo/sociedad/especie. Tal como señalo al criticar el Trialismo[1384], Ciuro Caldani expresa que

---

[1380] Ciuro Caldani, "Las fuentes de las normas", cit., p. 243.
[1381] Ver Ciuro Caldani, *El Derecho Universal...*, cit., p. 87.
[1382] Íd., p. 88.
[1383] Ciuro Caldani, "Las partes...", cit., p. 39.
[1384] Ver cap. 6 del tomo 4.

esta teoría hace más referencia al reparto aislado, y en este sentido atiende a los cambios evolutivos, y no a los de conjunto, propios de la revolución. "Las percepciones más referidas al conjunto son más revolucionarias[1385]".

Hay que dar cuentas aquí también de las relaciones que entre los repartos autónomos y autoritarios, y entre la ejemplaridad y la planificación gubernamental establece Goldschmidt[1386]. A lo cual hay que sumar la relación entre el orden y el desorden de los repartos.

6. Relaciones en la dimensión normológica

6.1. Un caso de relación se da entre las fuentes materiales de las normas, es decir, los repartos mismos, y las fuentes de conocimiento, en tanto la ciencia jurídica, muchas veces influye en las consideraciones de los protagonistas del funcionamiento de las normas, convirtiéndose entonces en fuentes reales[1387]. Si bien aquí se habla estrictamente de relaciones en la dimensión normológica, en tanto se trata de las fuentes de las normas, es difícil delimitarlas en tanto cada una influye en las otras, como se da al hablar de las fuentes materiales, que descansan en los repartos mismos, es decir, en un componente de la dimensión sociológica.

6.2. Pueden señalarse las relaciones que se producen en el funcionamiento de las normas, en tanto estas toman contacto con la realidad a la cual tratan de describir e integrar. Se produce entonces una inevitable tensión, cuando no hay acuerdo entre el autor de la norma y el encargado

---

[1385] Ciuro Caldani, "Las partes...", cit., p. 41.
[1386] Ver punto 5.
[1387] Ciuro Caldani, "Teoría tridimensional y Teoría Trialista", en *La Ley*, t. 148, p. 1211.

de su funcionamiento, pudiendo producirse una creatividad, en los casos de carencias; o puede haber armonía si
hay lealtad del profesional encargado hacia el autor[1388].

6.3. Otro caso de relación se da entre los elementos
de la interpretación, por caso, entre el elemento sistemático y el resto de los elementos[1389], en donde la norma a
interpretar entra en contacto con los otros integrantes del
sistema normativo.

6.4. La tarea de síntesis significa el esfuerzo porque
en una misma realidad puedan confluir distintas normas,
como en el caso de los concursos de delitos, de créditos[1390].

6.5. Cuando hay que elaborar normas es relevante
tener en cuenta la noción de sistema, en tanto allí cobran
actualidad las influencias que entre ellas se producen, por
razones de contenido o de producción. Hay valores que se
realizan al establecerse dichas relaciones entre normas:

> Las relaciones verticales de producción satisfacen el valor subor-
> dinación, las vinculaciones verticales de contenido realizan el
> valor ilación; las relaciones horizontales de producción cumplen
> el valor infalibilidad; las vinculaciones horizontales de contenido
> realizan el valor concordancia y el conjunto del ordenamiento
> satisface el valor coherencia[1391].

A su vez, la coherencia se relaciona con el valor justicia, logrando una armonía entre esas dimensiones[1392].

6.6. Cuando Goldschmidt piensa el procedimiento
de elaboración de normas, no se vale de arbitrariedades,
sino que comienza por la autointegración, en donde es el

1388 Ver Ciuro Caldani, *El Derecho Universal...*, cit., p. 91.
1389 Íd.
1390 Íd., p. 92.
1391 Íd.
1392 Ibídem.

propio sistema el que aporta las bases de justicia para la elaboración. Y en caso de no tenerlas recurre a la heterointegración, es decir, se acude al meollo de la justicia.

6.7. Puede verse al todo reflejado más en la interpretación sistemática, por la relación que establece entre la norma a interpretar y el conjunto normativo, mientras que es una interpretación más partial la referida a su historicidad para la consideración de la intención o fin del autor[1393]. Hay que agregar que "si se desenvuelven las perspectivas dirigidas al ordenamiento en su conjunto y la coherencia, el Trialismo puede aprovechar posibilidades de diálogo con la Teoría Pura[1394]".

7. Relaciones en la dimensión dikelógica

7.1. Una primera relación es la que se da en los despliegues del valor justicia, en tanto la valencia (valor puro) es el eslabón conceptual y de pureza que hace las veces de sustrato teórico de la valoración, tarea que toma contacto con el reparto a fin de valorarlo. Y a su vez, dicho conjunto de valoraciones, cuando esbozan una causa común, se transforman en orientaciones, criterios generales orientadores.

7.2. Es necesario, a fin de que los criterios generales orientadores, que exhiben pautas generales de justicia, no sean inapropiados para los casos, someterlos a constante verificación y superación[1395]; es decir, debe mantenerse una fluida relación entre los criterios generales orientadores y las valoraciones.

> Por ejemplo, después de advertir que es razonable que cada sujeto se suba a un ómnibus a medida que fue llegando a la estación, establecemos un criterio general orientador o principio

---

[1393] Ver Ciuro Caldani, "Las partes...", cit., p. 42.
[1394] Íd., p. 43.
[1395] Ciuro Caldani, *El Derecho Universal...*, cit., p. 94.

que dice que quienes hayan llegado primero a la estación podrán subir con prioridad. Se trata de un mero criterio general orientador, ya que el mismo cede ante una mujer embarazada o una persona con capacidad disminuida que llegaron a la estación con posterioridad[1396].

7.3. Clave es la relación entre los valores[1397]. Todos los valores fundantes de las distintas disciplinas científicas, nacen de y confluyen hacia la humanidad, que los origina, mediatiza, finaliza, encauza y engloba. Todos los valores encuentran su posibilidad máxima de armonización en el valor supremo de la humanidad, que es el deber ser cabal de nuestro ser[1398].

7.4. Con respecto a la visión parcial y de conjunto, hay clases de justicia más referidas a las partes y otras al conjunto. En el primer caso, cabe mencionar a la justicia con consideración de personas y espontánea, y en el segundo, a la justicia sin consideración de personas y conmutativa[1399]. Partiendo de una posición integrativista, será difícil desconsiderar una clase de justicia a expensas de valorizar excesivamente otra del mismo par.

7.5. Desde el punto de vista de los legitimados a repartir, es dable destacar también las relaciones entre democracia y aristocracia[1400].

7.6. En cuanto a las partes y el todo, y en referencia a las ramas, los requerimientos de la justicia partial caracterizan en última instancia al Derecho Privado[1401] y los de la justicia general identifican en definitiva al Derecho

---

1396 Menicocci, "Panorama histórico de los grandes paradigmas para la construcción del conocimiento jurídico", en AA. VV., *Introducción al Derecho*, coord. por Juan José Bentolila, Buenos Aires, La Ley, 2009, p. 14.
1397 Ver punto 13.17 del cap. 10.
1398 Ciuro Caldani, *El Derecho Universal...*, cit., p. 93.
1399 Ciuro Caldani, "Las partes...", cit., p. 43.
1400 Ver cap. 3 del tomo 2.
1401 Ver Nicolau, "Significación...", cit.

Público[1402]. Una visión de conjunto puede darse en ocasión de la consideración pantónoma de la justicia, en tanto no puede haber justicia sin tener en cuenta el pasado, presente y futuro de las adjudicaciones en cuestión[1403]. En lo que se refiere a la democracia y aristocracia, hay aquí también una referencia al todo y las partes respectivamente[1404]. Para con el humanismo abstencionista e intervencionista, se suele dar preferencia a las partes y al todo, respectivamente. Aunque no hay que olvidar que un gobierno que se dice pro-conjunto puede en los hechos beneficiar a un sector o parte de la sociedad.

7.7. Cabe traer a colación que la *Teoría General del Derecho* es un aporte a la superación de la *Introducción al Derecho*, que concibe lo "común" a las ramas, y olvida lo "abarcativo", es decir, lo que relaciona a las ramas teniendo en miras al conjunto jurídico[1405].

[1402] Ciuro Caldani, "Las partes...", cit., p. 43.
[1403] Ver íd., pp. 43-44.
[1404] Íd., p. 44.
[1405] Íd., p. 46. Para más precisiones, ver el cap. 2 del tomo 4.

10

Interrelaciones sistémicas

Emergentes

1. Las categorizaciones trialistas no son tajantes, a pesar de leer afirmaciones como esta: "el Trialismo [...] [determina] escrupulosamente los límites de esas dimensiones, [y] proclama una tan severa unión entre esos distintos estamentos[1406]". No hay unión, ni severa, ni blanda; que daría lugar a una fusión, con la consiguiente confusión, mezcla. Sí hay interrelación, interdependencia, que no es dependencia, sino dependencia recíproca, relacionada; convivencia de distintos aspectos de un mismo objeto. De manera coincidente podemos encontrar afirmaciones como la siguiente: "... si bien existe una división en tres partes fundamentales el autor [Goldschmidt] se ve obligado en cada una de ellas a continuas referencias a las restantes (un ejemplo: los capítulos sobre fuentes e interpretación)[1407]". Cuando García se refiere a las características de un sistema complejo, señala:

> Además de la heterogeneidad, la característica determinante de un sistema complejo es la *interdefinibilidad* y mutua dependencia de las *funciones* que cumplen dichos elementos dentro del

---

[1406] Álvarez Gardiol, *Lecciones...*, cit., p. 137; *Derecho y realidad...*, cit., p. 159; y Álvarez Gardiol, "El objeto...", cit., p. 85.

[1407] Gardella, Juan Carlos, "*Introducción al Derecho* por Werner Goldschmidt, Aguilar, Buenos Aires, 1960", en *La Ley*, t. 100, p. 1015.

sistema total. Esta característica excluye la posibilidad de obtener un análisis de un sistema complejo por la simple adición de estudios sectoriales correspondientes a cada uno de los elementos[1408].

2. Este tópico marcará la diferencia fundamental entre la Escuela Analítica y el Trialismo. La primera, heredera del pensamiento de Descartes, que planteaba dividir los aspectos de un problema en unidades independientes a fin de analizarlo. En efecto, "... dividir cada una de las dificultades a examinar en tantas partes como fuera posible y necesario para su mejor solución[1409]". De ahí que simplificación y análisis sean una "constante analítica". Y la segunda, relacionable con lo contrario al análisis: la síntesis, que no obstante incluye aquella visión. La Teoría Trialista divide, pero también une relacionando, articulando lo dividido. Ya lo dice Prigogine:

> ... no podemos descomponer el mundo en pequeños subsistemas independientes, porque cada pequeño susbsistema independiente adquirirá propiedades muy diferentes en relación al sistema considerado como un todo. [...] no podemos descomponer al mundo en interacciones aisladas, y suponer que entre ellas no hay, a su vez, interacciones. El mundo aparece más como un continuo, como una entidad global[1410].

En efecto, *mutatis mutandi*, no puede descomponerse el mundo jurídico en los elementos de la tridimensionalidad y aislar del Derecho la sociología y la justicia, sino integrarlas en el todo global. "Estas interacciones entre la totalidad y las partes no pueden ser analizadas fraccionando

---

[1408] García, op. cit., p. 87. "*... la dinámica de la totalidad no es deducible de la dinámica de los elementos considerados aisladamente*". Íd., p. 112.

[1409] Descartes, op. cit., p. 25.

[1410] Prigogine, "De los relojes a las nubes", trad. de Leandro Wolfson, en AA. VV., *Nuevos paradigmas...*, cit., p. 416.

el sistema en un conjunto de áreas parciales que correspondan al dominio disciplinario de cada uno de los elementos[1411]". Ya veremos cómo las interrelaciones producen
en las partes modificaciones que no se darían de no estar
frente a elementos diversos constitutivos de un todo.

3. Desde un punto de vista general, y fundando la
interrelación, las relaciones profundas, en la Física, Morin
hace hincapié en aquello que une a los diversos. Así, "...
depuis l'expérience d'Aspect, [...] toutes les particules qui
ont interagi dans le passé se trouvent reliées de façon infra-
temporelle et infra-spatiale, comme si notre univers était
soutenu grâce à une reliance invisible et universelle[1412]".
También dirá que lo que constituye la complejidad, más
que la diversidad, es el hecho del nacimiento de cualidades
nuevas, a partir de dichos elementos diversos, llamadas
emergencias[1413]. Se trata de la superaditividad, que es más
que la adición[1414]. Hay también irreductibilidad, en tanto
no es posible reducir el fenómeno analizado a las partes
aisladamente consideradas[1415]. Por ejemplo, la evolución
humana produjo como emergente la conciencia, la reflexividad; puede señalarse también la cultura, el sentido en
el lenguaje, el agua, la humanidad, la vida —la vida no se
reduce a una sustancia[1416].

[1411] García, op. cit., p. 88.
[1412] Morin, *La Méthode 6...*, cit., p. 42. "... tras el experimento de Aspect, [...] todas las
partículas que interactuaron en el pasado se encuentran religadas de manera
infratemporal e infraespacial, como si nuestro universo estuviera sostenido gracias a una religación invisible y universal". Morin, *El Método 6...*, cit., p. 43.
Nótense las veces que hago referencia a la complejidad como un "tejido".
[1413] Morin, *Complejidad restringida...*, cit., p. 110. Ver cap. 10.
[1414] Íd., p. 112.
[1415] Íd., pp. 111-112.
[1416] Íd., p. 113.

4. En su *Dikelogía*, ya Goldschmidt señalaba el carácter integrativista del futuro Trialismo, advirtiendo que se atentaría contra la complejidad yuxtaponiendo las tres dimensiones:

> ... constituiría una infracción del carácter complejo del Derecho si se quisiera disociar realmente la distinción meramente mental entre hecho, norma y valor, inclusive distribuyéndolos entre diversas disciplinas científicas, adjudicando, verbigracia, los hechos a la sociología, las normas a la jurisprudencia dogmática y los valores a la filosofía jurídica. Es cierto que cabe enfocar el Derecho como hecho social y que sería lícito apellidar esta visión "sociología"; pero no lo es menos que tal sociología no tiene lugar en la ciencia del Derecho. Lo que sí es posible es aislar el análisis de las normas en la dogmática y el de los valores en la filosofía jurídica, perteneciendo tanto aquella como esta a la ciencia jurídica[1417].

5. La Teoría Trialista propondrá relaciones entre la materialidad y la idealidad, entre las tres dimensiones. Lo que coincide con la visión de Morin: "... dans et par un grand paradigme, il y a une profondeur noologique inouïe dans le sociologique, et il y a une profondeur sociologique inouïe dans le noologique[1418]". La dimensión sociológica estaría relacionada con su homónima en Morin y las dimensiones normológica y dikelógica se relacionarían con la noología, en tanto son ideas las normas y los valores, aunque con distintas funciones, enunciar unas, exigir los otros. En otra ocasión, Goldschmidt exhibe de manera preclara en qué consiste la interrelación:

[1417] Goldschmidt, *La ciencia de...*, cit., p. 177.
[1418] Morin, *La Méthode 4...*, cit., p. 230. "... en y por un gran paradigma, se da una profundidad noológica inaudita en lo sociológico, y se da una profundidad sociológica inaudita en lo noológico". Morin, *El Método 4...*, cit., p. 236.

... la estructura triple del mundo jurídico se manifiesta en el hecho de que los diferentes conceptos pueden aparecer tres veces, una vez en cada una de las tres dimensiones, y cada vez con las variaciones del caso. He aquí lo que se llama "la declinación trialista"[1419].

Por ejemplo, el aumento de salarios puede verse como clamor popular, que consagra un deber ser real, luego captado en las normas, como deber ser normológico, y consagrarse finalmente como deber ser dikelógico, es decir, como justo[1420].

6. El Trialismo es integración, y no yuxtaposición. Esta es definida como la acción de poner una cosa junto a otra[1421]. Tampoco se trata de superponer, sino de relacionar. Se alude al arte de tomar elementos o características de las dimensiones, relacionarlos, interconectarlos, y generar entonces nuevas cualidades que no surgirían de la mera adición.

Con miras a la proyección de la dimensión jurístico-sociológica sobre sí misma y respecto de otras dimensiones, puede decirse que los repartos en relación entre sí dan cierta ordenación, en relación con las normas aparece su formalización, y en su vinculación con la justicia se suscita su valoración social. A su vez, toda ordenación se acerca a la formalización en el rol reglamentador que siempre poseen los repartos [...]. Vinculando la ordenación y la valoración social se halla la pacificación[1422].

Evidenciando la complejidad del mundo jurídico, la no yuxtaposición de las dimensiones, y la relación entre ellas, dice Goldschmidt:

[1419] Goldschmidt, "Trialismo...", cit., p. 786. Luego llamará declinación trialista al triple análisis sociológico, normológico y dikelógico de un fenómeno jurídico. Ver *Introducción...*, cit., p. 31.

[1420] Goldschmidt, "Trialismo...", cit., p. 786.

[1421] www.rae.es (2.10.2009).

[1422] Ciuro Caldani, *Derecho y Política...*, op. cit., p. 62.

... el mundo jurídico en el que todos nos movemos, se compone de un orden de repartos, valorado por la justicia y descrito e integrado por las normas, que las últimas son los caminos gracias a los cuales avanzamos, que si no miramos al suelo tropezamos o caemos, y que si no levantamos la vista al cielo nos descarriamos y nos perdemos[1423]

7. Estas interrelaciones son posibles si se considera la permeabilidad de los elementos que integran la Teoría Trialista.

Para la apreciación de la permeabilidad de los Derechos vale contar con la amplitud de perspectivas con las que puede construirse el mundo jurídico según la *Teoría Trialista* que, dentro de la concepción tridimensional, considera en él repartos de potencia e impotencia [...], captados por normas y valorados por la justicia[1424].

Las interrelaciones son posibles en tanto no hay barreras, muros entre las dimensiones, y sus posibilidades son mayores en tanto hay un elemento común entre ellas: la justicia. Es importante resaltar, coincidentemente con Morin, los riesgos de la excesiva permeabilización:

La permeabiliad de un régimen puede ser importante en la realización de una mayor justicia. Puede proteger contra el aislamiento, que es especialmente grave en tiempos como el nuestro, pero asimismo urge resguardar contra su exceso, que suele desembocar en el sometimiento o la disolución del régimen receptor[1425].

[1423] Goldschmidt, *Introducción...*, cit., p. III.
[1424] Ciuro Caldani, "La noción de permeabilidad y su importancia en la teoría jurídica de nuestro tiempo", en *Investigación...*, nº 33, Rosario, FIJ, 2000 pp. 46-47.
[1425] Íd., p. 50.

El filósofo francés hacía lo propio al hablar de los riesgos de la excesiva complejidad, que puede terminar en disolución.

8. Lugar de entrecruzamiento de dimensiones es el del funcionamiento de las normas[1426], en donde hay emergentes al efectivizar las tareas respectivas. Por ejemplo, el establecimiento de la carencia histórica implica un análisis fáctico que va más allá de la norma, y lo propio ocurre con la carencia dikelógica. En la tarea de determinación, la precisión, reglamentación y desarrollos normativos provienen de conductas humanas en referencia a normas. Con respecto a las "carencias" prefiero encuadrarlas en lo que Morin llama "restricciones"[1427]. La aclaración se efectúa porque tanto emergentes como restricciones son producto de la visión sistemática del ser.

La hiérarchie développe au sein de l'organisation vivante les deux caractères systémiques fondamentaux, d'une part la contrainte du tout inhibant des qualités propres aux parties, d'autre part la formation et la stabilisation d'émergences, qui apparaissent non seulement au niveau du tout, mais aussi, éventuellement, au niveau des parties soumises[1428].

[1426] "El funcionamiento de las normas es el aspecto dinámico en donde se pone de relieve la integración de las tres dimensiones que componen el fenómeno jurídico". Menicocci y otros, "Seminario de profundización El funcionamiento de las normas en la jurisprudencia de la Corte Suprema de Justicia de la Nación, organizado por la cátedra I de Introducción al Derecho", en *Investigación...*, n° 8, Rosario, FIJ, 1988, p. 100.

[1427] Ver punto 4 del cap. 11.

[1428] Morin, *La Méthode 2...*, cit., p. 313. "En el seno de la organización viviente la jerarquía desarrolla los dos caracteres sistémicos fundamentales, el constreñimiento del todo que inhibe cualidades propias de las partes por una parte, y por la otra la formación y estabilización de emergencias que no solo aparecen en el nivel del todo, sino también, eventualmente, en el nivel de las partes sometidas". Morin, *El Método 2...*, cit., p. 365.

9. Una acción de un componente de una dimensión, desencadena la acción de algún componente de otra dimensión, lo que genera la relación y la consecuente mirada del Derecho "trialista" como un sistema, un complejo. De repente se transforma la aparente yuxtaposición de dimensiones en un todo-uno, un ser que engloba a cada uno y es constituido por todos[1429]. La sistematicidad está dada entonces por la relación y creación de categorías que, tomadas las dimensiones aisladamente, no se generarían. Por ejemplo, la normatividad, en relación con la realidad social, genera puentes de unión y consiguientes soluciones a problemas jurídicos, como la carencia histórica, la idea de límites, la interpretación, la exactitud, etc. Y así, las que por separado serían tres dimensiones, generan mediante las interrelaciones, un solo Derecho.

10. A su turno, Morin expresa en general:

> les organisations naissent par rencontres aléatoires et obéissent à un certain nombre de principes provoquant la liaison des éléments de rencontres en un tout. Tel est le jeu du monde. Il s'effectue selon une boucle dont chaque terme est en complémentarité et antagonisme avec les autres[1430].

Cuando hace referencia a la aleatoriedad percibo que esto puede aplicarse a la oscilación con respecto, por ejemplo, a la igualdad o libertad, según sea el faltante en el momento y tiempo histórico de que se trate[1431], o a la necesidad de jerarquización de la ley o la costumbre. La contradicción es inherente a los términos incluidos en las

---

1429 Ver Morin, *La Méthode 1...*, cit., p. 102. (Morin, *El Método 1...*, cit., p. 124).
1430 Morin, *La Méthode 5...*, cit., p. 23. "Las organizaciones nacen por encuentros aleatorios y obedecen a cierto número de principios que provocan la unión de los elementos de los encuentros en un todo. Tal es el juego del mundo. Se efectúa según un bucle en el que cada término está en complementariedad y antagonismo con los otros". Morin, *El Método 5...*, cit., p. 29.
1431 Ver la tercera parte del tomo 3.

dimensiones del Trialismo y clave para la comprensión sistémica/compleja del Derecho. Tal es el juego jurídico y del cual no puede renegar el abogado.

A continuación, esbozaré las interrelaciones que se dan entre las dimensiones del Trialismo. A modo organizativo, las ordenaré desde la preponderancia de algún elemento de alguna dimensión, detonante de la relación de este con otros de otras dimensiones. La enumeración es meramente enunciativa.

11. Interrelaciones desde la dimensión sociológica

11.1. En el orden de conductas, que luego Goldschmidt llamaría la dimensión sociológica, no hay solo hechos: "el orden de conductas es real; mas su realidad es ineludiblemente material estimativo para los valores de la pacificación, del poder, de la cooperación y de la solidaridad y con frecuencia también de la justicia[1432]". Además, "en el orden de conductas están ínsitos entes ideales adyacentes y libres y entes irreales, en analogía a como las leyes matemáticas se encarnan en la naturaleza[1433]". En efecto, el reparto, con sus potencias e impotencias, implica posibilidades de acrecentamiento o disminución de las esferas de libertad de los individuos[1434], es decir, influye en la justicia debida. Esto implica que "... el núcleo ideológico del derecho está en la realización social de la justicia[1435]". Coincidentemente, Gardella expresa que el ejercicio de la justicia se traduce en repartos[1436]. Ya Goldschmidt dijo que los valores no son

---

[1432] Goldschmidt, *La ciencia de...*, cit., p. 178.
[1433] Íd.
[1434] Ciuro Caldani, "Visión de la Teoría Trialista y de su concepción del abogado", en *Juris*, t. 36, p. 300.
[1435] Íd., p. 301.
[1436] Gardella, op. cit., p. 1008.

autoejecutorios[1437], y Ciuro Caldani expresó que las normas no son mágicas, si pretendemos solamente con ellas
cambiar la realidad. Cabe destacar que el reparto adjudica
potencia o impotencia, es decir, resultados valiosos o dis-
valiosos, con lo cual entran en consideración criterios axio-
lógicos. "Potencia e impotencia aumentan o disminuyen
respectivamente la realización de un valor desde cuya ata-
laya, por consiguiente, la potencia tiene carácter positivo y
la impotencia carácter negativo[1438]". Por otra parte, expresar
que la potencia favorece al ser, y que la impotencia lo perjudica, trae de manera subyacente una valoración respecto
a lo que se considera mejor o perjudicial para el ser. Permitir la eutanasia, ¿es repartir potencia o impotencia para
el enfermo terminal? Dar profilácticos a la población, ¿es
repartir potencia o impotencia? La respuesta variará según
se incluya o no la visión religiosa.

11. 2. Hay integración en el Trialismo de posiciones
realistas[1439], sobre todo al tratar la dimensión sociológica:

> la amplia batería de instrumentos para comprender la realidad
> social [...] elaborada sobre todo gracias a las perspectivas de las
> normas y la justicia que se refieren a ella, brinda al Trialismo
> una destacadísima capacidad para saber qué significa la vida
> jurídica concreta[1440].

[1437] *Introducción...*, cit., p. 370.

[1438] Íd., p. 54.

[1439] "... el derecho no es otra cosa que una experiencia de realidades relativa a la
conducta humana y al cumplimiento efectivo de las normas jurídicas en los
fenómenos sociales". Flores Mendoza, Imer Benjamín, "Las concepciones del
Derecho en las corrientes de la Filosofía Jurídica", en https://bit.ly/1IUXspI
(14.1.2004).

[1440] Ciuro Caldani, "Las posibilidades de superación de la discusión entre Juspositi-
vismo y Jusnaturalismo a través de la Teoría Trialista del mundo jurídico", en
Revista de Ciencias Sociales, nº 41, "Positivismo jurídico y doctrinas del Derecho
Natural", Universidad de Valparaíso, 1996, p. 91.

11.3. Decir que el Derecho es hecho es una declamación general. Pero decir que la jurística sociológica tiene en su centro al reparto y que este es una conducta humana susceptible de ser valorada por la justicia, incorporándose al valor en su definición, consagra a aquel como un emergente. El reparto es producto de intereses en juego, los cuales sirven a su vez para analizar las normas, sobre todo en cuanto a quiénes benefician y a quiénes perjudican, con miras a su elaboración. Aquí puede verse cómo la interrelación de la dimensión dikelógica con la sociológica produce el reparto, que no se daría por el normativismo, ni por el realisno ni el jusnaturalismo. Semánticamente, la categoría de reparto está imbuida de valor[1441], en tanto Goldschmidt no trata únicamente de apropiaciones, o adjudicaciones a secas. Cuando quise traducir este término al francés, encontré *partager*, que no es lo mismo que *donner*, ni *s'approprier*, sino que da la idea de repartir, compartir, es decir, no es comprensible en soledad, sino en relación a otros. Y el Derecho es un fenómeno de relación. También lo ve así Cossio:

> ... el Derecho viene a ser la coexistencialidad de la conducta en sí misma considerada; o para decir lo mismo en un lenguaje que exprese toda la profundidad ontológica del problema, el Derecho es la manifestación original de la coexistencia en la existencia[1442].

Cada elemento por separado no identifica al Derecho. Cada elemento de cada dimensión, se relaciona con cada elemento de cada otra dimensión; porque la complejidad implica comprender las influencias propias de los relacionamientos.

[1441] Contra aquellos que consideran que la división en dimensiones que efectúa el Trialismo es tajante.

[1442] Cossio, "La teoría egológica...", cit., p. 1014.

11.3.1. El reparto, la conducta adjudicadora de potencia e impotencia, se traduce en el lenguaje escrito de la
norma a través de la captación lógica que ella hace de
aquel[1443]. Con lo cual un mismo fenómeno jurídico implica una conducta, en tanto algo se quiere de otro u otros,
la misma se formaliza, e ineludiblemente encarna valor y
será valorada. "Con todo, el aspecto normativo y el aspecto
dikelógico se compenetran en la realidad de modo indi-
soluble[1444]".

11.4. El establecimiento de Goldschmidt de las clases
de repartos en autónomos y autoritarios permite pensar en
un elemento clave de su teoría, ya que es el trampolín para
el sostenimiento del hecho de que el Estado no es el único productor de Derecho, lo que tiene obvia relación con
la dimensión normológica. Nótese que el Trialismo habla
de fuentes (de las normas) formales de repartos autoritarios (la ley) y fuentes formales de repartos autónomos
(el contrato, el testamento). Así como el reparto autoritario generará el orden de repartos autoritarios, y el consiguiente ordenamiento normativo —cuyo icono representativo es la Constitución—, el reparto autónomo generará
el orden de repartos autónomos o un tipo de ejemplaridad[1445] —cuyo icono representativo es la costumbre—. En
suma, "... el del Estado no es el único Derecho en una
Sociedad[1446]". También hay que recordar cómo Goldschmidt hace referencia a los grupos de presión y de poder. De
esta manera, diferencia a los repartidores supremos según

[1443] Ver Gardella, op. cit., p. 1008.
[1444] Bidart Campos, "La Teoría Trialista...", cit., p. 900.
[1445] Ya que puede ser ejemplar realizar repartos autoritarios.
[1446] Gardella, op. cit., p. 1010.

estén institucionalizados, y los llama factores de poder, o no, y los llama grupos de presión[1447]. Grupos que influirán en la consagración de sus intereses a través de normas.

11.5. Es relevante para el profesional del Derecho tomar conciencia de los límites de los repartos, sobre todo a la hora de encarar un juicio: cuidarse de los límites epistemológicos del juez, de sus límites valorativos, de los límites económicos del demandado, de su garante, de los límites físicos derivados del carácter material de la cosa a reclamar que puede desaparecer por pérdida o destrucción, etc. Los límites deben ser tenidos en cuenta por quien elabora normas, ya que ellas no son mágicas, por ejemplo, no convierten al peso en dólar, y son útiles para quien juzga y para quien litiga, ya que un proceso lento y costoso no es lo mismo para un pobre que para un rico. En un país como la Argentina, afecto a los regímenes de emergencia económica[1448], no hay que obnubilarse con declaraciones como la hecha por la ley de intangibilidad de los depósitos n° 25466[1449], en tanto, como dice el saber popular, el pez chico queda atrapado en la red y el pez grande la

---

[1447] Goldschmidt, *Introducción...*, cit., pp. 59-60.

[1448] La emergencia que comenzó en el año 2002, por la ley 25561 seguiría hasta el 31.12.2009 por la ley 26456; y pensaba prorrogarse hasta el 31.12.2011. Ver Medina, Héctor, "El gobierno envió pedido de prórroga de la emergencia económica hasta 2011", del 5.11.2009, en https://bit.ly/2MqVZWs (7.11.2009). Sobre el tema ver Ciuro Caldani, "La emergencia desde el punto de vista jusfilosófico", en *La Ley*, t. 2003-E, p. 1106 y ss.

[1449] "... definiendo tal intangibilidad como la imposibilidad por parte del Estado de alterar las condiciones pactadas entre los depositantes y la entidad financiera, así como la prohibición de canjearlos por diferentes activos del Estado Nacional, de prorrogar su pago, o de reestructurar su vencimiento (arts. 1 a 4)". Consid. n° 14 del caso "Banco de Galicia y Buenos Aires s/ solicita intervención urgente en autos: 'Smith, Carlos Antonio c/ Poder Ejecutivo Nacional o Estado Nacional s/ sumarísimo'", fallado por la CSJN, el 1.2.2002.

410 OTRA INTRODUCCIÓN AL PENSAMIENTO COMPLEJO

rompe[1450]. Por ello, ante la emergencia de 2001, respondieron los pequeños depositantes y no los poderosos económicamente, que pudieron retirar antes del corralito sus depósitos. He aquí un límite político-económico. Véase si no la tendencia en la Francia de Sarkozy de despenalizar determinadas figuras vinculadas a los delitos financieros en las empresas. La Ministra de Justicia de la época decía: "une pénalisation excessive de la vie économique produit des effets pervers"; además, "ce risque pénal pèse sur l'attractivité économique de la France[1451]". Rachida Dati, que propuso la presidencia del "Grupo de Trabajo sobre la despenalización de la vida de los negocios", dijo: "... le Président de la République a exprimé le souhait de lutter contre une pénalisation excessive du droit des affaires, qui constitue une source d'insécurité juridique et handicape ainsi l'esprit d'entreprise[1452]". Puede constatarse, en el Derecho argentino, el caso de una ley que establecía más

---

[1450] Así lo señala el Martín Fierro. "... la ley se hace para todos, / mas solo al pobre le rige. // La ley es tela de araña, / en mi inorancia lo explico: / no la tema el hombre rico, / nunca la tema el que mande, / pues la ruempe el bicho grande / y solo enrieda a los chicos". Hernández, José, *Martín Fierro*, 32ª ed., Buenos Aires, Losada, 2004, p. 204.

[1451] Lecadre, Renaud, "Dépénalisation du droit des affaires: un rapport d'intérêt", en *Libération* del 19.2.2008, en https://bit.ly/2Bykyf3 (19.2.2008). "Una penalización excesiva de la vida económica produce efectos perversos"; además, "ese riesgo penal pesa sobre el atractivo económico de Francia" (trad. del autor).

[1452] Íd. "... el Presidente de la República expresó el deseo de luchar contra una penalización excesiva del derecho de los negocios, que constituye una fuente de inseguridad jurídica y perturba así el espíritu de empresa" (trad. del autor). Recuérdese, en este sentido, la tesis de Weber referida a la moral calvinista como influencia para el desarrollo del espíritu capitalista. Ver Weber, Max, *La ética protestante y el espíritu del capitalismo*, trad. de Luis Legaz Lacambra, revisada por José Almaraz y Julio Carabaña, Madrid, Istmo, 1998. "Según la Liga [Francesa de los Derechos del Hombre], en 2009 fue 'más severa con los considerados como objetivos por parte del poder', y 'más blanda' con los más pudientes, sobre todo a través de los proyectos de despenalización del derecho de los negocios: 'La justicia es más dura en los suburbios, y más blanda con los delincuentes financieros' [...]". Morin, *La vía...*, cit., p. 134.

recursos en el proceso judicial para los empleadores y que los disminuía para los empleados, la que fue declarada inconstitucional por la CSJN en el caso Smata[1453].

11.5.1. Como lo señala Gardella, Goldschmidt tuvo conciencia de lo que los sociólogos llaman factores sociales como el económico, geográfico, psicológico, etc[1454]. Si bien el límite es esencial para todo repartidor, es fundamental para los que más se encuentran vinculados con las normas, es decir, para legisladores y jueces. El límite es un llamado de atención a la norma, y en este sentido se convierte en un emergente, en tanto es producto de la interacción de la dimensión sociológica referida a la dimensión normológica. Un particular también debe tenerlos en cuenta, ya que solo así la ejecución de su eventual sentencia será posible. Nada puede sacársele a un insolvente.

11.6. Las cualidades nuevas que se generan al interaccionar los componentes del Derecho pueden apreciarse en la dimensión sociológica al relacionar los modos constitutivos del orden de los repartos, donde pueden observarse, por ejemplo, las relaciones entre la costumbre y la ley, a través de los mecanismos de democracia semidirecta. Las disposiciones constitucionales y legales relativas a la iniciativa y la consulta popular encauzan y guían la participación popular. Los diferentes tipos de costumbre: *secundum legem*, *praeter legem* y *contra legem*, hablan de cómo el fenómeno consuetudinario se presenta con respecto a la ley. Gracias a un sistema pueden darse comunicaciones, asociaciones, como la que surge de la costumbre, en unión

---

[1453] En este caso, una ley laboral había instaurado la posibilidad del recurso judicial únicamente para los empleadores cuando una resolución de la autoridad administrativa del trabajo aceptaba la declaración de un trabajo como insalubre, y cuando había una declaración de insalubridad, se demandaba para dejársela sin efecto y el pedido era rechazado. Se ve que todos los casos que permiten los recursos favorecen a los empleadores.

[1454] Gardella, op. cit., p. 1009.

con las regulaciones del Estado. Una organización paraes-
tatal estaría habilitada para servirse de organismos estatales. Como el Derecho es una unidad compleja, en donde
sus elementos actúan en interrelación, ante la eventual falta de cumplimiento de una norma consuetudinaria podrá
requerirse la ayuda del Estado. A la inversa, el derecho
estatal se sirve de las regulaciones paraestatales, precisamente para ordenar aquellos ámbitos a los cuales no llega
por imposibilidad o por una omisión selectiva. Por ejemplo, al analizar las "villas miseria", se podrá caer en la cuenta de que hay regulación, aunque tal vez distinta a la oficial,
sobre todo al regular el derecho de propiedad. Tomando
otro ejemplo de otro estrato social, algo similar ocurría con
la falta de regulación de la fertilización asistida, ocurre con
el congelamiento de embriones y la gestación por sustitución (alquiler de vientres[1455]), etc. La recepción del derecho
extranjero, tomado como un hecho jurídico por las disposiciones nacionales también relaciona ámbitos dimensionales. La revolución, fenómeno típicamente sociológico, se
explica en relación a un ordenamiento dado, que implica,
entre otras cosas, cambio en los sujetos titulares del poder
y los criterios de gobierno establecidos en la Constitución.
Se trata de emergentes.

11.7. En el orden de repartos, Goldschmidt menciona
criterios de valor, que llamará traslaticios si son relativamente estables, y que muchas veces hallan expresión en
la constitución escrita, como la libertad de locomoción,
de expresión, propiedad privada, estabilidad del empleo,
seguro contra enfermedad, invalidez y vejez, etc. Y otro
grupo de criterios llamados nuevos, prometidos por un
gobierno concreto, como el de asegurar una moneda fuerte, adquisitiva y estable, industrializar sin descuidar el agro

---

[1455] Sobre el tema ver Galati, "Hacia...", cit. y Galati, "La gestación...", cit.

y la ganadería, etc[1456]. Los valores, a pesar de ser entes idea-les, toman cuerpo socialmente, desde el punto de vista de un régimen. En otra oportunidad, señala que el plan de gobierno contiene un conjunto de criterios de valor que los gobernantes piensan realizar a través de repartos[1457].

11.8. Casos de interrelaciones son las que se señalan al analizar las categorías básicas de la realidad social. Ellas son la finalidad y la causalidad, que no se mantienen en la dimensión sociológica, sino que interactúan con la dimensión normativa y la axiológica. En el caso de la finalidad:

> la justicia de un reparto depende de la finalidad objetiva[1458] del mismo. [...] si la norma o el imperativo describen la finalidad subjetiva[1459] que anida en el proyecto, son fieles. Si esta finalidad se cumple de manera que se logra una objetividad coincidente, la norma es exacta[1460].

Por ejemplo, un reparto es justo más allá de la inten-ción de los repartidores, de manera que si un contribu-yente paga sus impuestos para que el gobierno gaste mal el dinero y de esa forma no sea más votado, más allá de que subjetivamente su intención sea injusta, su fin para-lelo, objetivamente, es justo[1461]. Si la ley se expresa con las

---

[1456] Goldschmidt, "La doctrina...", cit., p. 201. En su *Introducción...*, cuando Goldsch-midt alude al contenido del plan de gobierno, menciona a los religiosos, metafí-sicos y laicos. Cit., p. 84.

[1457] "El mundo jurídico como orden de repartos", en *Lecciones y ensayos*, nº 17, Bue-nos Aires, 1960, p. 42.

[1458] "... la finalidad que 'encontramos' en ellos [...]". Ciuro Caldani, *La conjetura del funcionamiento de las normas jurídicas (Hacia una semiología del funciona-miento normativo)*, Rosario, FIJ, 2000, p. 12.

[1459] Se trata de la finalidad de los autores. Íd.

[1460] Ciuro Caldani, "Bases categoriales de la dinámica y la estática jurídico sociales (Elementos para la sociología jurídica)", Rosario, Instituto Jurídico-Filosófico, Facultad de Derecho, UNR, 1967, reimpreso en *Revista del Centro...*, nº 28, Rosa-rio, FIJ, 2004/2005, p. 111.

[1461] "Si un individuo pretende lesionar a otro hiriéndole a un pariente a quien este odia, hay discrepancia entre la finalidad objetiva y el fin". Id., p. 107.

414   OTRA INTRODUCCIÓN AL PENSAMIENTO COMPLEJO

palabras pertinentes, ella da a conocer lo que el legislador quiere decir, y de esta manera es fiel objetivamente a su intención, es decir, a su finalidad subjetiva.

11.9. En la causalidad, referida a la base material del reparto[1462] y a su origen u orígenes, su existencia como categoría permite que "para que la norma sea exacta debe cumplirse la relación causal que ella pretende[1463]". Toda norma, para funcionar, apunta a un consecuente originado en un antecedente o causa. Esta causa alude al supuesto de hecho, es decir, a la base material.

11.10. A la hora de analizar la pantonomía de la justicia, es decir, juzgar si se ha hecho justicia cabal, completa, teniendo en cuenta las adjudicaciones del pasado, presente y futuro, y todos los aspectos del complejo, es inevitable el recurso a todos los repartos y a conjuntos de repartos[1464]. La justicia, como lo sostiene el jurista germano-español, valora la adjudicación razonada, en todos estos sentidos "sociológicos" que hacen referencia al tiempo y el espacio.

En coincidencia con Morin, el Trialismo es un sistema que interrelaciona elementos diversos que, mostrados por separado y aisladamente, como lo señalan los unidimensionalismos, no encontrarían relación alguna ni los consiguientes emergentes.

12. Interrelaciones desde la dimensión normológica

12.1. La Teoría Trialista relaciona la realidad social con la norma, describiéndola e integrándola. Así,

---

1462 Íd., p. 108.
1463 Íd., p. 111.
1464 "... la pantonomía de la justicia se traduce en el orden de conductas real como 'grupo', esta es una contribución de Goldschmidt a la rama de la Sociología llamada 'análisis de grupo'; relaciona el 'grupo' con el 'reparto' y con la pantonomía de la justicia [...]". Gardella, op. cit., p. 1008.

... la norma es un juicio (es lógica) que capta la realidad del reparto y de la vida. Por esa vía, se abrirá mejor el camino de la consideración axiológica, que encuentra su principal oportunidad de ingreso en el funcionamiento de la norma[1465].

Esta afirmación, al partir de una visión compleja del Derecho, se asemeja mucho a la definición del Derecho trialista, que lo concibe como el conjunto de los repartos captados por las normas y valorados ambos por la justicia.

La explicación de la estructura del ordenamiento normativo aprovecha muchas de las enseñanzas de la teoría pura del Derecho. El ordenamiento posee una estructura normalmente "piramidal" recorrible vertical y horizontalmente en relaciones entre normatividades que pueden ser de producción o de contenido[1466].

Aquí puede verse la integración doctrinaria que implica el Trialismo como teoría compleja.

12.2. En lo que tiene que ver con la integración de las normas en la realidad social, se distinguen dos proyecciones. Una de ellas, vincula la consecuencia que la norma quiere que se adjudique a determinado supuesto de hecho, que Kelsen llamaría imputación, configuradora de una integración relacional; y otra proyección que implica una integración sustancial, en tanto la norma adjudica categorizaciones a la realidad, nombrándola, asignando a personas y cosas significados que solo lo tienen por obra normativa[1467]. Goldschmidt da cuentas de esta interrelación a partir de la función integradora de las normas: "cada concepto de la norma ilumina un sector social[1468]".

[1465] Ciuro Caldani, "Lecciones de Teoría...", cit., p. 42.
[1466] Ciuro Caldani, "Las posibilidades...", cit., p. 93
[1467] Ver Menicocci, "La Teoría Trialista de Werner Goldschmidt", en *Dos filosofías...*, cit., p. 63.
[1468] Goldschmidt, "Trialismo...", cit., p. 787.

12.3. Una relación entre las dimensiones es la que se presenta entre la sociológica y la normológica, al adentrarnos en las funciones de las normas. Esto tiene consecuencias vitales para la interpretación, en donde prevalece la intención del autor y el fin que se tuvo en cuenta; ya que una norma debería ser lo que sus autores quisieron que suceda. Dicha vinculación influye también a la hora de la exactitud, que permite evaluar el grado de cumplimiento de lo prometido en la norma. Su éxito depende de su cumplimiento. Y la adecuación implica un análisis de los medios empleados por la norma para llegar al objetivo pensado. Dichos medios son aquellos con que cuenta una sociedad determinada, que pueden hacer truncar el éxito normativo si no son los adecuados. Todas estas son consecuencias prácticas que se derivan de considerar a la norma vinculada a la realidad social.

> ... los sostenedores del realismo jurídico suelen afirmar que el Derecho son solo realidades sociales [...]. Entonces la norma no es una relación de imputación sino una acción imaginaria a cumplir por personas en situaciones imaginarias. [...] El concepto goldschmidtiano de norma está construido tratando de que la norma sea siempre confrontada con la realidad social [...] Si no se perfora el velo normativo para reconocer la realidad social, la normatividad puede ser un ocultamiento de esa realidad.
>
> [...] [Para] la concepción jusnaturalista apriorista, [...] la norma es una construcción del deber ser axiológico. En este caso, la norma "flota" en la valoración.
>
> [...] Un tridimensionalismo que propiciara un concepto de norma que no estuviera abierta a la realidad sería una yuxtaposición de dimensiones (una multidisciplinariedad) y no una integración de dimensiones[1469].

1469 Ciuro Caldani, "Lecciones de Teoría General..." op. cit., pp. 41-43.

12.3.1. Hay interacción entre la dimensión social y la normativa a partir de las funciones de las normas. "El control de la armonía entre lo normativo y lo social puede obtenerse a través del reconocimiento de la *fidelidad*, la *exactitud* y la *adecuación* de las normas[1470]". Lo que en definitiva se reclama a las normas es su veracidad, es decir, su correspondencia con los hechos; en otras palabras, que reflejen la voluntad del autor, que se cumplan y que sus conceptos se correspondan con los fines de sus autores. La norma no debe ser un engendro lógico cuya mayor vinculación con la realidad sea la de ser escrita en el papel de un boletín oficial. De ahí que al reclamarse por un lado la exactitud y por el otro considerar a la norma inserta en un ordenamiento con constricciones de producción y contenido, se supera el ambiguo concepto de validez kelseniano, en tanto una norma válida puede ser inexacta[1471]. Solo la dualidad ontológica —ideal y material— del Trialismo puede permitir semejante fluidez conceptual en una teoría, lo que en otras palabras se traduce en su complejidad.

12.4. Otra interrelación que se plantea entre la realidad social y las normas se da con las fuentes: "... puede decirse que formalizar una fuente es producir un reparto distinto del que se formaliza[1472]". Además, "permanentemente hay que 'saltar' desde las fuentes formales a las fuentes materiales, o sea a la realidad de los repartos, para saber si las normas que surgen de esas formalizaciones son fieles, exactas y adecuadas[1473]". Coincidiendo con el Pensamiento Complejo, se señala que "urge 'reintegrar', también en las fuentes, la complejidad de la vida, especialmente significativa en realidades como la nuestra, tan particular-

---

[1470] Ciuro Caldani, *El Derecho Universal...*, cit., p. 88.
[1471] Menicocci, "La Teoría Trialista...", cit., p. 65.
[1472] Ciuro Caldani, "Las fuentes de las normas", cit., p. 241.
[1473] Ciuro Caldani, "Las posibilidades...", cit., p. 92.

mente complejas. Es imprescindible comprender que, por
ejemplo, 'debajo' de las fuentes formalizadas existen fuerzas y fundamentos muchas veces marginados[1474]". Se trata,
en definitiva, del fundamento de la dimensión sociológica para con la dimensión normológica. Además, como lo
señala Goldschmidt:

> ... urge destacar la necesidad de pasar de las fuentes formales
> a las fuentes materiales, siempre dentro del campo de acción
> de las fuentes reales. Este pase se puede denominar "el salto".
> Así, [...] no es suficiente que encontremos una ley, debidamente
> sancionada, promulgada y publicada (fuente formal); hay que
> averiguar si no ha sido derogada por costumbre contraria (fuente
> material). [...] no basta conocer un testamento escrito (fuente
> formal); hay que saber si el testador ha fallecido y si los herede-
> ros mediante determinados actos de disposición con respecto al
> caudal relicto han manifestado su intención de aceptar la heren-
> cia (fuentes materiales)[1475].

Se trata, en este último caso, del "salto" a fin de conocer el reparto autónomo en su totalidad[1476]. Hay distintos
ejemplos:

> Puede ser que las partes más tarde celebraran un nuevo conve-
> nio cuyo contenido consistía en dejar sin efecto el primero y el
> cual, según que se formalice o no, constituye una fuente formal o
> material. Puede ocurrir que después de la celebración del conve-
> nio, un acontecimiento sobreviniente haya hecho imposible su
> cumplimiento: se vendió verbigracia, un caballo que antes de la
> entrega al comprador muere en el establo del vendedor a causa
> de un rayo. [...] En otros casos el acreedor se queda inactivo
> durante mucho tiempo, y cuando al fin se resuelve a pedir lo que
> le deben, el deudor se niega a pagar; he aquí el supuesto de la
> llamada prescripción extintiva[1477].

[1474] Ciuro Caldani, "Las fuentes de las normas", cit., p. 234.
[1475] Goldschmidt, *Introducción...*, cit., p. 221.
[1476] Íd., p. 225.
[1477] Íd., p. 225.

También cita el caso de la cláusula *rebus sic stantibus* que altera la otra que alude al *pacta sunt servanda*[1478]. Se cumple lo estipulado en el papel, siempre que se mantenga la situación de facto que contextualizó el acuerdo. En otra oportunidad destaca la necesidad de la vinculación entre la norma y la realidad social a fin de comprobar la libertad de la voluntad:

> ... en el otorgamiento del testamento, en su aceptación o repudio, en la celebración del convenio pueden haber tenido influencia hechos que vicien aquellos actos. Los protagonistas o algunos de ellos, pueden haber actuado movidos por el temor o la coacción o el error o el fraude. [...] En realidad, habiendo vicio de dolo o coacción, el reparto es autoritario y no autónomo. Pero a fin de saber si estos supuestos y estas condiciones existen, no hay más remedio que el de saltar de la fuente formal a las fuentes materiales[1479].

El "salto" del que habla Goldschmidt también se muestra con las categorías de "fuentes espectáculo" y "fuentes propaganda". Aquellas son las elaboradas para las apariencias[1480] sin la voluntad de cumplirlas[1481], y estas aluden a la falta de voluntad de repartir[1482], a convencer de lo que no debe hacerse[1483], a convencer de su necesidad[1484], o a persuadir para que más adelante se cumplan[1485]. En ambos casos, es necesario consultar la realidad social para percatarse de la ausencia de normas. La simulación y el fraude plantean también la necesidad del "salto" ya que las

---

[1478] Íd., p. 226.
[1479] Íd.
[1480] Ciuro Caldani, *Metodología jurídica*, cit., p. 68.
[1481] Ciuro Caldani, *Estrategia Jurídica*, Rosario, UNR Editora, 2011, p. 44.
[1482] Ciuro Caldani, "Las fuentes de las normas", cit., p. 236.
[1483] Ciuro Caldani, "Lecciones de Teoría General...", cit., p. 51.
[1484] Ciuro Caldani, "Estrategia...", cit., p. 43.
[1485] Ciuro Caldani, *Metodología jurídica*, cit., p. 69.

fuentes formales no expresan la verdadera realidad[1486]. En suma, se trata de que la dimensión normológica sea fiel al valor verdad, para conocer la realidad de los hechos[1487].

Un "salto" particular es el que se da de la ciencia jurídica, que no es fuente real, hacia los elaboradores de normas, en tanto las fuentes de conocimiento integran la realidad social conduciendo en gran medida el pensamiento de dichos elaboradores[1488].

Las fuentes pueden promover mayor igualdad o unicidad, y en este sentido, la ley, por su generalidad, propicia igualdad, mientras el decreto y la sentencia, equilibrando las fuentes formales, da lugar a la unicidad[1489]. Teniendo como norte la justicia, solo una visión integrativista puede permitir decir, con referencia a las fuentes, interrelacionándolas con las otras dimensiones, que "... las fuentes formales, convertidas frecuentemente en espectáculos, suelen ocultar [...] las injusticias de las fuentes materiales[1490]". Creo que esto suele darse más en épocas en las que no se propicia una real igualdad entre los ciudadanos, por ejemplo, en la Argentina menemista de los años noventa.

12.5. Al tratar la jerarquía de las fuentes de las normas, la misma debe complementarse en su análisis con la jerarquía que se da en la realidad social, con lo que Goldschmidt llama "el salto a las fuentes materiales[1491]", y sin quedarnos en el mero estructuramiento jerárquico que plantea la pirámide jurídica, la formalidad de las normas constitucionales. Por ejemplo, una guerra hace tambalear cualquier diseño constitucional; el FMI supo introducirse como un poder más en la distribución prevista por la parte

---

[1486] Ciuro Caldani, "Las fuentes de las normas", cit., p. 244.
[1487] Íd., p. 247.
[1488] Íd., p. 250. Ver caso del Proyecto de Código Civil y Comercial de 2012.
[1489] Íd., p. 249.
[1490] Íd., p. 253.
[1491] Goldschmidt, *Introducción...*, cit., pp. 225 y 234.

orgánica de la Constitución argentina, y los planes económicos debían obtener su visado; el concordato de 1966
con el Estado vaticano desconoció hasta 1994 la facultad
del Presidente de nombrar los obispos[1492]. En efecto, "... en
última instancia esos conflictos son resueltos por la primacía material[1493]".

12.6. Otra interrelación propia de un sistema se da
en oportunidad de la aplicación, como ya vimos, de los
"límites" a las tareas del funcionamiento de las normas:
"los límites necesarios, surgidos de la naturaleza de las
cosas, pueden impedir la asunción o el rechazo del reparto
captado en la norma, por ejemplo, a través de condicionamientos psíquicos de los protagonistas, de obstáculos
socio-políticos, socio-económicos, etc.[1494]". La norma funciona teniendo en cuenta la realidad social y los valores.
Por ejemplo, dos jueces no quisieron intervenir en el juzgamiento del diputado oficialista Carlos Kunkel, porque él
era miembro de la comisión de selección de magistrados
del Consejo de la Magistratura y los magistrados que se
inhiben participan en un concurso donde se encuentra el
diputado acusado. También hay otros dos jueces que se
excusaron de intervenir porque el mismo legislador forma
parte de la comisión de acusación del antedicho órgano,

[1492] Ver art. 86, inc. 8º, de la Constitución de 1853-60. "Ejerce los derechos del patro-
nato nacional en la presentación de obispos para las iglesias catedrales, a propuesta en terna del Senado".

[1493] Ciuro Caldani, "Las fuentes de las normas", cit., p. 237. La asunción del cardenal
primado argentino Jorge Bergoglio como el Papa Francisco en la Ciudad del
Vaticano, reavivó la influencia de la Iglesia Católica en el Estado argentino, por
ejemplo, en las modificaciones al nuevo Cód. Civ. y Com. de 2015, en materia de
personalidad del embrión, desde la concepción, no ya en el seno materno, y con
la no incorporación de la gestación por sustitución, sí prevista en el Proyecto.
Sobre el tema p. v. Galati, "El nuevo Código Civil y Comercial ante la complejidad del Derecho de la Salud", en "Cartapacio de Derecho", vol. 29, Azul, Fac. de
Derecho, UNICEN, 2016, págs. 1-109; en http://www.cartapacio.edu.ar/ojs/
index.php/ctp/article/view/1490/1830 (14.3.2016).

[1494] Goldschmidt, *Introducción...*, cit., p. 107.

donde los jueces tienen una causa abierta. El tribunal que se encargó de evaluar las inhibiciones dijo que no es suficiente aceptar un mero estado de ánimo sin relación con la realidad y que solo muestra un exceso de susceptibilidad o razones de mera delicadeza. La excusación debe tener motivos realmente graves para justificarse. Los magistrados también dijeron que en un caso el proceso contra los jueces se hallaba en la etapa de investigación preliminar[1495]. Querer establecer la competencia leal en el campo de los medios de comunicación, implicando ello ir contra el poder que puedan concentrar algunos de estos, implica una fuerte apuesta contra el límite político-económico, en tanto pueden volverse en contra del gobierno que impulsa esa iniciativa.

12.7. El reconocimiento de la norma[1496] es una tarea eminentemente interactiva en tanto el estado normativo depende de un hecho o de una pauta no siempre establecida por una norma. ¿Cómo solucionar el problema de la vigencia de las dos constituciones argentinas, si no hay una tercera que medie entre ellas? La Convención Constituyente de 1994 aprobó el 22 de agosto de 1994 un "texto ordenado, sancionado", pero después el Congreso, por ley 24.430, (BO. 10/1/1995) ordenó la publicación de un "texto oficial" que difiere del otro en varias partes. La más destacada es la incorporación del llamado "artículo perdido" que modifica la mayoría necesaria para aprobar proyectos de leyes relativos a los partidos políticos. La convención lo numeró como 68 bis[1497], pero nunca se insertó en el texto

---

[1495] Sentencia del 17.12.2008, de la sala III de la Cámara Nacional de Casación Penal de Argentina.

[1496] "... si es considerada vigente; si en principio es aplicable o es desplazada por otra, etc.)". Ciuro Caldani, *Metodología jurídica*, cit., p. 70.

[1497] "Los proyectos de ley que modifiquen el régimen electoral y de partidos políticos deberán ser aprobados por mayoría absoluta del total de los miembros de las Cámaras".

finalmente ordenado y aprobado por la asamblea, ni en el jurado. Frente a lo cual, la ley sí lo incorporó como la segunda parte del art. 77. De paso, el Congreso hizo retoques de palabras y signos de puntuación en los arts. 31, 42, 55, 75, incs. 2 y 3, y 118[1498]. Solo los hombres que intervinieron en dicho proceso constitucional pueden terminar de dar cuentas respecto de lo que ocurrió y solucionar el problema de reconocimiento.

Esta tarea nos enfrenta también con la aplicación de fuentes que podrían considerarse extrañas por profesionales conservadores. "Esta confirmación judicial de estos laudos arbitrales, provoca también una 'nacionalización', ahora a través de la confirmación por una sentencia judicial de un juez estatal, del derecho transnacional. Aquí se vuelve a manifestar la interacción entre las fuentes del derecho[1499]". Se trata de laudos arbitrales que aplican usos y costumbres comerciales, y la *lex mercatoria*. Aunque debe tenerse en cuenta, con mayor confirmación del Pensamiento Complejo, que nunca un único elemento del mismo carácter ontológico es el que soluciona un caso.

> ... en todos los casos analizados los tribunales judiciales o arbitrales que se basan en la *lex mercatoria*, se basan simultáneamente en las legislaciones nacionales, y de las normas de conflicto. Es decir nunca hay una referencia exclusiva a los usos y costumbres, o a los principios del derecho, o a la *lex mercatoria*. La hay, pero concurriendo con las legislaciones nacionales, indicadas por las normas de conflicto. Hay veces en que la 'lex mercatoria' regula un aspecto del caso, y otros son resueltos por las legislaciones nacionales[1500].

[1498] Sagüés, *Elementos...*, cit., t. 1, p. 229.

[1499] Giménez Corte, Cristian, *Usos comerciales, costumbre jurídica y nueva lex mercatoria en América Latina con especial referencia al Mercosur*, tesis doctoral, Rosario, Facultad de Derecho, Universidad Nac. de Rosario, 2006, p. 211.

[1500] Íd.

En efecto, a la hora de caracterizar al hecho de interaccionar distintas fuentes para resolver un caso internacional, se utiliza lenguaje del Pensamiento Complejo:

> Se cuentan así la autonomía de la voluntad, los contratos, los
> usos y costumbres, decretos y leyes de fuente interna, principal-
> mente los códigos, y las convenciones y tratados internacionales,
> y las constituciones nacionales, regulando tanto aspectos sustan-
> ciales como procesales de los contratos internacionales.
>
> Estas fuentes no son antitéticas, sino *concurrentes y com-
> plementarias*; existiendo una correlación intrínseca entre ellas,
> especialmente entre la autonomía de la voluntad, los contratos y
> los usos y costumbres[1501].

De manera que pueden darse distintas variables:

> Los usos y costumbres fueron captados por los códigos naciona-
> les; las leyes remiten a los usos y costumbres, estos derogan leyes
> pero al mismo tiempo reclaman su auxilio; los árbitros interna-
> cionales se basan en los usos y costumbres y en leyes nacionales,
> y los jueces nacionales basan sus sentencias en los principios
> del derecho comercial internacional, los usos se formalizan en
> convenciones internacionales, y las convenciones legitiman los
> usos y costumbres, las partes regulan sus contratos por *standards
> forms*, y los jueces mandan a ejecutar laudos fundados en la
> *lex mercatoria*[1502].

Dichas pautas son también aplicables a los casos
nacionales, aunque cabría revisar la clasificación desde el
proceso de mundialización. Morin tiene conciencia de la
diversidad de fuentes, al hablar de la formación de un estado planetario, en donde hace alusión a un mundo paralelo

---

[1501] Íd., p. 260.
[1502] Íd., p. 269.

al de los Estados, en donde no hay fronteras y, fuera de la ley, interaccionan actores movidos por flujos transnacionales, animados por el deseo de eficacia y ganancia[1503].

Para que el abogado sepa qué regla aplicar, debe considerar la realidad social, es decir, qué normas efectivamente aplican las autoridades. Y dichas normas pueden ser otras que las sancionadas por las autoridades oficiales. Ahora bien, es obvio que las elecciones se realizan en función de valores que son privilegiados frente a otros[1504].

12.8. Goldschmidt revela una jerarquización de la positividad, incluso en mayor medida que el positivismo jurídico mismo, al dar prioridad en la interpretación[1505] de la norma al elemento histórico, y proclamar la lealtad al creador, al legislador, en tanto el objetivo de aquella es buscar la intención del autor, el fin de la norma. Tras la búsqueda en la interpretación de la "voluntad de la ley", la Escuela Analítica abre rienda suelta a consideraciones de todo tipo: de justicia, de fines, deseos, etc. que afectan la seguridad jurídica que se dice perseguir. El fin, elemento útil para la interpretación, solo puede entenderse, si se piensa en un objetivo guiado desde la intención de lograr un grupo de conductas. Asimismo, un elemento sociológico, constituido por la finalidad de un grupo de hombres, no puede entenderse sin la consideración de un valor que lo guía, que considera dichas conductas esperadas como valiosas. Tratar de lograr confianza en los depositantes, a través de la ley de intangibilidad de los depósitos, solo puede hacerse si se cree en la protección de la libertad y la

---

[1503] Morin, *La Méthode 5...*, cit., p. 275. (Morin, *El Método 5...*, cit., p. 265).

[1504] Menicocci resalta el carácter relevante que adquiere el encargado del funcionamiento, al ir relativamente más allá de la antigua objetividad de la norma, y tener que reconocerla, previamente a interpretarla. Ver "La Teoría Trialista...", cit., p. 64.

[1505] Puedo decir de manera general, que se interpreta cuando se quiere comprender lo que la norma dice.

426   OTRA INTRODUCCIÓN AL PENSAMIENTO COMPLEJO

propiedad de quienes han ahorrado a lo largo de su vida mediante el trabajo, que es tiempo no dedicado al esparcimiento, y proyección material del esfuerzo de la persona. En suma, se protege la libertad económica. He aquí la interacción entre hecho y valor plasmada en el "fin" que coadyuva a comprenderlo como emergente en el marco de la interpretación. El fin también es analizado en la dimensión sociológica, en el marco de las posibilidades de los repartidores, como categoría básica de la realidad social.

12.8.1. Refuerza esta idea considerar que hay un ingrediente de justicia al optar por la prevalencia del elemento histórico en la interpretación. Así, "... no deseamos hacer una análisis 'infradimensional' limitado a lo que la interpretación 'es' o 'debe ser' sino reflejar los tres despliegues jurídicos enfocando lo que puede ser y es sociológica y normológicamente para concluir averiguando dikelógicamente lo que debe ser"[1506]. Por ello, en la interpretación y producto de su comprensión sistémica, "... el elemento valorativo debe estar en alguna medida presente, pues solo podemos entender y más aún elaborar lo jurídico con mira a valores"[1507]. La visión hologramática del valor en la interpretación no impide asignarle un lugar de privilegio en la elaboración, como tarea del funcionamiento de las normas. "Aunque el elemento valorativo es una constante aun para la interpretación, es en la elaboración donde juega su papel principal"[1508].

12.9. La determinación, que es la tarea destinada a regular la normatividad incompleta, debe funcionar considerando la realidad social, so riesgo de no ser pertinente.

[1506] Ciuro Caldani, "Meditaciones trialistas sobre la interpretación", en *El Derecho*, t. 72, p. 812.
[1507] Íd., p. 815.
[1508] Íd., p. 824.

Precisamente, esa incompletitud se deja existir a fin de dar cabida a la cambiante realidad social, frente a la pretensión de estabilidad en el tiempo que tiene la normatividad.

12.10. La elaboración tiene lugar ante una situación de carencia. Ella puede ser histórica y significa que no hay norma que regule el caso. El juez crea entonces la normatividad, teniendo como eje al mismo. Se ve aquí la doble influencia de la realidad social, que determina la ausencia, y que condiciona al juez al llenar el vacío. Si la carencia es dikelógica, lo que significa que la normatividad no reúne los parámetros de justicia mínimos para aplicarse, no cabe recurrir sin más a la justicia, sino que es dable comenzar por la justicia formal, llamándose a este procedimiento autointegración, es decir, se recurre a los criterios de justicia positivizados por el legislador. Apúntese que muchas veces los juristas analíticos reconocen que hay valor en las normas, y mucho más a partir del Positivismo incluyente. De esta manera, el valor justicia tiene sus límites, al formar parte de un sistema, y se relaciona con la positividad, respetándola. No hay entonces mera yuxtaposición de dimensiones, ni unidimensionalismo. Una "necesidad" de justicia, a la que se llega cuando el valor actúa intuitivamente al reconocer dicha necesidad, luego es encaminada a través de los carriles formales de los criterios de justicia plasmados en las normas. Este caso sería una "armonización"[1509].

> En el funcionamiento de la[s] norma[s] se evidencia la dinámica integrada de las tres dimensiones jurídicas. La interpretación, la aplicación y la conjetura son sobre todo bidimensionales normosociológicas, pero a través de la determinación, la elaboración e incluso la síntesis se completa la tridimensionalidad mediante el ingreso de la justicia[1510].

[1509] Ciuro Caldani, *El Derecho Universal...*, cit., p. 91.
[1510] Ciuro Caldani, "Las posibilidades...", cit., p. 93.

12.11. El fallo, producto[1511] emergente del funcionamiento de las normas, no es entonces una mera especifi-
cación al caso concreto de lo estipulado por la norma, sino
que recibe aportes de la realidad y los valores.

> La Teoría Trialista del mundo jurídico brinda un [...] sistema
> conceptual 'abierto' para comprender el funcionamiento de las
> normas, donde se produce la integración definitiva de las tres
> dimensiones jurídicas. [...] para el progreso del reparto proyec-
> tado que capta la norma, a fin de que dicho reparto proyecta-
> do se convierta en reparto realizado, es necesario que la norma
> 'funcione' [...] y se advierte que las principales etapas del funcio-
> namiento son la interpretación, la determinación, la elaboración
> y la aplicación[1512].

En nuestra historia jurídica se han dado casos de tensiones y no acatamiento al autor de normas. Es por eso
que puede leerse en el voto del juez Petracchi en la causa
"Camps": "la misión de este Tribunal consiste en el servicio a la conciencia jurídica del pueblo, la que cumple
al hacer explícitos los valores de la tradición humanista
bajo los cuales se ha constituido como Nación" (consid.
4). Cabe recordar que el citado juez si bien votó en disidencia a la constitucionalidad de las leyes que impedían
el juzgamiento de los militares que delinquieron al amparo del llamado "Proceso de Reorganización Nacional", terminó avalando la decisión política del Poder Ejecutivo
y el Poder Legislativo de "clausurar los enfrentamientos"
(consid. 34) basándose en la facultad de dictar amnis-
tías del Congreso (consid. 35). En ese mismo voto, hace
una referencia ineluctable hacia el valor justicia, citando a
Arthur Kaufmann: "... el obediente no sobrelleva ninguna

[1511] Ver Goldschmidt, *Introducción...*, cit., p. 303. "Las normas engendran un mundo de objetos". El fallo sería un ejemplo de producto bivalente, es decir, a la vez
material e ideal.
[1512] Ciuro Caldani, "Seminario de profundización...", cit., p. 106.

responsabilidad por lo que hizo cuando le fue ordenado. Así los ciudadanos han seguido regulaciones reprobables, los soldados órdenes criminales, los jueces *injustas leyes*... sin remordimiento ..." (consid. 4).

Petracchi aclara las consecuencias del normativismo extremo: la total mutilación, no en sentido figurado, sino en la más real, cruel y dolorosa de las vivencias: la impunidad frente al horror: "sobre la vieja ideología del orden autoritario se ha instalado [la] [...] razón instrumental, desinteresada del valor de los fines, productora de 'hombres-máquina' que solo saben de la ciega aplicación de una técnica, y en esto encuentran su justificación" (consid. 4).

Vuelve a resaltar la importancia práctica del valor justicia: "solo la convivencia, guiada por un incondicional respeto a la dignidad de cada hombre, puede dar garantía contra una eventual catástrofe suprema y contra muchas otras parciales que nos azotan" (consid. 4). La dignidad humana está ínsita en el concepto de justicia y permite controlar las prescripciones normativas.

12.12. Como categoría normo-sociológica, Goldschmidt rescata el plan de gobierno en marcha, pero recalcando su característica de "en marcha", esto es, tomando en cuenta el que realmente se lleva a cabo en la realidad, con indicación de los "reales" supremos repartidores y los efectivos criterios en virtud de los cuales se reparte. La autonomía, criterio sociológico que implica acuerdo, conlleva el criterio normológico de regulación, ya que los repartidores autónomos pueden realizar por sí mismos la regulación (normatividad), se "autoimponen", a la vez que se promueve el valor libertad, en tanto ambos particulares llegan a acordar aquello que los beneficia, y es entonces indicio de la justicia que caracteriza al Derecho como tal. Por otra parte, la costumbre, fenómeno sociológico, también implica normación... consuetudinaria. En tanto reparto autónomo de grupos de personas, es integrada en el fenómeno jurídico visto por el Trialismo, como una autonomía global, colectiva.

12.13. Siguiendo con la dimensión normológica, "las diversas clases de ordenamientos, flexibles o rígidos, elásticos o inelásticos y meros órdenes o sistemas, sean estos formales o materiales, evidencian los distintos tipos de dinámica y de confianza que reinan en el Derecho[1513]". A manera de ejemplo, puede citarse el rígido ordenamiento constitucional argentino, que requiere ley declarativa de la necesidad de la reforma y convención reformadora (art. 30, CN.). Algo más flexible se da en el caso del Reino Unido, ya que el proyecto solo debe sortear la cámara de los lores y de los comunes, de distinta integración social[1514]. Un caso de reforma constitucional flexible se da en Argentina en materia de derechos humanos, cuando se sanciona una ley sobre dicha temática, y luego, mediante otra ley con mayoría especial, se eleva dicha normativa al rango constitucional (art. 75, 22°, 2 p., CN.).

Es de destacar algo que ilumina el Trialismo y que es marginalmente tratado por el kelsenianismo: el fundamento de legitimidad del ordenamiento normativo. En este sentido, la totalidad de la pirámide se funda en el deber de cumplir los pactos y en el deber de obediencia al soberano[1515]. A esto Kelsen le llama eufemísticamente norma hipotética fundamental. Digo que utiliza un eufemismo porque ello es todo menos una norma, y mucho menos hipotética, en tanto los vencidos no tuvieron otra

---

[1513] Ciuro Caldani, "Las posibilidades...", cit., p. 94.
[1514] Ver por ejemplo, lo que ha ocurrido hace poco, en donde el gobierno de Anthony Blaire trató de introducir sin éxito un tribunal judicial independiente de los lores. "Gran Bretaña impulsa una reforma constitucional", en *La Nación*, del 9.3.2004, en https://bit.ly/2N7kfJw (7.11.2009).
[1515] Ciuro Caldani, "Teoría tridimensional...", cit., p. 1212.

opción o condición que aceptar el hecho del vencimiento que luego se transforma en la constitución de Filadelfia de 1776, o la constitución argentina de Paraná-Pavón 1853-60. Es claro entonces que un hecho fundamenta una norma, una vez más.

13. Interrelaciones desde la dimensión dikelógica

13.1. Diversos autores afines al Trialismo han mostrado esta integración de opuestos planteada por las decimonónicas posturas. Alfredo Soto ha señalado cómo el derecho natural, con sus caracteres de universalidad —temporal y espacial—, se integra en el Trialismo como criticismo jusnaturalista, tal como lo plantea Goldschmidt, tamizado de sus abstracciones aprioristas, y configurando una justicia unida a sus circunstancias a través de los despliegues de valoración y orientación[1516]. Dice el jurista germano-español: "... la justicia es relativa al caso (objeto valorado), pero absoluta de quien valora [...]. El Derecho Natural del jurista [...] no le revela la solución justa sino que le permite valorar la solución propuesta, como justa o injusta[1517]". Por otra parte, también Gardella señala que el camino del Derecho Natural en el Trialismo comienza con las sucesivas valoraciones, de las cuales, si son positivas, se extraen los criterios de Derecho Natural. A esto Goldschmidt le da el nombre de criterios generales orientadores[1518]. Así, "... he aquí una notable aproximación a la experiencia, por parte del jusnaturalismo[1519]". La justicia no expide reglas, valora repartos concretos. Asimismo, se refuerzan tanto la dialógica como el valor trialista.

[1516] Soto, Alfredo, "La integración entre el positivismo jurídico y el jusnaturalismo", en *Investigación...*, nº 17, Rosario, FIJ, 1990, p. 148.
[1517] Goldschmidt, "Lugar del Trialismo...", cit., p. 905.
[1518] Goldschmidt, *Introducción...*, cit., p. 398.
[1519] Gardella, op. cit., p. 1015.

13.2. La dimensión dikelógica no construye fosos o trincheras en sus límites "dimensionales", sino que interactúa con el resto de las dimensiones. Con la dimensión sociológica, al indicar cuándo un fenómeno es jurídico. Goldschmidt dice que "jurídico" es todo fenómeno susceptible de ser valorado por la justicia[1520]. El jurista germano-español ha dicho que si bien el valor no crea la realidad, influye en su desarrollo en tanto las conductas humanas se inspiran en criterios de valor, y en este sentido, modifican aquellas su curso si el resultado, teniendo en vista al valor, es negativo, y manteniéndolo si la valoración es positiva[1521].

13.3. También interactúa con la dimensión normológica, al permitir el Trialismo abrir la crítica de la norma a través de su carencia por razones de justicia. Ante una laguna dikelógica, el procedimiento trialista de elaboración de normas sugiere comenzar por abrevar en el caudal normativo, a fin de lograr la norma justa, es decir, ir a las fuentes positivas y extraer de allí principios de derecho natural positivisados. De ahí la "auto" integración, en tanto el sistema se autoabastece de los criterios de justicia que produce el propio ordenamiento normativo. Y así se da lo que Morin llama la neutralización del antagonismo del encargado del funcionamiento de las normas que declara la carencia dikelógica, a partir de la referencia de justicia que brinda el propio derecho positivo. Dice el filósofo francés: "la rétroaction négative est [...] organisationnellement antagoniste à un antagonisme (anti-organisationnel) menaçant l'intégrité du système et en train de s'actualiser. Elle rétablit la complémentarité entre les éléments[1522]".

[1520] Goldschmidt, *Introducción...*, cit., pp. 29, 46, 48.
[1521] Goldschmidt, "La doctrina...", cit., p. 205.
[1522] Morin, *Sociologie*, cit., p. 78. "La retroacción negativa es, [...] organizativamente antagónica a un antagonismo (antiorganizativo) que amenaza a la integridad del sistema y que está a punto de actualizarse y restablece la complementariedad entre los elementos". Morin, *Sociología*, cit., p. 93.

Vale decir con Morin cómo "la complémentarité joue de façon antagoniste à l'antagonisme, et l'antagonisme joue de façon complémentaire à la complémentarité[1523]".

13.4. Nótese que la carencia histórica implica la interrelación tridimensional, ya que una situación de hecho reclama regulación, por justicia y, por ejemplo, puede ser injusto aplicar el principio de que todo lo que no está prohibido está permitido.

13.5. El valor no solo actúa *a posteriori*, sino que puede actuar antes al impulsar un reparto justo. Goldschmidt dice que jurista es el que a sabiendas reparte con justicia[1524]. Morin dice: "ce n'est pas seulement *a posteriori* que la conscience intervient: c'est aussi dans le cours même de la connaissance, de la pensée ou de l'action; ainsi, la pensée peut se penser en se faisant, dans son mouvement même [...][1525]".

13.6. Lo que se dijo sobre la carencia dikelógica, en la etapa del funcionamiento de las normas, se completa con el funcionamiento del valor que la permite. Goldschmidt señala el contacto del valor con la adjudicación razonada, el material estimativo del valor justicia, es decir, el instante donde el valor se comunica con la materialidad. En primer

---

[1523] Morin, *Sociologie*, cit., p. 78. "La complementariedad actúa de forma antagónica al antagonismo y el antagonismo actúa de forma complementaria a la complementariedad". Morin, *Sociología*, cit., p. 93. Ver también el punto 4 del cap. 5. Un ejemplo de convivencia de los antagónicos se da cuando las inconstitucionalidades conviven con la legislación declarada inconstitucional en los casos concretos. Si la inconstitucionalidad adquiere su máximo de ejemplaridad, como seguimiento, la legislación será finalmente cambiada; como parece que ocurrirá con la tenencia de drogas para consumo personal, prohibida por la ley 23737. Otro nivel de antagonismo se da, por ejemplo, con los llamados "partidos antisistema". En este sentido, el partido comunista participa de las elecciones, mientras que el partido filonazi "Nuevo Triunfo" no fue admitido.

[1524] Goldschmidt, *Introducción...*, cit., p. VIII.

[1525] Morin, *La Méthode 3...*, cit., p. 191. "La conciencia no interviene únicamente *a posteriori*: también lo hace en el curso mismo del conocimiento, del pensamiento o de la acción; de este modo, el pensamiento puede pensarse al hacerse, en su movimiento mismo [...]". Morin, *El Método 3...*, cit., p. 208.

lugar, consagra el deber ser que es puro en tanto valencia, luego habla de la valoración, en donde el valor entra en contacto con la realidad, el material estimativo de la justicia y a ello sigue el resultado de la valoración. En el caso de la valoración negativa, ella significa exigir un cambio de realidad, para adaptarlo al valor. Y nace así un deber ser actual, de que aquella injusticia cambie. Dicho deber ser actual es por ahora, independiente de su posibilidad de realización[1526]. Si es posible deshacer la injusticia, al lado del deber ser actual, nacerá el deber de actuar[1527]. Con otros términos, el jurista germano-español dará cuenta de cómo la realidad social se relaciona con el valor y cómo el ser se relaciona con el deber ser, produciendo una interrelación que no es mezcla y tampoco fusión, no dejando desamparado al jurista en la yuxtaposición compartimentalizadora. Así, "... el deber ser ideal puro es idealidad libre, los deberes ideales actualizados son idealidad adyacente. [...] La idealidad adyacente solo existe como adscripta a un ser real[1528]". La complejidad de este aspecto del Derecho, en el sentido de antagonismo, concepción de aspectos distintos dentro de una misma dimensión, se ve cuando Goldschmidt admite que la idealidad, una ontológicamente, contenga en sí su "atadura real". En efecto, "... ontológicamente la idealidad adyacente que desprendemos de los casos reales, y la idealidad libre que captamos directamente, no dejan de ser una misma clase de idealidad[1529]". El jurista germano-español muestra la necesidad del contacto de las

---

[1526] Goldschmidt, "La doctrina...", cit., p. 203.
[1527] Íd., p. 204.
[1528] Goldschmidt, "La idealidad adyacente y sus secuelas políticas", en *El Derecho*, t. 7, pp. 973-974.
[1529] Íd., p. 974. Coincidentemente, señala Bidart Campos: "... si el filósofo del derecho es quien escudriña al valor, el científico del derecho es quien, auxiliado por el primero, hurga en el ser de la realidad aquella idealidad adyacente o adscripta a la misma realidad. De modo que la valoración de un derecho positivo, aunque

dos dimensiones: "negar la necesidad de que intervenga un deber ser real para movilizar en la realidad social el deber ser ideal, significaría incurrir en un realismo absurdo de los valores que predicaría su autoaplicación real[1530]". Esto exhibe cómo la complejidad no es una teorización meramente abstracta.

13.7. Un caso de contacto de dimensiones lo revela también la resistencia a la opresión: "el derecho de resistencia se deriva del deber actuar que el valor de la justicia engendra enfrente de una realidad desvaliosa, pero susceptible de ser rectificada por nosotros[1531]". Ahora se entiende entonces cuando Morin diga, con respecto a la Sociología, y que puede perfectamente aplicarse al Derecho, que los antagonismos, en lugar de destruir el sistema, les hacen vivir[1532].

13.8. Goldschmidt relaciona las categorías de la dimensión sociológica y la dikelógica a través del deber ser aplicado personal, emergente que interrelaciona las dimensiones que se ocupan de la realidad social y del valor. El propio jurista lo explica al decir que si bien lógicamente de una esfera u otra "ser" o "deber ser" no pueden derivarse sus contrarios, en tanto el "ser" finca en los hechos y el "deber ser" en la obligación, "la imposición de un deber por acto de una persona, poderosa o no, autorizada o usurpadora, constituye un hecho[1533]". El Trialismo puede lograr estas interrelaciones porque participa de dos niveles lógicos u ontológicos distintos, la esfera ideal y la real. Un realismo jurídico extremo condena al mundo a permanecer

---

por el valor con que valora roza el límite de la filosofía, es tarea propia de la ciencia del derecho, mientras el derecho sea un fenómeno de compostura tridimensional". *Epistemología...*, cit., p. 82.

[1530] Goldschmidt, "La idealidad...", cit., p. 974.

[1531] Goldschmidt, *La ciencia de...*, cit., p. 334.

[1532] Morin, *Sociologie*, cit., p. 69. (Morin, *Sociología*, cit., p. 84).

[1533] Goldschmidt, "Ser y deber ser", en *Justicia...*, cit., p. 80.

tal cual es y un jusnaturalismo apriorista lo condena a una
idealización estéril. A pesar de la interrelación, hay una
autonomía relativa que implica que: "... de unas premisas
pertenecientes a una esfera lógica no se puede derivar una
conclusión perteneciente a otra esfera lógica, incompatible
con la primera[1534]". En efecto, para el Trialismo el ser no
implica un reino determinado incompatible con el reino
del deber ser[1535]. De ahí que el jurista germano-español
plantee que "... el deber ser parece ser una especie del
ser general[1536]". Si se analizan las palabras en castellano, lo
que diferencia al "ser" del "deber" ser es el *deber*, es decir,
que el *ser* tiene que ser algo más: lo debido. Mientras que
en alemán ser es *sein*, y deber ser es *sollen*, esto es, son
vocablos distintos[1537]. Desde el punto de vista ontológico
se dice que el "ser" es el concepto más general de todos,
y que no hay ente alguno que no posea alguna manera
de ser. Por ello, también el "deber ser" tendrá algo del ser.
Fundándome en Heráclito se comprenderá que todo ente
lleva en sí su contrario y entonces el ser podrá contener en
potencia, lo que puede llegar a ser si existe un "deber ser"
que lo exija[1538]. Si la facticidad, incluyendo lo que la normatividad tiene de "facto", que se encuentra en el campo
del ser, genera sendos "deber ser" reales[1539], ¿por qué no
podría ocurrir lo propio con el valor que se encuentra en
el campo del deber ser?

1534 Íd., p. 81. Ver también el cap. 2 del tomo 2, y el cap. 3 del tomo 2. El origen de esta
    incomunicación se halla en Hume. Ver íd., p. 81.
1535 Goldschmidt, "Ser...", cit., p. 81.
1536 Íd. Nótese la incompatibilidad del Trialismo con el ser parmenídeo que solo
    "es", y su relación con Heráclito, que a su vez es tomado por Morin.
1537 Ibídem.
1538 Ver íd., p. 82.
1539 Íd.

Como señala Goldschmidt, estar a favor de la comunicación, no significa que haya identificación entre ambas esferas[1540].

13.9. Vimos que las adjudicaciones razonadas son valoradas por el valor justicia, y como consecuencia de la valoración, se genera el deber ser aplicado personal, para el caso en que la valoración de la realidad social resulte negativa, naciendo el deber de remediar la injusticia. Este deber ser, como emergente, se relaciona con el fraccionamiento de la justicia, relacionada con su pantonomía[1541]. La justicia para todos, y en todo momento y lugar es imposible. De ahí que decir justicia fraccionada y decir que la justicia perfecta —pantónoma— no es posible sea la misma cosa. Dicho fraccionamiento se realiza en consideración de las impotencias e ignorancias humanas, es decir, con miras a la justicia posible. La combinación del diagnóstico situacional, en el marco de la dimensión socionormológica, y de la dimensión dikelógica, que analiza aquel estado de situación, produce el deber-ser ideal aplicado personal, para aquel que pueda remediar la injusticia o le sea hacedero mantener la situación de justicia. El deber ser ideal aplicado personal hace nacer el deber de remediar la injusticia a quien se halla en condiciones de combatirla. Por ello, poder remediar la injusticia es contactar lo fácticamente posible con lo idealmente aceptable. Cuánto puede exigírsele al ser humano es más que un problema científico o filosófico, existencial o psicológico.

13.10. En lo que refiere a uno de los despliegues del valor justicia, luego del eminente contacto con la realidad que tiene la valoración, cabe señalar lo propio para con la orientación de la justicia, a través de la cual, las sucesivas

---

[1540] En materia valorativa, del deber ser real podría partirse en cuanto al contenido al deber ser ideal. En contra, íd., p. 83.

[1541] Ver Goldschmidt, *Introducción...*, cit., pp. 392-393.

valoraciones engendran principios de justicia. Así, "... estos principios generales tienen carácter empírico (no apriorístico) y son meras orientaciones[1542]". Por mi parte, prefiero hablar del carácter complejo de la orientación, y en este sentido surge como un emergente, es decir, una calidad nueva producto de la interacción de las partes que forman el todo.

13.11. Hay relación de la categoría de la realidad social "efectividad" con las restantes dimensiones: "al valorar una realidad la justicia nos da un contenido positivo o negativo que es. Como los valores son entes exigentes, la injusticia real da nacimiento a un deber ser actual de que ella cese[1543]". También la categoría social de la "posibilidad" es importante a la hora de vincularla con el deber ser aplicado personal, ya que la "personalización" del deber, es decir, que deje de ser un mero deber ser ideal puro, implica un análisis de hecho con respecto a nuestra ignorancia y "posibilidades" de remediar la injusticia en cuestión[1544]. "La justicia exige su realización a través de repartos. Para lograrla hay que considerar la posibilidad de tal efectivización[1545]". La pantonomía de la justicia y el fraccionamiento son un llamado a la "posibilidad": "si el reparto justo no es posible cobra relevancia especial el más justo de los repartos posibles, el reparto justificado[1546]". El propio Goldschmidt señala:

> Nuestra incapacidad teórica de prever el futuro, nuestra incapacidad práctica de deshacer todos los entuertos, y nuestra incapacidad teórico-práctica de relacionar un acto con todos los acontecimientos concomitantes, provocados y causales, obstan a que

---

[1542] Menicocci, "La Teoría Trialista...", cit., p. 65.
[1543] Ciuro Caldani, "Bases categoriales...", cit., p. 111.
[1544] Ver Goldschmidt, *Introducción...*, cit., p. 394.
[1545] "Bases categoriales...", cit., p. 112.
[1546] Íd. Ver cap. 6 del tomo 4, donde se señala una crítica que haría el marxismo, configurando lo más cuestionable del Trialismo.

se dé cima a un solo acto de justicia completa. La justicia pura es [...] como el oro puro: requiere la amalgama con metales menos nobles para lograr la dureza necesaria de soportar la realidad[1547].

Esto demuestra que la integración, vista aquí desde la justicia, deviene inexorable[1548].

13.12. La equidad puede ser vista como la unión del aporte de la teorización dikelógica y el de la realidad social, dando lugar a la justicia del caso concreto; he aquí un emergente propio de un sistema complejo. Dice Zaffaroni:

Una pena puede no ser cruel en abstracto, es decir, en consideración a lo que tiene lugar en la generalidad de los casos, pero bien puede plantearse el problema de que sea cruel en el caso concreto. Esto puede suceder, por ejemplo, si la mujer del criminalizado se halla enferma y los hijos abandonados y sin recursos, si el criminalizado padece o ha contraído una grave enfermedad o tiene próxima la muerte, si ha sufrido un accidente o una violencia carcelaria grave, etc[1549].

La equidad es también común en el Derecho Internacional Privado, sobre todo en su ámbito comercial:

... todos aquellos reglamentos de arbitraje, así como también la mayoría de las convenciones internacionales, y las legislaciones de fuente interna sobre arbitraje, facultan a las partes a indicar a los árbitros que resuelvan el problema no según derecho, sino según la equidad. Con el recurso a la equidad, [...] se le otorga a los árbitros una discrecionalidad muy grande a la hora de resolver un caso internacional[1550].

[1547] Goldschmidt, *La ciencia de...*, cit., p. 84.
[1548] Ver lo que digo en el punto 11 del cap. 3.
[1549] Zaffaroni, cit., p. 139. Y la Constitución nacional prohíbe las penas crueles, inhumanas o degradantes en el art. 18.
[1550] Giménez Corte, op. cit., p. 212.

En este trabajo se plantea a la equidad como un emergente del Derecho, es decir, integrada a él. En efecto, Aristóteles señala:

> ... cuando la ley hablare en general y sucediere algo en una circunstancia fuera de lo general, se procederá rectamente corrigiendo la omisión en aquella parte en que el legislador faltó y erró por haber hablado en términos absolutos, porque si el legislador mismo estuviera ahí presente, así lo habría declarado, y de haberlo sabido, así lo habría legislado[1551].

Hay que resaltar la comparación de dimensiones: "el reconocimiento de las exigencias de equidad significa [...] realizar una *comparación* entre la respuesta general que se tenga en cuenta y los requerimientos del caso particular de que se trate y [...] la apreciación de una *diferencia* al respecto[1552]". El pecado del normativismo es reducir el Derecho a lo general, lo que se haya fuertemente asociado a la "justicia como máquina". Tampoco hay que caer en el defecto opuesto. "La radicalización de la equidad conduce al casuismo y el abuso de la justicia 'legal' lleva al generalismo. El primero oculta el porvenir y el segundo renuncia a la realidad[1553]".

Goldschmidt expresa que con la equidad la legalidad resulta suspendida, y brinda el ejemplo de la amnistía[1554]. A lo cual puede agregarse el indulto, la conmutación, el

---

1551 Aristóteles, *Ética...*, cit., p. 71.
1552 Ciuro Caldani, "Comprensión jusfilosófica de la equidad", en *El Derecho*, t. 155, p. 687.
1553 Ciuro Caldani, "Perspectiva trialista de la axiología dikelógica", en *Estudios de Filosofía...*, cit., t. II, p. 56; "Comprensión jusfilosófica...", cit., p. 687.
1554 Ver Goldschmidt, "¿Qué es y por qué se concede una amnistía?", en *Justicia...*, cit., pp. 258-261.

plazo de gracia, la moratoria, la condonación de una deu-
da. Situaciones todas imposibles de realizarse frente a una
máquina insensible[1555].

13.13. Una interrelación importante se da entre la
dimensión social y la dikelógica al tratar la imprevisión[1556].
Al celebrarse un convenio las partes se atienen al *pacta
sunt servanda*. Sin embargo, un cambio de las circunstancias de hecho habilita el *rebus sic stantibus*, que significa
atenerse a la palabra empeñada, siempre que las circunstancias se mantengan; actuando aquí la justicia como res-
guardo del equilibrio de las prestaciones, paridad. Como
un tema de la dimensión dikelógica, la imprevisión quiere decir que hay un obstáculo para desarrollar la pantonomía de la justicia que proviene del futuro, del porvenir. Goldschmidt dice que el porvenir altera el sentido del
pasado[1557]; tratándose siempre de mantener la igualdad. Lo
que altera la igualdad es un acontecimiento fáctico, que
impulsa la vuelta a la igualdad. Para realizar una justicia
cabal, deben tenerse en cuenta los acontecimientos sobre-
vinientes, ya que "... la justicia en una situación cualquiera
no se debiera dictar sino en el día del Juicio Final"[1558], que
representa la justicia perfecta. No obstante ello, se deben
fraccionar y concluir las situaciones, y eso es lo que hace
el *pact sunt servanda*. La eventual revisión se operará en
virtud de un cambio de circunstancias, que son "fácticas".
He aquí como la dimensión social interactúa con la valorativa, a fin de determinar si una situación es o no justa.
Y esto no podría hacerse sin un objeto ontológicamente
diverso/múltiple.

[1555] "No es por azar que el avance de la fe indiscriminada en la ley y en las normas ha
correspondido al rechazo o la marginación de la problemática de la equidad".
Ciuro Caldani, "Comprensión jusfilosófica...", cit., p. 688.
[1556] Ver Goldschmidt, *Introducción...*, cit., pp. 403-404.
[1557] Íd., p. 402.
[1558] Íd.

13.13.1. Como signo de recursividad, este tema es tratado por Goldschmidt también en la dimensión sociológica, ya que las fuentes formales de las normas, en este caso individuales como el contrato, implican para su funcionamiento la consideración de la realidad social, es decir, el "salto" a las fuentes materiales[1559], que no es otra cosa que la consideración de la realidad en la cual el contrato se desarrolla; y que es lo que puede hacer variar su letra. De lo contrario nos regiríamos por un positivismo normológico privatista. El mismo tema, como vimos, es analizado desde la dimensión dikelógica a la hora de hablar de la pantonomía de la justicia.

13.14. No nos quedamos en la mera consideración de un objeto múltiple, porque esto solo implicaría una yuxtaposición de dimensiones. Las interrelaciones entre ellas solo son posibles con un objeto "complejo", que genera entonces, en virtud de esas interrelaciones, cualidades nuevas, como en este caso: la imprevisión, el salto a las fuentes materiales, el fraccionamiento; categorías socio-dikelógicas fruto de la consideración previa de la existencia de las dimensiones del Derecho, y que contribuyen a lograr la justicia, en última instancia, que es el hilo de la complejidad de lo jurídico[1560].

13.15. El reconocimiento de la dimensión sociológica, a través del concepto de exactitud o vigencia de las normas, permite la descripción del estado actual de situación, más allá de las normas, y a fin de exigir, por intermedio de la valoración, el deber de actuar a quien le sea hacedero remediar la injusticia. Muy atinadamente Bidart Campos dice: "cuando los derechos individuales no tienen vigencia en el reparto constitucional —aunque tal vez la declaración se mantenga en las normas escritas— [...] el régimen

---

[1559] Ver íd., pp. 225 y 234.
[1560] Ver cap. 1 del tomo 2.

es totalitario"[1561]. Por ello, "… la formalización no es garantía de justicia[1562]". Luego, reconociendo una contundente
vigencia al orden de los repartos, expresa: "… podemos
enjuiciar la injusticia del régimen porque reconocemos
que la declaración de derechos carece de vigencia […]"[1563].
Morin habla en varias oportunidades acerca del totalitarismo y de cómo la forma suele funcionar como apariencia.

> La ideología comunista es internacionalista, universalista, iguali-
> taria; la ideología nazi es racista. Las cartas del nazismo están […]
> [en] *Mi lucha*, mientras que la ideología fraternal del comunis-
> mo, explicitada en ese evangelio que es el *Manifiesto del Partido
> Comunista* de Marx, ha enmascarado durante demasiado tiempo
> los crímenes del totalitarismo soviético[1564].

13.16. Soto plantea un diálogo del valor justicia, con
los valores del resto de las dimensiones:

> … el derecho natural trialista estaría no solo compuesto por
> la manifestación jurídica de la justicia, sino además, integrado
> por los valores propios de la dimensión sociológica (conducción,
> espontaneidad, poder, cooperación, previsibilidad, solidaridad,
> orden) y los de la dimensión normológica (verdad, fidelidad,
> exactitud, adecuación, predecibilidad, inmediatez, subordina-
> ción, ilación, infalibilidad, concordancia, coherencia), además
> de todos los valores que identifican a las demás ramas políticas
> (amor, utilidad, belleza, santidad, salud, etc.)[1565].

13.17. Nótese cómo cada dimensión contiene a las
demás, cumpliéndose la visión hologramática. La importancia del integrativismo se observa a la hora de realizar

---

[1561] Bidart Campos, *Filosofía del Derecho Constitucional*, Buenos Aires, Ediar, 1969,
p. 271.
[1562] Ciuro Caldani, "Las fuentes de las normas", cit., p. 253.
[1563] Bidart Campos, *Filosofía…*, cit., p. 271.
[1564] Morin, *Breve historia de la barbarie en Occidente*, trad. de Alfredo Grieco y
Bavio, Buenos Aires, Paidós, 2006, p. 93.
[1565] Soto, "La integración…", cit., pp. 148 y 149.

la justicia, en tanto ello no es posible, por ejemplo, sin una cuota de poder, de cooperación, valores ínsitos en las categorías de la dimensión sociológica y, por tanto, de hondo contenido realista[1566]. Las interrelaciones cobran importancia en las relaciones entre valores[1567].

13.18. Por otra parte, las clases de justicia incorporadas son conceptualizadas a partir de los elementos de los repartos, lo cual muestra una vinculación de la justicia con la realidad social: "al meditar sobre ese meduloso aporte advertimos que el estudio de dicha estructura formal debe seguir un método semejante al empleado en la Jurística Sociológica y en la Axiosofía Dikelógica[1568]". Así encontramos:

> ... en relación a quienes reparten es posible diferenciar la justicia consensual y la [...] extraconsensual; respecto a quienes reciben [...] la justicia sin acepción de personas y con acepción de las mismas; en relación a los objetos del reparto se presentan la justicia simétrica y la justicia asimétrica; con miras a la forma del reparto [...] la justicia monologal y la [...] dialogal y con referencia al criterio de la fundamentación se distinguen la justicia conmutativa y la justicia espontánea[1569].

A lo cual hay que sumar las clases de justicia en relación a los repartos vistos en su conjunto.

> Al considerar el valor de las partes o de la totalidad del régimen desde los puntos de vista de quiénes reparten, quiénes reciben, qué se reparte, en qué forma y con cuáles fundamentos se reparte, se advierten nuevas posibilidades de clasificación de la

---

1566 Es ejemplificativo el caso de la lucha de poder que tuvo que experimentar el ex presidente Raúl Alfonsín al tratar de enjuiciar a los militares por las violaciones a los derechos humanos del último gobierno de facto.
1567 Ver a Ciuro Caldani, "Ubicación de la justicia en el mundo del valor (El asalto al valor justicia)", en *Estudios de Filosofía...*, cit., t. II, pp. 16 y ss.
1568 Ciuro Caldani, "Perspectiva...", cit., p. 40.
1569 Íd., p. 44.

justicia. En relación con los repartidores se distinguen la justicia "**partial**" y la justicia **gubernativa**; con miras a los recipiendarios se diferencian la justicia **sectorial** y la justicia **integral**; en atención a los objetos del reparto se evidencian la justicia de **aislamiento** y la justicia de **participación**; respecto a la forma del reparto se distinguen la justicia **absoluta** y la justicia **relativa** y con referencia a los fundamentos se diferencian la justicia **particular** y la justicia **general**[1570].

13.19. El Trialismo permite un contenido axiosófico "abierto", es decir, que puede completarse según pautas que exponga el encargado del funcionamiento o el jurista. Nótese que Goldschmidt, tal vez sin esta intención, señaló que cada individuo completa su personalización de acuerdo a su escala de valores. Con respecto a los dos íconos de la dikelogía axiosófica, como la igualdad y la libertad (unicidad) propongo su funcionamiento dialógico, precisamente en atención a una realidad social determinada[1571]. Rolando García habla de la evolución del sistema como una de sus características en tanto difiere de las dinámicas propias de cada uno de sus componentes[1572]. Así, la jerarquización de la igualdad o la libertad dependerá de las situaciones históricas, que se dan en la realidad social. Así es como el valor depende en cierta medida de la realidad en su funcionamiento.

13.20. En este sentido, la igualdad y la libertad son valores laicos, y no se relacionan necesariamente con una religión. Además, las categorías dikelógicas del Trialismo pueden existir más allá de los contenidos católicos aporta-

---

[1570] Íd., p. 51. Si ponemos atención, Aristóteles comenzó la clasificación de la justicia, con bases realistas, al plantear su clásica categorización de la justicia en distributiva y correctiva, y la equidad.

[1571] Ver la tercera parte del tomo 3.

[1572] García, op. cit., p. 94. Ver cap. 3 del tomo 2.

dos por Goldschmidt[1573]. Aquí vale más que nunca lo dicho por el jurista germano-español respecto a que la idiosincracia de un pueblo no nutre a la ciencia de los valores; es decir, que del ser no se sigue el deber ser. El valor actúa como límite de la realidad social, imponiéndole una restricción. Sobre estos me explayaré en el próximo capítulo.

[1573] Sobre el tema me explayo al hablar de la objetividad del valor a la luz de la complejidad. Ver también Galati, "Notas jurístico-dikelógicas del Derecho del Arte. Hacia una armonía entre Arte, Religión y Filosofía", en *Investigación...*, n° 43, Rosario, FIJ, 2010, pp. 107-126; tb. en https://bit.ly/2MuReve (10.10.2010). En esto coincido con Ciuro Caldani.

11

Interrelaciones sistémicas

Restricciones

1. Así como lo complejo tiene como característica lo sistemático, este último carácter permite el estudio no solo de la noción de emergencia, sino también la de "restricción". Se trata de restricciones a los elementos o partes que están sometidos a un sistema, ya que hay sistema cuando todos sus componentes no pueden adoptar todos los estados posibles[1574]. Morin brinda un ejemplo de la genética para comprender dicha noción: "... la regulación genética se efectúa mediante una molécula específica —significativamente llamada 'represor'— que se fija a un gen y le impide expresarse[1575]".

2. La realidad social impone restricciones a la valoración, en tanto solo podemos hacer justicia en la medida de nuestro conocimiento y posibilidad; es decir, la ignorancia y la impotencia obstan a la realización pantónoma de la justicia.

3. Además de los límites —de los repartos— sociológicos a la normatividad, esta también es restringida por las categorías que vinculan la normatividad con la realidad

---

[1574] Morin, *La Méthode 1...*, cit., p. 112. (Morin, *El Método 1...*, cit., p. 136). Ver también Morin, *Complejidad restringida...*, cit., p. 112. Esto configura la complejidad restringida.

[1575] Morin, *Introducción al Pensamiento...*, cit., p. 137.

social: la exactitud, la fidelidad y la adecuación. A su vez la dimensión normológica impone restricciones a la realidad social, ya que de todas las posibilidades, solo una captará la normatividad; de todos los intereses en juego, se privilegiará a unos, o se logrará un equilibrio entre varios o todos.

4. Con respecto a la no adopción de todos los estados posibles por los elementos, es inmediata la remisión a la norma, en tanto ella no puede gobernar tiránicamente en el Derecho, es decir, permitir incluso decisiones inhumanas o crueles.

> Por otro lado si el todo es "más" que la suma de las partes también el todo es "menos" que la suma de las partes. Ese "menos" son las cualidades que quedan restringidas e inhibidas por efecto de la retroacción organizacional del todo sobre las partes[1576].

No es esta la opinión de Kelsen: "si la autoridad competente ha declarado que la ley es constitucional, el jurista no puede considerarla como desprovista de efectos jurídicos[1577]". La categoría con la cual se inhibirá a la norma será la de la carencia dikelógica. La norma no puede actuar aisladamente; su pertenencia al sistema, su interrelación e interdependencia del resto de las dimensiones del Derecho permitirá, en su caso, que sobre la base de la relación e interacción de la norma con la realidad social que juzga otras posibilidades fácticas, y el valor que critica comparando ambos estados, de hecho e ideal, se pueda declarar la carencia dikelógica ante una situación de injusticia. "Toute association implique des contraintes: contraintes

---

[1576] Morin, Ciurana y Motta, op. cit., p. 29.
[1577] Kelsen, *Teoría pura...*, cit., p. 57.

exercés par les parties interdépendantes les unes sur les autres, contraintes des parties sur le tout, contraintes du tout sur les parties[1578]".

4.1. La norma puramente considerada nunca daría lugar a una carencia histórica o dikelógica, sino al formar parte de un sistema jurídico en el que también interactúa la realidad social y la realidad dikelógica. Solo la realidad, el hecho concreto, el problema, otras opciones, pueden mostrarnos la injusticia de la norma.

> ... des qualités inhérentes aux parties au sein d'un système donné sont absentes ou virtuelles quand ces parties sont à l'état isolé; elles ne peuvent être acquises et développées que par et dans le tout. [...] c'est la partie qui est, dans et par le tout, plus que la partie[1579].

Todas las categorías del campo dikelógico contribuyen a restringir el campo socio-normológico.

> Los merecimientos y desmerecimientos son sobre todo significativos con miras a la producción de carencias dikelógicas y a la elaboración de normas. Su consideración ayuda a desfraccionar el complejo real que las normas tienden a limitar en sus propios contenidos, y solo a través de ellos es posible el recurso a la

---

[1578] Morin, *La Méthode 1...*, cit., p. 112. "Toda asociación implica constreñimiento: constreñimientos ejercidos por las partes interdependientes las unas de las otras, constreñimientos de las partes sobre el todo, constreñimiento del todo sobre las partes". Morin, *El Método 1...*, cit., p. 136. Y vimos que las partes, para formar un sistema, tienen que ser ontológicamente diversas, por lo que los constreñimientos no se dan entre normas, desde un "sistemismo normativista". Ver cap. 5 del tomo 4.

[1579] Morin, *La Méthode 1...*, cit., p. 108. "... las cualidades inherentes a las partes en el seno de un sistema dado están ausentes o son virtuales cuando estas partes están en estado aislado; no pueden ser adquiridas y desarrolladas más que por y en el todo. [...] la parte es en y por el todo, más que la parte". Morin, *El Método 1...*, cit., p. 131.

justicia con que se concreta la elaboración. [...] se establece [...] analogía [...] cuando se reconoce semejanza en los cuadros de los merecimientos respectivos[1580].

5. Precisamente en el funcionamiento de las normas se da la tensión entre el autor de la normas y el encargado de su funcionamiento, es decir, el encargado de lograr que el reparto proyectado se convierta en reparto realizado. Hay distintos casos en donde pueden darse estas tensiones: al plantearse la posibilidad de un rechazo de la norma, con la carencia dikelógica; al determinarse mal, abusándose de la libertad reconocida; al privilegiar tendenciosamente el elemento literal en la interpretación. La teoría jurídica que de cuentas de estas posibilidades e intercambios evidenciará la complejidad del fenómeno en cuestión, en tanto "... pour qu'il y ait organisation, il faut qu'il y ait interactions: pour qu'il y ait interactions, il faut qu'il y ait rencontres, pour qu'il y ait rencontres il faut qu'il y ait désordre (agitation, turbulence)[1581]". Tanto una como otra teoría mencionan la tensión y agitación inherentes al sistema. Y dicha tensión se da en el propio funcionamiento de las normas.

> ... el funcionamiento de las normas tiene una dimensión dikelógica. Aunque la versión tradicional del Trialismo afirma, [...] que la interpretación es bidimensional normo-sociológica y la elaboración expresa en alcance pleno la tridimensionalidad, creemos que en profundidad todo fenómeno jurídico, incluso la interpretación, es tridimensional. Es en base a la justicia que se debe decidir, en principio, la primacía de la interpretación histórica sobre la interpretación literal, para dejar plenamente

---

1580 Ciuro Caldani, "Merecimientos...", cit., pp. 152-153.
1581 Morin, *La Méthode 1*..., cit., p. 51. "... para que haya organización es preciso que haya interacciones: para que haya interacciones es preciso que haya encuentros, para que haya encuentros, es preciso que haya desorden (agitación, turbulencia)". Morin, *El Método 1*..., cit., p. 69.

identificado a los protagonistas que originaron la norma y permitir que luego, en su caso [...] los encargados del funcionamiento produzcan las carencias dikelógicas que correspondan[1582].

6. Tanto desde un punto de vista sistemático, como "humano", es inherente al hombre el desarrollo de una conciencia que permita que se piense a sí mismo y que pueda torcer rumbos.

... la pensée peut se penser se faisant, nous pouvons sans cesse mettre notre esprit sur l'orbite du méta-point de vue conscient, puis le faire revenir au point de vue pilote, modifiant ainsi la connaissance, la pensée, l'action en vertu de la prise de conscience[1583].

Esta idea recuerda la actitud que puede tomar el profesional del Derecho —el juez, por ejemplo— ante una norma que debe funcionar.

En el seno de la totalidad Derecho, cada parte contribuye a que el sistema funcione como tal. Un ejemplo nos lo acerca Morin:

[1582] Ciuro Caldani, "Seminario de profundización...", cit., p. 108.
[1583] Morin, *La Méthode 5...*, cit., p. 127. "... el pensamiento puede pensarse al hacerse, podemos sin cesar poner nuestra mente en la órbita del metapunto de vista consciente, y después hacerla volver al punto de vista piloto, modificando de este modo el conocimiento, el pensamiento, la acción en virtud de la toma de conciencia". Morin, *El Método 5...*, cit., p. 125.
"Cette rotation entre les termes de production et de transformation est bien exprimée dans le *duction* de production, et le *trans* de transformation... La *duction* (circulation et mouvement) devient transformation, et le *trans* conserve et continue l'idée de circulation et de mouvement. Et ainsi nous retrouvons le caractère premier de l'action: le mouvement. Une organisation active comporte dans sa logique même la transformation et la production". Morin, *La Méthode 1...*, cit., p. 160. "Esta rotación entre los términos producción y transformación es bien expresada en el *ducción* de producción, y el *trans* de transformación... El *ducción* (circulación y movimiento) se convierte en transformación, y el *trans* conserva y continúa la idea de circulación y movimiento. Y así reencontramos el carácter primero de la acción: el movimiento. Una organización activa comporta en su lógica misma la transformación y la producción". Morin, *El Método 1...*, cit., pp. 188-189.

> L'introduction d'un thermostat, [...] dans le local à chauffer, constitue l'introduction d'un dispositif de régulation dans les relations entre alimentation/chaudière/local. Le thermostat établit une mesure et fixe une norme.
>
> [...] l'introduction de ce dispositif de rétroaction crée en fait un métasystème de type nouveau par rapport aux anciennes interrelations entre les trois entités: le débit de l'alimentation, la combustion dans le chaudière, la température du local sont devenus automatiquement interdépendants au sein d'une nouvelle totalité rétroactive dotée de qualités propres[1584].

La dimensión social, el reparto, es el agua caliente, que a veces les falta a algunos, la norma es el termostato, que no todos tienen para regular y no quemarse, y la dikelogía es la mano del hombre que acerca el agua caliente y el termostato a todos, para que nadie quede privado de estos dos elementos.

7. Una carencia dikelógica global o colectiva, vista desde el orden de los repartos en su conjunto puede encontrarse en lo que otras teorías denominan desobediencia civil, resistencia a la opresión, revolución. Esto implica una verdadera restricción representativa de nuestra participación en la producción de "lo jurídico"; y el individuo, los grupos de individuos cobran protagonismo. Ante una regulación injusta, la población reacciona y eventualmente propone otra regulación que sí considera justa. Véase por ejemplo el caso del Mayo francés. El ámbito del valor y el de la realidad social interactúan, produciéndose una

---

[1584] Morin, *La Méthode 1...*, cit., p. 192. "La introducción de un termostato, [...] en el local a calentar, constituye la introducción de un dispositivo de regulación en las relaciones entre alimentación/caldera/local. El termostato establece una medida y fija una norma. [...] la introducción de este dispositivo de retroacción crea de hecho un metasistema de tipo nuevo con respecto a las antiguas interrelaciones entre las tres entidades: el caudal de alimentación, la combustión en la caldera, la temperatura del local se han vuelto automáticamente interdependientes en el seno de una nueva totalidad retroactiva dotada de cualidades propias". Morin, *El Método 1...*, cit., p. 223.

carencia dikelógica y eventual posterior elaboración por la ejemplaridad. De hecho, pueden analizarse recursivamente[1585], de manera que ambas instancias son a la vez producto y causa de lo producido. La carencia produce la ejemplaridad que produce la carencia. Un caso es señalado por Morin.

> C'est à partir du milieu du XXe siècle que la société abandonne à l'homme et à la femme le contrôle de la reproduction par préservatifs, pilules et avortement légaux. Il s'agit incontestablement d'une conquête des individus sur la contrainte de la société et sur celle de l'espèce. Seul le grand tabou de l'inceste demeure[1586].

Este ejemplo puede verse como una antigua restricción, desde el punto de vista de los tabúes, y como un ejemplo de límite/restricción de los individuos para con la sociedad.

7.1. Una verdadera carencia dikelógica global fue la que ejerció el pueblo de Palestina, quien ha debido hacerse cargo del antisemitismo europeo y la opresión hitleriana, soportando los controles, vejaciones, represalias y guetizaciones del Estado de Israel[1587]. Frente a esto,

> La persecución de la colonización israelí sobre su territorio, la suerte de millones de refugiados en campos en el seno de los países árabes vecinos, su impotencia militar, su interdicción política

---

[1585] Ver punto 6 del cap. 6.

[1586] Morin, *La Méthode 5...*, cit., p. 199. "A partir de mediados del siglo XX, la sociedad abandona al hombre y a la mujer el control de la reproducción mediante preservativos, píldoras y abortos legales. Se trata incontestablemente de una conquista de los individuos sobre el constreñimiento de la sociedad y sobre el de la especie. Solo persiste el gran tabú del incesto". Morin, *El Método 5...*, cit., p. 194. Hay que agregar el quiebre del deber de fidelidad a partir de la aceptación de los intercambios de parejas, la reasignación del sexo, etc.

[1587] Morin, *El mundo...*, cit., p. 173. La posición dominante que ejerce Israel no quita a Palestina su parte de responsabilidad en la falta de solución al conflicto.

condujeron la OLP a la acción terrorista como último medio desesperado de llevar adelante la lucha por el reconocimiento, y como respuesta al terrorismo de Estado de Israel[1588].

7.2. De manera general, Morin expresa que es necesario resistir a la barbarie totalitaria, que se dio también en el stalinismo, y que él protagonizó, luego de resistir al nazismo que pretendía ocupar Francia. También hay que tener en cuenta la barbarie anónima expresada en la tecnoburocratización, producto de la tecnificación, la hiperespecialización, la compartimentalización, la burocratización, la anonimización, la abstracción y la mercantilización, "... que, en conjunto, conducen a la pérdida no solo de lo global y lo fundamental, sino también de la responsabilidad, de lo concreto y de lo humano[1589]". Este trabajo, que pretende reivindicar la complejidad del Trialismo, es un intento de lucha contra la barbarie de la simplificación jurídica.

8. Otro caso de restricción, producto de la existencia de un sistema, es el de la preferencia dikelógica del reparto autónomo. Se trata de una mera preferencia, ya que es posible que el ejercicio de la autonomía entre los particulares, por demás loable, devenga en un producto que pueda considerarse injusto. Por mi parte propongo una preferencia dikelógica osciladora[1590], que si bien no se pronuncia por clase de reparto alguno, no deja de ser una preferencia, que puede oscilar entre la autonomía y la intervención, según las circunstancias. No podemos saber de antemano cómo va a funcionar la restricción, si para favorecer a la autonomía o la intervención, lo que se decidirá según lo que falte, "aquí y ahora". De lo contrario, se haría una proposición abstracta. Dice Morin: "... il y a un

---

1588 Íd.
1589 Morin, y Kern, op. cit., p. 117.
1590 Ver la tercera parte del tomo 3.

jeu complexe de blocages/déblocages en circuits, à travers lesquels l'organisation s'effectue par des contraintes
qui inhibent à certains moments le jeu de processus rela-
tivement autonomes[1591]". No es más que la expresión del
equilibrio[1592] en la consideración de elementos diversos de
un complejo, ya que el sistema no puede incluir solamente
normatividades, llamarse normativo, y pretender ser exponente del Pensamiento Complejo.

9. Estas restricciones son producto del sistema. "Les
interrelations les plus stables supposent que des forces qui
leur sont antagonistes y soient à la fois maintenus, neutra-
lisées et surmontées[1593]". Por ello, el problema de la justicia
de una norma se resuelve dentro de la ciencia jurídica. Ya
que no es un problema político, como sostiene Kelsen; con
lo cual habría que esperar a que dé solución el Congreso. Las dimensiones del Trialismo, consideradas antagonistas por otras doctrinas unidimensionales, son mantenidas por aquella teoría en una unidad estable y armónica.
Esto se relaciona con el hecho de que los profesionales
del Derecho, sobre todo los jueces, cuando deciden aplicar una norma jurídica, implícitamente acuerdan en su
justicia, es decir, aplican dicho valor, y cuando la consideran "inconstitucional", la piensan en última instancia injusta. Ergo, siempre trabajan con el valor justicia, aunque lo
entiendan como extraño, antagonista a la ciencia jurídica. De manera que la justicia es entonces la instancia que
caracteriza al Derecho, y contribuye enormemente a que

[1591] Morin, *La Méthode 1...*, cit., p. 113. "... hay un juego complejo de bloqueo/des-
bloqueo en los circuitos a través de los cuales se efectúa la organización mediante constreñimientos que inhiben en ciertos momentos el juego de procesos relativamente autónomos". Morin, *El Método 1...*, cit., p. 137.

[1592] Morin hace referencia a él cuando menciona a la variedad al interior de todo
sistema. Ver cap. 3 del tomo 2.

[1593] Morin, *La Méthode 1...*, cit., p. 118. "Las interrelaciones más estables suponen
que las fuerzas que son *antagonistas* de estas sean a la vez mantenidas, neutrali-
zadas y superadas allí". Morin, *El Método 1...*, cit., p. 143. El resaltado es mío.

el resto de sus componentes se estabilicen al interior del sistema. Es por ello que pregono un cambio de paradigma, un cambio de eje a partir del cual reconocer al Derecho. Digo reconocer porque el Derecho sigue trabajando con el valor justicia aunque la ciencia jurídica no de cuentas de él. Morin también señala la inevitabilidad del tratamiento del valor justicia. Siempre el espíritu creará la moralidad, junto con la mitología, la religión, alimentándolas desde la emoción. Si nuestra mente es instruida para no combinar esta actividad con la racionalidad, dos compartimentos serán formados de manera que cada actividad pueda prosperar por su lado[1594].

10. Incluso Auguste Comte habló de la religión de la ciencia. Así, "... Auguste Comte eut la géniale folie de couronner l'ère positive par une nouvelle religion, concrète et universelle[1595]". De esta forma,

> ... l'idéologie scientiste s'est constituée comme système à la fois rationalissateur et idéaliste qui a suscité en lui l'agglutination des mythes de la Certitude, de la Raison, du Progrès; ainsi la science s'est vu attribuer la mission providentielle de guider l'humanité vers le salut terrestre[1596].

11. Todas estas cualidades y restricciones que he señalado no podrían observarse de considerar al Derecho como un fenómeno reducido a la norma, a la conducta, o solo al valor. No se verían las ricas relaciones, realmente transparentadoras, sobre todo de la actuación de los

---

[1594] Morin, *La Méthode 3...*, cit., p. 174. (Morin, *El Método 3...*, cit., p. 190).

[1595] Morin, *La Méthode 4...*, cit., p. 142. "... Augusto Comte tuvo la genial locura de coronar la era positiva con una nueva religión, concreta y universal". Morin, *El Método 4...*, cit., p. 146.

[1596] Morin, *La Méthode 4...*, cit., p. 144. "... la ideología cientificista se ha constituido como sistema a la vez racionalizador e idealista que ha suscitado en sí la aglutinación de los mitos de la Certeza, la Razón, el Progreso; de este modo, la ciencia ha querido atribuirse la misión providencial de guiar a la humanidad hacia la salvación terrenal". Morin, *El Método 4...*, cit., p. 148.

encargados del funcionamiento de las normas, que es el lugar en donde el Derecho, y las ideas que tengamos de él, cobran mayor importancia. En efecto, "... la ciencia busca articular una teoría lógicamente consistente acerca de una clase de fenómenos, para después sujetar aquella teoría a la investigación sistemática para establecer si la teoría describe con precisión y predice aquella clase de fenómenos"[1597]. Si bien en la ciencia jurídica —como ciencia humana— es poco feliz la predicción, por el alto componente de voluntarismo que existe, el reconocimiento de esta situación es un alto ejemplo de alcance de fidelidad que debe tener toda ciencia con respecto a la descripción de su objeto. Es importante entonces que el profesional del Derecho tenga en cuenta la tridimensionalidad a fin de evitar mayores sorpresas. Tridimensionalidad que se articula alrededor de un eje que será materia de análisis del próximo capítulo del próximo tomo.

[1597] Ulen, op. cit., p. 71.

Conclusión

Hemos tratado conceptualmente la complejidad moriniana en el mar de las complejidades, y una introducción a las relaciones de aquella con la complejidad trialista. Hemos pasado por la complejidad de distintas ciencias, para comprobar que no es una característica aislada del Derecho; al contrario, son comunes las compartimentalizaciones, como esquemas que forman parte de paradigmas simplificadores. Lo que nos llevó a analizar la noción de paradigma, a fin de poder entender las razones de las visiones simples o complejas, las razones de las teorías jurídicas simples o complejas. Hicimos un alto en la Psicología Educativa, en tanto toda rama de la ciencia es enseñada, y de esa forma continúa viviendo, reproduciendo sus ventajas e inconvenientes. De ahí la importancia de calar profundo en la comprensión de las bases de la enseñanza, y de la enseñanza jurídica, en tanto el paradigma, sea el que sea, se transmite de maestros a discípulos y de docentes a estudiantes, estando gran parte de la clave del cambio en la psicología de la enseñanza.

Hay una relación de coincidencia entre el Pensamiento Complejo de Edgar Morin y la Teoría Trialista del Mundo Jurídico, que en algunos aspectos se traduce en complementariedades. Aquella apertura teórica que Werner Goldschmidt avizorara con la calificación de su doctrina como "compleja pura" marcaría los pasos de su proximidad filosófica con el Pensamiento Complejo, que tiene como características la multidimensionalidad, la contradicción, los distintos juicios —de hecho y de valor—, la relevancia de la ética en toda ciencia, es decir, la introducción del aspecto valorativo en el ámbito científico. Lo que muestra también que todo conocimiento, si pretende ser tal, no debe ser compartimentalizador ni aduanero, simple, sino articulador, integrador; en suma, complejo. Y una herramienta indispensable para comprender la naturaleza del conocimiento científico es la Epistemología, que cuenta con la paradigmatología. Así puede comprobarse si se analizan las composiciones, características e historias de las disciplinas recientes, necesariamente diversas en los tópicos y temas que abordan, si se tiene una visión paradigmática, que señala la necesidad de contextualizar los conocimientos y compararlos, si nos valemos del sistema y las relaciones que se generan en torno a las partes y el todo de una teoría, y si nos valemos de una ontología compleja que da cuentas de la diversidad filosófica que toda área del saber tiene que tener.

Hemos visto que la complejidad no es una totalidad cerrada, pero es aspiración a lograr algún grado de completud según el planteo sistémico, que aporta riqueza con sus relaciones, interrelaciones y restricciones, que se dan en la teoría trialista. Aquello que es mutilado en un ámbito del saber, tiene como consecuencia necesaria su manipulación antojadiza, precisamente porque es ocultado. Aquello sobre lo cual no hay luz, da lugar a la mayor de las arbitrariedades, la no controlada. Aunque alguna corriente jurídica margine algún aspecto, no obstante, este seguirá existiendo e influenciando en la resolución de los problemas jurídicos. Luego, los abogados, deberán aprender en el desarrollo profesional lo que la Facultad no les enseña. Aunque las leyes se muevan en el cielo de los conceptos, el jurista no vive en dicho mundo de abstracciones. Aquellas son manipuladas por hombres que, como tales, pueden cometer injusticias al desarrollar sus proyectos vitales en la dimensión social.

El Derecho lucha por la justicia, no por las normas, aunque necesita de ellas para encauzar la realidad que tampoco puede descuidar en el análisis. Ante esta difícil tarea hay que tener conciencia de la diferente naturaleza de lo real, y toda teoría debe dar cuentas de ello, sin olvidar el objetivo, propósito que como juristas debe guiarnos: la búsqueda de la justicia. He aquí entonces los temas de la ontología dual del trialismo, y la justicia como guía del sistema, que veremos en el próximo tomo. Para lo cual es imprescindible entonces integrar aspectos ontológicos vistos como dimensiones. Y el Trialismo[1598] —como pensamiento jurídico complejo— nos ayudará a ello. Mi propósito es la búsqueda de coincidencias entre el trialismo y el pensamiento complejo, asunto que preparó este tomo al hablar de la complejidad: la complejidad en la ciencia y la complejidad en las ciencias. Las coincidencias generales se desarrollarán en el próximo tomo más específicamente.

[1598] Sobre el tema ver el tomo 3.

Bibliografía[1599]

AA. VV., *Droit et Complexité: Pour une nouvelle intelligence du droit vivant*, edité par Mathieu Doat, Jacques Le Goff et Philippe Pédrot, Rennes, Presses Universitaires de Rennes, 2007.

AA. VV., *Psicología social I. Influencia y cambio de actitudes. Individuos y grupos*, ed. al cuidado de Serge Moscovici, trad. de David Rosenbaum y supervisión de Tomás Ibañez, Buenos Aires, Paidós, 1985, pp. 17-37.

Aftalión, Enrique, Vilanova, José y Raffo, Julio, *Introducción al Derecho*, 4ª ed., Buenos Aires, LexisNexis Abeledo-Perrot, 2004.

Álvarez Gardiol, Ariel, *Derecho y realidad: notas de teoría sociológica*, Rosario, Juris, 2005.

Álvarez Gardiol, "El objeto de la ciencia del Derecho", en *Separata de la Revista de Ciencias Jurídicas y Sociales*, nº 120, Santa Fe, Universidad Nacional del Litoral, 1978.

Álvarez Gardiol, *Introducción a una teoría general del Derecho. El método jurídico*, Buenos Aires, Astrea, 1986.

Álvarez Gardiol, *Lecciones de epistemología: algunas cuestiones epistemológicas de las ciencias jurídicas*, Santa Fe, Universidad Nacional del Litoral, 2004.

Alvazzi del Frate, Paolo, "Aux origines du référé législatif: interprétation et jurisprudence dans les cahiers de doléances de 1789", en *Revue Historique de Droit Français et Étranger*, vol. 86, nº 2, Paris, Dalloz, 2008, pp. 253-262.

[1599] La bibliografía citada es solamente la utilizada en este tomo.

Ardito, Wilfredo, "The Right to Self-Regulation: Legal Pluralism and Human Rights in Peru", in *Journal of Legal Pluralism and Unofficial Law*, nº 39, University of Birmingham, 1997, https://bit.ly/2wjgadZ (12.7.2007).

Aristóteles, *Ética nicomaquea*, trad. de Antonio Gómez Robledo, 17ª ed., México, Porrua, 1998.

Asimov, Isaac, *Cien preguntas básicas sobre la ciencia*, trad. de Miguel Paredes Larrucea, Madrid, Alianza, 1973.

Atlan, Henri, *Con razón y sin ella. Intercrítica de la ciencia y el mito*, trad. de Josep Pla i Carrera, Barcelona, Tusquets, 1991.

Bachelard, Gastón, *La formación del espíritu científico. Contribución a un psicoanálisis del conocimiento objetivo*, trad. de José Babini, 25ª ed., Buenos Aires, Siglo XXI, 2004.

Bakunin, Mijail, *Dios y el Estado*, La Plata, Terramar, 2007.

Berkeley, George, *Tratado sobre los principios del conocimiento humano*, trad., prólogo y notas de Carlos Mellizo, Barcelona, Altaya, 1994.

Bernabé, Alberto (trad., introd. y notas), *Fragmentos presocráticos*, Barcelona, Altaya, 1995.

Bidart Campos, Germán, *Filosofía del Derecho Constitucional*, Buenos Aires, Ediar, 1969.

Bidart Campos, "La Teoría Trialista del mundo jurídico según Werner Goldschmidt", en *El Derecho*, t. 25, pp. 899-903.

Bohm, David, *Sobre la creatividad*, trad. de Ana Sánchez, Barcelona, Kairós, 2002.

Bunge, Mario, *Epistemología. Curso de actualización*, 2ª ed., México, Siglo XXI, 2000.

Bunge, *Ética, ciencia y técnica*, 2ª ed., Buenos Aires, Sudamericana, 1997.

Bunge, "La medicina: ¿ciencia o técnica?, ¿individual o social?", en *Cápsulas*, Barcelona, Gedisa, 2003.

Bunge, *Sistemas sociales y filosofía*, 2ª ed., Buenos Aires, Sudamericana, 1999.

Cárcova, Carlos María, "Complejidad y Derecho", en *Doxa. Cuadernos de Filosofía del Derecho*, nº 21, Alicante, Depto. de Filosofía del Derecho, Universidad de Alicante, 1998, https://bit.ly/2OFoFYr (17.12.2007).

Cárcova, "Los jueces en la encrucijada: entre el decisionismo y la hermenéutica controlada", digitalizado, por atención del autor.

Castoriadis, Cornelius, "La democracia como procedimiento y como régimen", en https://bit.ly/2Pp8JLh (18.7.2007).

Ciuro Caldani, Miguel Ángel, "Bases categoriales de la dinámica y la estática jurídico sociales (Elementos para la sociología jurídica)", Rosario, Instituto Jurídico-Filosófico, Facultad de Derecho, UNR, 1967, reimpreso en *Revista del Centro de Investigaciones de Filosofía Jurídica y Filosofía Social*, nº 28, Rosario, Fundación para las Investigaciones Jurídicas (FIJ), 2004/2005, pp. 105-112.

Ciuro Caldani, "Comprensión jusfilosófica de la equidad", en *El Derecho*, t. 155, pp. 851-857.

Ciuro Caldani, *Derecho y política. El continente político del Derecho. Elementos básicos de una filosofía política trialista*, Rosario, Depalma, 1976.

Ciuro Caldani, "El ámbito de la decisión jurídica (La construcción del caso)", en *Revista del Centro...*, nº 24, Rosario, FIJ, 2000, pp. 65-75.

Ciuro Caldani, *El Derecho Universal (Perspectiva para la ciencia jurídica de una nueva era)*, Rosario, FIJ, 2001.

Ciuro Caldani, "El Trialismo y la conciencia filosófica en el hombre de Derecho", en *Revista del Colegio de Abogados de Rosario*, nº 4, Rosario, 1970, pp. 106-118.

Ciuro Caldani, "Estado del conocimiento en la investigación jurídica: líneas de investigación e impacto social
de la producción científica (investigación, posgrado
e impacto social), en *Investigación y Docencia,* nº 39,
Rosario, FIJ, 2006, pp. 47-55.

Ciuro Caldani, *Estrategia jurídica,* Rosario, UNR Editora,
2011.

Ciuro Caldani, *Estudios de historia del Derecho,* Rosario,
FIJ, 2000.

Ciuro Caldani, "Eutanasia", en *Investigación...,* nº 22, Rosario, FIJ, 1994, pp. 23-30.

Ciuro Caldani, "Integración trialista de la aristocracia y la
democracia", en *El Derecho,* t. 147, pp. 897-908.

Ciuro Caldani, "La autonomía del mundo jurídico y de
sus ramas", en *Estudios de Filosofía Jurídica y Filosofía
Política,* t. II, Rosario, FIJ, 1984, pp. 175-204.

Ciuro Caldani, "La Filosofía, el Trialismo y nuestra situación de espacio y tiempo", en *Investigación...,* nº 5,
Rosario, FIJ, 1988, p. 3-7.

Ciuro Caldani, "La noción de permeabilidad y su importancia en la teoría jurídica de nuestro tiempo", en
Investigación..., nº 33, Rosario, FIJ, 2000 pp. 45-50.

Ciuro Caldani, "Las fuentes de las normas", en *Revista de
la Facultad de Derecho, UNR,* nº 4/6, Rosario, Facultad
de Derecho, UNR, 1986, pp. 232, 254.

Ciuro Caldani, "Las posibilidades de superación de la discusión entre Juspositivismo y Jusnaturalismo a través
de la Teoría Trialista del mundo jurídico", en *Revista de
Ciencias Sociales,* nº 41, "Positivismo jurídico y doctrinas del Derecho Natural", Universidad de Valparaíso,
1996, pp. 85-100.

Ciuro Caldani, *Lecciones de historia de la Filosofía del
Derecho (historia jusfilosófica de la Jusfilosofía),* Rosario, FIJ, 1994.

Ciuro Caldani, "Lecciones de teoría general del Derecho" en *Investigación...*, nº 32, Rosario, FIJ., 1999, pp. 33-76.

Ciuro Caldani, "Líneas programáticas de Filosofía del Derecho", en *Investigación...*, nº 4, Rosario, FIJ, 1988, pp. 3 y ss.

Ciuro Caldani, "Meditaciones trialistas sobre la interpretación", en *El Derecho*, t. 72, pp. 811-827.

Ciuro Caldani, "Merecimientos y Derecho", en *Estudios jusfilosóficos*, Rosario, FIJ, 1986, pp. 133-160.

Ciuro Caldani, *Metodología jurídica*, Rosario, FIJ, 2000.

Ciuro Caldani, "Notas sobre la investigación científica universitaria", en *Investigación...*, nº 28, Rosario, FIJ, 1997, pp. 71-74.

Ciuro Caldani, "Panorama trialista de la filosofía en la Postmodernidad", en *Boletín del Centro de Investigaciones de Filosofía Jurídica y Filosofía Social*, Rosario, FIJ, 1995, nº 19, pp. 9-96.

Ciuro Caldani, "Perspectiva trialista de la axiología dikelógica", en *Estudios de Filosofía...*, t. II, pp. 40-60.

Ciuro Caldani, "Seminario de profundización sobre 'El funcionamiento de las normas en la jurisprudencia de la Corte Suprema de Justicia de la Nación'", en *Investigación...*, nº 6, Rosario, FIJ, 1988, pp. 105-111.

Ciuro Caldani, "Teoría tridimensional y Teoría Trialista", en *La Ley*, t. 148, pp. 1203-1225.

Ciuro Caldani, "Ubicación de la justicia en el mundo del valor (El asalto al valor justicia)", en *Estudios de Filosofía...*, cit., t. II, pp. 16-35.

Ciuro Caldani, "Visión de la Teoría Trialista y de su concepción del abogado", en *Juris*, t. 36, pp. 299-312.

Ciuro Caldani, "Werner Goldschmidt", en *El Derecho*, t. 124, pp. 833-834.

Corominas, Joan, *Breve diccionario etimológico de la lengua castellana*, 3ª ed., Madrid, Gredos, 1973.

Cossio, Carlos, *La función social de las escuelas de aboga-cía*, 3ª ed., Buenos Aires, Facultad de Derecho y Cien-cias Sociales de la Universidad de Buenos Aires, 1947.

Cossio, "La teoría egológica del Derecho. (Su problema y sus problemas)", en *La Ley*, t. 110, pp. 1008-1037.

Cossio, *Teoría de la verdad jurídica*, Buenos Aires, Losada, 1954.

D'Ancona, María de los Ángeles, *Metodología cuantitativa: estrategias y técnicas de investigación social*, Madrid, Síntesis, 1999.

Delmas-Marty, Mireille, "La tragédie des trois C", préface à AA. VV., *Droit et complexité...*, cit., pp. 7-12.

Descartes, René, *Discurso del método*, trad. de Eduardo Bello Reguera, Barcelona, Altaya, 1993.

Díaz, Esther, *La postmodernidad*, 3ª ed., Buenos Aires, Biblos, 2005.

Díaz Marcos, Karel, "La Psicología Gestalt", en https://bit.ly/2LfOwnx (12.6.2007).

Diéguez, Antonio, "Realismo y teoría cuántica", en *Contras-tes. Revista Interdisciplinar de Filosofía*, vol. 1, Málaga, Grupo de Investigación en Ciencias Cognitivas, 1996, pp. 75-105.

Draper, Juan Guillermo, *Historia de los conflictos entre la religión y la ciencia*, trad. de Augusto Arcimís, Madrid, Aribau, 1876, en https://bit.ly/2MmuFsg (14.2.2003).

Echave, Delia Teresa, Urquijo, María Eugenia y Guibourg, Ricardo, *Lógica, proposición y norma*, 1ª edición, Bue-nos Aires, Astrea, 1980.

Enciclopedia Universal Ilustrada Europeo-Americana, Barcelona, Espasa-Calpe, 1928.

Ferrater Mora, José, *Diccionario de Filosofía*, Barcelona, Ariel, 1994.

Feyerabend, Paul, *Contra el método. Esquema de una teoría anarquista del conocimiento*, trad. de Francisco Hernán, Barcelona, Folio, 2002.

Feyerabend, *Against method. Outline of an anarchistic theory of knowledge*, en https://bit.ly/2pK2SWi (26.2.2007).

Feyerabend, *Diálogo sobre el método*, trad. de José Casas, Madrid, Cátedra, 1990.

Feyerabend, *La conquista de la abundancia. La abstracción frente a la riqueza del ser*, comp. por Bert Terpstra, trad. por Radamés Molina y César Mora, Buenos Aires, Paidós, 2001.

Flores Mendoza, Imer Benjamín, "Las concepciones del Derecho en las corrientes de la Filosofía Jurídica", en https://bit.ly/1IUXspI (14.1.2004).

Foerster, Heinz von, *Las semillas de la cibernética. Obras escogidas*, 3ª ed, Barcelona, Gedisa, 2006.

Foucault, Michel, *Historia de la locura en la época clásica*, Trad. de Juan José Utrilla, en https://bit.ly/2w4HhKt (29.3.2008).

Foucault, *Los anormales. Curso en el Collège de France (1974-1975)*, trad. de Horacio Pons, Buenos Aires, Fondo de Cultura Económica, 2000.

Foucault, *Vigilar y castigar: nacimiento de la prisión*, trad. de Aurelio Garzón del Camino, 1ª ed., Siglo XXI, Buenos Aires, 2005.

Foucault, *La arqueología del saber*, trad. de Aurelio Garzón del Camino, Buenos Aires, Siglo XXI, 2004.

Freire, Paulo, *Pedagogía del oprimido*, 1ª ed., Buenos Aires, Siglo XXI, 2003.

Freud, Sigmund, "El yo y el ello", en *Los textos fundamentales del psicoanálisis*, trad. de Luis López Ballesteros y otros, Barcelona, Altaya, 1993.

Frías Navarro, M., Pascual Llobel, J. y Monterde, H., "Hijos de padres homosexuales: qué les diferencia", en https://bit.ly/2MBKmLK (7.3.2008).

Fromm, Erich, *El miedo a la libertad*, trad. de Gino Germani, 2ª ed., Buenos Aires, Paidós, 2005.

Fukuyama, Francis, *El fin de la Historia y el último hombre*, trad. de P. Elías, Barcelona, Planeta, 1992.

Galati, Elvio, "El Código Civil y Comercial de 2015 ante la complejidad del Derecho de la Salud", en "Cartapacio de Derecho", vol. 29, Azul, Fac. de Derecho, UNICEN, 2016, págs. 1-109; en http://www.cartapacio.edu.ar/ojs/index.php/ctp/article/view/1490/1830 (14.3.2016).

Galati, "Karl Popper y el falsacionismo falsado (Aportes al mundo jurídico desde la filosofía de la ciencia)", en *Investigación...*, nº 37, Rosario, FIJ, 2004, pp. 65-82.

García Amado, Juan Antonio, "Sobre los modos de conocer el Derecho. O de cómo construir el objeto jurídico", en *Doxa...*, nº 11, 1992, en https://bit.ly/2OLMHRp (9.7.2007).

García, Rolando, *Sistemas complejos. Conceptos, método y fundamentación epistemológica de la investigación interdisciplinaria*, Barcelona, Gedisa, 2006.

Gardella, Juan Carlos, "*Introducción al Derecho*, por Werner Goldschmidt, Aguilar, Buenos Aires, 1960", en *La Ley*, t. 100, pp. 1003-1017.

Garrafa, Volnei, "Multi-inter-transdisciplinariedad, complejidad y totalidad concreta en Bioética", en AA. VV., *Estatuto epistemológico de la Bioética*, coord. por Volnei Garrafa, Miguel Kottow y Alya Saada, México, Universidad Nacional Autónoma de México, Red Latinoamericana y del Caribe de Bioética de la UNESCO, 2005, en https://bit.ly/2vTULZz (4.8.2008), pp. 67-85.

Gény, François, *Science et technique en droit privé positif. Nouvelle contribution à la critique de La Méthode juridique*, première partie, Paris, Sirey, 1922.

Gény, *Método de interpretación y fuentes en Derecho Privado positivo*, 2ª ed., Madrid, Reus, 1925.

Giménez Corte, Cristian, *Usos comerciales, costumbre jurídica y nueva lex mercatoria en América Latina con especial referencia al Mercosur*, tesis doctoral, Rosario, Facultad de Derecho, Universidad Nacional de Rosario, 2006.

Giuliano, Diego, *Derecho municipal: autonomía y regionalización asociativa*, Buenos Aires, Ediar, 2005.

Gizbert-Studnicki, Tomasz y Pietrzykowski, Tomasz, "Positivismo blando y la distinción entre el derecho y la moral", en *Doxa...*, nº 27, Alicante, 2004, pp. 63-79.

Goldschmidt, Werner, "El deber ser en la teoría tridimensional del mundo jurídico", en *La Ley*, t. 112, pp. 1087-1090.

Goldschmidt, "El filósofo y el profeta", en *Filosofía, Historia y Derecho*, Buenos Aires, Valerio Abeledo, 1953, p. 121-122.

Goldschmidt, *Introducción filosófica al Derecho*, 6ª ed., Buenos Aires, Depalma, 1987.

Goldschmidt, "La ciencia y el científico", en *Justicia y Verdad*, Buenos Aires, La Ley, 1978, pp. 117-121.

Goldschmidt, "Justicia y Verdad", en *Justicia...*, cit., pp. 50-55.

Goldschmidt, *La ciencia de la justicia (Dikelogía)*, 2ª ed., Madrid, Aguilar, 1958.

Goldschmidt, "La doctrina del mundo jurídico (Programa de la ciencia jurídica como ciencia socio-dikenormológica)", en *Ciencia jurídica (Aspectos de su problemática jusfilosófica y científico-positiva, actual)*,

La Plata, Instituto de Filosofía del Derecho y Sociología, Facultad de Ciencias Jurídicas y Sociales, Universidad Nacional de La Plata, 1970, pp. 195-218.

Goldschmidt, "La idealidad adyacente y sus secuelas políticas", en *El Derecho*, t. 7, pp. 973-975.

Goldschmidt, "La teoría tridimensional del mundo jurídico", en *El Derecho*, t. 3, pp. 1088-1092.

Goldschmidt, "La universidad alemana", en *Justicia...*, cit.,
pp. 525-556.

Goldschmidt, "Lugar del Trialismo en la historia del pensamiento iusfilosófico y su operatividad en la práctica",
en *El Derecho*, t. 49, pp. 899-906.

Goldschmidt, "¿Qué es y por qué se concede una amnistía?", en *Justicia...*, cit., pp. 258-261.

Goldschmidt, "Ser y deber ser", en *Justicia...*, cit., pp. 79-83.

Goldschmidt, "Trialismo. Su semblanza", en *Enciclopedia
Jurídica Omeba*, apéndice, t. V, Buenos Aires, Driskill,
1986, pp. 785-792.

Goldschmidt, "Tridimensionalismo, realismo genético y
justicia. Homenaje a Miguel Herrera Figueroa", en *La
Ley*, t. 1983-A, pp. 755-759.

Gómez Marín, Raúl, "Arquitectura teórica de la comple-
jidad paradigmática. Trayectoria e incursiones", en
AA. VV., *Manual de iniciación pedagógica al Pensa-
miento Complejo*, comp. por Marco Antonio Velilla,
Instituto Colombiano de Fomento de la Educación
Superior – UNESCO – Corporación para el desarro-
llo Complexus, 2002, en http://www.edgarmorin.org/
Default.aspx?tabid=123&Libro=1 98-107.

Gordillo, Agustín, *La administración paralela. El parasistema jurídico-administrativo*, Madrid, Civitas, 1982, en
https://bit.ly/2vWutWC (27.1.2003).

Guibourg, Ricardo, "Bases teóricas de la informática jurídica", en *Doxa...*, nº 21, 1998, pp. 189-200.

Guibourg, *La construcción del pensamiento: decisiones metodológicas*, Buenos Aires, Colihue, 2004.

Guibourg, "La justicia y la máquina", en *La Ley*, t. 150, pp. 994-1004.

Guibourg, *Provocaciones: en torno del Derecho*, Buenos Aires, Eudeba, 2002.

Guzmán, J. y Hernández Rojas, G., *Implicaciones educativas de seis teorías psicológicas*, México, Depto. de Psicología Educativa, UNAM, 1993.

Haba, Enrique, "Sciences du Droit —quelle science? Le droit en tant que science : une question de méthodes", en *Archives de Philosophie du Droit*, t. 36 ("Droit et science"), Paris, Sirey, 1991, pp. 166-179.

Hall, Jerome, *Razón y realidad en el Derecho*, trad. de Pedro David, Buenos Aires, Depalma, 1959.

Heckhausen, Heinz, "Discipline et interdisciplinarité", en AA. VV., *L'interdisciplinarité. Problèmes d'enseignement et de recherche dans les universités*, Paris, Organisation de Coopération et de Développement Économiques, 1972, pp. 83-90.

Heidbreder, Edna, *Psicologías del siglo XX*, trad. de L. N. Acevedo, México, Paidós, 1991.

Hernández, José, *Martín Fierro*, 32ª ed., Buenos Aires, Losada, 2004.

Huber, Machteld y otros, "How should we define health?", en *British Medical Journal*, 2011, 343, pp. 1-3.

Hume, David, *Investigación sobre el conocimiento humano*, trad. de Jaime de Salas Ortueta, Barcelona, Altaya, 1994.

Jiménez, José, "Sin patria. Los vínculos de pertenencia en el mundo de hoy: familia, país, nación", en AA. VV., "Nuevos paradigmas, cultura y subjetividad", ed. al cuidado de Dora Schnitman, Bs. As., Paidós, 1994, pp. 213-234.

Kant, Immanuel, *Crítica de la razón pura*, trad. de José del Perojo y José Rovira Armengol, Buenos Aires, Losada, 2006.

Kaplún, Mario, *Del educando oyente al educando hablante. Perspectivas de la comunicación educativa en tiempos de eclipse*, Federación Latinoamericana de Facultades de Comunicación, en https://bit.ly/2nOczRs (21.2.2002).

Kelsen, Hans, *Teoría pura del Derecho*, trad. de Moisés Nilve, 29º ed. de la edición en francés de 1953, Buenos Aires, Eudeba, 1992.

Koffka, Kurt, *Principios de psicología de la forma*, Buenos Aires, Paidós, 1953.

Köhler, Wolfgang, *Psicología de la forma. Su tarea y últimas experiencias*, trad. de José Germain y Federico Soto, Madrid, Biblioteca Nueva, 1972.

Kramer, Matthew, "How moral principles can enter into the law?", in *Legal Theory*, edit. by Larry Alexander, Jules Coleman, and Brian Later, 13 vol., Cambridge University Press, 2000, vol. 6.

Kuhn, Thomas, *La estructura de las revoluciones científicas*, trad. de Agustín Contin, México, Fondo de Cultura Económica, 1996.

Laso, Eduardo, "Los métodos de validación en ciencias naturales", en AA. VV., *La posciencia. El conocimiento científico en las postrimerías de la modernidad*, ed. por Esther Díaz, Buenos Aires, Biblos, 2000, pp. 115-149.

Laughlin, Robert, *Un universo diferente. La reinvención de la física en la Edad de la Emergencia*, trad. por Silvia Jawerbaum y Julieta Barba, Buenos Aires, Katz, 2007.

Le Goff, Jacques, "Introduction", en AA. VV., *Droit et Complexité*, cit., pp. 13-14.

Leonfanti, María Antonia, *Derecho de necesidad*, Buenos Aires, Astrea, 1980.

Levine, John y Pavelchak, Mark, "Conformidad y obediencia", en AA. VV., *Psicología social I. Influencia y cambio de actitudes. Individuos y grupos*, ed. al cuidado de Serge Moscovici, trad. de David Rosenbaum y supervisión de Tomás Ibañez, Bs. As., Paidós, 1985, pp. 41-70.

Lewin, Roger, *Complejidad. El caos como generador del orden*, trad. de Juan Gabriel López Guix, 2ª ed., Barcelona, Tusquets, 2002.

Luhmann, Niklas, "L'unité du système juridique", trad. de Jacques Dagory, en *Archives de Philosophie du Droit*, t. 31 ("Le système juridique"), Paris, Sirey, 1986, pp. 163-188.

Luhmann, *Sistemas sociales: lineamientos para una teoría general*, trad. de Silvia Pappe y Brunhilde Erker, Barcelona, Anthropos/Universidad Iberoamericana/Centro Editorial Javeriano, 1998.

Luhmann, *Sociedad y sistema: la ambición de la teoría*, trad. de Santiago López Petit y Dorothee Schmitz, Barcelona, Paidós, 1990.

Mainetti, José, *La transformación de la medicina*, La Plata, Quirón, 1992.

Mardones, J. M. y Ursúa, N., *Filosofía de las ciencias humanas y sociales. Materiales para una fundamentación científica*, México D. F., Coyoacán, 1999.

Marías, Julián, *Historia de la Filosofía*, 33ª ed., Madrid, Revista de Occidente, 1981.

Martínez Miguélez, Miguel, "Origen, auge y ocaso del método científico tradicional en las ciencias humanas", en https://bit.ly/2nNsvmS (6.6.2004).

Martínez Miguélez, "Perspectiva epistemológica de la Bioética", en *Revista Selecciones de Bioética*, nº 14, 2008, pp. 34-52.

Martínez, Stella Maris, "La investigación con seres humanos: entre el paraíso y el infierno", en *Revista Médica
de Rosario*, n° 71, 2005, pp. 36-41.

Maturana, Humberto y Varela, Francisco, *El árbol del
conocimiento. Las bases biológicas del entendimiento
humano*, Buenos Aires, Lumen, 2003.

Menicocci, Alejandro, "Complejidad y simplicidad en la
conceptualización del Derecho", en *Boletín...*, n° 10,
Rosario, FIJ, 1988, pp. 43-44.

Menicocci, "La Teoría Trialista de Werner Goldschmidt",
en AA.VV., "Dos filosofías del Derecho argentinas anticipatorias: homenaje a Werner Goldschmidt y Carlos
Cossio", coord. por Miguel Ángel Ciuro Caldani, Rosario, FIJ, 2007, pp. 61-66.

Menicocci, "Panorama histórico de los grandes paradigmas para la construcción del conocimiento jurídico",
en AA. VV., *Introducción al Derecho*, coord. por Juan
José Bentolila, Buenos Aires, La Ley, 2009, pp. 11-21.

Menicocci, y otros, "Seminario de profundización 'El funcionamiento de las normas en la jurisprudencia de la
Corte Suprema de Justicia de la Nación', organizado
por la cátedra I de Introducción al Derecho", en *Investigación...*, n° 8, Rosario, FIJ, 1988, pp. 99-106.

Mergel, Brenda, "Diseño instruccional y teoría del
aprendizaje", Canadá, 1998, en https://bit.ly/2wPi6hr
(01.06.2003).

Millard, Eric, "Eléments pour une approche analytique de
la complexité", en AA. VV., *Droit et Complexité*, cit.,
p. 141-153.

Ministerio de Salud de la Nación y otros, "Problemáticas
de salud mental en la infancia. Proyecto de investigación. Informe final", del 9.11.2007, en https://bit.ly/
2Msbe1y (12.6.2008).

Mitchell, Sandra, "Why integrative pluralism?", en *E:CO*, nº 6, p. 82, https://bit.ly/2OK0eZY (23.8.2007).

Moreno, Juan Carlos, "Fuentes, autores y corrientes que trabajan la complejidad", en AA. VV., *Manual de iniciación...*

Moreno Muñoz, Miguel, "Historia de la Filosofía", "Kant", en https://bit.ly/2BvhRea (11.6.2005).

Morin, Edgar y Kern, Anne Brigitte, *Tierra-Patria*, trad. de Ricardo Figueira, Buenos Aires, Nueva Visión, 2006.

Morin, "À propos de la complexité", en https://bit.ly/2OON79L (20.3.2005).

Morin, *Articular los saberes ¿Qué saberes enseñar en las escuelas?*, 2ª ed., trad. de Geneviève de Mahieu, con la colab. de Maura Ooms, Buenos Aires, Ediciones Universidad del Salvador, 2007.

Morin, *Breve historia de la barbarie en Occidente*, trad. de Alfredo Grieco y Bavio, Buenos Aires, Paidós, 2006.

Morin, *Ciencia con conciencia*, trad. de Ana Sánchez, Barcelona, Anthropos, 1984.

Morin, "Complejidad restringida y complejidad generalizada o las complejidades de la complejidad", en *Utopía y Praxis Latinoamericana: Revista Internacional de Filosofía Iberoamericana y teoría Social*, nº 38, Maracaibo, 2007, p. 107-119.

Morin, *El año I de la era ecológica*, trad. de Pablo Hermida, Barcelona, Paidós, 2008.

Morin, *El Método 1. La naturaleza de la naturaleza*, trad. de Ana Sánchez en colab. con Dora Sánchez García, 3ª ed., Madrid, Cátedra, 1993.

Morin, *El Método 2. La vida de la vida*, trad. de Ana Sánchez, 7ª ed., Madrid, Cátedra, 2006.

Morin, *El Método 3. El conocimiento del conocimiento*, trad. de Ana Sánchez, 5ª ed., Madrid, Cátedra, 2006.

Morin, *El Método 4. Las ideas. Su hábitat, su vida, sus costumbres, su organización*, trad. de Ana Sánchez, 4ª ed., Madrid, Cátedra, 2006.

Morin, *El Método 5. La humanidad de la humanidad. La identidad humana*, trad. de Ana Sánchez, 2ª ed., Madrid, Cátedra, 2006.

Morin, *El Método 6. Ética*, trad. de Ana Sánchez, Madrid, Cátedra, 2006.

Morin, *El mundo moderno y la cuestión judía*, trad. de Ricardo Figueira, Buenos Aires, Nueva Visión, 2007.

Morin, *El paradigma perdido. Ensayo de bioantropología*, trad. de Domènec Bergadà, 7ª ed., Barcelona, Kairós, 2005.

Morin, "Epistemología de la complejidad", trad. de Leonor Spilzinger, en AA. VV., *Nuevos paradigmas, cultura y subjetividad*, ed. al cuidado de Dora Schnitman, Bs. As., Paidós, 1994, pp. 421-442.

Morin, *Introducción a una política del hombre*, trad. de Tomás Fernández Aúz y Beatriz Eguibar, Barcelona, Gedisa, 2002.

Morin, *Introducción al Pensamiento Complejo*, trad. de Marcelo Pakman, Barcelona, Gedisa, 2005.

Morin, "L'anarchisme en 1968", dans *Magazine littéraire*, n° 19, 1968, https://bit.ly/2nSUQs7 (3.7.2007).

Morin, *L'homme et la mort*, Paris, Seuil, 1970.

Morin, *La cabeza bien puesta. Repensar la reforma. Reformar el pensamiento*, trad. de Paula Mahler, Buenos Aires, Nueva Visión, 2002.

Morin, *La complexité humaine*, textes rassemblés avec Edgar Morin et présentés par Heinz Weinmann, Paris, Flammarion, 1994.

Morin, *La Méthode 1. La nature de la nature*, Paris, Seuil, 1977.

Morin, *La méthode 2. La vie de la vie*, Paris, Seuil, 1980.

Morin, *La Méthode 3. La connaissance de la connaissance*, Paris, Seuil, 1986.

Morin, *La Méthode 4. Les idées. Leur habitat, leur vie, leurs mœurs, leur organisation*, Paris, Seuil, 1991.

Morin, *La Méthode 5. L'humanité de l'humanité. L'identité humaine*, Paris, Seuil, 2001.

Morin, *La Méthode 6. Éthique*, Paris, Seuil, 2004.

Morin, "La noción de sujeto", trad. de Leonor Spilzinger, en AA. VV., *Nuevos...*, pp. 67-85.

Morin, *La vía. Para el futuro de la humanidad*, trad. de Nuria Petit Fontseré, Barcelona, Paidós, 2011.

Morin, *Les sept savoirs nécessaires à l'éducation du futur*, Paris, Seuil/UNESCO, 1999, https://bit.ly/2Byi-SlK (19.1.2009).

Morin, *Los siete saberes necesarios para la educación del futuro*, trad. de Mercedes Vallejo-Gómez, París, UNESCO, 1999, en https://bit.ly/2NamHPh (18.09.2008).

Morin, *Mes démons*, Paris, Stock, 1994.

Morin, *Sociologie*, Paris, Fayard, 1984.

Morin, *Sociología*, trad. de Jaime Tortella, Madrid, Tecnos, 1995.

Morin, Ciurana, Roger y Motta, Raúl, *Educar en la era planetaria. El Pensamiento Complejo como método de aprendizaje en el error y la incertidumbre humana*, Valladolid, UNESCO/Universidad de Valladolid, 2002.

Moscovici, Serge, "Introducción: el campo de la psicología social", en AA. VV., *Psicología social...*, pp. 17-37.

Motta, Raúl, *Filosofía, complejidad y educación en la era planetaria: ensayos*, San Nicolás de los Garza, UANL, 2008.

Motta, "Hacia una epistemología de la complejidad", en https://bit.ly/2MFZozV (6.7.2007).

Motta, "La postmodernidad: entre el silencio de la razón y el fin del milenio", en https://bit.ly/2L8K0al (6.7.2007).

Navarro Monzó, Julio, *La misión del arte en la cultura de América*, Buenos Aires, Mundo Nuevo, 1934.

Nicolescu, "La transdisciplinariedad. Desvíos y extravíos", en https://bit.ly/2vUpA0k (6.7.2007).

Nicolescu, *La transdisciplinarité. Manifeste*, Monaco, du Rocher, 1996.

Nicolescu, *Nous, la particule et le monde*, Paris, Le Mail, 1985.

Nicolescu, "Transdisciplinarity as Methodological Framework for Going Beyond the Science-Religion Debate", del 24.5.2007, en https://bit.ly/2Mqb4HK (23.2.2008).

Nietzsche, Friedrich, *La gaya ciencia*, trad. de José Mardomingo Sierra, Madrid, Edaf, 2002.

Nietzsche, *Sobre verdad y mentira en sentido extramoral*, trad. de Luis M. Valdes y Teresa Orduña, 2ª ed., Madrid, Tecnos, 1994.

Nino, Carlos, *Introducción al análisis del Derecho*, 2ª ed., Buenos Aires, Astrea, 1992.

Pascal, Blaise, *Pensamientos*, trad. de J. Llansó, Barcelona, Altaya, 1993.

Perugini, Alicia, "Homenaje a Werner Goldschmidt", en AA. VV., *La Filosofía del Derecho en el Mercosur*, coord. por Miguel Ángel Ciuro Caldani, Buenos Aires, Ciudad Argentina, 1997, pp. 157-169.

Perugini, "Werner Goldschmidt (1910-1987)", en AA. VV., *Dos filosofías...*, pp. 157-169.

Piaget, Jean, "L'épistémologie des relations interdisciplinaires", en AA. VV., *L'interdisciplinarité...*, pp. 131-144.

Pinillos Díaz, José Luis, "Posmodernismo y Psicología. Una cuestión pendiente", en *Anales de Psicología*, vol. 18, nº 1, Murcia, Servicio de Publicaciones de la Universidad de Murcia, 2002, en https://bit.ly/2MBLnTL (23.7.2003).

Platón, *La República*, trad. de José Manuel Pabón y Manuel Fernández-Galiano, Barcelona, Altaya, 1993.

Platón, *Teeteto, o de la ciencia*, trad. de José Miguez, Buenos Aires, Aguilar, 1960.

Popper, Karl, *La lógica de la investigación científica*, trad. de Víctor Sánchez de Zavala, Madrid, Tecnos, 1985.

Prigogine, Ilya, "De los relojes a las nubes", trad. de Leandro Wolfson, en AA. VV., *Nuevos paradigmas...*, cit., pp. 395-419.

Prigogine, *El fin de las certidumbres*, 6ª ed., trad. de Pierre Jacomet, Buenos Aires, Andrés Bello, 1998.

Prigogine, y Stengers, Isabelle, *La nueva alianza. Metamorfosis de la ciencia*, trad. de María Cristina Martín Sanz, 2ª ed., Madrid, Alianza, 1990.

Reale, Miguel, "Naturaleza y objeto de la ciencia del Derecho", en AA. VV., *Ciencia jurídica (Aspectos de su problemática jusfilosófica y científico-positiva actual)*, t. 1, La Plata, Instituto de Filosofía del Derecho y Sociología, 1970, pp. 151-193.

Resweber, Jean-Paul, *La Méthode interdisciplinaire*, Paris, Presses Universitaires de France, 1981.

Russell, Bertrand, *Por qué no soy cristiano y otros ensayos*, trad. de Josefina Martínez Alinari, Barcelona, Edhasa, 1999.

Russell, "Los problemas de la filosofía", en https://bit.ly/2BzTGeO (19.4.2003).

Sagüés, Néstor, *Elementos de Derecho Constitucional*, 3ª ed., Buenos Aires, Astrea, 1999, t. 1.

Saltalamacchia, Homero, "Del proyecto al análisis: aportes para una investigación cualitativa", 3 t., en https://bit.ly/2nWBNgz (11.6.2005).

Samaja, Juan, *Epistemología y metodología: elementos para una teoría de la investigación científica*, 3ª ed., Buenos Aires, Eudeba, 1999.

Sautu, Ruth, *Todo es teoría. Objetivos y métodos de investigación*, Buenos Aires, Lumiere, 2005.

Seibold, Jorge, "¿Equidad en la educación?", en *Revista Iberoamericana de Educación*, nº 23, Organización de Estados Iberoamericanos, 2000, en https://bit.ly/2wfl-WgL (11.6.2005).

Serna, Pedro, "El positivismo incluyente en la encrucijada", en https://bit.ly/2waqQM0 (11.6.2008).

Soto, Alfredo, "La integración entre el positivismo jurídico y el jusnaturalismo", en *Investigación...*, nº 17, Rosario, FIJ, 1990, pp. 175-180.

Spota, Alberto, *Tratado de Derecho Civil*, t. 1, Parte General, Buenos Aires, Depalma, 1967.

Stengers, Isabelle, "The challenge of complexity: Unfolding the ethics of science. In memoriam Ilya Prigogine", en *E:CO*, nº 6, p. 98, en https://bit.ly/2nOUhzz (23.8.2007).

Stolkiner, Alicia, "La interdisciplina: entre la epistemología y las prácticas", en https://bit.ly/2vVXOQY (7.9.2003).

Suriano, Juan, *Anarquistas. Cultura y política libertaria en Buenos Aires 1890-1910*, Buenos Aires, Manantial, 2001.

Tait, Eugenio, *Filosofía crítica trascendental*, cap. 11, "Historia de la Ciencia", en https://bit.ly/2PlxDv3 (3.2.2003).

Taylor, S. J. y Bogdan, R., *Introducción a los métodos cualitativos de investigación. La búsqueda de significados*, Buenos Aires, Paidós, 1986.

Ulen, Thomas, "Un premio nóbel en la ciencia legal: teoría, trabajo empírico y el método científico en el estudio del derecho", trad. de Laura Giuliani, en *Academia. Revista sobre enseñanza del Derecho*, nº 4, 2004, pp. 63-122.

Want, Christopher, *Kant para principiantes*, trad. de Antonio Bonano, Buenos Aires, Era Naciente, 2004.

Weaver, Warren, "Science and complexity", en *American Scientist*, nº 36, 1948, 536, en https://bit.ly/2L7kgva (6.11.2009).

Weber, Max, *La ética protestante y el espíritu del capitalismo*, trad. de Luis Legaz Lacambra, revisada por José Almaraz y Julio Carabaña, Madrid, Istmo, 1998.

Wolfgang Bibel, L., "AI ant the Conquest of Complexity Law", en *Artificial Intelligence and Law*, nº 12, Springer, 2004.

Wood, Denis, "Ciencia en imágenes: El poder de los mapas", en *Investigación y ciencia*, nº 202, Barcelona, Prensa científica, 1993, pp. 50-55.

Zaffaroni, Eugenio, *Manual de Derecho Penal. Parte General*, 6ª ed., Buenos Aires, Ediar, 1997.

Este libro se terminó de imprimir en noviembre de 2018 en Imprenta Dorrego (Dorrego 1102, CABA).

www.ingramcontent.com/pod-product-compliance
Lightning Source LLC
Chambersburg PA
CBHW021806270326
41932CB00007B/68